문학교육총서 ❷
정전(正典)

문학교육총서 ❷
정전(正典)

정전(正典)

한국문학교육학회 엮음

역락

머리말

　삶 속에서 문학을 누리고 문학을 통해 인간과 세상을 보는 마음의 눈을 일깨우는 일이야말로 문학을 배우고 가르치는 궁극적 목적입니다. 학교라는 제도교육의 장에서 문학교육이 그 무엇보다도 소중한 가치를 지닌 이유도 여기에 있습니다.

　문학교육의 활성화와 이론적 토대 및 방향의 정립을 목표로 활발하게 연구 활동을 전개해 온 한국문학교육학회에서는 이미 '문학작품 읽기 방법의 재검토'라는 주제로 2005~2006년의 2년 간, 그리고 2007년에는 '문학텍스트와 정전의 제 문제', 2008년에는 '문학능력이란 무엇인가'를 주제로 하여 여러 차례에 걸쳐 학술대회를 개최한 바 있습니다. 이에 본 학회에서는 이와 같은 최근의 연구 성과들을 문학교육을 연구하고 관심을 가지는 모든 이들과 공유하는 한편, 교직에 뜻을 두고 있는 학부생들과 대학원생들의 공부에 요긴한 도움을 주고자 하는 취지를 가지고 '문학교육총서'를 기획, 발간하게 되었습니다.

　총서의 1권을 <텍스트 읽기>로 엮은 이유는 문학교육에서 '작품 읽기'가 가장 기본적이면서도 핵심적인 교육 내용을 차지하는 중요한 문제라 생각했기 때문입니다. 학생들은 작품을 읽음으로써 수용과 창작의 능력을 함양하여 새로운 문학의 주체로 성장해 갑니다. 이 과정에서 학생들은 교사들의 작품 읽기나 문학교육 연구자들의 작품 읽기 등, 다양한 차원에서 이루어지는 작품 읽기들을 참조합니다. 달리 말해 교사들이나 문학교육 연구자들의 작품 읽기는 학생들의 읽기 활동의 방향을 결정할 수 있는 실제적 영향력을 지닌 것입니다.

이러한 중요성을 지니고 있기 때문에, 교사들이나 문학교육 연구자들의 작품 읽기의 구체적 절차나 방법, 그리고 그것의 타당성에 대한 검토는 언제나 치열하게 이루어질 필요가 있습니다.

본 책에서는 시와 소설, 고전문학과 희곡, 수필, 아동문학 등 문학의 여러 장르를 중심으로 작품을 읽어내는 방법과 시각을 새롭게 할 수 있는 방안들을 모색하는 논의들을 담았습니다. 이러한 논의는 교실 현장 및 문학교육 연구 차원에서의 읽기 방법에 대한 비판적 성찰을 낳을 수 있을 것으로 보입니다.

총서의 2권인 <정전(正典)>은 아마도 각급 학교 문학 교재의 자료의 범위가 급격하게 확산된 7차 교육과정 이후 지금까지 가장 많은 논란을 불러일으키면서 연구와 논의를 거듭해온 핵심적인 문제를 다루고 있습니다. 문학교육에서 정전의 역사는 곧 문학관의 역사이자, 동시에 교육관의 역사이기도 합니다.

이 책에서는 문학교육에서 정전의 형성을 위한 요건은 무엇이며, 그것이 교재에서는 어떻게 구현되어야 하는지에 대한 성찰을 바탕으로 하여,

현대문학과 고전문학, 아동 및 청소년문학의 정전을 총체적으로 재검토하는 한편, 최근의 변화된 문학 향유의 환경을 고려하여 문화콘텐츠 정전의 구성 문제에 대한 논의도 함께 포괄하면서 정전 교육의 실제에 다가가고자 했습니다.

총서 3권에 해당하는 <문학능력>은 2008년도 한국문학교육학회가 <문학능력이란 무엇인가>라는 큰 주제 아래 3차에 걸쳐 개최한 학술대회의 기획발표 논문들을 토대로 이루어진 총체적 논의의 결산이 담겨져 있습니다.

문학교육의 중요한 목표 중 하나를 문학능력의 성장이라고 볼 때, 문학능력이 무엇인가를 명확히 하는 것은 중요한 문제입니다. 특히 하루가 다르게 변화하는 미디어 환경과 사회적·문화적 상황 안에서 문학능력을 바라보는 새로운 시각의 필요성이 대두되고 있습니다.

이러한 환경 변화를 배경으로 이 책에서는 지식과 취향 및 태도, 감수성과 비평적 능력과 연관되는 문학능력의 문제들을 검토하고, 미디어시대에서 문학능력의 함의를 탐색하는 동시에, 창작교육의 측면을 포함한 실제 교육현장에서 문학능력의 발현과 평가의 방향을 고찰하는 데 초점을 두었습니다.

한국문학교육학회는 이번 '문학교육총서'의 발간을 계기로 앞으로 교육

현장에 더욱 밀착된 연구를 지속적으로 수행해나갈 것이며, 이론적인 토대의 정립은 물론 우리의 문학교육, 나아가 국어교육의 발전을 위해 끊임없이 노력할 것을 약속드리는 바입니다.

아무쪼록 이번 기획 총서가 문학교육의 저변을 확대하고, 문학교육을 공부하는 연구자들은 물론, 현장에서 문학을 가르치는 각급 학교의 교사들에게 보다 즐겁고 유익한 지침서가 되는 동시에, 문학을 통해 삶의 희망과 꿈을 다지고 실천하는 데 조그마한 디딤돌이 되기를 바라면서, 어려운 여건에서도 언제나 한국문학교육학회에 성원을 보내고, 학술지 출판은 물론 연구의 활성화를 위해 도움을 아끼지 않으시는 도서출판 역락의 이대현 사장님께 마음의 빚과 더불어, 깊은 감사의 정을 표하는 바입니다.

2010년 8월 1일
문학교육총서 간행위원장   최 병 우
한국문학교육학회 회장   김 종 철

차례

제1부 문학교육과 정전

제3부 문학 정전 교육의 실제

제1장

문학교육과 문학 정전의 새로운 관계 맺기

박 인 기

경인교육대학교 국어교육과

1. 정전 논의의 흐름과 배경 인식

일반에게 익숙하게 자리 잡아 온 정전 논의는 이념의 작용 및 그것의 범주와 흐름에 관련되는 것이 주를 이루었다 할 수 있다. 하나의 사회나 그룹이 가치 있다고 여기는 텍스트 자료를 정전으로 일컫기까지는 이미 그 사회의 이데올로기가 삼투된 것이고, 그 텍스트들의 전승에 관심을 보이고 실행함으로써 그 텍스트의 정전화가 더욱 공고해진다면, 그 사회가 지닌 이념의 작용이 그 텍스트의 '사회 내적 작용'을 강화함으로써 내재화 된 것으로 볼 수 있기 때문이다. 정전이 이러한 텍스트들의 목록으로 존재한다는 것은 정전 자체가 하나의 제도와 같은 역할을 하고 있음을 보여 준다.[1]

정전 논의는 근대를 극복하고 탈근대의 정신을 자각하는 과정에서 배태된 가장 선명한 주제이다. 정전 논의가 활성화 되는 맥락이 탈근대, 탈식민지의 사상 패러다임과 궤를 같이 하면서, 주로 문화연구의 영역에서 불을 붙이게 된 것은, 텍스트로서의 정전이 문화의 이데올로기성을 구명하고, 그것을 증거하는 핵심적 매개의 자리에 놓이는 것이기에 당연해 보였다. 문화연구의 출발이 그러했다. 근대라는 의식의 프레임 속에서 정전의 권력성을, 근대가(를) 지배했던 이념, 특히 근대자본주의, 근

---

1) 고규진의 정의는 정전의 사회적 제도적 기능과 상징을 잘 정의하고 있다. "정전은 하나의 사회나 그룹이 가치 있다고 여기는 텍스트 자료를 일컫는데, 이 집단이 이 텍스트 자료들의 전승에 관심을 보이고 실행하면 그 텍스트는 정전화된다. 정전은 이러한 자료들의 목록이다. 요컨대 정전은 하나의 문화 전체에 대한 허구적 정체성을 상징화한 것이다."(고규진, 「다문화시대의 문학 정전」, 『독일언어문학』, 독일언어문학회, 2004. 8. 3)

대국가주의 또 그것과 불가분의 관련을 가지고 있는 제국주의 등의 모순에 비추어 파악하고 비판하려 했던 점이 정전 논의의 구체적 마당이 되기도 했다.[2]

정전이 근대의 지배 이데올로기를 재생산하는 것에 대한 통찰을 보여주는 문화 연구는 탈근대의 문제를 집약적으로 드러내는 과정에서 역할을 하였다. 즉 자본주의적 기제와 과학적 합리성으로 그 정체성을 부여받는 근대(또는 근대의 정신)가 권력과 이데올로기의 작용에 특정의 텍스트가 지배적 위상을 가지고 있음을 자각하고, 그것을 해체하려는 정신이 정전과 문화연구의 관계를 통해서 생겨났던 것이다.[3]

정전 담론의 기저에 계급, 권력, 인종, 성, 지역, 종교, 자본 등의 이데올로기 문제들이 자리 잡고 있는 것은, 정전 논의의 중핵이 근대적 지배 이데올로기에 대한 저항과 해체를 비판적으로 추구했다는 것을 보여준다. 근대 사회로의 전개 과정이 왜곡된 사회(예컨대 식민지 경험을 가진 사

---

2) "우리나라에서 1980~1990년대 '문화연구'의 이론적 틀의 변화는 시기나 문맥은 다르나 영국 문화연구의 이론적 틀의 변화와 흡사하다. 이는 우리나라 문화연구의 많은 부분이 영국문화연구로부터 이론적 자양분을 흡수하고 연구 토픽들을 그대로 들여오는 형태로 진행되었기 때문일 것이다. 특히 우리나라에서 있었던 1970년대 고급문화 대 저급문화 논의나 1980년대 민중문화에 대한 개념 형성은 영국에서 매튜 아놀드(M. Arnold)나 리비스(F. R. Leavis)의 문화논의, 노동자문화에 대한 '문화주의'적 해석과 그 틀이 유사하다. 그리고 1990년대 들어서 우리나라에 무성했던 대중문화연구는 많은 부분이 영국의 버밍엄대학을 중심으로 활약했던 CCCS(Birmingham Centre for Contemporary Cultural Studies)의 이론들을 그대로 들여와 이론적 토픽으로 채택하였다. 이와 같은 영국문화연구의 이론적 틀의 이식은 우리나라 대학을 중심으로 한 학계에서 더욱 강하였고, 일반 문화연구자들의 이론적 지형은 이와는 약간 다르게 형성되었다. 일반 문화연구자들의 경우 대부분 맑스주의 이론의 전화 혹은 대안 이론의 추구를 통해 새로운 사회이론을 생성하고자 하는 입장에 있었기 때문에 관심의 초점이 문화연구 그 자체라기보다 문화를 통한 사회의 개조에 더 두어졌다고 할 수 있다."(하윤금, 「문화연구의 패러다임」, 『진보평론』 14호, 2003 참조).
3) 스튜어트 홀, 임영호 편역, 「문화연구의 두 가지 패러다임」, 『스튜어트 홀의 문화이론』, 한나라, 1996, 203~232면 참조.

회)이거나, 탈근대를 추동하는 사회·문화적 에너지가 내적으로 충분히 성숙되지 못한 사회에서는, 정전 담론은 격심한 비판과 해체를 경험할 수밖에 없었다. 이러한 정전 논의의 사상사적 흐름은 전(全) 지구적인 것이어서 그만큼 보편의 힘을 나타내었다.

이러한 정전 담론의 흐름은 때로는 교육의 장에 큰 영향을 미쳤다. 교육이 스스로를 자율하는 어떤 내재적 논리보다도 더 강하게 정전의 논리가 교육에 삼투되는 경험을 가지기도 했다. 어떤 다른 나라보다도 근대를 압축형으로 빠르게 겪어나가면서, 그 와중에 식민지 체험과 분단 이데올로기에 의한 질곡의 역사를 겪어야 했던 우리에게는 정전 담론이 교육과 문화의 영역에 '반성'의 기제로서 영향력을 가지기도 했다. 이는 대체로 근대 자체를 극복하려는 노력도 있지만, 근대를 제대로 소화해내지 못한 불합리에 대한 '반성'의 측면이 강했다.

정전 논의가 문학 내외로 왕성한 힘을 발휘하면서, 정전에 대한 인식의 진화는 우리가 구축하고 있는 문학과 문화, 그리고 문학교육에 대한 성찰을 요구하게 되는데, 이러한 일련의 상황 속에서 '정전'은 일종의 시대정신(우리 현대사에서 '민주화'라고 불리기도 하는)과 결부된다. 그리하여 정전의 허구를 반성적으로 극복하는 노력을 실천의 차원에서 추동하도록 압력을 가하였다. 그리고 그 연장선상에서 탈근대와 탈식민주의에 대한 각성을 모든 실천 층위에서 강화하려 하였다.

그러나 교육의 자리에서 보면, 이러한 정전 논의는 다분히 '지금 여기'의 권력 이데올로기라는 맥락 내에서만 유효한 듯한 인상을 준다. 이 경우 정전이 특정 시대의 기호로서의 확실한 의미가 있기는 하지만, 그 의미는 그야말로 '시대적'일 뿐이라는 것이다. 어떤 특정의 해석 맥락 내에서만 정전은 구체적 존재를 드러내는 것인 양, 정전의 총체 모습에 대한 오해의 소지를 가지게 할 수도 있다. 그러니까 정전을 논의함에 있어서, 탈근대의 맥락 내에서는 이런 식으로 정전을 보는 것이 유효하고, 또 다른 시대의 맥락 안에서는 다른 방식으로 유효할 수 있다. 문학교육은 교육 기획의 관점에서 이 점을 숙고할 필요가 있다.

따라서 정전을 문학교육의 항존 요소로 고려해 왔던 관점과의 조화를 어떻게 구해야 할 것인가 하는 문제가 남는다. 근대의 제도로서 '학교'라는 것이 생겨나면서 정전은 더욱 제도로서의 자질이 강화된다. 근대 학교가 있기 오래 전부터 교육 현상은 있었고, 그 교육 현상을 지탱하는 중심에 '정전 현상'이 있었던 것도 주목할 필요가 있다. 이러한 정전들까지도 모두 '근대와 탈근대'의 의미 맥락으로 이해될 필요는 없는 것이다. 교육은 개인에게는 발달 / 성장의 문제와 연관된 철학·기획·과정·체제이지만, 사회·문화를 향해서는 진화·전승·통합·가치화의 작용태(作用態)이다. 이런 교육의 역할을, 사회가 분화되지 않던 시절, 이른바 총체성이 유지되던 때에는 특정의 정전 텍스트들이 해 내던 때도 있었다. 정전 자체가 지니는 지혜의 통합성, 사회·문화적 통합성, 기능의 통합성은 정전으로 하여금 교육의 역할을 대행할 수 있게 했던 것이다. 이는 지금도 일종의 사회·문화적 유전자로서 남아 교육행위 속에 잠재적으로 답습되고 있다.

정전 그 자체가 보이지 않는 학교이었고, 정전 그 자체가 일종의 커리큘럼이었던 전통 시대를 동서양 모두 가지고 있다. 이처럼 교육과 정전 사이의 일반적 친연성을 어떻게 해석해야 할 것인가. 그러니까 우리가 탈근대의 맥락에서 경험하는 정전 논의는 새로운 이데올로기적 각성이기는 하되, 그것이 정전 논의의 전부가 될 수는 없다. 정전의 존재론적 가치를 포괄적으로 보려는 인식은 문학교육의 전제로서 여전히 중요하다. 이처럼 교육은 정전 개념에 대한 보편성과 개방성을 더 본질적인 요인으로 두려고 한다. 교육은 과거의 정전에 대해서도 그러하지만 미래의 정전에 대해서는 더욱 텍스트의 보편적 자질을 염두에 두고 개방적 관점을 가져야 할 것이다.

2. 정전을 향한 '문학'과 '교육'4)의 시선 차이

근대의 울타리 안에서, 정전은 문학과 교육의 화해적 호응을 매개하는 역할을 하였다. 그래서 대부분의 근대적 문학교육은 정전 교육의 방식으로 이루어지거나, 정전 의식의 과도한 개입을 허용하였다. 이는 물론 탈근대의 의식으로 보면 비판의 대상이 된다. 정전과 교육은 '학문중심 교육과정'의 흐름 안에서 잘 호응하였다. 텍스트의 형식과 구조를 학습하는 데 동원되는 작품도 일단은 정전의 브랜드를 필요조건으로 하였다.

'학문중심 교육과정'은 문학의 학문성을 강조하는 과정에서 문학사적 정전을 지식으로 강조하면서 정전주의를 강화시킨 면이 있다. 문학사 교육을 문학교육의 중요한 요소로 삼으려는 성향은, 문학교육의 교육과정론적 완성을 문학사 교육에 두려는 관점이라 할 수 있는데, 이는 문학 연구의 학문적 저수지를 문학사 기술에 두려는 학자 양성의 관점을 그대로 보통교육의 문학교육 마당에 전이시킨 것이라 할 수 있다. 학문

---

4) 이 글에서 '교육'은 '문학'과 대타 항목의 뜻으로 쓰고자 한다. 이때의 '문학'은 '문학교육'과도 일정한 대립항의 성격을 띤다. 따라서 '교육'은 문학교육이 지니는 교육 일반의 자질을 드러낼 때 사용되기도 하므로, 문맥에 따라서는 '교육'을 '문학교육'의 뜻으로 읽을 수도 있다.

중심 교육과정이 국가교육과정의 중심축에서 사라진 후에도, 오늘날까지 고등학교 문학교육 과정의 '숨어 있는 조직자'는 문학사라는 학문적 요소였다. 문학사가 문학교육 과정 내용의 중핵으로 작동하는 전통을 반드시 정전주의라고만 규정하는 것은 한계가 있지만, 그 영향과 결과로 문학교실이 정전의 병렬적 주입으로 치닫는 모습을 보인 것도 사실이다.

일찍이 학교라는 제도는 근대가 만들어 놓은 것 중에 가장 근대적인 것이었다. 지식과 기술의 대량 확산과 그것을 다시 생산 라인에 공급하는 메커니즘의 중심에 근대의 학교가 있었다는 것이 그것을 입증한다. 근대적 제도로서의 학교는 전근대 속의 기능화 되지 못한 인력(인간이 아닌)을 근대적으로 기능화하는 기관이었다. 계몽과 교화 그리고 기술화의 역할이 학교가 수행해야 할 근대적 소명처럼 보이기도 했다. 물론 이런 역할과 업적의 배경에 놓이는 학교 이데올로기는 자본과 기술의 이데올로기이다. 바로 이 대목에서 근대와 학교와 정전이 호응하는데, 이는 각각 시대와 제도와 텍스트의 방식이 호응하고 있음을 보여 주는 것이다. 정전은 근대화의 촉매와도 같은 역할을 학교 공간에서 수행한다. 요컨대 정전의 존재가 불가피하게 요청되는 상황이었다. 학교가 가르치는 모든 교과와 연루된 그 나름의 정전들이 대체로 이러한 기능에 봉사하였다. 문학 정전 또한 자의로 타의로 이러한 역할 메커니즘에서 멀어질 수 없었다. 여기까지는 정전을 두고 문학과 교육의 시선이 서로 일치하고 호응되어 맞물리는 장면이라 할 수 있다.

정전을 받아들이는 데 있어서 문학과 교육의 시선이 서로 일치하지 않는 국면도 있다. 정전 텍스트의 형식이나 교육 속에서 정전의 존재 위상을 보는 시선에서 문학과 교육은 상당한 편차를 보인다. 이는 물론 근대라는 자질과는 무관한 보편적 자질이다. 문학의 관습(커뮤니티)에서 정전을 일컫는 의식 속에는, 텍스트 자체를 하나의 독립적 우주로 보려는 인식이 들어 있다고 해야 할 것이다. 텍스트가 곧 우주라는 관점은 생산론의 관점에서 보면, 예술적 천재로서의 작가를 인식하려는 기저에서 생겨난다. 실제로 작가를 하나의 세계로 파악하고 해석하려는 의식은 문학 탐구의 오랜 관습이었고, 이는 문학을 포함하여 예술을 논리화하는 지적 전통으로 오래 동안 지위를 누려 왔다. 또한 작가를 예술적 장인으로 인식하는 연장선상에 문학 창작의 독자성(또는 절대성)이 올 수 있다. 그리하여 작가와 텍스트가 1 : 1로 수렴되는 인식의 방법으로 문학을 소통하고 기억한다. 이런 진술은 부정확한 것이 될 수도 있지만, 문학 커뮤니티 속에서 관습화 되어 있는 소통(지식 축적)의 한 현상이라는 점에서는 대체로 동의할 만하다.

텍스트의 수용과 영향이라는 입지에서 보면, 텍스트가 곧 우주라는 관점은 정전이 구경(究竟)의 지혜 내지는 섭리를 담고 있는 완결된 해석체라는 인식에 근거하는 것으로, 종교적 경전의 예에 이르면 극단화 된다. 정전 텍스트도 그에 준하는 관습을 가지고 있다는 것이다. 전통적으로 정전이 지니고 있다고 생각했던 '아우라'(그것은 사실 정전을 인식하는 문화적 관습의 현상일 수도 있다)는 텍스트의 우주성을 승인하고 믿는(추앙하는) 데서 비롯된다.

교육 쪽에서 보면 텍스트가 곧 우주라는 인식은 고전적 교육철학으로서 '지적 도야(知的 陶冶)'를 강조하던 시대의 인식론과는 어지간히 맞아 떨어지는 것이다. 그러나 약간의 차이는 있다. 예술 작품의 경우 작품의 형상화 기제가 텍스트를 우주에 유추하도록 하는 것을 가능하게 했다면, 교육에서 정전 텍스트의 가치를 절대화 했던 것은 교육 내용의 독점적 위상을 정전이 가졌기 때문이었다. 독점과 지배는 인과의 관계를 이룬다. 중세에는 권력 엘리트의 교양 자체가 교화(敎化)의 차원에서 이루어졌는데 그 중심 역할을 정전 텍스트가 맡았다. 르네상스 이후는 인본주의적 각성이 고전 정전에 대한 인식을 강화시켰고, 이후는 계몽주의 패러다임에 의한 사상의 자유로운 분출이 계몽주의적 정전들을 문학과 비문학에서 생산하였고, 이들 정전이 텍스트의 소통 확장과 더불어 계몽의식의 목적과 수단으로 작용했었다. 그 목적과 수단의 다른 이름이 바로 교육이었다.

그러나 이는 적어도 계몽주의 시대의 패러다임이다. 그 시대야말로 텍스트를 하나의 우주(지식과 가치의 우주)로 보았으며, 이는 교육에서 '도야'를 통해 인격의 총체성을 추구했던 것과 잘 호응을 이룰 수 있었던 때이다. 우리의 전통 교육은 유교 이데올로기로 전범화된 정전들이 하나의 체제화 된 커리큘럼보다 더 확고한 힘을 발휘하였다. 이들 정전이 과거 제도와 연계되어 그 확고함을 누렸던 것을 주목해야 할 것이다.

어쨌든 정전이라 불리는 특정의 텍스트를 가치 작용면에서 또는 소통면에서 다분히 독립된 것으로 상정하고, 그것의 의미와 가치를 지속적으로 재생산 하는 현상이 있어 왔다. 여기서 중요한 것은 정전이라는 존재를 작용면에서 독립적인 것으로 보려 한다는 것인데, 이는 정전 텍스트가 독립 변수로 설정되면서 다른 요소들(예컨대, 형식, 소통, 이념, 언어, 현실, 상상력, 역사, 심리, 사회화, 발달, 정신적 행동, 가치화, 태도 등등)이 그것의 종속변수가 되는 방식으로 정전 담론의 기제가 만들어짐을 의미한다. 이러한 인식은 오늘날에도 여전히 문학을 읽는 문화적 관습의 잔영으로 작용하는데, 여기에는 근대 이후에 이르기까지 문학연구의 관습적 단위가 작가론이나 작품론의 담론 방식으로 이루어지는 모습과도 깊은 연관이 있는 듯하다.

그런데 교육은 이와는 다르다. 정전이 그 자체로 독립적 교육 작용의 한 단위가 된다는 것을 그대로 수용하지 않으려는 기제를 교육은 가지고 있다. 이는 교육이 본래 '사람'(또는 발달)을 독립변수로 놓고 텍스트를 대상 변수 또는 종속 변수로 다루는 방식을 기획의 기본 구도로 하기 때문이다. 따라서 교육은 텍스트에 사람을 전적으로 의탁하는 방식을 택하지 않는다. 현대 교육으로 올수록 교육에서 정전 텍스트가 어떤 독자성을 차지하는 성향은 현저히 줄어든다. 요컨대 교육은 정전 텍스트를 교육적 기획 안에서 어떤 형태로든 변용한다.

여기서 말하는 '교육적 기획'이란 교육의 철학 또는 교육 방법 철학에 해당하는 것이다. 텍스트 자체를 우주로 설정할 수 있는 예술의 작용 인식에는 텍스트 그 자체가 곧 교육이라는 총체성의 개념을 유효하게 신봉한다. 그러나 교육(특히 근대적 제도로서의 교육)에서의 '기획'은 텍스트의 수단성을 필연적으로 부추긴다. 교육이 필연적으로 수반하는 '기획'은 우리가 흔히 말하는 '지식과 경험의 유의미적 선택', '인간 행동의 의도적 변화', '발달의 과업', '사회화', '경험의 내면화' 등으로 구체화 된다. 물론 여기에는 '가르치는 현상'이 공학적 체제를 작동하고, 인지적 과정을 조정 통제하고, 발달적 과업을 조직하는 여러 기제들의 복합적 체제임을 전제로 하는 것이다. 정전을 포함한 개별 텍스트는 이들 현대 교육의 복합적 체제 안에서 공학적으로 조직·배치되는 것을 피하기 어렵다. 그리고 그 배치마저도 여러 겹의 분절과 통합을 경험하도록 한다.[5]

---

5) 교육 체제는 가시적/불가시적 기제 양면에서 고찰되어야 한다. 이러한 복합적 교육체제 하에서 텍스트가 분절 통합되는 것은 수용자(학습자)의 위상에서 보면 경험의 분절과 통합을 뜻하며, 나아가 인지의 질적 발달과 연관된다. '분절'이 교육에서는 중요한 방법 철학이 되는데, 문학 쪽에서는 '정전의 분절'이란 별 의미가 없을 수 있다.

이 복합적 체제 속에서 의도적 분절과 통합을 경험함으로써 교육은 인간의 발달을 추동한다고 본다. 적어도 교육 현상의 실체적 과정은 그러하다. 그리고 이 발달의 과정을 통하여 교육은 지식과 가치를 생성하고, 소통시키고, 가치화(또는 기술화)하는 양상에 가 닿게 한다. 이러한 구도 자체가 하나의 우주에 해당하는 것이라 할 수 있는데, 그 자신 하나의 우주라고 할 수 있는 정전 텍스트는 이런 교육의 구도 속에 들어가자면 그 자신의 우주를 훼손하지 않은 채 존재하기가 어렵다. 교육은 온전하게 독립된 정전의 존재 방식을 허용치 않을 경우가 많은 것이다.

3. 문학교육 정전의 변화 맥락과 조건

문학을 비롯한 인문학이 세계 인식의 총체성을 어느 정도 담보할 수 있었던 근대까지는 하나의 출중한 정전은 그러한 총체성을 반영할 수 있었다. 또한 의미와 감동이 분리되지 않으면서, 정전 텍스트의 작용을 분석하고 검토함으로써, 상상력과 더불어 세계를 이해하고 인식할 수 있었다. 그런 의미에서 정전은 근대와 동류항으로 묶일 수 있는 소지를 가지고 있다.

그러나 근대가 가지고 있던 선조적 질서와 중심 지향적 통일성은 탈근대의 생태 변화와 더불어 급격히 해체된다. 세계를 개별 주체가 통어하지 못하는 데서 오는 주체의 분열이나 해체는 정전에 대한 전복을 불러오게 된다. 이전에 그 누구도 기술이 이념의 자리에 놓일 것으로 생각하지 못했다. 그러므로 방법이 내용 실체를 압도하는 가치 변환에 낯설어 한다. 정전은 내용 실체가 중요하다기보다 그것을 생성하고 작동하게 한 맥락이 더 중요하게 인식된다. 이런 인식에 무게중심이 계속 가해지다 보면 '정전'이라는 개념 자체에 수정이 올 수밖에 없다.

마찬가지로 근대는 교육을 더 이상 내용의 실체로만 기획할 수 없게 되었다. 교육은 텍스트(일종의 내용 개념)가 우위를 점하던 구도에서, 방법이나 활동이 더 상위 변수가 되는 구도로 변화를 겪고 있는 것이다. 중심과 주변의 빠른 교체가 이루어지고, 소통의 무한 확장으로 정전을 비롯한 모든 가치들의 지속성(duration)에도 급격한 변화가 온다. 이렇게 설명되는 탈근대의 정황에서 예술의 형식과 작용도 달라진다. 당연히 정전의 성립과 영향을 근대처럼 인정하려 하지 않는다.

이제는 그런 정전을 요구할 수 없게 되었다. 우선 문학 정전이 문화적 재생산의 중심 소스에 놓인다는 점을 재음미할 필요가 있다. 문화적 재생산에서 문학 정전이 담당하는 몫이 그만큼 줄어들었다는 것이다. 문학 정전으로부터 일차 번역되어 다른 문화적 장르로 재생성된 2차 텍스트들이 발휘하는 문화적 힘이 상대적으로 더 커지고 있다. 일차 텍스트로서의 문학이 2차 텍스트에 가할 수 있는 압력이나 구속력도 그리 강하지 않다. 아니 별개의 구심력을 가지고 있는 것처럼 보이기도 한다. 예컨대 일부 영화나 애니메이션, 뮤지컬 등이 그러하다. 해리포터와 마법사, 반지의 제왕, 이청준의 '서편제' 등에서 그러한 예를 찾아 볼 수 있다. 이는 분명 정전 텍스트 자체가 독자적으로 행사하던 문화적 힘과는 구분되는 그 무엇이다.

또 문학 정전 그 자체의 힘 못지않게 문학 정전을 매개하고 소통시키는 미디어의 힘이 문화적 재생산에 가하는 영향력이 점증되고 있다. 미디어의 자체의 작용 힘으로는 인터넷의 진화, 방송과 통신이 결합해 내는 DMB 시스템 등을 들 수 있는데, 이들 미디어 공간에서 문학 텍스트가 정전의 위상을 얻을 수 있는 가능성은 전통적인 문학성과 문학다움의 요소만으로는 한계가 있을 것이다. 문학성과 문학다움의 정체는 뒤로 밀리고 문화 콘텐츠로서의 문학이 운위되는 현상이야말로 문학 정전이 겪어내어야 할 과도기적 시련인지 모른다. 문학교육 정전의 바람직한 진화 모델을 고민할 수밖에 없다.

정전을 생성하게 하는 힘으로서 미디어의 힘은 텍스트의 자질과는 별개로 수용과 소통에 의한 기제를 진지하게 고려해야 한다. 정보화 기술 이데올로기 시대 미디어의 힘이란 단일하지 않고 상당히 중층적(重層的)이다. 그 중에서 문학교육이 유의할 점은 미디어로 인해서 정전을 형성 결정하는 힘이 오늘날에는 분명히 상향식(bottom up)의 작동 기제로도 나타난다는 점이다. 어떤 학문적 권위도 이제는 정전 결정에 직접적이고 우선적으로 영향을 미치기는 점점 어려워질 것이다. 문화적 권력 엘리트들이 정전을 독점적으로 결정하던 방식은 사라질 것이다.

미디어를 누가 움직이는가 하는 문제는 대단히 복합적이다. 정치권력이나 자본의 힘에 의한 작동만으로 설명되지 않는 면이 늘어나고 있는 것이다. 네티즌으로 일컬어지는 소통의 주역들이 일정한 발신자와 수신자의 역할을 역동적으로 해 내고 있음으로 해서 텍스트들을 어떤 중간 층위에서 해석하고 평가하는 양상을 보인다. 이 경우는 해석과 평가의 타당성보다도 해석과 평가에 관여하는 역동성과 소통성이 더 중요한 의미를 가질 수 있다. 역동성과 소통성이 타당성의 준거로 작용하는 양상을 보일 것이다. 역동성과 소통성은 그것이 이성과 감성의 요소를 모두 포함하면서 일종의 사실 차원의 지표로 드러날 수 있기 때문에 보다 새로운 차원의 준거로 작용한다. 이렇게 형성되는 정전류에 대해서 문학교육은 얼마만큼 자리를 내어 줄 것인가. 교육과정 결정에 학습 수요자의

참여가 어떤 방식으로이든 강화 보장되는 쪽으로 나아간다면6) 정전의
형성 구조는 새롭게 설정되어야 할 것이다. 그것은 이미 근대의 정전과
는 질적으로 상당히 다른 것이 될지도 모른다.

문학 정전이 문화적 재생산의 중심 영역에서 독점적 지위를 내어 주
고 있다는 것을 보여 주는 것으로 각종 문자 미디어 공간에서 월평 형식
으로 존재하던 문학비평이 사라지고 있는 것을 들 수 있다. 이는 문학
정전의 지니는 힘이 질적으로 또는 현상학적으로 변화되고 있다는 것과
무관하지 않다고 본다. 대신 그 자리에 다양한 문화 비평들이 대중적 지
향성을 가지고 들어와 있는 것은 정전 텍스트의 형태적 질적 변이를 보
여주는 것이라 할 수 있다. 이러한 변화를 문학교육은 유의해야 한다.

다음으로는 정전 아닌 것들에 대한 문화적 인식 또는 교육적 인식이
새로운 자리를 마련하고 있다는 점이다. 정전 아닌 것들에 대한 인식이
반드시 정전의 대타 개념으로 존재하는 것이 아니다. 이러한 인식은 세
계문학의 논의에서는 일찍이 있어 왔지만,7) 한국문학의 마당 안에서는

---

6) 교육과정 철학 분야에서의 이러한 움직임은 이미 탈근대의 교육과정 철학을 반영하고
   있는 것이다. 이는 근대의 지적도야 지향과 타일러의 전통주의를 반성하는 비판적·대
   안적 교육과정 철학으로 드러나고, 1980년대 이후 실천적 패다고지에 반영된 바 있다.
   문학교육은 문학의 패러다임과 교육의 패러다임이 상호교차 하는 지점에서 자기 위상을
   균형 있게 조회할 필요가 있다. 필자의 판단으로는 문학교육이 '문학교육의 철학과 인식
   론'의 영역에서는 문학 자체의 논리에 전적으로 기대어 있고, '문학교육의 수행 기능적
   영역'에서는 과도하게 교육학의 방법론에 기대고 있다.

7) 노벨 문학상 수상자인 나이지리아 출신의 휠레 소잉카의 주장이 설득력 있다. "정전에
   관해 논하는 사람들은 주로 유럽 문학전통의 문학작품에 이를 국한시키는 경향이 있다.
   어떤 텍스트로 문학교육의 저변을 형성해야 할 것에 대한 논쟁이 서양 인문학계에서 종
   종 이루어지는데, 나는 이런 논쟁이 문학과는 무관하다고 믿는다. 정전을 설정하는 것은
   다른 텍스트를 배제하는 '배제의 정전'을 낳기 마련이며, 이 배제는 종종 다른 문화권을
   겨냥한다. 유럽 문화에서 나온 어떤 특정 텍스트만을 전거(典據)로 삼아 신성시한다면
   아프리카 '순디아타의 서사시', 인도의 '우파니샤드' 등은 어떤 의미를 갖게 된다는 말인
   가?"('경계를 넘어 글쓰기－다문화 세계 속에서의 문학', 2000 서울국제문학포럼(2000. 9.
   26~28)에서 발표한 내용 중에서).

충분히 구체화 되지는 못했다. 따라서 정전 아닌 것들에 대한 교육적 가능성을 생각해 보아야 한다. 교육은 이에 대해서 이미 이론적 관점을 확보해 두고 있는데, 우리가 흔히 '영교육과정(零敎育課程, null curriculum)'이라고 부르는 것이 바로 그것이다. 현실 제도에 의하여 기득의 자리를 잡고 있는 현실 교육과정은 일종의 정전 개념을 지닌 것이라 한다면, 가르치지 않는, 가르치려고 선정해 보지 않았던 것들이 가지는 교육과정론적 함의를 생각해 보자는 것이다. '배제된 정전'을 연구하는 일은 '선택된 정전'의 이데올로기를 비판하는 일과 연결될 것이다. 그러나 그런 이항 대립의 정전 구도로 문학교육을 접근하기보다는 '극단의 정전'과 '극단의 비정전' 사이에 놓여 있는 무수한 중간 형태의 텍스트들에 대해서도 일정한 교육적 기능을 고려하는 쪽으로 시야를 정립하는 것이 바람직하다. 영교육과정의 개념을 융통성 있게 조정·적용하는 노력이 필요한 것이다. 이는 모두 교육이 열려서 유연해져야 한다는 것의 한 측면을 보여주는 것이기도 하다. 이처럼 정전 교육을 기획할 때, 정전의 대타항들을 무수히 대입해 보는 노력이 문학교육에 있어야 할 것이다.

문학 정전을 지식·예술의 시장에서 소통의 과정을 통해서 생성하도록 해야 한다는 점도 새롭게 모색해야 할 항목이다. 시장에서의 소통을 통한 정전의 생성은 자본과 기술과 정보로 압축되는 현대사회에서 불가피한 것인지도 모른다. 타성 속에서 타자와의 긴장에 넘치는 교류를 잃어버린 예술은 박물관 속의 예술로 전락해 버릴 위험이 있다고 지적을 하는 이도 있다. 예술 시장에 의한 소통이 정전의 모든 것을 합리화하지는 않겠지만, 이런 관점 자체가 대두된다는 것을 주목해야 할 것이다.8)

---

8) "시장의 원리를 떠나서 예술은 발전할 수 없다. 예술을 후원하는 국가기관이나 다른 집단(이를테면 대기업)보다는 시장이 다양한 예술에 대해 훨씬 더 공정하기 때문이다. 극

정전 자체가 사라질 것이라고 예단하기는 힘들겠지만, 개별 정전의 개별성은 이전처럼 그렇게 막강하지는 않을 것으로 본다. 단일 텍스트로서의 정전이 발휘하는 정전의 광채나 특정 정전의 지배적 영향력은 점차 사라지게 될 것이다. 또 어떤 정전에 대한 절대적 평가도 점차 사라질 것으로 보인다. 정전에 대한 평가는 항상 상대적 평가와 더불어 반론의 평가를 공공연히 수반할 것이다. 앞으로의 정전 해석에서 간주관성(inter subjectivity)이 두드러지는 지적 문화적 풍토가 형성될 것으로 보이기 때문이다. 주체의 각성과 소통의 확장, 그리고 해석학적 순환이 강화되는 자리에서는 이성과 감성이 각기 중요한 인식론적 가치를 인정받으면서, 주관성과 주관성의 교섭을 통해 해석의 합리성을 넓혀 나갈 것이다. 문학교육에서 보다 다원적이고 다양한 교과서 시스템이 요청되는 이유가 여기에 있다.

교과서로 표상되던 정전의 개념 또한 급속한 수정을 거치게 될지도 모른다. 그리고 교과서 자체의 개별화가 빠른 속도로 일어날 가능성도 있다. 교육의 현장에서는 정전의 이데올로기가 교과서라는 체제를 통해 더욱 공고하게 화석화 된 면이 없지 않았다. 교과서의 획일성과 교과서가 빚어내는 권위주의 논리는 '근대'의 속성을 강하게 드러내는 것이라 할 수 있다. 근대의 자질을 가장 극명하게 표상한다는 '학교'야말로 '교과서'에 의해서 내용과 운영의 콘텐츠를 구축할 수 있었다고 할 수 있기 때문이다.

교과서가 지니고 있던 '정전의 집'이라는 역할이 어떤 형태로이든 변

단적인 대조일지 모르지만, 시장에 의해 문학작품의 정전이 형성되어 가는 사회는 국가가 문학작품의 정전을 정하는 사회보다는 훨씬 더 예술에 대해 열려 있고, 예술의 자유로움을 가능하게 하는 사회인 것이다."(김태환, 문학의 질서—현대 문학이론의 문제, 작가마당, 2007, 제10장 참조).

화된다면, 정전의 새로운 서식지는 어디가 될 수 있을 것인가. 문학 체험의 주된 공간이 교과서 공간 아닌 쪽으로 옮겨 갈 수는 없는 것인가. 최소한 교과서와 병존하는 또 다른 텍스트의 집결지는 어디가 적합할 것인가. 그 지점이 바로 문학교육이 재편성되어야 할 지점이고, 문학교육의 새 전환점이라고 본다. 대학이 고수하고 있는 '학문으로서의 문학'과, 문화 시장의 역동성 속에 소통되고 있는 '현상으로서의 문학', 이 양자가 상호침투를 통해 문학교육과 문학 정전의 새로운 양상을 부각시켜 갈 것이다. 기존의 정전 개념으로 무장된 교사들은 점차 사라질 것이다. 초등학교나 중학교에서 일부 교사들은 대학의 교사양성 커리큘럼에서 습득한 문학 정전들을 그대로 교실에 이식하지 않는다. 이러한 양상은 좀 더 보편화 될 것이다. 여기에는 문학에 대한 다원적 기획을 텍스트 차원이 아닌 수용자 차원에서 꾸준히 개발하고 있는 우리의 출판 시장의 변화 또한 중요한 몫을 하고 있다. 이는 별도의 고찰을 요하는 문제이다.

4. 문학교육의 미래와 문학 정전 인식의 변화

보통 교육으로서의 문학교육은 텍스트 중심에서 수용자 중심 또는 소통성 중심으로 더욱 빠르게 옮겨 갈 가능성이 높다. 이렇듯 문학교육 환경에 변화가 옴에 따라, 정전 그 자체보다도 정전 현상에 대한 주목을 더욱 예민하게 할 것이다. 정전 현상이란 정전성을 띤 문학 텍스트들(또는 문학과 상호성을 가지는 텍스트들)이 문화적 소통이 다양하게 이루어지는 데에 맞물려서, 매우 역동적이고도 입체적인 의미 작용을 해나가는 양태라 할 수 있다. 이는 물론 특정의 단일 텍스트 자체를 정전으로 규정하고, 그 정전의 가치가 배타적으로 설정되는 방식의 기존 정전의 관점과는 거리를 가지는 것이라 할 수 있다. 문학교육은 이러한 '정전 현상'을 통찰하면서, 그것의 내적 조건이 무엇인지를 살펴서 문학교육의 목적과 호응될 수 있는지를 검색해야 한다.

첫째로 이들 정전 현상은 지속적 소통성을 보임으로써 가치를 인정받는다. 어떤 정전이 문화적 영향력과 소통력이 있다 하더라도 그것이 일시적인 것에 머문다면 다분히 부정적인 대중문화(mass culture)의 흔적일 가능성이 많다. 현대 사회에서 소통의 지속성이란 텍스트의 내재적 전이력이 크다는 것을 의미한다. 이는 전통적 정전이 지녔던 속성이기도 한데, 다만 오늘날의 정전 현상은 그 소통의 지속성이 장르 가로지르기를 통해 보다 뚜렷하게 드러난다는 점이 특징이라 할 수 있다. 바람직한 정전 현상은 어떤 제도적 권위에 의해서 규정되기보다는 대중 일반의 상향식 기제에 의한 것에 더 많이 좌우되는 것이라 볼 수 있다.

둘째, 이러한 정전 현상을 좁은 범주의 문학교육 관점으로만 포착하지 말고, 널리 교육 일반에 작용하는 정전 현상의 영향과 효과를 동시에 고려하는 안목이 필요하다. 그리고 그러한 교육적 효용이 다시 문학교육에 가해 오는 의미 있는 자질이 무엇인지를 보아야 할 것이다. 앞으로의 문학교육은 문학교육 아닌 영역과 보다 유연하고 강한 상호성을 발현할 수 있는 방향으로 나아가야 할 것이다. 교육의 효용 면에서도 그렇고, 문학의 작용태가 넓어진다는 점에서도 그렇다. 특히 보통교육의 장면에서는 더욱 그러하다. 현대 사회에서는 교육도 수요의 측면에서 정합성을 보장받을 수 있어야 한다. 수요란 말을 문학교육의 차원에서 번역하면, '수요'는 '소통성'과 동의어이다. 이러한 관점은 정전의 차원에서는 별

의미를 가질 수 없는 것이지만, 정전 현상의 차원에서는 중요하게 부각된다.

셋째, 정전 현상은 문학이 타 영역으로의 가로지르기를 할 수 있는 가능성을 의미 있게 포함한다. 정전 자체에 고착될 때는 문학이 타 영역으로 가로지르기 해 나가는 것을 권장할 수 없었다. 문학의 타 영역 가로지르기는 교육 수요를 확충하는 측면도 있지만, 질적으로 더 중요한 것이 있다. 그것은 예술 형식의 재생산이나 문화적 재현의 역량을 길러 줄 수 있다는 점이다. 이렇게 보면 정전 현상은 문학 정전이 텍스트 외부를 향해서 가지고 있는 코드를 자연스럽게 연결하고, 그 연결을 다시 매개하는 네트워킹의 모습으로 이해될 수도 있다. 전통적 정전에서 발현되던 문화적 재생산이 가치나 이념을 지배 권력 차원에서 확장하고 이어지게 하는 것으로 설명되었다면, 문학 텍스트의 타 영역 가로지르기는(이념 재생산의 측면도 물론 있겠지만) 문학 정전이 다양한 상호주관성의 코드를 가지고 문화적 소통의 자리로 꾸준히 나아감을 강조하는 측면이 크다고 할 수 있다.

넷째, 정전 현상의 개념에는 텍스트에 대한 해석학적 순환을 강조하는 의미가 들어 있다. 정전 현상은 문학 텍스트(또는 문학 텍스트에 연관되어 이차로 생산되는 텍스트를 포함하여)로 하여금 다양한 대응 담론을 만들어내는 현상이다. 정전이라 일컬을 수 있는 텍스트들에 대해서 생산적 안티 담론이 자유롭게 그리고 자연스럽게 생성될 수 있다면, 그것은 정전 현상의 주요 자질을 잘 보여 주는 것이라 할 수 있다. 정보화 사회가 열린 기제를 빠른 속도로 배가시키고 있다는 사실은 닫힌 정전을 더 이상 허용치 않음을 말해 주는 것이다. 닫힌 정전에 맞서는 열린 정전이 바로 정전 현상을 일컫는 말이다. 예컨대 디지털 기술과 인터넷 문화의 발달로 이런 자질들이 새롭게 진화되고 있음을 주목해야 할 것이다.

정전 현상의 개념을 승인한다면, 문학교육에서는 단일 텍스트로서의 '정전'을 넘어서서 '새로운 정전형(正典型)'을 모색할 필요가 있다.

현재의 정전형(正典型)은 텍스트에 의한 이념의 작용을 중심으로 형성된 유형이다. 그리고 그 이념은 일반적으로 현실주의에 바탕을 두고 형성된 것이라 할 수 있다. 정전을 논하는 방식, 정전의 형성 모드를 다른 방식으로 운위할 수는 없겠는가. 적어도 이러한 정전 모드를 두 개 이상 다원적으로 상정하고 활용할 수는 없겠는가. 문학교육의 상황이 다양하고, 문학교육이 이루어지는 층위와 대상이 다양하므로 그 다양성에 부응하는 데에 효과적으로 기여할 수 있는 정전형을 새롭게 창출해 볼 수 있을 것이다. 다만 그 다양한 정전형을 어떤 공학적 도식으로 받아들이거나 형식적 유형들이 열거되는 것으로 몰고 가서는 안 될 것이다. 유형을 위한 유형으로 전락할 우려가 있기 때문이다.

그런 점에서 특정의 문학 텍스트가 발휘하는 '지금 여기'의 소통성은 그 텍스트가 지니는 '현재의 정전성'을 가늠하는 중요한 자질 중의 하나로 포함시켜야 한다. '텍스트의 소통성'과 '텍스트의 지적 자질'은 경우에 따라서는 서로 충돌할 수도 있을지 모른다. 문학교육에서 텍스트의 소통성을 정전적 자질의 하나로 강조할 때는, 소통에서의 발신과 수신의 특성, 그리고 소통성에 기여하는 컨텍스트의 요건을 보다 정교하게 교육적으로 범주화하거나 조건화하는 방식으로 접근하는 것이 바람직하다.

예컨대 미학적 양식의 한 전범으로서, 특정 유형의 정전형(正典型)을 모색할 수 있다. 문학의 문학성을 미적 양식의 차원에서 학습하려 한다면, 미학적 양식의 전범으로서 어떤 정전형을 상정해 볼 수 있다. 즉 미적 경험을 의미화하는 교육에서, 그 미적 경험을 가장 반듯하게 형식화하는 정전 경험을 교육은 요청한다. 미적 경험을 문학 텍스트라는 교육 질료 위에서 추구할 때, 그 목적에 가장 적절한 전범을 보여주는 텍스트를 미학적 양식으로서의 정전형이라 할 수 있을 것이다. 현실주의 이념 반영물로서의 정전형과는 구분되는 정전형을 상정할 수 있는 것이다. 이러한 정전형 상정을 굳이 '교육을 위해서'라고 말할 수 있는 것은 교육의 구체적 활동에서 정전은 경험의 모델이면서 동시에 형식의 모델을 동시에 제공할 수 있는 것이 되어야 하기 때문이다. 물론 이 경우 정전은 그 전범성 발휘에 있어서 제한적 성격을 지닐 수밖에 없다. 물론 정전을 운위 해 온 기존의 맥락에서는 이것을 '정전'이라고 인정해 주기 어려운 구석이 있을 것이다.

근대와 호응하던 정전이 탈근대의 상황에서 여러 가지 이형태로 변이되는 모습을 겪는다. 이 가운데에는 근대 교육이 강조하던 기능적 효율성에 저항하여 비판주의 패러다임이 일어나기도 했지만, 또 그 중에는 본질주의(또는 지적 도야주의)가 복고조의(그러나 복고 그 자체는 아닌) 방식으로 교육의 탈근대적 자질을 추구한다. 문학교육에서의 정전 위상은 일단 이러한 교육 일반의 저류에 연관되어 있다.

교육용 정전은 두 차원의 정전형으로 구분해서 접근할 수 있을 것이다. 하나는 정전 텍스트를 교육의 내재적(본질적) 가치와 대응하는 측면에서 접근하는 것이고, 다른 하나는 특정 텍스트를 교육의 공학적 기제와 대응시키는 차원에서 접근하는 것이다.9) 전자가 교육의 가치 본질과

---

9) 최지현은 정전성(canonicity)을 1) 가치 있는 작품의 선별과, 2) 전승의 가치를 창출하고, 3) 제도화된 교육을 통한 향유의 지속성과 준거성 부여 등으로 파악하여, 정전을 가치체계로서의 외인적 요소와 '자기 충족성'에 의한 내인적 요소('진리성, 근원성, 규범성')로 분석하였다. 문학교육의 차원에서 정전성을 논구함에는 교육의 공학적 기제 또는 교육적

교육철학에 상호성을 가지는 것이라면, 후자는 교육의 공학적 체제 속에서 생겨나는, 여러 층위의 '교육목표'에 대응되는 것이라 할 수 있다. 그런 면에서 정전 그 자체가 목적이라기보다는 다분히 수단적 성격을 띠는 측면을 가진다. 물론 '새로운 정전형'을 옹립하자는 주장을 하다가 여기까지 왔지만, 다시 또 이런 것을 굳이 정전이라는 이름으로 불러야 할지도 생각해 보아야 할 것이다. 새로운 정전형을 유효하게 만든다는 것이 상당한 혼돈을 필요 과정으로 삼아야 함을 보여주는 것이라 할 수 있다. 그러나 교육의 내재 가치에 호응하는 문학 정전형은 언제나 상당히 열려 있다.[10] 이 점이 문학 정전성의 가장 소중한 내적 가치가 아닐지 모르겠다.

5. 결론—문학교육 정전의 새로운 모색

이런 인식을 전제로 문학교육과 문학 정전의 관계는 다음과 같은 몇 가지 새로운 변화와 더불어 새로운 모색을 구할 수 있을 것으로 본다.

첫째, 정전 자체를 교육 내용으로 표방하는 교육보다는 문학을 향유하는 학생의 문학행위와 문학활동을 중심부에 놓고 정전을 그것에 연계하

소통의 요인을 중시해야 할 것이다. 이는 전술한 외인적 요소에 깊이 관련되면서도 내인적 요소와도 상당한 상호작용을 하는 영역이라 할 수 있다(최지현, 「문학교육에서 정전과 학습자의 정서 체험이 갖는 위계적 구조에 관한 연구」, 『문학교육학』 제5호, 한국문학교육학회, 2000).

10) 교육의 내재적 가치와 호응하는 차원의 정전이란 텍스트의 전체성과 절대성이 어느 정도 전제되는 정전 개념이 자리 잡는다. 이를테면 '도야'라는 교육의 내재적 가치에 호응하는 성장소설로서의 '데미안'이나 '카라마조프가의 형제들' 같은 것을 생각해 볼 수 있다.

는 문학교육의 형질이 모색되어야 할 것이다. 이는 문학 수용자의 해석이 텍스트에 선행한다는 인식을 반영하는 것이기도 하다. 텍스트에 선행하는 해석의 활동을 중시하는 것은 텍스트의 해방을 의미한다. 이때 해석이란 학습자의 삶과 상상력을 문학교육(문학 수용)의 중심에 둔다는 것을 의미한다. 보통교육에서 이루어지는 문학교육의 행태가 문학을 학문으로 연구하는 행태와 같은 구조를 가지는 것도 아니고 같은 층위를 유지하는 것도 아니다. 특정의 문학 정전이 문학교육의 내용 명제로 독점적 지위를 지속적으로 누리는 것은, 문학교육의 내용을 지식 중심으로 배치하는 것이 되고, 학습자인 인간은 그 지식에 의해서 대상화 되는 구도로 흐르기 쉽다.

요컨대 문학교육이 정전을 대하는 방식은 달라져야 한다. 정전 그 자체를 지식으로 몰입하는 문학교육을 반성하고, 대신에 콘텍스트 또는 문학에 대한 경험적 네트워킹을 더 중요하게 여기는 문학교육의 추구를 의미한다. 이는 기왕에 '문학을 통한 교육'으로도 운위된 바 있으며, 미래의 문학교육이 살아 있는 역동성을 가지자면 콘텍스트의 확장이 필요함을 역설한 것이다.

둘째, 소통 현상 중심으로 정전을 포착하여 경험하게 해 주는 정전 교육으로 진화될 필요가 있다. 문학교실이 화석화 된 정전의 모습에 지배되지 않아야 한다는 점을 주목해야 한다. 화석화 된 정전이란 작품과 삶이 혼효되는 데서 오는 작품의 향훈은 사라지고, 교조화 된 메시지로만 남은 정전이다. 바람직한 문학 정전의 소통은 문학교실에서도 요청되는 것이라 할 수 있는데, 그것은 학생들로 하여금 정전이 살아 움직이는 생태적 공간을 경험하는 과정에서 정전에 대한 수용이 이루어지도록 하는 것이다. 요컨대 정전의 작용태(作用態)를 확장하는 것이 미래의 문학교육

수요에 부응하는 것이라 할 수 있다. 물론 그 확장은 정전을 실제적이고도 경험적으로 교섭하는 것이다. 그러기 위해서는 다음 두 가지의 노력이 경주되어야 한다.

하나는 단일한 '정전(正典)'이 아닌, '정전군(正典群)'을 지속적으로 구축해 나가는 일이다. '정전군(正典群)'은 특정 문학 사조가 소수의 단일 정전에 지배되던 경직성에서 벗어나 정전의 폭과 소통 코드를 더욱 확장해 가기 위해서, 일정한 성향을 반영하는 정전들을 다양하게 둔다거나, 어떤 특정의 정전에 대해서 대안적 정전을 함께 구축해 주는 것을 말한다. 그러니까 정전군(正典群)은 문학교육의 교육과정 설계에서 유효한 교육적 개념이라 할 수 있는데, 이는 이미 해체의 인식론을 경험한 문학 일반의 영역에서도 겪어야 할 변화로 예측된다.11)

다른 하나는 정전 범주의 분화와 확장이 요청된다. 그냥 정전이 아니라, 어떠어떠한 범주에서 정전 자질을 보이는 작품들이 어떤 방식으로 존재한다는 인식이 필요하다. 정전 범주의 분화와 확장은 달리 말하면 문학교육의 교육과정 준거이다. 문학교육의 교육과정 준거란 항상 '지금 여기'의 교육적 환경과 요구에 부응함으로써 개발되는 것이다. 그 중에서도 학습자의 환경과 요구가 중요하다. 기존의 우리가 지녀왔던 정전의 고답성과 경직성으로는 이러한 변화 요구와 조건에 부응할 수 없다. 지역적 차원에서 아시아 아프리카 문학, 문화이론적 차원에서 대중문학,

---

11) 여기에 대해서는 상호텍스트성으로 설명되는 탈근대의 문예의식으로 탈근대의 정전을 접근해야 한다는 김창원의 논리가 설득력을 얻는다. "미학과 윤리학의 외장을 쓴 절대주의적 관점조차 여러 정전관 중 하나에 불과하며, 진정한 정전현상은 절대주의와 상대주의에 기초한 다양한 정전들의 대비 그 자체가 된다. 그 결과 정전은 하나의 집합명사가 아니라 군집명사로서의 정전군(正典群)이 되고, 명사로서의 정전이 아니라 동사로서의 정전행위가 되며, 평면적인 나열이 아니라 상호텍스트적으로 연계된 구조가 된다." (김창원, 「시교육과 정전의 문제」, 『한국시학연구』 제19호, 한국시학회, 2007, 74~75면).

통섭적 인식론의 차원에서 다른 장르와의 상호교섭성, 사회적 주제(issue)와 관련하여 더 많은 주제론적 범주에서 정전 범주의 분화와 확장은 꾸준히 요청된다.

셋째, 위에서 언급한 문제를 교양교육의 관점에서 보면, 문학 정전을 배움으로써 교양적 도야를 꾀한다고 생각했던 문학 정전 효용론이 도전을 받고 있다는 점을 생각해 볼 수 있다. 도야를 위하여 문학 정전의 효용을 강조하던 교양교육도 그 전체적 위상이 달라져 가고 있다는 것이다. 이는 인문학과 사회과학의 경계역이 점차로 확대됨으로 해서 생겨나는 현상이라고도 할 수 있다. 전반적으로 인문성의 가치가 사회적인 것의 가치(사회과학의 가치)와 혼융되거나 대체되는 성향과 연관된다. 도야의 사회적 측면이 강조되면서, 도야를 전적으로 문학이나 철학에 의존하지 아니하는 현상들이 생겨나고 있다. 도야의 기능적 측면이 강조되는 것이 그 예이다. 이는 일종의 탈근대와 상관되는 개념으로 해석할 수도 있는데,12) 도야라는 교육의 본질적 가치를 학습하는 데에 문학 정전에 의한 접근의 유효성이 다른 요소들에 의해서 잠식되고 있음을 알게 해 준다. 그 다른 요소들이 무엇이겠는가를 밝히는 것이 탈근대의 문학교육 방향을 짐작하게 해 줄 것이다.

넷째, 문학교육에서 정전 연구는 학생 수용자 관련 변인을 독립변수로 설정해 두어야 한다. 이는 문학연구 일반에서 정전을 연구하는 것과 가장 중요한 차별성을 가진다. 정전을 수용하는 수용자의 코드를 구명하고, 수용자별로 나타나는 개별성에 대한 섬세한 연구를 문학교육에 적용

---

12) 근대교육사상 및 교육제도에서 '도야'가 근대적 성격의 산물임(적어도 근대와 연관하여 도야의 질적 변화가 근대의 방식으로 일어났음)을 밝히는 연구가 필요하다. 정전의 근대적 위상과 탈근대적 의미 모색은 문학교육에서는 매우 중요한 연구과제이다.

해야 한다. 이는 필연적으로 정전에 대한 해석의 다양성을 받아들이는 데서 문학교육이 출발할 수 있음을 말한다. 기존의 문학교육에서 정전이 늘 텍스트 우위(또는 생산자 우위, 해설자 우위)의 문학교육관을 강화해 온 것이라면, 정전을 수용자 우위의 문학교육관으로 접근할 수는 있는 교육과정 설계를 도모해야 한다. 그렇게 함으로써 정전이 강령의 자리에서 내려와야 한다. 이는 정전에 대한 교육방법의 다양성 개발 필요함을 강조하는 것인 동시에, 정전 해석의 단일성에 대한 반성을 촉구하는 일이기도 하다.

끝으로 고전적 관점의 정전 교육이 지니는 보수적 가치를 그대로 존중하여 아주 엄정한 정전 교육의 과정을 복원하듯 살려서 하는, 그런 문학교육 과정의 트랙이 필요하다고 본다. 정전 교육의 다원성을 담보하는 차원에서 이런 교육과정 트랙이 필요하다는 것이다. 물론 이는 표준화된 모델이 아니고, 보편의 교육방법으로 강제할 일이 아니다. 일반인이 해병대 병영에서의 극기 훈련에 참가하는 것처럼 어디까지나 자발적 과정이 되어야 한다. 정전의 해방이 중요한 것처럼 정전을 가르치는 방법도 다원성을 통해 해방되어야 하기 때문이다.

이러한 정전 교육은 문학 학자를 기르는 교육과정과 연동될 수 있으면 더욱 바람직하다. 텍스트의 언어적 실체를 정밀하게 파악하여, 텍스트를 언어와 양식으로서 구체적으로 지각하는 체험을 의도적으로 강화할 필요가 있다. 선택적 과정으로 운영하여 자발성 있는 문학교육 수요를 생성할 필요가 있다. 이 과정에서는 정전에 대한 해석 텍스트들을 꼼꼼하게 읽어내는 정전 교육이 수반되어야 하며, 그 과정에서 저항적 해석과 순응적 해석 또한 정전군을 통하여 이루어지게 하는 것이다. 그리하여 그 사이의 중간항들이 문학 교실에서 역동적으로 교호하게 하는 문학교육을 지향해야 한다. 이러한 접근은 고식적 함정에 빠져 있는 문학사 교육(문화사 교육)의 새로운 소명과 출구로서 기능할 수 있을지도 모른다. 아마 선진 교육 모델로서 앞으로는 이런 방식의 복선적 교육과정을 강구하게 될 것이다. 현재 운위되고 있는 문학영재교육의 교육과정 가능태로서 설정해 볼 수 있다. 부언하지만 이는 문학 정전 교육의 다원적 접근 중 하나이다.

참고문헌

고규진, 「다문화시대의 문학 정전」, 『독일언어문학』 제23집, 독일언어문학회, 2004.
김성기 편, 『모더니티란 무엇인가』, 민음사, 1994.
김태환, 『문학의 질서—현대 문학이론의 문제』, 작가마당, 2007.
김창원, 「시교육과 정전의 문제」, 『한국시학연구』 제19호, 한국시학회, 2007.
라영균, 「정전과 문학교육」, 『독어교육』 26집, 한국독어독문학교육학회, 2003.
유제분, 「영미 청소년문학, 영어교육 그리고 젠더—Louis Sachar의 Holes를 중심으로」
    http://home.pusan.ac.kr : 8000/~jbyu/bbs/zboard.php?id=board&no=27, 2006.
정재찬, 『문학교육의 현상과 인식』, 도서출판 역락, 2004.
최지현, 「문학교육에서 정전과 학습자의 정서 체험이 갖는 위계적 구조에 관한 연구」,
    『문학교육학』 제5호, 한국문학교육학회, 2000.
하윤금, 「문화연구의 패러다임」, 『진보평론』 14호, 2002년 겨울호.
스튜어트 홀, 임영호 편역, 「문화연구의 두 가지 패러다임」, 『스튜어트 홀의 문화이론』,
    한나라, 1996.

제 2 장

한국의 문학교육과 정전 : 그 역사와 의미

윤 여 탁

서울대학교 국어교육과

1. 정전이란 무엇인가

정전에 대해서 논의하는 이런저런 글에 '약방의 감초'처럼 나오는 정의(定義)를 인용하면서 이 글을 시작하고자 한다. '정전(正典, canon)'은 측정의 도구로 사용된 '갈대'나 '장대'를 의미하는 고대 그리스의 'kanon'에서 유래한 말이었으며, 이후 'kanon'은 '규칙' 혹은 '법'이라는 제2의 의미를 가지게 되었다.[1] 문학 연구나 문학교육에서 보존하거나 학습할 가치가 있는 텍스트나 작가의 목록을 말하는 것으로, 유럽에서는 20세기 이후 문화(culture) 개념이 확장되면서 정전 목록의 대표성과 객관성에 대해서 의문이 제기되면서 정전 목록을 해체해야 한다는 논쟁이 전개되었다.

이와 같은 정전이 구성되는 원리는 대략 세 가지로 설명된다. 그 하나는 정전 자체가 가지고 있는 속성과 힘이 사람들로 하여금 그것을 선택하게 한다는 것이며, 다른 하나는 권력과 문화적 헤게모니(hegemony)를 가진 집단이 그들의 헤게모니를 정당화하기 위한 이념적 형식으로 그것을 선택한다는 것이다. 마지막으로는 사람들의 의도와 직접적인 관계없이 더 광범한 문화의 운동 법칙에 의해 구성된다는 견해가 있다.[2]

그 첫 번째 관점은 정전 텍스트가 지닌 고전적 가치 때문에 자연스럽게 그 가치를 인정받으면서, 독자나 학습자들에게 모범으로 작용한다는

---

1) J. Guillory, 박찬부 역, 「정전」, 『문학연구를 위한 비평용어』(프랭크 랜트리키아 외 공편), 한신문화사, 1994, 303~325면.
2) 송무, 『영문학에 대한 반성』, 민음사, 1997, 344면.

정전에 관한 가장 기본적인 견해이다. 이에 비하여 정전을 헤게모니 투쟁의 산물로 보는 두 번째 관점은, 문학을 포함한 문화 현상을 정치나 정치적 이데올로기와 분리될 수 없는 것이라는 경쟁의 관점에서 출발하고 있다. 마지막으로 문화 법칙에 의하여 정전이 구성된다는 관점은, 교수·학습이 이루어지는 학교나 문화 상품을 생산·보급하는 문화 자본이 의도적으로 추구하는 문화 재생산의 결과를 반영하여 정전 목록이 정해진다는 주장이다.

이런 주장들은 정전이 종교적인 경전처럼 영원불변의 권위를 가지는 것이 아니라 현실 사회의 변화에 따라 새롭게 정해질 수 있음을 전제하고 있다. 예를 들면, 인종적인 차원에서는 흑인이나 유색인, 계급적 차원에서는 노동자나 농민, 성(gender)의 차원에서는 여성의 입장을 반영한 텍스트가 기존의 정전 텍스트를 대체하거나 추가되게 된다. 현대 사회에서는 개인주의 추구 성향이나 상업 자본과 미디어에 의해 생산된 통속문학이나 대중문학이 기존 정전의 지위를 끊임없이 위협하기도 한다.

이와 같은 정전은 우선 '선택(별)과 배제'의 원칙에 따라 구성된다. 예를 들면, 해방 이후 한국 문학교육에서 저항 문학과 순수문학, 민족주의 문학은 선택의 대상이었다. 이에 비하여 친일 문학이나 사회주의 문학 등과 같은 이념적인 경향의 문학은 배제의 대상이었다.[3] 이런 점은 서구의 문학사에서 고전주의와 낭만주의 경향의 문학이 정전으로 선택되었던 것에 비하여 모더니즘이나 제3세계 문학이 배제의 원칙에 따라 정전 목록에서 빠졌던 사실에서도 확인된다.

다음으로 정전은 '경쟁(합)과 타협'의 결과에 따라 구성된다. 서양에서

---

3) 윤여탁, 「시문학의 이데올로기와 교육」, 『국어교육』 71·72호, 한국국어교육연구회, 1990.
   정재찬, 「현대시 교육의 지배적 담론에 관한 연구」, 서울대 대학원, 1996.

는 성서, 동양에서는 불교나 유교의 경전이 정전으로서 절대적인 지위를 유지하였다. 그러나 문학 정전의 경우에는 새로운 경향의 문학으로부터 끊임없이 도전을 받게 된다. 모더니즘 문학이 기존 정전에 도전하였으며, 대중문학이나 미디어 문학이 새로운 문학 현상으로 등장하면서 정전의 지위를 위협하고 있다. 이에 따라 문학교육의 현장과 독서계에서 다양한 문학적 경향들이 서로 경쟁하게 되고, 궁극적으로는 타협을 통해서 정전으로서의 지위를 인정받거나 배제되게 된다.

또 정전은 '작품 정전', '작가 정전', '해석 정전'4) 등으로 구분되어 설명된다. 먼저 '작품 정전'은 '텍스트 정전'이라고도 하는데, 작품의 내용과 형식에 대한 역사적, 문학적, 교육적 평가의 결과에 따라 정전으로서의 지위를 인정받는 작품 목록을 말한다. 일반적으로 정전을 논의하는 기본적인 개념으로, 문학교육이나 문학사에서 특정 시기와 경향을 대표하는 문학 작품 목록을 말한다. 문학사에서 대표성을 지니는 작품을 창작한 작가의 목록을 정리한 '작가 정전'을 설정할 수 있는데, 이 개념이나 목록은 작품 정전과 관련하여 결정된다.

그리고 문학 작품에 대한 해석과 관련하여 정전 개념을 적용할 수 있는데, 이 개념은 문학 작품에 대해서 정설(定說)로 인정받는 해석이라고 할 수 있다. 즉 '해석 정전'은 해석 텍스트의 경쟁을 통해서 문학 작품에 대한 가치와 의미가 규정되는 원리를 적용한 개념이다. 이 해석 정전은 해석의 경쟁을 거쳐 정전적인 해석을 도출할 뿐만 아니라 작품이나 작가 정전을 재구성하기도 한다. 이 개념은 실체로서의 정전이라기보다는 정전을 지향하는 과정(정전화)에 작용한다는 점에서 경쟁이라는 정전의

---

4) 라영균, 「정전과 문학교육」, 『독어교육』 26집, 한국독어독문학교육학회, 2003, 138면.

특성을 잘 보여준다. 어떻든지 이와 같은 정전들은 각각 상호 교섭하면서 정립된 개념이라고 할 수 있다.

이밖에 '교육 정전'이라는 개념을 설정할 수 있는데, 이 개념은 학교 교육에서 교육 목적에 합당하게 정리된 텍스트와 텍스트 목록, 해석 텍스트를 말한다. 이 교육 정전은 교육에서 활용되는 원전 텍스트뿐만 아니라 원전 텍스트를 교육 목적이나 학습자의 위계에 따라 개작하거나 재조직한 텍스트들을 포함한다. 따라서 '교육 정전'에는 문학 작품뿐만 아니라 비문학 제재 등 다양한 텍스트와 해석, 그리고 이와 관련된 교수·학습 활동들이 포함되게 된다.

2. 정전 논의의 배경과 전개

앞에서 '문학 연구나 문학교육에서 보존하거나 학습할 가치가 있는 텍스트나 작가의 목록'이라고 정의한 정전에 대한 논의는 주로 정전 해체의 관점에서 영국과 미국으로부터 시작되었으며, 영미의 문학교육에서 대표적인 정전이라고 할 수 있는 『노튼 영문학 선집(*Norton Anthology of English Literature*)』5)에 수록된 작품을 중심으로 이루어졌던 문학교육의 관행에 대한 비판이었다. 1960년대 미국과 영국에서 성(여성), 계급(노동자), 인종(흑인이나 제3세계인), 종교(이슬람교), 민족(Hispanic)에 대한 차별에 대해서 문제를 제기했던 사회적 관심이 해체비평이라는 이론적 틀을 기반으

---

5) 1962년 'W. W Norton & Company' 출판사에서 낭만주의 문학 연구자인 M. H. Abrams가 편집하여 출간되었으며, 8쇄가 출판되고 있는 현재에는 신역사주의(New Historicism) 문학 이론가이자 셰익스피어 연구자인 Stephen Greenblatt가 편집에 참여하고 있다.

로 문학교육에도 영향을 주면서 정전 논의를 촉발하였다.

미국의 경우에는 다원주의적 관점에서 정전에 속하지 않는 여성, 흑인, 제3세계를 반영한 텍스트를 제도권으로 끌어들이려는 노력으로부터 시작되었으며, 영국의 경우에는 레이몬드 윌리엄스(Raymond Williams)로 대표되는 마르크스주의 문학과 학문 전통이 정전 시비를 촉발시켰다. 이 논의의 추이는 1960년대 사회적 문제 제기, 1970년대 문학계에서 논의 시작, 1980년대에 정전 해체 논쟁 전개, 1990년대 이 논쟁의 결과를 반영한 작품 선집(『노튼 영문학 선집』의 개정판)이나 제도권 선집과는 다른 관점에서 출간된 작품 선집(『히스(Heath) 미국 문학 선집』, 1989), 『노튼 미국 흑인 문학 선집』, 1997))의 간행으로 이어졌다. 또한 1990년대 들어서 『문학 연구를 위한 비평용어(*Critical Terms for Literary Study*)』(프랭크 렌트리키아 외 편, 1990)이나 『문학용어사전(*A Glossary of Literary Terms*) 개정판』(M. H. Abrams, 1993)에 '정전'이라는 항목이 나타나기 시작했다.[6]

한국 문학 연구와 문학교육에서는 1996~7년경에 미국과 영국에서의 정전 논의가 영문학계에 전해지면서 영문학을 중심으로 논의를 시작했으며, 이어 한국 문학계와 독문학계에 그 파장이 미치게 된다. 이처럼 1990년대 중반에 '정전'이라는 표제어를 내세워 논의를 본격화하였지만, 한국 문학사와 문학교육에서의 정전 논의는 해방 이후 문학 연구와 문학교육에 대한 비판이라는 형태로 일찍부터 시작되었다. 즉 한국 현대 문학 연구와 교육에서 반공 이데올로기 문학이나 순수 문학, 저항 문학의 주류성에 대한 비판과 일제 강점기 프로 문학이나 1960~1970년대 민중 문학으로 대표되는 리얼리즘 문학과 1930년대 이상, 1950년대 김

---

6) 유명숙, 「정전논쟁 : 그 허와 실」, 『안과 밖(영미문학연구)』 1호, 영미문학연구회, 1996, 110~118면.

수영, 그리고 1980년대 이후의 모더니즘 문학을 그 대안으로 제시하는 논의들이 지속적으로 전개되었다. 그 상징적인 예가 1988년에 이루어진 월북 및 납북 작가들의 작품에 대한 해금 조치라고 할 수 있다.

이 부분에서는 공시적(共時的)인 관점에서 한국 문학교육에서 정전의 의미를 간단히 살펴보고자 한다. 다음 부분에서 자세히 살펴보겠지만, 통시적(通時的)인 관점에서 근대 이전 한국 문학교육에서 정전은 『시경(詩經)』과 같은 경전이나 『동문선(東文選)』 등 전범(典範)이 존재하였다. 즉 서양 문학에서의 정전에 해당하는 작품과 작가 목록이 있었으며, 이 전범을 중심으로 문학교육이 이루어졌다. 이에 비하여 근대 이후에는 민족 문학 차원의 정전 수립이 불가능했던 일제 강점기를 겪어야 했으며, 해방 이후에는 남과 북의 분단으로 인하여 각기 다른 이데올로기에 봉사하는 문학 작품을 창작하거나 서로 다른 이데올로기를 반영한 문학 작품을 교수·학습하였다.

더구나 근대 이후 한국 문학 연구와 교육에서는 서양 문학에서의 정전에 해당하는 작품이나 작가 목록이 만들어진 적이 없다. 이런 측면에서 서양에서 제기되었던 정전 해체나 정전 교체 논의는 우리의 사정과는 거리가 멀다고 할 수 있다. 정전 목록이 없었으니 해체나 교체 논의도 가능하지 않다고 볼 수 있다. 또한 서양 문학의 모태와 기반이 되었던 다민족, 다문화, 다계급 사회의 특성이 한국의 상황과 같지 않았던 관계로, 이 문제에 대한 논의 역시 본질과는 다른 양상으로 전개될 수밖에 없었다. 1960~1970년대 이후 산업화로 인한 계급 문제의 대두, 21세기 들어서야 제기되고 있는 다문화 사회 문제, 다매체 시대의 대중문화 등이 뒤늦게 이 논의를 촉발시키는 계기를 제공하고 있을 뿐이다.

그럼에도 불구하고 한국 문학 연구와 문학교육에서 정전의 역할을 담당했던 목록들은 있었다. 그 대표적인 예가 해방 이후 초·중·고등학교의 교재였던 '국어' 교과서나 '문학' 교과서에 수록된 작품이나 작가 목록이다. 이 교과서 수록 작품이나 작가 목록은 '준정전(準正典)7) 또는 '의사(擬似) 정전'이라고 명명할 수 있는 것으로, 서양의 정전 목록이 문학교육을 염두에 두고 생성되었다는 점에서 서양의 정전에 가장 유사한 개념이라고 할 수 있다. 서양의 정전 목록과 같이 교과서 수록 작품은 문학사적 위상은 물론 교육 현장에서 절대적인 지위를 차지하고 있다. 그리고 이 '준정전' 목록은 그동안 국가 이데올로기를 재생산하는 교육목표 실현에 봉사하고 있다는 비판을 한 몸에 받기도 했다.

이처럼 제도권에서는 국어교육과 문학교육 현장을 중심으로 선택과 배제, 경쟁과 타협의 과정을 거치면서 준정전 목록이 형성되었으며, 이와는 좀 다른 각도에서 작품이나 작가 목록들이 끊임없이 제안되었다. '대안(代案) 정전'8) 또는 '은밀한 정전'이라고 명명되는 정전 개념으로, 교육부(현재 교육과학기술부)나 작가회의나 국어교사 모임, 대학교에서 제시하는 추천도서 목록, 출판사와 연구자들이 기획하여 출판한 문학선집 등이 이에 해당한다. 교육부 추천도서 목록, 서울대학교 추천 고전 200선, 서울대학교 권장도서, 입시 시장을 겨냥해서 출판된 중·고등학생들이 읽어야 할 문학 선집 등이다. 이외에도 상업적인 출판사가 기획하여 출간한 문학선집으로 미래사의 『한국대표시인100인선집』, 동아출판사의 『한국소설문학대계』, 창착과비평사의 『한국현대대표소설선』과 『창비시선』, 문학과지성사의 『한국문학선집』 등이 대안 정전 목록의 역할을 담

---

7) 이에 대해서는 윤여탁, 「교재 구성을 위한 현대시 정전」,(『리얼리즘의 시 정신과 시 교육』, 소명출판, 2003)의 284면을 참조할 것.
8) 임상훈, 「테크놀로지와 영문학 교육」, 김용권 외, 『영문학 교육과 연구의 문제들』, 한신문화사, 1998, 236면.

당하고 있다.

한국 문학 연구와 문학교육계에서 제시되었던 준정전이나 대안 정전 목록과는 다른 관점에서 정전 목록에 대한 문제 제기가 수시로 전개되었다. 그 예로 '준정전'이 저항 문학, 순수 문학, 고급 문학 중심이었다는 점을 비판하면서 모더니즘 문학이나 리얼리즘 문학, 대중문학 작품을 문학교육 제재로 선택해야 한다는 논의가 그 대표적인 예이다. 이 밖에도 친일 문학, 재외 동포 문학, 제3세계 문학 등이나 다문화적 관점을 반영하는 문학 작품에 대한 관심이 증대되고 있을 뿐만 아니라 여성 문학, 청소년 문학, 미디어 문학 등이 문학교육에 포함되어야 한다는 주장도 제기되고 있다. 이 개념은 '대항(對抗)9) 정전' 또는 '반정전(反正典)'이라고 명명할 수 있는데, 이와 같은 현상은 주류적인 경향이나 이론에 대항하여 제기되는 것으로 학문적 관점에서는 패러다임(paradigm)의 전환이라는 시각과도 관련이 있다.

이와 같은 정전은 종교적인 경전과 같이 불변의 목록이 아니라 항상 '대항 정전'과의 경쟁과 타협을 통해서 새로운 정전으로 탄생하게 된다. 영미 문학교육에서 『노튼 영문학 선집』이 이런 과정을 거쳐서 새롭게 출간되고 있고, 한국의 '준정전'인 교과서에 수록된 문학 작품 목록 역시 다양화, 다변화되고 있다.10) 그리고 이 정전을 교육적으로 활용하는 방법, 정전 목록이 차지하는 교육적 위상 등도 이전과 달라지면서, 서양

---

9) 윤여탁, 「대중문화와 교육」, 『선청어문』 21집, 서울대 국어교육과, 1993.
　　이 글에서 대중문화와 대중화론을 대항 문화라는 관점에서 논의하면서 '대항'의 개념을 그람시의 헤게모니와 문화운동론에서 설명하였다.
10) 윤여탁, 「교재 구성을 위한 현대시 정전」, 285~294면.
　　한국 문학교육이나 문학 연구에서 교과서 발행제도가 검정제로 바뀌면서 정전 해체 논의는 무의미해진 측면도 있다. 다만 검정제가 가지고 있는 족쇄가 또 다른 검열(저자들의 자기 검열은 물론 심사자들의 검열)로부터 자유스럽지 않다.

정전 논의의 핵심이었던 정전 해체나 정전 교체 논의가 한국 문학교육계에서는 그 힘을 상실했다고 할 수 있다.

3. 한국 문학교육에서 정전의 역사

이 부분에서는 한국 문학교육에서 정전 논의의 추이를 통시적인 관점에서 살펴보고자 한다. 구체적으로는 중세, 근대(애국계몽기(개화기), 일제강점기, 해방 이후), 현대(현재 또는 당대)로 구분하여 문학교육에서 정전의 수립, 역할과 기능에 대해서 논의할 것이다. 먼저 중세 시대의 문학교육에서는 동아시아의 보편 문학이 정전의 지위를 확고하게 자리를 잡고 있었다. 여기에 조선 사회의 특수성을 반영한 조선적인 문학이 부수적으로 정전의 자리를 지키고 있었으며, 중세가 해체되기 직전인 조선 시대 말기에 실학(實學) 사상의 영향으로 조선적인 것이 강화되는 추세를 보여 주었다.

중세 시대의 문학교육에는 유교 사회의 정치, 경제, 문화를 통치하는 원리였던 '사서삼경(四書三經)─『대학(大學)』, 『논어(論語)』, 『맹자(孟子)』, 『중용(中庸)』, 『시경(詩經)』, 『서경(書經)』, 『주역(周易)』'으로 대표되는 유교의 경전이 중심에 놓여 있다. 그리고 이를 본격적으로 학습하기 전에는 『천자문(千字文)』(주흥사), 『소학(小學)』(주자, 유자징), 『동몽선습(童蒙先習)』(박세무), 『격몽요결(擊蒙要訣)』(이이), 『명심보감(明心寶鑑)』(추적)을 배워야 했다. 이 정전 목록들은 주로 문자 학습과 도덕 교육, 정치 교육이 통합적으로 이루어지는 통합 교재였다. 이에 비하여 중세의 지식인들은 『시경』, 조식(曹植), 도연명(陶淵明) 등 위진(魏晉) 시대의 시문들과 한유(韓愈), 왕유(王

維), 유종원(柳宗元), 이백(李白), 두보(杜甫), 구양수(歐陽脩), 백낙천(白樂天) 등 당송(唐宋) 시대 문인들의 시문집과 같은 문학 작품을 통해서 문학을 하습하였다.

이처럼 중세의 문학교육은 '전범(典範)'을 중심으로 이루어졌으며, 구체적으로는 '학습(學習)'의 맥락에서 진행되었다.11) 즉 유교적인 경전은 물론 '시문선(詩文選)'을 암송(暗誦)하여야 했으며, 창작 방법의 측면에서는 용사(用事), 신의(新意)라는 원리를 적용하여 시문을 창작하여야 했다. 전범적인 시문에 대한 이해를 중심으로 하는 수용의 측면뿐만 아니라 암송을 활용하여 새로운 시문 창작을 목표로 했던 문학교육 방법이 보편화되었던 시기라고 할 수 있다.

이 시기 또 다른 특징은 동아시아 보편 정전뿐만 아니라 조선적인 정전이 추가된다는 점이다. 문자 학습이나 윤리 학습을 위해『동몽선습』이나『격몽요결』이 추가되었던 것처럼, 문학교육에서는『동문선(東文選)』(서거정 등, 1478)(『속동문선』(신용개 등, 1518),『신찬동문선』(송상기 등, 1713)) 등의 시문집이나『동인시화(東人詩話)』(서거정, 1474) 등의 '시화'를 통해서 조선적인 시문(詩文)을 학습하였다. 이런 현상은 일찍부터 모색되었던 동아시아 보편학과 구별되는 '동국학(東國學)'의 전통을 계승한 것이며, 영정조 시기에는 정약용 등에 의하여 '조선시'를 창작해야 한다는 국학 운동으로 발전하였다.12) 이 '조선시 운동'은 조선 후기 한시와 시조의 대중화와 사실주의적 창작 시기를 거쳐서 개화기 신채호의 '동국시계혁명(東國詩計革命)'13)으로 이어졌다.

---

11) 김성룡, 「典範 학습과 중세의 문학교육」,『문학교육학』1호, 한국문학교육학회, 1997, 275~287면.
12) 한영우, 「한국학의 개념과 분야」,『한국학연구』1집, 단국대학교 한국학연구소, 1994.
13) 임형택, 「'동국시계혁명'과 그 역사적 의의」,『한국문학사의 시각』, 창작과 비평사,

　　정치적인 측면에서 중세 시대의 상징이었던 조선이 멸망의 수순을 밟고 있던 애국계몽기(개화기)에는 과도기적인 모습을 보여주었다. '서당(書堂)'으로 대표되었던 중세의 학교가 근대의 학교로 바뀌게 될 뿐만 아니라, 근대의 분화(分化)된 학문 체계에 따라 개설된 교과를 교육해야 했다. 다만 국어교육에서는 고전적인 교재인 한문 학습과 새로운 시대가 요구하는 의사소통 중심의 새로운 문해력(文解力, literacy) 신장을 위한 언어 학습이 병행되었다. 예를 들면 '소학독본(小學讀本)'의 내용은 근대화와 관련된 계몽 의식을 고취하는 내용과 유교 경전을 활용한 한문 학습을 주된 교육 내용으로 하였다.[14)]

　　이 시기 '국어' 교과서는 ① 초기 내용 교과적 성격에서 후기 의사소통의 도구 교과적 성격으로의 변모, ② 비체계성 속에서 학년별 교재 개발 시도, ③ 한글로 표기된 국문을 강독하는 활동, ④ 발행 기관별로 내용이나 형식이 통일되지 않음, ⑤ 고학년으로 갈수록 한자, 한문이 많음, ⑥ 계몽과 정신 교육을 포괄하는 민족 교육과 통합 교육을 지향[15)]하고 있다. 예를 들어, 『신정심상소학』(1896)은 3권으로 발행되었는데, 1권의 1과 '학교(學校)', 3과 '의(蟻)', 4과 '동서남북(東西南北)', 8과 '농공상(農工商)', 3권의 1과 '만수성절(萬壽聖節)이라', 2과 '비호기롤권(勸)홈이라', 7과 '화성돈(華盛頓)의화(話)라', 11과 '영조조(英祖朝)게오서욕(褥)롤환급(還給)하신이이기라' 등 계몽적인 내용이 중심이었다.

1984.

14) 윤여탁, 「한국의 근대화와 국어교육－근대 계몽기와 일제 강점기를 중심으로」, 『국어교육』 117호, 한국어교육학회, 2005, 16~17면.

15) 김혜정, 「근대 계몽기 국어 교과서 내적 구성 원리 탐색」, 『국어교육연구』 11집, 서울대학교 국어교육연구소, 2003, 317~320면.

한국 근대 교육은 이상과 같은 애국계몽기(개화기)를 거쳐 한국어와 한국 문학교육이 제대로 이루어질 수 없었던 일제 강점기를 맞게 된다. 일제는 1911년 '조선교육령'을 공포하여 조선의 민족 교육을 통제하고 황국 신민화(皇國臣民化) 교육을 실시하기 위한 기반을 마련하였다. 이에 따라 일본어를 의사소통 언어, 다른 교과를 학습하기 위한 도구적인 언어, 정치적 문화적 상징어인 '국어(國語)'로 규정하였다. 이에 비하여 '조선어'와 조선어로 된 문학은 부수적이고 시혜적(施惠的)인 차원에서 실시된 외국어 교육 내용으로 취급되게 된다. 즉 일본어를 통해서 서구 문학과 아서구화(亞西歐化)된 일본 제국주의 문학을 보편 문학인 것처럼 배워야 했다. 조선 문학은 외국 문학으로 배우거나 일본어 학습에 중요한 내용인 한문(漢文)을 배우기 위한 수단으로 활용되었다.

일제 강점기에 외국어 교육으로 학습되었던 '조선어' 교과서의 특징은 ① 일상적 담화를 중심으로 하는 단원의 제재 선택, ② 일색화(日色化)되거나 일본적인 단원 제재, ③ 상식적인 이야기와 일화(逸話), 소화(笑話) 중심의 내용으로 수준이 저하됨, ④ 일본어 학습을 돕기 위한 일시적 도구 교과화[16] 등이었다. 예를 들어 『보통학교조선어독본』(1930~1935)은 6권이었는데, 2권의 1과 '봄', 9과 '웃으운 이야기', 27과 '명치절(明治節)', 28과 '개미와 벳장이', 5권의 2과 '신체검사(身體檢査)', 3과 '선거(選擧)', 11과 '퇴비제조(堆肥製造)' 14과 '의조은형제(兄弟)' 등의 내용이며, 문학 작품은 3권의 2과 '산(山)아산(山)아', 15과 '달', 4권의 13과 '촌부가(村夫歌)', 5권의 1과 '시조(時調)', 9과 '어부가(漁夫歌)', 21과 '심청(沈淸)', 6권의 2과 '시조5수(時調五首)'가 수록되어 있다.

---

16) 김혜정, 「근대 이후 국어과 교재 개발에 대한 사적 검토」, 『국어교육연구』 13집, 서울대학교 국어교육연구소, 2004, 417~418면.

　이처럼 애국계몽기(개화기)는 우리 근대 교육의 출발점이자 전환기였지만 일제의 강점으로 인해서 그 발전이나 모색이 중지될 수밖에 없었다. 그리고 한국 근대 교육을 파멸시켰던 일제의 식민지 교육은 민족어와 민족 문학교육과는 거리가 먼 맥락에서 이루어졌다. 민족 문화의 창달(暢達)을 위한 문화 언어나 의사소통 함양 또는 도구적 언어로서의 조선어 학습이 아니라 외국어로 학습되거나, 일본어 학습을 위한 일시적 도구 언어교육으로 전락하게 되었다. 이런 상황에서 한국 문학교육은 제대로 이루어질 수 없었다. 다만 근대 문인들에 의해서 창작된, 아서구화를 지향했던 근대 문학이 근대 지식인 집단의 문학교육 정전으로 등장하여, 부분적으로나마 그 역할을 담당했을 뿐이다.

　일제로부터의 해방은 정치, 문화적인 독립 국가 건설이라는 의미뿐만 아니라 진정한 민족 교육의 실천이라는 측면에서 획기적인 출발점으로 작용하였다. 즉 민족 국가 건설이라는 시대적 과제에 발맞추어 진정한 의미의 민족 문학이라는 이념을 지향하는 문학교육을 할 수 있게 되었던 것이다. 해방 직후에 좌우익 문단의 대립과 분열 속에서 '국어' 교과서 편수 업무(미군정청 학무국─후에 문교부)를 담당했던 이병기는 좌우 합작 노선을 지향하는 '국어' 교과서를 편찬하게 된다. 구체적으로는 『중등국어독본』(1946~1947)에는 외국 작가, 고전 작가와 현대의 좌우익 작가들의 작품을 골고루 배치하고 있다. 근대의 작가 44명 중에는 박태원, 정지용, 이기영, 이태준, 조명희, 이원조, 김기림, 홍명희, 임화, 오장환, 이병철 등 11명의 좌익 계열 작가들이 포함되어 있다. 그러나 1948년 단독 정부 수립 이후에는 우익 중심의 반공주의가 교과서에 적극적으로 개입하는 양상으로 변모하게 된다.[17]

해방 이후 좌익과 우익, 그리고 남과 북의 문학교육은 민족 문학을 지향했다는 공통점을 가지고 있다. 특히 남의 경우에는 남북 분단, 한국 전쟁을 거치면서 국어교육과 '국어' 교과서는 자유 민주주의와 반공 이데올로기라는 정치적 담론을 구현하는 민족 문학을 지향하게 된다. 즉 해방 직후 미군정기, 단독 정부 수립기, 한국 전쟁기를 포함하는 '교수요목기'를 거쳐서 1955년 이후 '교육과정기'로 이행되는 한국 교육의 역사 속에서, 한국의 문학교육은 전후 복구, 경제 개발 정책, 군부 독재, 민주화 운동 등 격동의 세월을 온몸으로 부딪치면서 그 책무를 감당해야 했다.

그동안 해방 이후의 국어교육이나 문학교육에 대해서는 비교적 깊이 있는 연구들이 진행되었다.[18] 이 연구들에 의하면 문학교육의 실제를 확인할 수 있는 국어 관련 교과서에 수록된 문학 작품들은 민족 문학이라는 가치 평가를 받았던 일제에 대한 저항 문학과 이데올로기로부터 거리가 있는 순수 문학(탈이데올로기를 지향한다는 점에서 역시 이데올로기적이지만)이 주로 선택되었다. 준정전이라고 할 수 있는 이 한국 문학 작품 목록들은 문학사적인 측면에서 검증된 작품, 친일이나 반공이라는 측면에서 자유스러운 작가들의 작품이었다.

구체적으로는 순수 서정시와 성장 소설이 문학교육의 제재이자 국어 활동 자료로 많이 선정되었다. 또한 1950년대 이후 미국식 교육 제도와 학문 체계가 절대적인 영향을 끼치면서, 근대 수사학(Modern Rhetoric)과 이미 미국에서는 '죽은 말(dead horse)'이라는 평가를 받고 있던 신비평

---

17) 강진호, 「반공 이데올로기와 '국어' 교과서—'교수요목기'의 '국어' 교과서를 중심으로」, 강진호 외, 『국어 교과서와 국가 이데올로기』, 글누림, 2007, 149~168면.
18) 정재찬, 앞의 글. 강진호 외, 위의 책. 민현식 외, 『미래를 여는 국어교육사 1, 2』, 서울대학교 출판부, 2007.

(New Criticism)과 같은 분석주의 문학 연구 방법론, 제국주의적(강대국의 입장에서는 민족주의적이지만)인 프랑스식 비교 문학(比較文學, Comparative Literature)과 같은 실증주의 문학 연구 방법론을 수용하여 문학 작품을 분석·해석하는 해석 정전을 형성하였으며, 이 방법론과 관련된 문학 교수·학습 활동을 제안하였다.

1970~1980년대 이후 한국 문학교육에서 문학 작품에 대한 해석이나 분석을 주도했던 방법론이 다양해지면서 해석 정전도 변모하게 된다. 즉 문학사회학(리얼리즘), 정신분석학, 수용미학, 기호학, 해체주의(모더니즘), 문화이론 등의 새로운 문학 연구 방법은 한국 문학에 대한 해석을 다양화하였다. 이를 통하여 문학교육은 문학 텍스트에 대한 분석주의적 이해와 문학 지식 학습에서 학습자 중심의 문학 표현 활동으로 교수·학습 방법을 전환하기에 이른다. 특히 문화론의 관점은 대중문화가 현대 사회에서 중요한 현상으로 등장하면서 문학교육에도 새로운 변화를 요구하고 있다.

이외에도 일제시대의 민족 현실이나 1950년대 전후의 사회 상황을 반영한 작품들이 순수 문학 지향과는 다른 관점에서 '국어' 교과서의 중요 제재로 선택되었다. 또한 이와 같은 한국의 근대 문학교육에 대한 비판이 국어교육계에서 일찍부터 제기되었다. 이를 통해서 리얼리즘 문학이나 모더니즘 문학, 대중문학이나 대중문화 현상들을 준정전으로 편입시키는 노력들을 진행하였다. 특히 납북 및 월북 작가들의 작품에 대한 해금 조치는 한국 문학 연구와 문학교육에서 반공 이데올로기 편향을 극복하는 중요한 계기로 작용하였다.

한국 문학교육과 문학 정전은 이와 같은 우리의 근·현대사를 거치면서 형성되어, 현재의 교육 현장에서 실천되고 있다. 이 부분에서는 현재 교수・학습 현장에서 실시되고 있는 문학교육(제7차 교육과정기)과 2007년 개정된 새로운 교육과정이 지향하는 문학교육을 정전의 관점에서 살펴볼 것이다. 교육과정의 관점에서는 문학 작품의 이해와 감상을 목표로 했던 제5차와 제6차 교육과정을 반성하면서, 제7차 교육과정에서는 문학 작품의 수용과 창작이라는 목표를 세웠다. 그리고 비슷한 맥락에서 새로운 교육과정에서는 문학 작품의 생산과 수용이라는 개념을 사용하고 있다. 문학 작품의 이해와 수용뿐만 아니라 문학 작품의 생산, 표현, 창작에 대해서도 강조하고 있는 것이다.

어떻든지 제7차 교육과정은 우리의 현재, 당대 문학교육의 실제를 보여주는 지표이자 한국 문학교육의 실체라고 할 수 있다. 이에 대한 논의 역시 활발하게 진행되었다.[19] 이들 논의들에 의하면, 그동안 문학사적으로 높이 평가되었던 작가들의 작품이 두루 선택되고 있다. 여전히 순수 문학, 저항 문학이라는 선택 기준이 중요하게 작용하고 있는 것이다. 이 밖에도 리얼리즘 계열의 문학을 썼던 해금 작가들의 작품과 모더니즘 계열의 작품, 그리고 1990년대 이후 활동한 현대 작가들의 작품까지 교과서에 수록되는 등 준정전 선택의 폭을 넓히고 있다.

그리고 교과서에 수록된 문학 작품 수가 늘어나면서 수록 작가의 폭을 넓히고 있지만, 여전히 문학사적으로 중요한 작가의 중요 작품이 여러 교과서에 중복 수록되고 있다.[20] 시기적인 측면에서는 수록된 중요한

19) 유영희, 「교과서 문학 제재의 수용 양상과 특성」, 『문학교육학』 11호, 한국문학교육학회, 2003. 박기범, 「제7차 교육과정에 따른 문학 교과서의 내용 분석 연구」, 『문학교육학』 11호, 한국문학교육학회, 2003. 윤여탁, 「교재 구성을 위한 현대시 정전」. 윤여탁, 「우리 시 교육의 현주소를 말한다—제7차 교육과정 교과서 분석」, 『시인세계』, 2003, 봄. 김창원, 「시교육과 정전의 문제」, 『한국시학연구』 19호, 한국시학회, 2007. 김혜영, 「현대문학 정전 재검토」, 『문학교육학』 25호, 한국문학교육학회, 2008.

작가나 작품 목록은 근대라고 할 수 있는 일제 강점기에 집중되고 있는 현상도 확인할 수 있다. 또 대항 정전이라고 할 수 있는 동시대적 작가들의 작품이나 대중적인 인기를 모으고 있는 '키치' 시와 대중문학이나 '인터넷 문학'과 미디어 문학,21) 학생들의 문학 작품을 일부 수록하고 있다. 이와 같은 대항 정전을 선택함으로써 문학교육 텍스트의 제한성을 극복하고 학습자들의 현실적인 요구를 반영하고 있으며, 이런 경향은 앞으로 보다 확대되어야 할 것이다.

이 밖에도 제7차 '문학' 교과서에는 극히 적은 수이지만 중국 조선족 작가의 작품이나 북의 문학 작품, 친일 문학 작품도 수록하고 있다.22) 이는 한국 문학교육이 이제 과거와 같은 편협한 정치적 이념의 굴레나 교육적 통제로부터 벗어나고 있음을 보여주는 증거이기도 하다. 즉 한국 문학교육의 외연의 폭을 확대하고 있으며, 우리 문학 현상의 총체를 자료로 하여 교수·학습 내용을 개발하는 문학교육의 내포의 깊이도 심화하고 있다. 한국 문학교육과 문학 연구 방법론의 다양화와 이론적 성숙도 이를 뒷받침하는 역할을 하고 있다.

이처럼 현대의 문학교육은 어느 부분 과거의 틀을 유지하고 있지만, 그 폭과 깊이를 확장하고 있다고 할 수 있다. 이런 문학교육의 현실은 현대 사회의 다원주의, 한국 교육의 민주화 성과, 대중문화를 선도하는 대중 매체의 발달이라는 한국 사회의 발달 맥락과 긴밀하게 맞물려 있다. 아울러 현대 사회는 획일적인 거대 담론보다는 다양성을 보장하는 여러 실천 담론들이 의미를 가지는 사회이고, 정전의 위력보다는 정전

---

20) 이는 '문학' 교과서가 검정을 통과해야 하기 때문에, 교과서 심사 과정을 고려한 집필진의 선택으로 추정된다.
21) 윤여탁 외, 『매체언어와 국어교육』, 서울대학교 출판부, 2008.
22) 박기범, 앞의 글, 97면.

의 재구성이 끊임없이 진행되는 역동적인 사회라는 점도 주목할 필요가 있다.

4. 한국 문학교육에서 정전의 전망

그동안 한국 문학교육에서는 정전 논의를 진행하면서 대체로 정전은 고정 불변의 것이 아니라는 데 의견을 모으고 있다. 즉 정전화의 과정이라는 것을 중요하게 생각하고 있으며, 변화하는 실체로서의 정전이라는 관점에서 정전의 가치와 의미를 설명하고 있다. 이 논의 과정에서 '군집명사로서의 정전군(群)', '동사로서의 정전 행위', '상호 텍스트적으로 연계된 구조로서의 정전',23) '독자의 체험으로서의 정전'24)이라는 대안들이 제시되었다. 이와 같은 대안들은 문학교육에서 정전의 중요성을 전제로 하고 있으며, 사회와 시대의 요구에 따라 새롭게 재구성된다는 점을 인정하고 있다.

어떻든지 문학교육은 미학적인 측면이 강조되는 예술 교육이나 언어 사용이나 생활이 중심에 놓이는 언어 교육의 차원을 넘어서는 것이다. 문학교육을 문화 교육 또는 이데올로기 교육의 차원에서 보는 관점이 그 대표적인 예이다. 문학 작품을 배움으로써 그 속에 담긴 민족 공동체의 얼이나 사상을 배운다는 초보적인 문화론의 관점을 넘어, 문학을 통해서 우리의 사고 체계에 맞게 자신의 생각을 표현하는 원리를 학습

---

23) 이 세 관점은 김창원의 앞의 글에서 제안되었다.
24) 최지현, 「문학교육에서 정전(正典)과 학습자의 정서체험이 갖는 위계적 구조에 관한 연구」, 『문학교육학』 5호, 한국문학교육학회, 2000.

한다는 보다 상위의 문화론이 여기에 적용된다. 그리고 문학 작품을 읽음으로써 '도덕' 교과서에서 배울 수 있는 올바른 삶의 태도, 문학 작품을 통하여 배우는 자유 민주주의의 장점과 공산주의의 폐쇄성은 '사회'나 '윤리' 교과서에서 배운 지식보다 효과적이라는 점도 명심할 필요가 있다.

이 부분에서는 문학교육을 이데올로기 실천이라는 맥락에서 보고자 한다. 이 관점에 의하면, 교육 일반이 그렇듯이 문학교육 역시 국가 이데올로기의 재생산이라는 측면에서 자유롭지 못하다. 따라서 문학교육의 제재이자 교수·학습 활동의 자료인 문학 텍스트는 이와 같은 교육의 목표 또는 문학교육의 목표를 실현할 수 있는 것이어야 한다. 즉 '문학' 교과서에 수록된 정전적인 작품이나 작가들은 문학교육 과정의 목표와 교수·학습의 내용을 구현하기에 적합해야 한다. 이런 점에서 국어나 문학의 본문 학습 텍스트는 읽는 것만으로도 의미가 있는 고전(古典)이나 명작(名作), 명문(名文)이 주로 선택되고 있다.

이에 비하여 구체적인 교수·학습 활동의 자료로 활용되는 텍스트는 대중문학 텍스트나 실제적인(authentic) 제재들이다. 예를 들면 광고나 대중 매체에 실현된 문학적 속성을 확인할 수 있는 자료, 학습자들의 정서와 수준을 반영하는 학생들이 제작한 자료, 문학적·예술적 완성도가 부족한 습작 수준의 문학 텍스트들이 교수·학습 활동 자료로 선택될 수 있다. 그리고 이런 자료를 활용하여 언어의 속성, 문학의 속성, 국어 문화의 속성 등을 구체적으로 확인하는 활동을 구성해야 한다.

문학교육과 정전, 이데올로기와 연결시키는 관점은 보다 이론적으로는 알튀세(L. Althusser)나 페쇠(M. Pecheux) 등의 이데올로기론을 통해서 설명될 수 있다. 사회 과학의 관점에서 보면, 교육은 법률, 종교 등과 같은 이데올로기적 국가 장치(AIE, appareils idéologiques d'État)이다. 따라서 문학 교육에서 핵심적 역할을 하는 문학 텍스트인 정전도 이데올로기적인 국가 장치의 하나라고 볼 수 있다. 이처럼 이데올로기는 지배 구조의 재생산이나 변혁과 뗄 수 없는 관계에 놓여 있으며, 이데올로기적(담론적) 실천 역시 국가나 사회의 재생산과 변혁과 연관되어 있다.

이를 정전과 관련하여 설명하면, 정전을 긍정적으로 수용하여 담론 구성체의 이데올로기 재생산하는 '동일시(identification)', 정전과 비판적인 관점에서 거리두기를 하면서 지배적 담론이나 구성체에 대해서 부정과 변혁을 꾀하는 '반동일시(counter-identification)', 이들 두 관점과는 다른 맥락에서 정전 논의를 진행하여 통합하여 새로운 정전을 만들어내는 기능을 가진 '역동일시(disidentification)' 등이 있다. 이 중에서 앞의 두 관점의 대립이 역동일시를 통하여 담론 구성체를 재구성하는 것처럼 새로운 정전이 구성된다. 이 역동일시 작업이 이데올로기적 실천이며, 각각의 동일시에 위치하고 있는 개별 주체(the subject)들은 담론 구성체를 관장하는 대주체(the Subject) 안에 존재한다. 그리고 이 대주체는 주체에게 인식되지 않는 상태에서 영향력을 행사한다.25) 이처럼 문학 정전은 지배적 담론 구성체들이 이데올로기적인 실천을 위해 만들어낸 것이며, 문학교육을 이 정전을 통해서 지배적 담론의 재생산 또는 변혁을 추구한다.

이 밖에도 한국 사회에서 새롭게 제기되고 있는 다문화 사회 문제도 주목할 필요가 있다. 일찍부터 서구 사회는 다언어, 다문화, 다인종, 다계급 사회였던 관계로 정전 논의에서 다문화 문제가 중요하게 제기되었

---

25) D. Macdonell, 임상훈 옮김, 『담론이란 무엇인가』, 한울, 1992. L. Althusser, 김동수 옮김, 『아미엥에서의 주장』, 솔, 1991, 102~121면. 강내희, 「언어와 변혁―변혁의 언어모델 비판과 주체의 '역동일시'」, 『문화과학』 2호, 문화과학사, 1992 겨울, 32~42면.

다.26) 이제 현대의 한국 사회에서도 다문화 사회 문제가 중요한 쟁점으로 떠오르고 있다. 국어교육은 물론 사회교육, 평생교육 등 교육 전반에서 다문화 교육의 필요성27)이 제기되고 있다. 같은 맥락에서 한국 문학교육도 국제 이해 교육이나 다문화 교육의 관점을 도입하여 서로 다른 문화를 담지하고 있는 문학 작품을 적극적으로 반영해야 한다. 서구의 문학교육에서 제3세계의 문학이나 동양의 문학이 대안 정전이나 대항 정전으로 대두되었던 것처럼, 우리도 공통문어권(共通文語圈)이었던 동아시아 문학을 넘어 한국 다문화 사회의 또 다른 축을 이루고 있는 베트남이나 태국과 같은 문화권의 문학 작품을 교육 정전 목록에 포함시켜야 한다.

5. 맺음말

끝으로 한국의 근대 국어교육 100년사를 정리하면서, 해방 이후 중등학교 '국어' 교과서에 수록된 고전 문학과 현대 문학 작품의 수록 현황을 정리한 글28)의 결론 부분을 정리하여 작성한 표를 살펴보자. 이 표는 해방 이후 한국 문학교육의 지향과 실질적인 측면에서 정전의 역할을 했던 준정전의 실제를 요약적으로 보여주고 있다. 아울러 위에서 논의한 한국 문학교육의 현재적 위상을 가늠할 수 있는 자료라고 할 수 있다.

---

26) 유명숙, 앞의 글. 이석호, 「다문화시대의 문학교육—포스트콜로니얼리즘의 관점으로 본 정전 다시 읽기의 의의」, 『영미문학교육』 8호, 영미문학교육학회, 2000. 고규진, 「다문화시대의 문학 정전(正典)」, 『독일언어문학』 23집, 독일언어문학연구회, 2004.
27) 오경석 외, 『한국에서의 다문화주의—현실과 쟁점』, 한울 아카데미, 2007.
28) 민현식 외, 앞의 책 1, 290면, 322~323면.

갈래 종류	고전 제재의 작가와 작품
산문류	〈춘향가〉, 〈심청전〉, 〈별주부전〉, 〈구운몽〉, 〈홍길동전〉
	〈훈민정음〉, 〈조침문〉, 〈규중칠우쟁론기〉, 〈동명일기〉, 〈삼국사기〉와 〈삼국유사〉 소재 설화, 〈봉산탈춤〉
시가류	정철의 〈관동별곡〉, 윤선도로 대표되는 사대부 문인들의 국문 시가, 〈용비어천가〉, 고려속요
언해류	〈두시언해〉, 〈소학언해〉, 〈노걸대언해〉

갈래 종류	현대 제재의 작가와 작품
서정 갈래	김소월, 김영랑, 박목월, 이육사, 윤동주
	현대 시조는 퇴보함, 김상옥
서사 갈래	황순원의 〈소나기〉
극 갈래	유치진의 〈별〉, 〈사육신〉, 〈원술랑〉, 〈조국〉, 〈청춘은 조국과 더불어〉

　물론 이 표는 해방 이후 한국의 문학교육을 주도했던 '국어' 교과서를 통계적으로 정리한 결과일 뿐이다. 한국 문학교육의 총체상과 구체적인 실제를 보여주지는 못하고 있다. 그러나 이 표의 텍스트들은 비교적 한국 문학교육이나 문학 연구에서 정전으로 평가할 수 있는 작품이다. 다만 소설 분야에서 몇몇 소설가와 작품들이 보완되어야 하고, 희곡 분야에서 유치진의 작품들은 '동일시'의 관점에서 지배 이데올로기(애국주의와 반공주의)의 나팔수 역할을 했기 때문에 재검토가 필요한 부분이다.

　이상에서 살핀 바와 같이 한국 문학교육의 과거와 현재를 검토하고 정리하는 작업은 문학교육 연구와 실천에 중요한 부분이다. 그리고 이런 논의 역시 한국 문학교육에서 정전을 새롭게 구성하는 과정이며, 정전 목록 확정을 위한 기초 작업이기도 하다. 이와 같은 맥락에서 한국 문학교육 정전에 대한 논의를 생산적인 논의로 발전시켜, 새로운 교육과정과 더불어 새로운 문학교육의 시대를 열어갈 수 있는 계기를 마련해야 한다.

또 준정전, 대안 정전, 대항 정전이 상호 경쟁 또는 상호 보완을 통해서 한국 문학교육에서 제재의 폭을 확장하고, 교육적 영향력을 심화시켜야 한다. 예를 들면, 대항 정전과의 경쟁을 통해서 준정전의 중심적 역할이 재고(再考)되어 새롭게 정전 목록을 구성하고, 대안 정전을 통한 보완을 통해서 준정전의 제한성을 극복할 수 있다. 그리고 정전들 간의 상호 경쟁과 상호 보완을 통해서 문학교육의 목표29)를 달성할 수 있는 터전을 마련해야 할 것이다.

---

29) 김대행 외, 『문학교육원론』, 서울대학교 출판부, 2000, 38~67면.
　　이 책에서는 문학교육의 목표를 '언어 능력의 증진', '개인의 정신적 성장', '개인적 주체성 확립', '문화 계승과 창조 능력 증진', '전인적 인간성 함양'으로 설정하고 있다.

참고문헌

강내희, 「언어와 변혁―변혁의 언어모델 비판과 주체의 '역동일시'」, 『문화과학』 2호, 문화과학사, 1992, 겨울.

강진호, 「반공 이데올로기와 '국어' 교과서―'교수요목기'의 '국어' 교과서를 중심으로」, 강진호 외, 『국어 교과서와 국가 이데올로기』, 글누림, 2007.

고규진, 「다문화시대의 문학 정전(正典)」, 『독일언어문학』 23집, 독일언어문학연구회, 2004.

김대행 외, 『문학교육원론』, 서울대학교 출판부, 2000.

김성룡, 「典範 학습과 중세의 문학교육」, 『문학교육학』 1호, 한국문학교육학회, 1997.

김양순, 「현대 미국시의 정전의 문제」, 『미국학논집』 36-2호, 한국아메리카학회, 2004.

김창원, 「시교육과 정전의 문제」, 『한국시학연구』 19호, 한국시학회, 2007.

김혜영, 「현대문학 정전 재검토」, 『문학교육학』 25호, 한국문학교육학회, 2008.

김혜정, 「근대 계몽기 국어 교과서 내적 구성 원리 탐색」, 『국어교육연구』 11집, 서울대학교 국어교육연구소, 2003.

김혜정, 「근대 이후 국어과 교재 개발에 대한 사적 검토」, 『국어교육연구』 13집, 서울대학교 국어교육연구소, 2004.

라영균, 「정전과 문학교육」, 『독어교육』 26집, 한국독어독문학교육학회, 2003.

민현식 외, 『미래를 여는 국어교육사 1, 2』, 서울대학교 출판부, 2007.

박기범, 「제7차 교육과정에 따른 문학 교과서의 내용 분석 연구」, 『문학교육학』 11호, 한국문학교육학회, 2003.

박인기, 「문학교육과 문학 정전의 새로운 관계 맺기」, 『문학교육학』 25호, 한국문학교육학회, 2008.

송 무, 『영문학에 대한 반성』, 민음사, 1997.

오경석 외, 『한국에서의 다문화주의―현실과 쟁점』, 한울 아카데미, 2007.

유명숙, 「정전논쟁 : 그 허와 실」, 『안과 밖(영미문학연구)』 1호, 영미문학연구회, 1996.

유성호, 「문학교육과 정전 구성」, 『문학교육학』 25호, 한국문학교육학회, 2008.

유영희, 「교과서 문학 제재의 수용 양상과 특성」, 『문학교육학』 11호, 한국문학교육학회, 2003.

윤여탁, 「시문학의 이데올로기와 교육」, 『국어교육』 71 · 72호, 한국국어교육연구회, 1990.

윤여탁, 「대중문화와 교육」, 『선청어문』 21집, 서울대 국어교육과, 1993.

윤여탁, 「우리 시 교육의 현주소를 말한다—제7차 교육과정 교과서 분석」, 『시인세계』, 2003 봄.

윤여탁, 「교재 구성을 위한 현대시 정전」, 『리얼리즘의 시 정신과 시 교육』, 소명출판, 2003.

윤여탁, 「한국의 근대화와 국어교육—근대 계몽기와 일제 강점기를 중심으로」, 『국어교육』 117호, 한국어교육학회, 2005.

윤여탁 외, 『국어교육 100년사 1, 2』, 서울대학교 출판부, 2006.

윤여탁 외, 『매체언어와 국어교육』, 서울대학교 출판부, 2008.

이석호, 「다문화시대의 문학교육—포스트콜로니얼리즘의 관점으로 본 정전 다시 읽기의 의의」, 『영미문학교육』 8호, 영미문학교육학회, 2000.

임상훈, 「테크놀로지와 영문학 교육」, 김용권 외, 『영문학 교육과 연구의 문제들』, 한신문화사, 1998.

임형택, 「'동국시계혁명'과 그 역사적 의의」, 『한국문학사의 시각』, 창작과 비평사, 1984.

정재찬, 「현대시 교육의 지배적 담론에 관한 연구」, 서울대 대학원, 1996.

최지현, 「문학교육에서 정전(正典)과 학습자의 정서체험이 갖는 위계적 구조에 관한 연구」, 『문학교육학』 5호, 한국문학교육학회, 2000.

한영우, 「한국학의 개념과 분야」, 『한국학연구』 1집, 단국대학교 한국학연구소, 1994.

Althusser, L., 김동수 옮김, 『아미엥에서의 주장』, 솔, 1991.

Guillory, J., 박찬부 역, 「정전」, 『문학연구를 위한 비평용어』(프랭크 랜트리키아 외 공편), 한신문화사, 1994.

Macdonell, D., 임상훈 옮김, 『담론이란 무엇인가』, 한울, 1992.

제 3 장

문학교육에서의 정전 형성 요건에 관한 시론(試論)

― 이상(李箱)을 중심으로 ―

김 중 신

수원대학교 국어국문학과

1. 서론

간혹 일선 학교에서 문학을 가르치는 교사들을 만나서 이야기를 나누다 보면 학생들에게 가르칠만한 작품이 없다고 푸념이다.

"이광수는 의미 있지만 가르칠 수 없고, 김동인은 재미있는데 가르칠 작품이 없고, 현진건은 <운수좋은 날>을 빼면 가르칠 게 없고, 염상섭은 의미 있지만 너무 어렵고, 채만식은 재미있지만 재미를 느끼기까지 너무 힘들고, 김유정은 재미있지만 남는 게 없고 김동리는 민족적이지만 좀 어용인 듯하고…"라는 것이다.

과연 21세기의 문학교실에서 학생들에게 어떤 작품을 가르칠 수 있으며 또 누구를 가르칠 수 있는가? 이런 면에서 "고등학교의 '문학' 교과서는 우리 사회 구성원들의 대다수에게는 문학에 대한 '공적인 경험'의 최대치로 남게 될 것이다. … 개인의 성장과 문화적 함량에, 공동체의 기반적인 정서의 형성에 기여하고 있기 때문이다."라는 주장은 설득력을 갖는다.[1]

교과서에 실릴 만한 작품, 학생들에게 가르칠만한 작가는 시대적 공감성과 함께 공동체의 정체성을 갖추어야 한다. 안타깝게도 20세기 들어 유례없는 민족적 수난과 격동기를 겪어 온 우리로서는 확연하게 떠올릴 만한 항목을 떠올리기가 쉽지 않다.

그래도 문학은 가르쳐야 한다. 공감성과 정체성을 확보하지 못하면 못

---

[1] 김동환, 「문학교육의 관점에서 본 소설 읽기 방법의 재검토」, 『문학교육학』 제22호, 문학교육학회, 2006.

한 그 자체가 한국 문학이 지녀야 할 운명이기 때문이다.

이 글에서는 해방 이후 '문학' 교과서에 실린, 혹은 학교에서 다루어져왔던 작가 혹은 작품들이 앞으로도 지속적으로 교육 정전(正典)으로서 가치를 갖게 된다면, 그 요건은 무엇이며 그것은 구체적으로 어떻게 형성되는가를 살피고자 한다. 일단 1930년대 식민지 작가 이상(李箱)을 대상으로 삼는다.

고전이 시대나 개인의 제약을 벗어나서 보편적이며 현재적인 기능을 갖기 위해서는 어떠한 문화적 관습에 대해서도 견디어 낼 수 있어야 한다. 또한 어떤 개인에게도 적절한 심미적 효과를 줄 수 있어야 한다. 이것이 고전성이 갖추어야 할 요건이라 할 수 있다. 이 요건은 대체로 다양성과 유효성이라는 두 가지 요소로 이루어진다.[2] 이러한 요건에 비교적 부합하는 것이 이상(李箱)이기 때문이다.

이상은 그의 사후 60년을 맞이하여 벌인 추모 학회에서 '우리 문학사에서 불멸의 신화를 남긴 천재 시인이요 작가'[3]라고 공언할 정도로 문제적이라는 점도 중요한 요건이 된다.

2. '이상성(李箱性)' 혹은 '이상(李箱)스럽다'라는 것

한국 근대 작가들 중에서 이상(李箱)만큼 대중적 관심이 되면서도 잘 알려지지 않은 작가를 찾기는 쉽지 않다. 사람들은 그의 작품 세계에 대해 정확히 알지도 못하면서 그를 불우한 천재, 시대를 50년이나 앞서간

---

2) 김중신, 『문학교육의 이해』, 태학사, 1997.
3) 임홍빈, 『이상문학연구 60년』, 문학사상사, 1998, 4면.

작가 등으로 인식하고 있다. 이상이라는 존재는 신화 그 자체이다. 그의 작품이 지닌 신비적 성격에도 원인이 있겠지만 그의 삶이 상당 부분 베일에 싸여 있다는 점에 더 근본적인 원인이 있다.

'무엇인지 정체를 잘 알 수는 없지만 무엇인가가 있는 듯한', 혹은 '자신의 속마음을 다 들어낸 것 같지만 그것을 액면 그대로 믿기에는 뭔가 석연치 않은' — 작가 이상(李箱).

그렇다면 과연 이상(李箱)스럽다, 혹은 이상성(李箱性)을 규정하는 요소는 무엇인가? 이 요소를 규명하는 데 본고의 첫 번째 목적이 있다.

일반적으로 이상(李箱)은 "1930년대에 난해한 작품을 쓰다가 요절한 천재 작가"로 알려져 있다. 여기서 이상의 속성을 규정하는 핵심어는 '난해', '요절', '천재'라고 정리할 수 있다.

1) 난해

(1) 의미 파악의 곤란

그의 대표작 <오감도> 등을 비롯하여 여러 시들은 이해하기 힘든 시어를 구사하고 있다. 특히 띄어쓰기를 하지 않거나 숫자나 기호를 늘어놓고 있어 무슨 의미를 담고 있는지 파악하기가 매우 어렵다고 한다. 또한 <날개>나 <지주회시>, <종생기> 같은 소설들은 서사적 인과성이 없이 거의 무의식적인 독백의 형식으로 쓰여 내용이나 주제를 파악하기 힘들게 만든다.

이상 연구의 초석을 다진 이어령조차도 "솔직히 말해서 이상의 작품 거의 반수 이상은 아직도 로제타 스톤처럼 해독할 수 없는 흡사 주문에 가까운 텍스트로 남아 있는 것이 많습니다(25면)."라고 고백하고 있다.

(2) 해석의 불확정성

<오감도 시제1호>에 나오는 '13인의 아해'에 대한 해석이 24가지가 넘는 등 그의 작품 하나하나에는 수십 가지의 해석이 제시되어 있다. 이 중 어느 것도 정설이라고 할 수 없을 정도로 다양하게 제시되어 있다. 그가 남긴 시·소설·수필·평론 등 82편의 작품 중 특히 시는 아직도 완전히 해석되고 있지 않고 있는 것이다.

(3) 상반된 평가

이상은 생전에 '구인회'의 작가들과 친분 관계를 맺으면서 '모더니즘' 적인 성향의 작품을 발표하였다. 이후 그의 작품 경향은 다다이즘, 초현실주의, 신심리주의 등 다양한 스펙트럼을 갖고 있다. 반면에 그의 이론적 후원자인 최재서는 그를 '리얼리즘의 심화'라고 평가를 하고 있다.

당시 문단에서는 <오감도>를 보고 '조선 문단을 30년을 앞당긴 수작'이라는 등 다소 과장되게 표현한 면이 없진 않지만 그의 작품성을 높이 평가하고 있었다. 하지만 김문집은 그를 '5, 6년 전에 일본에서 맥고모자처럼 흔하게 유행했던 신심리주의 작품'이라고 평가절하한 사람도 있었다.4)

(4) 자신의 위장

그의 소설은 주로 자기 폭로적 내용을 다루고 있다. 자신의 여인인 다

---

4) 김문집, 『날개의 시학적 재비판』, 문예가, 1937. 2.

른 친구들과 동침을 시키고 좋아하는 내용을 다루고 있는가 하면 심지어는 매춘부로서 표현하고 있다. 더군다나 그는 작품에서 필명을 그대로 사용하고 있다. 독자로 하여금 그의 창작 의도를 짐작하지 못하게 한다.

하지만 그가 말년에 발표한 <성천기행>, <권태> 등과 같은 수필에서는 경성고등공업학교 졸업생다운 지성적인 면모를 보여주고 있어 그의 진면목을 쉽게 가늠하지 못하게 한다. 그의 말마따나 스스로 일종의 '공포에 가까운 위장술'을 보이고 있다.

2) 요절

(1) 만 26년 7개월의 삶

1910년 9월 23일생인 그는 1937년 4월 17일 만 27세가 안 되는 나이에 세상을 떴다. 1930년대 초 조선인의 평균 수명이 32.4세[5]였다고 하더라도 그는 '비교적' 요절한 축에 속한다. 평균 수명이 70여 세를 한참 넘는 오늘날의 시점에서 그는 '분명' 요절했다. 대체로 요절시인을 앞에 두고는 "그의 시와 삶 앞에서 우리는 각별한 감정과 끝나지 않는 사색의 시간을 갖는 것"이 일반적이다. 이를 통해 "사는 일 만큼 어려운 일이 죽는 일이며, 우리 모두에게 다가오는 긴박한 문제는 삶의 그림자 혹은 동반자라고 할 수 있는 저 죽음이란 존재와 어떻게 투쟁하고, 대면하고, 대화하고, 타협할 것인가, 하는 점이라는 사실"[6]을 깨닫게 된다.

---

5) 일제시대 당시 경성대 의학부 예방의학교실 미즈시마 하루오 교수는 조선총독부의 인구 및 사망 신고 자료를 분석해 한국 최초의 주민 생명표를 만들었다. 이 생명표에 따르면 1926~1930년의 한국인의 평균 수명은 남자 32.4세, 여자 35.1세(평균 33.8세)였다(노용택, 인간의 최대 수명은 120살, 사이언스 타임즈 2006. 4. 19).

6) 정효구, 「요절한 시인들이 보여준 죽음의 방식과 의미」, 『시인세계』 제4호(2003년 여름).

(2) 문명병으로서의 각혈

당시 문인과 지식인 사이에서 유행처럼 앓았던 폐병을 지병으로 안고 살았다. 일종의 문명병이었던 것이다. 지병으로 인하여 비교적 잘 나가던 직장도 그만 둘 수밖에 없었던 것도 폐병이었다. 그에게서 폐병으로 인한 각혈은 '깃발 또는 훈장처럼 가슴에 차고 생활 포기를 선언'[7]하는 수단이었다.

> "스물 세 살이오−3월이오−각혈이다. 여섯달 잘 기른 수염을 하루 면도칼로 다듬어 코밑에 나비만큼 남겨 가지고 약 한 제 지어들고 B라는 신개지 한적한 온천으로 갔다. 게서 나는 죽어도 좋았다." <봉별기>

(3) 의도 혹은 예고된 자살

자살은 범죄 행위이긴 하지만 그것이 예술가인 경우에는 사정이 다르다. 자살은 스스로 연출할 수 있는 최후이자 최고의 드라마인 것이다. 그는 작품 속에서 자살을 주요한 소재로 삼고 있다.

그는 자신의 죽음을 늘 예고하고 다녔다. 그의 유언이라고 해도 과언이 아닌 <종생기>에 '기원후 1937년 정축 3월 3일 미시(未時) 여기 백일 아래서 그 파란만장(?)한 생애를 끝막고 문득 졸(卒)하다'라고 밝힌 날짜와 불과 4일밖에(음력을 양력으로 환산하였을 경우) 차이가 나지 않는 날에 사망을 하였다.

(4) 레몬의 유언

이상의 최후를 곁에서 지켜봤던 그의 두 번째 부인 변동림(필명 김향안)

---

7) 김윤식, 『이상연구』, 문학과비평사, 81면.

의 증언에 따르면 이상의 유언은 '레몬 향을 맡고 싶다[8]'는 것이었다. 레몬이 갖고 있는 서구적 이미지는 이상의 죽음조차도 심미적인 것으로 만들고 있다. 김윤식은 이를 '레몬의 향기와 멜론의 맛'으로 규정[9]하고 있다.

3) 천재

(1) "고립된 천재"

이상(李箱)의 천재성은 당시뿐만 아니라 후대에 더 평가받고 있다.

> 한국에서 모더니즘 이론가라 한다면 시인이었던 김기림이 있으며, 그 가까이에 소설가 박태원이 있다. 그러나 실제 창작면에서 과거의 문학과 단절감을 느끼게 하는 업적을 남긴 점에서는 이상을 뛰어넘는 작가는 없다. 그뿐만 아니라 그 주변에 관련된 사람도 찾을 수 없다는 점에서 고립된 존재이다.[10]

이상 연구에 정통한 일본인 학자 사에구사는 그를 고립된 천재로 규정하고 있다. 당대에 그를 평가절하한 사유가 '일본에서 십여 년 전에 유행하였던 사소설(私小說)을 그대로 흉내낸 것'이었다는 점에 비추어 일

---

8) 이상의 유작 <종생기>와 <실화>에 등장하고 있는 김향안 여사는 훗날 '멜론'으로 바꾸어 진술하기도 했다. "귀에 가까이 대고 '무엇이 먹고 싶어?', '셈비끼야(千匹屋)의 메론'이라고 하는 그 가느다란 목소리를 믿고 나는 철없이 셈비기야에 메론을 사러 나갔다. 안 나갔으면 상은 몇 마디 더 낱말을 중얼거렸을지도 모르는데….(김향안,『이젠 이상의 진실을 알리고 싶다』, 문학사상, 1986. 5.『그리운 그 이름 이상』(김유중 · 김주현 엮음), 지식산업사, 2004, 186면 재인용).
9) 김윤식,『레몬의 향기와 멜론의 맛』, 문학사상, 1986. 6.
10) 사에구사 도시카스,「이상의 모더니즘—그 성립과 한계」,『이상문학전집 5』, 문학사상사, 2004, 258면.

본의 학자가 그를 과거의 문학과 단절감을 느끼게 하는 업적을 남긴 작가라고 평가하였다는 점은 주목할 만하다.

(2) '박제가 되어버린 천재'

그는 자신을 '박제가 되어 버린 천재'(<날개>)로 규정하고, '5개 국어나 7개 국어를 하겠다'라고 공언하고 있으며 실제로 몇몇의 시편들은 일어, 영어뿐만 아니라 불어로도 쓰였다.

또한 <오감도>가 중단되자 그가 문단에 던졌다는 일갈도 그의 진면목의 일단을 엿보게 한다.

"왜 미쳤다고들 그러는지. 대체 우리는 남보다 수십 년씩 떨어져도 마음놓고 지낼 작정이냐."는 것, 그리고 "여남은 개쯤 써 보고서 시 만들 줄 안다고 잔뜩 믿고 굴러다니는 패들과는 물건이 다르다."고 하면서 "2천 점에서 30점을 고르는데 땀을 흘렸다."는 대목에선 그의 속마음이 그대로 드러나고 있다.

특히 대부분의 작가가 특정한 장르에 국한되어 있었는데 그는 일문시 → 국문시 → 소설 → 수필이라는 다양한 장르를 섭렵하고 있으며 또한 신문의 삽화를 스스로 도안하는 등 다방면에서 뛰어난 재주를 갖고 있었다.

(3) 경성 고공 출신이자 총독부 기수(技手) 출신인 작가

식민지 조선의 문인 중에서 드물게 경성에 있는 대학인 '경성고등공업학교'를 나온 이상은 주위 사람들에게 주목받을 만했다. 당시 유일한 4년제 대학인 경성제국대학과 경성고등공업의 경쟁률은 꽤나 극심했다. 일본인과 조선인의 인구 비례에 볼 때 고등공업에 조선인이 다닌다는 것은 뛰어난 수재로 인정받았을 것이다. 1930년 이상이 다니던 경성고등공업학교를 비롯한 전문학교의 총 입학 정원은 375명이며 이 중 조선인의 비율이 100여 명 정도였으므로 재학생들은 학교에 대한 자부심이 남달랐을 것으로 보인다.11)

또한 1929년 졸업 후 1월에 발령을 받은 총독부 내무국 건축기수12)는 봉급이 55원으로서 당시로서는 꽤나 선망의 직장이었다.13) 학력이 사회적, 경제적 지위를 획득하는 확실한 수단으로 인식되고 있는 조선 사회에서 이상의 직책과 신분은 그를 단순한 문인으로서만 간주하지 않게 한다.

(4) 동경에 대한 실망

이상이 사망을 한 것은 경성(京城)이 아니라 동경(東京)이었다. 식민지 시대의 지식인에게 동경은 문명의 근원이자 정신적 자궁이다. 현해탄 콤플렉스의 근원지이지 모든 항일 운동이 대상이었던 것이다. 적국의 심장부인 동경에 와서 '기어코 동경에 왔소. 와보니 실망이오, 실로 동경이라는 데는 치사스런 데로구려!'라고 털어놓는 이상의 고백은 동시대인에게 적잖은 뿐만 아니라 현대인에게도 지적 외경감을 갖게 한다.

특히 건축 기사 출신답게 그가 동경에 와서 가장 구체적으로 실망한

---

11) 1930년 중외일보 2월 8일자 '시험 지옥'이라는 제호의 사설에서 입학 정원과 경쟁률을 예로 들면서 당시 전문대학 이용에 조건 좋은 일본인이 대거 입학함으로써 조선 청년에게 고민이 되고 있음을 지적하고 있다. 또한 1934년 3월 18일 동아일보는 '관립 전문, 대학 입학문제에 문화적 특수성을 이해하라'라는 사설로서 조선인의 입학의 어려움을 호소하고 있다.
12) 기수는 기사(技士)의 조수 역할이었지만 20대 청년에게는 꽤나 괜찮은 지위였다.
13) 경성제대 영문과 출신 이효석이 일본인 교수에게 사정을 하여 겨우 얻은 직장이 총독부 경무국 검열계였던 점을 상기해 보자.

것은 '마루노우치 빌딩'이었다.

> "건축학도인 이상이 느낀 이 '실망'은 건축학적인 실망이 아니라 크기
> 에서 기인한 실망이다. 이상은 그 '네 갑절'을 상상했기 때문이다. 이 실
> 망감은 말로만 듣건 경성역에 처음 도착한 시골 촌부의 실망감과 다르지
> 않다. 네 갑절이라면 가로로 200미터, 세로로 300미터에 달하는 엄청난
> 건물이다. 이상은 현실에 존재하는 건물이 아니라 현실에 존재하지 않는
> 건물을 상상했던 것이다. 그렇다면 경성에서 이상이 생각했던 마루노우
> 치 빌딩이란 무엇인가? 그것은 바로 환각이다. 환각이라는 점은 도쿄도
> 마찬가지이다. 그 환각을 '삶의 여항'으로 밀고 나섰으니 이상의 도쿄행
> 이 시작되자마자 끝나는 것은 당연하다."14)

이렇듯 작가로서의 이상(李箱)과 작품 속의 이상(李箱)을 바탕으로 하여 현대에서 요구하는 이상(李箱)이 교묘히 어우러져 오늘날의 이상성(李箱性)이 만들어지고 있는 것이다.

3. 정전 형성을 위한 요건 검토

한 작가의 작품이 당대의 정전이 되기 위해서는 어떠한 요건을 갖추어야 하는가?

작가는 작품으로서 독자들과 만나고, 독자는 작품을 통해서 작가를 만난다. 따라서 정전이 성립되기 위해서는 '작가', '작품', '독자'의 측면에서 요구되는 요건을 갖추어야 한다.

---

14) 김연수, 「이상의 죽음과 도쿄」, 『이상리뷰』 창간호, 이상문학회, 2001. 9, 285~313면.

1) 역사성 : 작가는 역사적으로나 시대적으로 부끄럽지 않은 삶을 살았는가?

고전은 이미 주어진 것이 아니라 '창조된 것'이라는 견해를 갖고 있는 하루오 시라네에 의하면, "정전 연구의 전제가 되는 것은 지금의 고전(cannon)이 처음부터 보편적인 가치가 있는 텍스트이기 때문에 저절로 고전이 된 것이 아니라 사회 제도 특히 교육제도의 요구에 따라 텍스트에 가치가 부여되었다(또는 새로운 가치가 다시 부여되었다)는 인식"15)이라고 한다. 그에 의하면 정전의 형성을 근대적 국가의 형성과 밀접한 관련이 있다는 것이다. 즉 국가적 정체성과 정전의 형성이 일치가 되어야 한다는 것이다.

우리나라가 근대적 산업국가로 성립되기까지 20세기에는 여러 가지 시련을 겪어 왔다. 그 중에 단연 으뜸 되는 것이 일제 강점기의 경험이다. 친일적인 작품을 썼거나 행위를 했다는 것은 정전으로서의 속성을 갖추는데 결정적인 하자가 된다. 친일 문제는 아직도 규명하고 단죄해야 할 문제이다.

다음으로는 민족 분단과 관계되는 것으로서 이념적 문제이다. 미국식 자본주의에 영향을 받은 남한으로서는 사회주의적 이념을 갖고 있는 '좌익 성향'의 작가에 대해서는 일정 정도 거리를 갖고 있다. 1988년 월북 작가들이 해금되기까지 '백석'이나 '정지용', '김기림' 등은 백○, 정○용, 김○림 등으로 자신의 이름 한 글자가 덮혀진 채로 존재할 수밖에 없었다. 사회 제도로서의 정전 형성 과정에 참여할 수 없었던 것이다. 마찬가지 이유로 이문열은 보수 우익의 기수로, 황석영은 진보 좌익의 깃발을 날리고 있다는 점의 그의 자랑이지만 또한 한계가 될 수 있다.

---

15) 하루오 시라네, 왕숙영 역, 『창조된 고전』, 소명출판사, 2002, 5면.

상대를 놓칠 수 있기 때문이다.

그리고 해방 이후 독재 정권에 야합한 어용성도 문제시된다. '청록파'라는 우월적 족보를 갖고 있는 박목월이 조지훈이나 박두진에 비해 명성이 쇠퇴하고 있음은 박정희 대통령의 부인 육영수의 가정교사 노릇을 하였다는 이력도 하나의 요소로 작용하고 있음을 부인할 수 없다. 순수 문학의 대가이자 옹호자로서 김동리가 40년 동안 민족문학의 전도자로서 그 명성을 유지했지만 1970년대 이후 독재 정권과의 우호적 관계를 유지하고 있다는 이유로 그의 명성이 흐려지고 있는 것도 이 때문이다.

요컨대 작가의 삶이 역사적으로나 사회적인 책임을 다했는가가 역사성을 부여하는 속성이다.

2) 당대성 : 그의 작품은 당시에 문학사적으로 의미가 있었는가?

M. H. Abrams가 <Mirror & Lamp>에서 문학이 존재하는 이유가 '거울'인가 '램프'인가 라고 물었을 때, 이미 답은 질문 속에 내재되어 있다. 문학은 거울처럼 시대 현실을 반영하기도 하고 램프처럼 대안을 제시하고 시대를 이끌어 가기도 한다.

문학을 모방으로 보건 루카치 식으로 반영으로 보건 간에 당대에 의미를 갖는 것은 매우 중요하다. 우리가 문학을 읽는 이유가 자기 이외의 또 다른 삶을 겪어보는 데 있다는 점에서 문학이 창작될 당시에 어떠한 삶을 다루고 있고, 그것이 당대에 어떠한 의미를 갖고 있었는가를 평가하는 것은 의미심장하다.

작품은 창작될 당시 이미 대중적인 평가를 받게 마련이다. 훗날 평가의 정도가 달라지는 경우도 있겠지만 대개의 경우 당대의 시대적 문제를 담고 있거나 아젠다를 선점하는 작품이다. 당대에 주목받지 못하고 사라져간 작품들이 후대에 와서 다시 각광을 받는 경우는 거의 없다고 해도 과언이 아니다. 당대의 사회적 관심과 문제성은 우리들이 만들어낸 사회사의 일부며 그 시대의 기록이다. 진지한 문제의식, 정밀한 세부 묘사, 팽팽한 긴장감으로 당대의 독자에게 호소력을 갖춘 작품은 당대의 문제작일 뿐 아니라 오늘날에도 탁월한 호소력을 갖게 된다.[16]

3) 함의성 : 그의 작품은 아직도 새롭게 해석될 여지가 있는가?

근래에 들어 신화와 고전작품 속에서 상징을 찾고 그 의미를 재해석 하려는 노력이 각계에서 활발히 이루어지고 있다. 실제로 풍부하고 경쟁 력 있는 고전의 가치발굴이 문학, 애니메이션, 게임, 영화 등에 다양하게 이루어지고 있으며, 여러 다양한 매체를 통해 현대적인 시각에서 재생산 되고 있는 것도 정전성을 가늠하는 훌륭한 기준이 된다.

하나의 작품이 시대를 넘어 새롭게 해석되거나 창작되기 위해서는 작 품 내에 풍부한 함의가 있어야 한다.

<춘향전>이 구전 설화에서 판소리로, 그리고 소설과 신소설로 최근 에 이르러서는 영화로 전승되는 것은 작품이 고정화되고 형해화되는 것 이 아니라 시대에 맞게 끊임없이 재생산되고 있음을 말한다. 이것은 <춘향전>이 민족의 고전이자 교육의 정전으로서의 속성을 충분히 갖추

---

16) 김현의 다음과 같은 말은 당대에 충실한 작품이 왜 오늘날에도 호소력을 갖는지를 잘 말해 준다. "가령 염상섭의 <삼대>에는 '마르크스 보이'라는 묘한 말로 30년대의 마르 크시스트들에 대한 맹렬한 조소를 던지고 있는데, 그 조소를 통해 오히려 우리로서는30 년대의 정신 풍토를 더 잘 알 수 있지 않은가 하는 생각이 듭니다."(김현, 「4·19혁명 과 한국문학」, 『사상계』, 1970년 4월호).

고 있다는 반증이 되기도 한다. 하나의 작품이 시대를 뛰어넘어 새롭게 변개(變改)된다는 것은 장르의 재생산이자 의미의 재생산이며 또한 원본의 재생산이기도 하다. 이것은 원작의 2차 가공물이 되기도 한다. 장르나 의미가 재생산될 수 있다는 것은 작품에 내재된 함의가 그만큼 풍부하다는 것을 의미한다.

4) 현재성 : 그의 작품은 오늘날 현대인이 당면하고 있는 문제를 다루고 있는가?

문화를 삶을 유지시키고 갱신시켜 나가는 창조적인 활동의 한 형태라 보고 '후기 기술공학적 벤담의 시대'에 17세기의 전통을 되살려야 한다는 리비스 F. R. Leavis의 주장[17]은 문학과 비평, 문화 전반에 걸친 위기의식의 발로이다. 그는 점차 물질화, 계량화, 비인간화되어 가는 시대에 17세기의 문화적 전통이 오늘날 '살아있는 원리'로서의 기능을 다할 수 있게 한다고 주장한다.

윤동주나 이육사는 저항시인으로 추앙을 받는다. 하지만 이들 작품의 현실적 유효성은 일제 강점기하에서이다. 해방된 지 70여 년이 지난 오늘날에도 저항성은 한계에 도달할 수밖에 없다.

흥부전이 다시 읽히는 것은 그것이 당대 민중들의 삶을 담아내고 있기 때문이 아니다. 그 속에 담겨 있는 해학과 권선징악이라는 아주 단순한 그러면서도 대단히 중요한 삶의 메시지를 담고 있기 때문이다. 홍길동전도 마찬가지이다. 오늘날의 독자들이 홍길동전을 탐닉하는 것은 그가 호부호형을 못하는 서자의 설움을 고발하고 있기 때문이 아니다. 그

---

17) 김영희, 「F. R. Leavis와 Raymond Williams 연구―비평적 판단의 객관성 문제를 중심으로」, 서울대학교 박사학위논문, 1991.

의 호풍환우하는 도술에 열광하는 것이다.

최인훈의 <광장>이 계속 다시 쓰이는 이유를 생각해 볼 필요가 있다. 주인공 이명준은 초판본에서는 자살을 하지만 개정판에서는 자살을 하지 않는다. 그것은 아마 <광장> 초간본이 쓰일 때는 자살하는 것만으로도 충분히 이념적 갈등을 극복할 수 있는 대안이 될 수 있었지만 1970~1980년대에서는 그렇지 못하다는 것을 작가가 깨달은 때문이라고 할 수 있다. <광장>에서 제기하는 문제성이 '현존(existing)'의 것이 아니라, '이미 존재했던' 것일 때에는 심미적 유효성이 떨어질 수밖에 없다.18)

5) 흥미성 : 그의 생애나 작품에 대해 더 알고 싶은 마음을 갖게 하는가?

학생들에게 문학 작품을 가르치는 목적은 문학의 즐거움을 알게 하기 위함이지 문학 이론을 알게 하기 위함은 아니라는 사실은 너무나 자명하다. 문학 작품과 관련한 여러 가지 지식이나 해설은 오히려 문학 작품은 따분하거나 어렵다라는 인식을 불러일으키게 된다. 문학교육이 문학을 멀리하게 하는 사태가 벌어지는 것이다.

중학교 교육과정에서는 이러한 교육적 배경을 근간으로 단원을 설정하였는데, 1학년 1학기 1단원의 '문학의 즐거움'이나 1학년 2학기의 2단원인 '문학의 아름다움'과 같이 문학의 대한 흥미와 호기심을 불러일으키는데 주안을 두고 있기 때문에, 분량이 짧고 참신하며 쉬운 내용과 주제의 시를 선정하여 학생들의 문학에 대한 이질감을 덜고 좀 더 조심스

---

18) 김중신, 『문학교육의 이해』, 태학사.

레 다가가려는 의도로 보인다.

그런데 오늘날 학교 현장에서 학생의 문화를 이중적인 것을 진단한 현직 교사의 분석은 설득력이 있다.

> 실제로 수업 공간에는 책상 위 문화와 책상 밑 문화라고 부를 만한 두 개의 문화가 공존한다. 학생들은 책상 위에 교과서와 공책을 펼쳐 놓고 책상 아래의 만화책에 눈길을 던지거나 핸드폰을 만지작거린다. 책상 위의 세계는 규범이 다스리는 '모범'의 공간이지만 그것이 자기 것이 아니라고 여기는 아이들은 책상 밑의 세계로 숨어 버린다. 아이들이 몰래 내려다보는 책상 아래의 영역은 일반적으로 허용되지 않는 '일탈'의 공간이다.[19]

이 교사가 보고한 학생의 증언은 충격적이다.

> 솔직히 정말 재미없는 책이었다. 20페이지를 읽다보면 10페이지의 내용을 잊어버릴 정도였으니까 그래서 이 책을 보고도 지금 가슴에 남는 건 하나도 없다. 그나마도 기억을 더듬어 보자면 주인공 덕기가 할아버지와 아버지의 서로 다른 사상 속에서 갈등했었다는 것, 문학 시간에 배운 바로 '삼대'라는 소설은 가정 내에서의 갈등은 소설적 어조로 나타냈다는 것이다. 그리고 이와 비슷한 구조의 글로는 <만세전>(염상섭), <태평천하>(채만식)라는 것,
> 위의 두 글도 뻔했다. 이렇게 재미없는 소설을 읽다보니 별로 느낀 것도 없었다. (…중략…) 이 글의 핵심을 마지막으로 강조하자면, "재미없으니 읽지 마세요."
>
> ─ 염상섭의 <삼대> 전체를 읽고 감상문을 쓰라는 과제에 대한 고1 학생의 글

---

19) 안석재, '문학의 즐거움'에 대한 학생들의 저항에 맞서기─문학 수업의 방향 찾기 1, http://blog.naver.com/misswon2002/120041186322.

위의 사례에서 제기할 수 있는 문제는 학습 제재와 수업 방법의 적절성이다. 교과서에는 주로 문학사적인 검증을 거친 작품이 선정되므로 학습자의 흥미를 유발할 만한 작품이 많지 않다. <삼대> 역시 문학사 안에서의 중요성 때문에 꾸준히 교과서에 실리고 있지만 아이들이 자신들의 인식 수준과 경험을 밑천으로 <삼대> 안의 세대 갈등과 시대적 과제를 파악한다는 것은 여간 어렵지 않다. 또한 그 기나긴 작품 <삼대>에 대하여 특별한 동기 유발 방안을 만들지 못한 때 감상문을 써내라고 한 교사의 단순한 방법이 아이들에게 읽기의 과정 속에서 지루함을 가중시키고 있다.

학생들이 문학 수업에서 능동적인 동기를 찾지 못하는 것은 문학과 학습자의 삶 사이의 미약한 연관성에서 비롯되는 측면이 강하다. 여기에서의 '삶'은 크게 보아 학생들의 삶과 경험에서 출발하여 그들의 세계관과 현실적인 수준까지 포함한다. 따라서 학생들에게 작품 읽기의 즐거움을 느끼게 하려면 우선 그들에게 '적절한 읽을거리'를 제공해야 한다. 뿐만 아니라 학생들과 작품과의 연관성을 증진시킬 수 있는 문학적 경험을 안내해야 한다.

4. 이상성(李箱性)의 정전성(正典性)

1) 역사성

이상의 요절, 즉 1910년에 태어난 1937년 만 26세 7개월의 일기로 요절하였다는 것은 '오늘 시단이 갑자기 반세기 뒤로 물러선 것'[20]을 느끼게 한 사건으로서 그에게는 불행일 수 있지만, 다행히도 친일의 굴레에서 벗어날 수 있는 몇 안 되는 식민지 문인을 가질 수 있게 된다는 점에서 축복일 수 있다.

그가 초기에 일본어로 시를 쓴 바 있지만 이에 대해서는 아무도 친일 혐의를 씌우지 않고 있다. 친일 여부에 대한 판단 기준은 중일전쟁이 일어난 1937년 이후이기 때문이다.[21] 그리고 이상은 해방 이후에 쟁점이 되었던 이념이나 어용성 논란에서도 비껴나 있다.

2) 당대성

이상(李箱)이 늘 19세기 식이라고 비난하던 식민지 조선 사회는 원래 유교적 질서에 의해 지배되던 사회였다. 유교적 질서란 무엇인가. 군사부(君師父) 일체, 즉 임금이 나라의 아비이던 시대이다. 모든 것이 잘못되었다. 거꾸로 되어 버린 것이다. 이런 상황에서 아들 노릇을 제대로 하기 위해서는 자기가 아버지가 되는 수밖에 없다. '나'의 아버지가 아버지로서의 기능을 못할 때에는 내가 나의 아버지의 노릇을 할 수밖에 없기 때문이다. 하지만 무능한 대로 나의 아버지는 존재한다. 이렇듯 '나'는 '나의 아버지'의 피를 이어받은 존재이면서 서로 대립하는 존재이다. 이러한 대립의 양상은 거울로 나타난다.

거울은 사물을 비추어준다. 하지만 그것은 늘 방향이 뒤바뀌어 있다. 왼손이 오른손이 된다. 이렇듯 거울 속에 비친 세계는 참으로 거울 밖의

---

20) 김기림은 이상의 부음에 "제 혈관을 따서 시대의 서를 쓴 그의 죽음은 한국 문학을 50년 후퇴시켰다"고 말했다.
21) 민족문제연구소, www.historyfund.com.

세계와 '참으로 반대(反對)지마는, 또 꽤 닮아' 있기도 하다.

이렇듯 이상의 <거울>은 정상적인 사람이 비정상적으로 보이는 사회—바로 식민지 조선과 같은 사회에 대한 기술을 '비밀'스럽게 쓴 작품이다.

이상의 시 <오감도> 시 제4호는 의사(醫師) 이상(李箱)이 환자를 진단하고 있다. 환자는 물론 이상 자신이다. 그는 자신의 상태를 진단하고 있는 것이다. 일련의 숫자를 거꾸로 늘어놓고 있는 것이 진단 내용이다. 이 시를 처음 읽는 사람들이 '웬 정신병자의 잠꼬대냐'라고 불평을 늘어놓을 만하다. 하지만 이 시의 비밀은 바로 '거꾸로'에 있다. <시 제4호>를 거울에 비추어 보면, 혹은 이 글이 쓰인 종이의 뒷면에서 지극히 정상적인 숫자판이 된다. 결국 이상은 거울 밖의 세계는 비정상적인 세계로, 거울 속의 세계를 정상적인 세계로 간주한 것이다. 즉 어쩌면 이상은 이 시를 적어 놓고 있는 이 책을 '매트릭스'에서 빠져 나가는 구멍으로 생각하고 있었는지도 모른다.

식민지 문단에서 정상적으로 작가 행세를 하고 지식인 노릇을 하는 것은 그야말로 어불성설이다. 정상적인 사람이 비정상적으로 보이는 사회, 바로 1930년대 식민지 조선이기 때문이다. 비정상적인 세계에서는 모든 것이 비정상적일 수밖에 없다. 비정상적인 세계에서 정상적으로 보인다는 것은 그것이 이미 비정상적인 것이다. 비정상적인 세계에서 비정상적인 것이야말로 정상적인 것이 아니던가. 모든 것이 거꾸로 된 사회에서는 정상적인 것도 거꾸로 될 수밖에 없다.

이렇듯 이상은 1930년대 식민지 조선을 모든 것이 거꾸로 된 사회로 간주하고 그 사회에서 거꾸로 된 삶을 살고 있었던 것이다.

3) 함의성 : 그의 작품은 아직도 새롭게 해석될 여지가 있는가?

이상이 쓴 수많은 일문시나 국문시는 암호문처럼 똘똘 뭉쳐져 있어 아직도 발굴의 여지를 무한히 남겨 놓고 있다. <오감도>를 비롯한 몇몇 시들을 제외하고는 대부분이 메모 수준에 불과하므로 특별한 해석을 요하지는 않는다는 주장도 있긴 하지만 아직도 그의 시들은 문학 연구자 뿐 아니라 철학자나 수학자, 정신분석학자들의 연구 대상이 되고 있다.

이 중에서도 <오감도 시 제4호>에 대한 해석은 아직도 그의 작품이 무한한 함의를 지니고 있다는 사실을 여실히 증명해 준다.

(1) <오감도 시 제4호>에서 '0·1'의 오독

<오감도> 연작시에 관한 여러 가지 해석은 그야말로 백가쟁명이지만 그 중에서도 <시 제4호>의 오독은 유명한 것으로 유명하다.

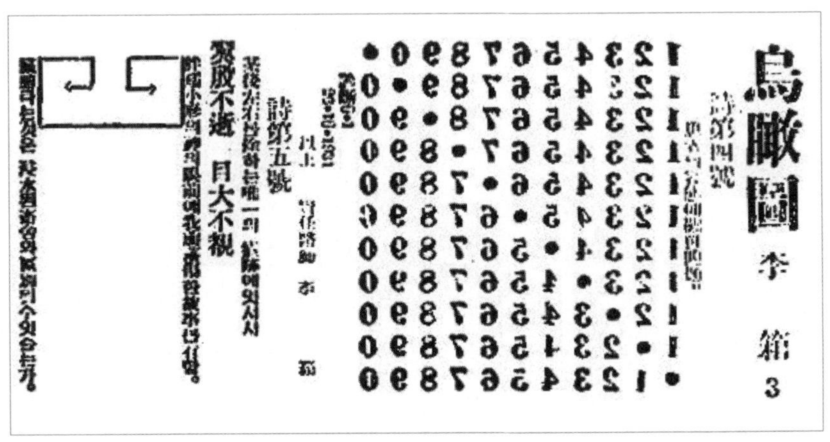

① <시 제4호>(조선중앙일보, 1931. 7)

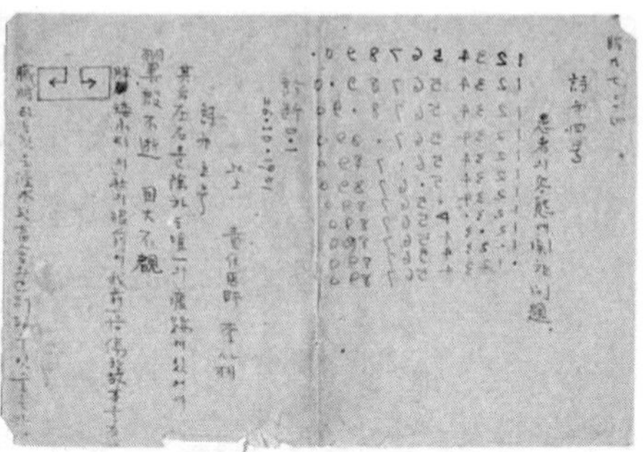

② 〈시 제4호〉 육필(영인박물관 소장)

③ 임종국 전집

④ 〈진단 0 : 1〉(조선과건축, 1932.7)　　⑤ 〈시 제4호〉의 ‘0 : 1’의 오독

①은 조선중앙일보 1931년 7월 28일자에 실린 <오감도 시 제4호>와 <5호>이다. 시 두 편이 연달아 실려 있다. 이것은 ②에서 확인된다. ②는 2006년 영인박물관에서 '글씨에 담긴 문인들 생각'이라는 전시회에서 공개한 이상의 육필이다. <시 제4호>와 <5호>가 잇달아 실려 있다. 이상 작품을 최초로 거의 완벽하게 수록한 임종국의 <이상 전집>(문성사)에도 원본과 틀림없이 실려 있다.

그런데 이상에 대해 독보적 연구자를 자처하는 이어령은 이상의 유족이 보존해 온 육필 원고를 검토한 결과 <시 제4호>의 진단 0.1을 0 : 1로 되어 있다고 주장한다.22) 이후 많은 연구자들이 '진단 0 : 1'을 전제로 여러 가지 해석과 평가를 했다(사진 ⑤ 참조).

하지만 ②의 육필에 의하면 '진단 0·1'이 분명하다. 왜 이런 착오가 생겼을까? 그것은 1932년 <조선과 건축>에 실린 <건축무한육면각체> 속의 <진단 0 : 1> 중 숫자 부분만 거울에 비친 것을 실었다고 판단했기 때문이다.23)

---

22) "0은 둥근 것, 1은 직선으로 여성과 남성 등 원초적인 이항대립(binary opposition)을 보여주고 있는 것으로 문맥적 보완이 없이도 그 해독이 훨씬 용이해집니다. '아내와 나' <날개>, '살찐 것과 야윈 것' <지주회시>, '도시적인 것과 전원적인 것'<성천기행> '근대와 현대' <19세기식> 등 문학텍스트의 모티브가 되는 모든 대립항들을 행성해 내는 근원점에는 0 : 1의 진단이 잠재해 있습니다."(이어령, 「이상 연구의 길찾기」, 권영민 편, 『이상문학 연구 60년』, 문학사상사, 1998, 12면).
    이승훈은 "0 : 1은 무와 유의 대립, 나아가 죽음과 삶의 대립을 의미한다."고 보았다(이승훈, 시－원본주석 이상문학전집, 문학사상사, 1989, 26면).

23) 실제로 임종국은 그의 전집에서 <진단 0 : 1>을 <시 제4호>와 동일하다고 하여 수록조차 하지 않았다.

4) 詩第四號
　　患者의　容態에　關한　問題

　　1234567890·
　　123456789·0
　　12345678·90
　　1234567·890
　　123456·7890
　　12345·67890
　　1234·567890
　　123·4567890
　　12·34567890
　　1·234567890
　　·1234567890

　　診斷 0·1
　　26·10·1931
　　以上 責任醫師 李箱

⑥ 〈시 제4호〉 가로쓰기 1안

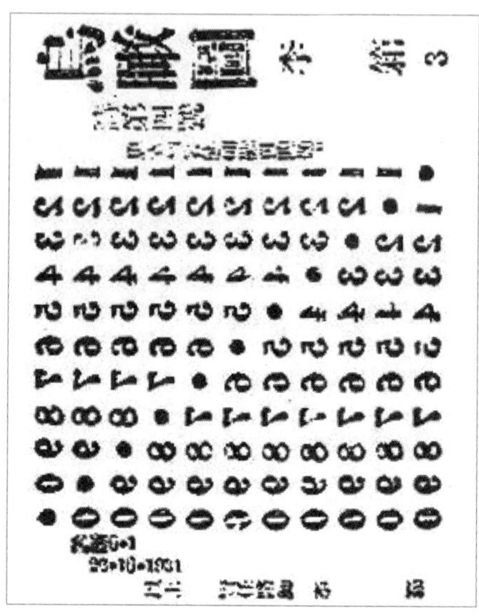

⑦ 〈시 제4호〉의 -90° 회전 모습

(2) 〈오감도 시 제4호〉의 가로쓰기

　〈오감도 시 제4호〉에 관한 논란은 이에 그치지 않는다. 발표 당시에는 세로쓰기였지만 현재는 모두 가로쓰기를 하고 있다. 이상의 시는 숫자나 기호로 되어 있기 때문에 좌와 우, 상과 하가 어떻게 배열되는가에 따라서 의미가 달라질 수 있다. 따라서 이상 시를 가로쓰기로 한 모습이 어떠한 것인가는 매우 흥미로운 주제이다.

　⑥은 〈시 제4호〉를 가로쓰기한 표기이다. 대다수의 이상 전집이 이를 따르고 있다. 이상(李箱) 시의 가로쓰기 문제에 대해 최초로 언급한 학자 사에구사는 원본인 ①과 〈진단 0 : 1〉(④)을 참고로 할 때 ⑥이 되는 것이 당연하다고 한다.[24] 이후 많은 학자들이 이에 준하여 연구를 진행

---

24) 사에구사, 앞의 글, 261면.

하여 왔다.25)

하지만 ⑦을 보자. 이것은 ①을 -90°로 회전한 것이다. 세로쓰기를 가로쓰기로 바꾼 것이다. 이렇게 되면 숫자 부분의 맨 첫 줄은 1의 연속이 나오게 된다. 방점은 오른쪽 위에서 왼쪽 아래로 빗금 친 모습을 보인다. ⑧이 그것이다. ⑥과 ⑧의 의미는 전혀 다르다.

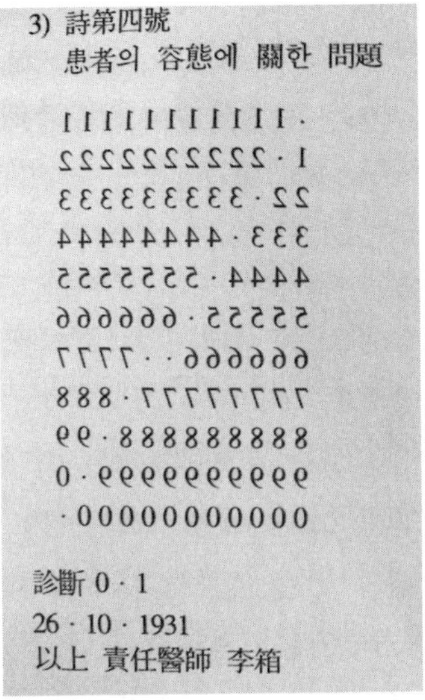

방점을 소수점으로 생각한다면 ⑥은 각 줄에 10을 곱한 것이 된다. 숫자가 점점 10배씩 커지게 되는 것이다. 방점이 왼쪽 위에서 오른쪽 아래로 빗금 친

3) 詩第四號
患者의 容態에 關한 問題

1111111111·
1·2222222222
22·3333333333
333·444444444
4444·555555555
55555·66666666
666666·7777777
7777777·888
88888888·99
0·9999999999
·00000000000

診斷 0·1
26·10·1931
以上 責任醫師 李箱

⑧ 〈시 제4호〉의 가로쓰기 2안

모습을 보인다. 반면에 ⑧은 각 줄에 0.1을 곱한 후 다시 행의 숫자를 곱한 것이다. 소수점 이하는 한 단계씩 늦춰서 곱한 것이 된다. 결과적으로는 숫자가 점점 작아지게 되는 것이다.

이상의 <오감도 시 제4호>를 둘러싼 두 가지 쟁점 중에서 <진단 0 : 1>의 오독은 판명이 되었으나, 가로쓰기의 문제는 아직 논란 중이다.

문학사는 덧쓰이지(over-write) 않고 다시 쓰인다(re-write)는 경구를 새삼 떠올리게 한다.

25) 이상 시텍스트의 정본성을 극구 강조하고 있는 김주현도 이 표기를 그냥 따르고 있다 (김주현, 『정본 이상 문학전집 01-시』, 소명출판, 2005, 84~85면 참조).

4) 현재성

이상은 오늘날에도 꾸준히 재해석되고 재평가되고 있다. 또한 장르를 달리해서 재생산되고 있다. 이것은 이상이 1930년대 당대만이 아니라 오늘날에도 여전히 유효하다는 것을 입증한다.

1930년대 식민지 조선 도시 지식인의 모습을 담아내고 있는 이상의 작품은 70여 년이 지난 오늘날에도 여전히 유효하다. 아내에 대한 굴욕, 자신의 내면세계에 대한 조망, 삶에 대한 진지한 회의, 여인들과의 끊임없는 '봉(만남)'과 '별(헤어짐)' 등은 시대의 문제가 아니라 존재의 문제를 담고 있기 때문이다.

이상의 작품이 오늘날에도 꾸준히 재해석되고 재평가되고 있거나 또한 장르를 달리해서 재생산되고 있는 것도 이런 이유에서이다. 게다가 <오감도 시 제4호>를 둘러싸고 있는 논쟁은 아직도 진행 중이다.

이것은 이상이 1930년대 당대만이 아니라 오늘날에도 여전히 유효하다는 것을 입증한다.

(1) 장르의 전환

문학의 각 장르는 고유의 속성을 가지고 있으며 이것은 여타의 장르와 구분되는 정체성의 근원이 된다. 하지만 이 속성은 오히려 그 작품의 외연적 확장을 가로막는 걸림돌이 되기도 한다. 문학 작품이 후대에 이르러 장르의 전환을 이루며 재창작되는 것은 그 작품이 현재에도 유효한 의미를 갖고 있기 때문이다. 이런 면에서 이상은 한국의 근대 작가 중 장르의 전환이 가장 활발하게 일어나는 작가라고 할 수 있다.

① 영화

〈금홍아 금홍아〉(1995)

감독 : 김유진

출연 : 김갑수, 김수철, 이지은, 윤정빈, 김우란 등.
1930년대를 배경으로, 시인 이상(李箱)과 화가 구본
웅(具本雄)이 기생 금홍을 만나면서 겪게 되는 이야
기를 그림. 제34회 대종영화상 3개 부문 수상.

〈건축무한육면각체의 비밀〉(1999)

감독 : 유상욱

주연 : 김태우, 신은경, 이민우

　1996년 영화진흥공사 시나리오 공모 당선작으로
이상(李箱)의 시 <건축무한육면각체(建築無限六面角
體)>를 둘러싸고 벌어지는 사건을 영화화하였다. 동
호회를 조직, 이상에 대한 글을 통신상에 올리던 사
람들이 차례로 살해되면서 사건을 파헤치던 나머지
회원들이 역사 속에 감춰진 일제의 엄청난 음모를
밝혀낸다는 내용이다.

② 연극

〈상이〉

고광 작

연출 : 임창빈

　이상의 혼이 다시 살아나 변동림과의 만남과 헤어
짐을 오늘날의 관객에게 이야기하는 식으로 풀어나
간다. 2007년 6월 3일부터 2007년 7월 1일까지 대학
로 글로브극장에서 공연되었다.

<이상의 날개>

2003년 3월 2일 혜화동 대학로 극장에서 공연되었다. 이상의 <날개>를 소설화한 것으로 난해하고 관념적인 이야기를 미스테리 법정극으로 바꾸어서 연출하였다.

이외에도 박철권은 <시사 뒷북>이라는 만화를 통해서 김연수의 <굿빠이 이상>(문학동네, 2001. 2)이라는 소설에서 그의 생애와 작품을 현재화하고 있다.

(2) 화제성

작가나 작품을 둘러싸고 끊임없이 언론에 오르내린다는 것은 대중의 호기심과 관심이 그만큼 많다는 것이다. 이상은 그 자신 뿐 아니라 그를 둘러싸고 있는 인맥들에 의해 현재에도 끊임없이 대중의 호기심을 이끌고 있다.

① 김향안 여사(변동림)의 사망

이상의 두 번째 여인이자 이상의 최후를 지켜봤던 김향안(본명은 변동림)가 2004년 2월 29일 사망. 변동림은 20세기 한국이 낳은 천재 화가 김환기의 부인이기도 했다.

② 이상은 강수진의 증조이모부?

못생긴 발로 인해 더욱 관심을 모았던 발레리나 강수진이 이상과 먼 친척 관계임이 밝혀졌다.

세계적인 발레리나 강수진의 외할아버지가 1930년대 야수파로 이름을 날렸던 화가 구본웅인 바, 구본웅은 이상의 동거녀인 금홍이 가출을 하자 자기의 이복 이모뻘인 변동림을 그에게 소개시켜줬다. 둘은 2개월만에 결혼을 했다. 그러고 보면 이상은 강수진에게 증조이모부뻘이 된다.

③ 국가 고시 출제

　그의 작품은 1995년과 2000년 대학수학능력시험 언어 영역 출제가 되
고 있고, 2007년 중등교원임용고시에서도 출제되어 후속 세대들에게 그
의 작품은 끊임없는 관심의 대상이 되고 있다.

(3) 연구의 대상

• 이상문학회

이상 리뷰, 천재시인 이상에 관한 꾸준하고 지속적인 연구를 위해 만
들어진 이상문학회에서 발간한 리뷰집. 통권 제 2호로 이상이 살던 집이
헐릴 위기에서 면해 이상문학관으로 다시 태어난다는 소식을 비롯, 특집
으로 1세대 이상연구의 반성적 고찰에 대해 논했다.

이외에도 계간지 문학 사상사에서는 <이상 문학상>을 제정하여 당해
년도의 우수한 작품을 발굴 선정하고 있다.

5) 흥미성

1920년대에 작가들이 <광화사>나 <광염소나타>에 나타나는 광인이
나 <표본실의 청개구리>의 감광역 등과 같이 소설 속의 인물로서 광인
을 표현하거나, 혹은 <불>이나 <벙어리 삼룡이> 등의 광적인 행동으
로 자신의 처지를 표출하였다. 즉 1920년대 작가들은 작중 인물을 광인
(狂人)으로 만들었거나 아니면 그 돌로 하여금 광적인 행동을 하게 한 것
이다. 이에 비해 1930년대의 이상은 <날개>의 '나'는 다른 사람이 자기
를 광인으로 취급해 주기를 의식적으로 바라는 모습을 취한다. 1930년
대 상황은 이상으로 하여금 스스로 광인의 길로 내몰았다.

작가의 개인적인 생애는 문학인으로서의 속성과 창작의 근원이 된다. 이상은 스스로의 삶을 작품으로 형상화했고 그것을 또 위장하였다. 이러한 속성은 대중들의 지적 호기심을 이끌기에 충분하다.

권영민은 "그의 짧은 생애는 삶의 모든 가능성을 지닌 극적인 요소가 강하다. 그의 개인적인 행적과 문단 활동 자체로 객관적인 규명 대신에 오히려 신비화되고 있다. 그의 문단진출 과정, 특이한 행적과 여성편력, 동경에서의 죽음 등은 모두 일종의 풍문으로 일화처럼 이야기되어 오고 있다."26)고 이상의 삶에 대해 진단한다.

작가로서의 그의 삶은 다분히 문청(文靑)적이다. 그가 스스로의 삶을 작품의 소재로 삼고 있다는 점, 시를 알 수 없는 문자 혹은 숫자 놀이로 치환시켰다는 점, 식민지 지식인으로서 동경을 그리워하다가 동경에 실망하고, 또 동경에서 삶을 마쳤다는 점 등은 그의 삶 자체가 문학적일 수밖에 없음을 보여준다.

이러한 면이 독자들에게 이상과 그의 작품에 대한 흥미성을 갖게 한다.27)

5. 결론

고전은 고전다워야 한다. 그렇다면 고전다운 것은 무엇인가? 유감스럽게도 우리는 누구에게나 읽힐 수 있고 누구라도 한번쯤은 읽어야 할 작

---

26) 권영민, 「이상 연구의 회고와 전망」, 『이상문학 연구 60년』, 1998, 27면.
27) Ⅱ장에서 논의한 소위 '이상성(李箱性)'을 이루는 각 요소가 정전 형성 요인과의 관련성을 찾아보면 대략 다음과 같은 표로 나타난다.

품 정도로 인식하고 있다.

고전의 또 다른 이름으로서의 정전의 정체성과 요건에 대한 규명은 대단히 모호하게 규정되어 있다. 특히 문학교육의 장에서 정전의 형성 요건에 대한 규명의 필요성은 지대하다고 말하지 않을 수 없다.

우리는 지금까지 해방 이후 '문학' 교과서에 실린, 혹은 학교에서 다루어져왔던 작가 혹은 작품들이 앞으로도 지속적으로 교육 정전(正典)으로서 가치를 갖게 된다면, 그 요건은 무엇이며 그것은 구체적으로 어떻게 형성되는가를 살폈다.

고전이 시대나 개인의 제약을 벗어나서 보편적이며 현재적인 기능을 갖기 위해서는 어떠한 문화적 관습에 대해서도 견디어 낼 수 있어야 한다. 또한 어떤 개인에게도 적절한 심미적 효과를 줄 수 있어야 한다. 이것이 고전성이 갖추어야 할 요건이라 할 수 있다. 이 요건은 대체로 다양성과 유효성이라는 두 가지 요소로 이루어진다.

본고에서는 이러한 요건에 가장 부합하는 것이 이상(李箱)으로 규정하고 그를 둘러싸고 있는 여러 담론과 현상을 통해 정전성을 규명하고자 했다.

		역사성	당대성	함의성	현재성	흥미성
난해	의미파악곤란		○	○	○	○
	해석의 불확정성		○	○	○	○
	상반된 평가		○	○	○	○
	자신의 위장		○	○	○	○
요절	만 26년 7개월	○				○
	각혈					○
	예고된 자살			○	○	○
	레몬의 유언			○		○
천재	고립된 천재		○	○	○	○
	박제된 천재		○	○	○	○
	경성 고공		○			○
	동경 실망	○	○	○	○	○

　다음 표는 정전성을 형성하는 요건을 토대로 하여 모 대학 국어국문
과 학생들이 한국 근대 작가들에 대해 평가한 것이다.
　결론에 대신한다.

속성 작가	역사성	당대성	함의성	현재성	흥미성	계
이광수	2.00	4.09	3.47	2.5	3.00	3.01
김동인	2.61	3.64	3.21	3.02	3.54	3.20
현진건	3.33	3.97	3.19	3.23	3.69	3.48
염상섭	3.19	3.83	3.19	2.97	3.09	3.25
이 상	2.85	3.41	4.26	2.88	3.83	3.45
이효석	2.14	2.83	2.38	2.28	2.92	2.51
채만식	2.42	3.59	2.83	2.54	2.90	2.86
김동리	2.23	2.80	2.80	2.23	·2.80	2.57

(* 각 항목당 5점 만점, 54명)

참고문헌

권영민, 「이상 연구의 회고와 전망」, 『이상문학 연구 60년』, 1998.

김기림, 『이상문학선집』, 창문사.

김동환, 「문학교육의 관점에서 본 소설 읽기 방법의 재검토」, 『문학교육학』 제22호, 문학교육학회, 2006.

김문집, 『날개의 시학적 재비판』, 문예가, 1937.

김연수, 「이상의 죽음과 도쿄」, 『이상리뷰』 창간호, 이상문학회, 2001.

김영희, 「F. R. Leavis와 Raymond Williams 연구─비평적 판단의 객관성 문제를 중심으로」, 서울대학교 박사학위논문, 1991.

김유중·김주현 엮음, 『그리운 그 이름 이상』, 지식산업사, 2004.

김윤식, 『레몬의 향기와 멜론의 맛』, 문학사상, 1986.

김윤식, 『이상연구』, 문학과비평사.

김주현, 『정본 이상 문학전집 01─시』, 소명출판, 2005.

김중신, 『문학교육의 이해』, 태학사, 1997.

김향안, 『이젠 이상의 진실을 알리고 싶다』, 문학사상, 1986.

김 현, 「4·19혁명과 한국문학」, 『사상계』, 1970년 4월호.

사에구사 도시카스, 「이상의 모더니즘─그 성립과 한계」, 『이상문학전집 5』, 문학사상사, 2004.

이승훈, 김윤식, 『원본 주석 이상문학전집』, 문학사상사, 전집, 1993.

이어령, 「이상 연구의 길찾기」, 권영민 편, 『이상문학 연구 60년』, 문학사상사, 1998.

이어령, 『이상문학전집』, 갑인출판사, 1978.

임종국, 『이상문학선집』, 성문사, 1966.

임홍빈, 『이상문학연구 60년』, 문학사상사, 1998.

정효구, 「요절한 시인들이 보여준 죽음의 방식과 의미」, 『시인세계』 제4호, 2003.

하루오 시라네, 왕숙영 역, 『창조된 고전』, 소명출판사, 2002.

제4장

문학교육에서 정전과 학습자의 정서체험이 갖는 위계적 구조에 관한 연구

최 지 현
서원대학교 국어교육과

1. 문제 제기

본고는 정전과 문학정서체험의 위계적 구조에 관한 연구이다. 이 진술이 갖는 다섯 가지 함축, 다시 말해, 이 진술로부터 도출될 수 있는 다음 다섯 개의 판단을 합당한 논리로서 구조화하고자 하는 것이 이 연구의 목적이다. 여기서 말하는 다섯 개의 진술이란 다음과 같다. ① 정전이나 문학정서체험은 각기 위계적 구조를 지니고 있다. ② 정전과 문학정서체험은 동일한 원리 내에서 위계성을 갖는다. ③ 정전은 문학정서체험을 위계화한다. ④ 정전은 복수의 문학정서체험을 위계적 관계로서 결합한다. ⑤ 문학정서체험이 갖는 위계적 구조의 정점에서 정전의 가장 지배적인 담론 효과가 발생한다.

이 진술들에 담긴 판단 가운데 일부는 이미 검증된 것들이지만, 나머지는 그렇지 않다. 첫 번째 진술은 이미 오래 전부터 경험적으로나 이론적으로 정합성을 지닌 것이라고 여겨져 왔다. 정전(canon)이라는 개념의 범주는 이미 그 안에 진위라든가 가치의 위계성이 전제된 것이었으며, 문학정서체험의 일부는 교육적으로 고무될 만한 것으로, 다른 일부는 기피되는 것으로 문화적 합의(cultural consensus)가 이루어져 온 바 있다. 첫 번째 진술에 담긴 판단에 근거하는 세 번째와 네 번째 진술 또한 일반적으로 '가치 있는' 문학정서체험이 '가치 있는' 문학 작품에 대해 이루어진다고 여겨져 왔음에 비추어 경험적으로 지지된다. 물론 '가치 있는' 문학 작품이 언제나 '가치 있는' 문학정서체험을 보장하는 것은 아니므로, 이러저러한 문학정서체험들이 서로 다른 가치를 부여받는다고 보는 것은 오히려 정당한 가치 판단에 속한다고 할 수 있다. 그러나 나머지 두 개의 진술에 담긴 판단은 경험적으로나 이론적으로 검증된 바 없었다. 이렇게 검증되지 않은 판단들이 존재한다는 것은 그것들이 다루고 있는 교육적 쟁점들이 공론화되고 있지 못함을 뜻한다.

교육적 작용이 어떻게 이루어져야 하느냐 하는 문제가 여기에 걸려 있다. 예컨대, 정전이 문학정서체험에 의미 있는 영향을 미친다는 것이 경험적으로 지지된다면, 그것은 어떤 원리에 의한 것인가 하는 의문이 응당 제기되어야 마땅할 것이다. 그런데, 여기서 정전이란 무엇을 뜻하는가? 우리나라에는 문학의 정전이 존재하는가? 아니면 그와는 다른 정전, 이를테면 학술 담론으로서의 정전, 혹은 한 시대의 철학적 사유나 패러다임(paradigm)으로서의 정전이 문학정서체험에 영향을 미치는가? 유감스럽게도 우리는 문학적 정전을 합의하는 것은 물론이고 정전의 존재 여부 자체를 공론화하지 못하고 있다. 이런 질문들에 대한 판단이 잠재워져 있을 때 문학정서체험의 교육적 작용은 실재하지만 그것은 검증할 수 없는 현상으로서 교육의 영역 밖에 놓여 있게 되는 문제가 뒤따를 수밖에 없다.

이러한 문제를 되돌려 문학교육의 문제틀 속에서 다룰 수 있기 위해서는, 정전과 문학정서체험이 동일한 원리 내에서 위계성을 갖는다는 두 번째 판단을 명제화하고 그 타당성 여부를 검증해야 할 필요가 있는 것이다. 이 점은 다섯 번째 진술에 담긴 판단에 대해서도 마찬가지이며, 기실 다섯 개의 진술 모두에 해당하는 것이다.

본고의 연구 주제가 함축하고 있는 다섯 개의 진술과 그 속에 담긴 판단들은 정전과 문학정서체험, 문학교육의 가치 체제에 관한 문학교육학계의 모호한 관념과 선입관들을 분명히 드러내어 놓고 점검할 수 있게 하는 명료한 논점을 요구한다. 이것을 크게 세 가지로 묶어 앞서의 진술들에 담긴 판단을 검증하고자 한다.

첫째, 우리나라의 문학교육은 정전을 가지고 있는가. 이 논점은 본고의 논의 전반에 걸쳐 근본적인 이론적 입지를 마련하는 데 중요하다. 만약 정전을 가지고 있다는 판단이 더 적합하다면, 무엇이 정전인지 밝히는 것은 응당 뒤따라야 할 작업이다. 또한 정전의 교육적 기제와 문학정서체험에 대한 작용, 그리고 문학교육 전반에 미치는 교육적 효과에 대해서도 밝혀야 할 것이다. 반면, 논의에 따라 정전을 가지고 있지 않다는 판단에 도달한다면, 문학교육에서 가르치고 배우는 것들의 정체성에 대해 밝히는 작업이 뒷받침되어야 할 것이다. 또한 교육의 정당성을 부여하는 권위는 어디서 기원하는 것이며, 그것의 기반은 무엇인지도 살펴야 할 것이다. 일단 우리는 우리나라의 문학교육에서 작품으로서의 정전이 존재한다고 보지는 않지만, 이른바 규범적 기반으로 작용하는 문화적 합의로서 정전은 존재하고 있다는 가정에서 첫 번째 논점에 접근한다.

둘째, 정전은 문학정서체험에 어떤 영향을 미치는가. 정전이 독자의 내면적 체험에 지대한 영향을 미치는 것이 사실이라면, 그것은 정서·태도적 차원까지도 포괄한다고 보아야 할 것인가? 정전이 정서·태도적 차원에서의 문학적 체험에 대해서도 지대한 영향을 미친다고 보는 것은 독자의 능동적 역할을 간과하거나 무시하는 것은 아닌가? 이에 대한 필자의 기본적 관점은 다음과 같다. 정전에 의한 문학적 문화의 위계화는 문학정서체험의 위계화와도 밀접한 관련을 맺으며, 이때 전자가 후자에 미치는 '지배적'인 담론효과는 결정론적이지는 않다. 다만 정전의 강화는 그만큼 일정한 정서의 편식 상태를 가져올 가능성을 높이며, 이것은 문학교육이 지향하는 바와 거리가 있다고 본다(2장).

셋째, 정전과 문학정서체험의 위계적 구조는 문학교육 과정에 반영되어 있는가? 이것은 이중의 문제성을 갖는다. 만약 정전과 문학정서체험이 '지배적' 영향 관계로서 위계적 구조를 이루고 있다면, 그것은 은폐되어 있거나 혹은 노골적으로 드러나 있거나 간에 교과서나 문학교수·학습과정에 일정한 형태로 반영되어 있을 것이다. 그러나 다른 일면으로 위계화의 방향에 따라 정전과 문학정서체험의 위계적 구조가 만들어질 수도 있는 것이므로, 교과서나 문학교수·학습과정과 같은 교육과정적 요소들이 역으로 문학정서체험이나 정전, 혹은 정전 체제에 영향을 미칠 수 있다는 가정 또한 타당하리라. 그렇다면 어느 쪽을 문학교육의 기조로 선택할 것인가? 분명 후자는 선택을 위한 매우 매력적인 조건을 지니고 있다. 그러나 그것은 위험한 선택이 될 수도 있다는 것이 논의에 앞서 필자가 큰 윤곽으로 잡고 있는 가정이다. 교재의 편성을 이러저러하게 바꾸어 놓는 것으로 정전이 해체되거나 재구성된다고 할 수는 없다는 것을 그간의 몇몇 사례를 통해 살펴본 바 있다. 중요한 것은, 모든 정전이 표방하는 보편적 가치의 옹호를 포기할 것이냐 하는 점이다. 이 경우, 어째서 문학교육이 필요한가에 관한 근원적 질문이 다시 등장하게 된다(3장). 물론 이것은 매우 어려운 문제이다.

이상의 과제들에 대한 논의를 수행함으로써 본 연구가 궁극적으로 밝히려고 하는 것은 문학감상교육의 내용 체계화 원리이다. 이것은 물론 위 논의들이 종합적으로 검토될 때 가능할 것이다. 여기에 대해서는 따로 논의의 절차를 마련해 두었다(4장).

2. 정전과 문학정서체험

1) 정전의 기제와 작용, 그리고 그것의 효과

(1) 정전의 개념과 속성

어원상 측량 표대를 뜻하는 그리스어 kanŏn에서 유래한 정전(canon)은 로마 교회의 공인된 성경을 뜻하는 말로서 널리 사용되다가 교회와 관련된 문서들, 예컨대 미사 문서나 교회 법령, 전례 성가, 성인 명부 등을 말하기도 했고, 이로부터 규범이나 기준, 나아가 근본 원리(principle)를 뜻하는 말로 의미가 확장되었던 개념이다. 서양에서는 '신성한 텍스트(scared text)', 곧 경전(經典)이 정전의 가장 표징적인 예에 속한다(Guillory, 1994 : 303).

이러한 어원 형성 과정이 뜻하는 바는 정전이 그것과는 상치되는 이교도적인 이본(異本)에 대한 판별 준거로서 등장하였으며, 따라서 출발부터 지배를 위한 논리로서 구축되었다는 것이다. 다시 말해, 정전은 외인적 요인에 의해 수립된 일종의 가치 체제라는 것이다. 그럼에도 불구하고, 그 지배가 전면화하고, 자연화(naturalization)하는 과정에서 정전은 이론적 해명을 요구하지 않는 정당화의 논리를 갖는데, 이러한 은폐 구조 속에 정전의 내인적 요인들이 자리잡게 된다.

내인적 요인으로 말하자면, 정전을 자기충족적으로 정당화하는 것들, 말하자면 진리성, 근원성, 규범성 같은 것들이 여기에 해당한다. 예컨대 다음과 같은 정당화의 논리. 경전(經典)은 진리를 내포한다. 왜 그것은 진리인가? 경전은 진리를 담고 있는 성스러운 책이기 때문이다. 그렇다면 그것은 왜 진리를 담고 있는가? 경전은 진리를 담을 만큼 성스러운 책이기 때문이다. 이 순환 논리가 현실 세계에서 아무런 모순도 없는 것처럼 소통되는 것은 정전의 내인적 요인들이 이미 그것의 가치 체계를 정당화하는 데 성공했다는 것을 의미한다.

일반적인 의미에서 정전은 세 가지 측면에서 수용된다. 하나는 유일한 원본(the original)으로 여겨진다는 것이며, 다른 하나는 저자(author)라는 기원으로 되돌아갈 수 있게 하는 유일한 경로(徑路)로 여겨진다는 것이고, 또 하나는 그것이 다른 텍스트들의 상상적, 상징적 질서들을 규정하거나 제한하는 규범(criterion)으로 여겨진다는 것이다. 이를 중심으로 정전의 속성에 대한 논의들을 살펴보기로 한다.

정전이 유일한 원본으로서 여겨진다는 것은 문자 문화 속에서 구축된 정전의 역사적 기원을 드러내는 것이다. 문자의 사용과 더불어 진리의 담지·표상 방식을 전유한 문자 문화는 음성 언어가 진리의 현전성을 주장했던 것과는 달리 언어를 상징으로 삼으면서 진리를 현상 세계의 배면(背面)으로 후퇴시켰다. 그것은 이미 진리 세계가 현실과는 다른 공간 차원에 존재한다는 인식에 기반한 것으로, 진리와 허위, 이상과 현실, 보편성과 개별성 등의 이원 대립이 인식론상에서 본격화되는 계기가 되었다. 이 가운데 진리나 이상, 보편성 같은 것들은 거대한 상징체계를 구성하였는데, 이것이 구현된 구약 성경이나 주역, 논어 같은 문서들을 문학(litera)이라 불렀다.

이른바 '성서적 정전'이라 할 수 있는 이들 문서들은 진리의 기반이자 진리의 수호자였다. 그렇기 때문에, 기록자(scripter)들은 그들에게 계시된 진리를 문서로 필사(筆寫)하여 기록으로 남기고 안전하게 보관함으로써 원본의 가감(加減)이나 훼손(毁損)이 일어나지 않게 주의하였다. 그에 따라 정전은 유일한 문서라는 의미가 더욱 강화되었다.

여기서 정전이 저자라는 기원을 갖는다는 의미를 파악할 수 있게 된다. 정전에서 저자는 기록자와는 다르다. 시나이산(Mt. Sinai)의 불꽃과 음성으로 현현한 야훼(Yahweh)처럼, 저자라는 존재는 이미 말씀, 곧 음성으로서 현현하기 때문에, 그 자신이 기록자가 될 필요가 없다. 이는 바꾸어 말하면, 모든 성서적 정전의 기록자들은 그들 자신을 문서의 저작권자로 주장하지 않는다. 그 대신 그들은 저자를 증거(證據)한다. 그것은 모든 진리와 의미가 저자로부터 나오기 때문이었다. 투명한 매개로서 저자의 말(언어)이 곧 저자 자신이 되기 때문에, 정전은 저자로 가는 유일한 경로가 된다. 따라서 정전은 곧 인용의 대상이 된다.

이렇게 보았을 때, 정전이 규범적인 까닭은 분명하다(Altieri, 1990). 오늘날 저자는 개별 작품의 귀속을 결정할 수 있는 법적, 제도적 권리자로 한정되고 있지만, 굳이 성서적 정전이 아니라 하더라도 우리는 '다른 저자들과 다른 책들이 각기 자리잡게 될 이론, 전통, 연구 분야의 저자'로서의 저자들을 만날 수 있다(Foucault, 1989 : 256~257). 푸코가 말한 바, 이러한 '담론(성)의 설립자'들은 담론을 뛰어넘는 위치에서 다른 텍스트를 만들어 내는 가능성과 규범들을 제공한다. 문학에서는 작품 이해와 감상의 안전한 기반, 메타담론을 제공한다(Graff, 1990 : 21).

(2) 정전의 작용과 효과

정전이 지배를 위한 논리로서 외인적 요인에 의해 만들어졌다고 하더라도, 이것이 내인적 요인들에 의해 정당화되면 다른 텍스트들에 대한 전유(appropriation)와 배제(marginalization)의 기제를 작동시킬 수 있게 된다.

먼저 살펴야 할 것은, 정전이 일종의 합의를 만들어낸다는 점이다. '문학'에 있어서는 정전이 작품 해석의 공통 기반을 만들어낸다는 뜻이기도 하다. 따라서 공리나 보편성을 만들어 그것을 지키도록 요구하는 것이 정전의 가장 중요하고도 기본적인 작용이라 할 수 있다. 이것을 전 유(專有)라 한다.

물론 공리나 보편성 같은 규범은 준수될 때에만 의미가 있다. 그런데 정전은 공동체 구성원들의 자율적 준수와 그것을 통한 자발적 합의(consensus)를 이끌어내는 작용을 한다. 말하자면, 정전은 담론 주체들이 그 속에서 가치 있는 것과 가치 없는 것을 분별하게 하고, 나아가 그 가치 있는 것의 유일한 모델을 정전으로부터 발견해 내도록 하는 일을 자발성에 기초하여 수행한다는 것이다. 여기서 정전은 신화(神話)처럼 확실하면서도 그 증거를 추궁당하지 않는 자연화(naturalization)의 효과를 갖게 된다.

알띠에리(1990)는 정전이 '가치 있는 것으로 간주되는 상상력의 형태를 예시해' 준다고 말한 바 있다. 그것이 맞다면, 이 상상력은 자발적으로 공유될 것이며, 나아가 사회적으로 공유될 것이다. 담론 주체들은 정전을 통해 동일한 상상을 하게 된다. 게다가 여기에는 기대와 가치 판단의 긴밀한 관계가 조성되기 때문에, 작품을 읽으며 유사한 상상을 하게 되는 것은 매우 자연스러운 현상이 된다.

또한 교육 현장에서 정전은 끊임없이 원본의 유일성을 욕망하게 만듦으로써 스스로 교육의 중핵적인 원리가 된다. 곧 정전은 가르친다. 교과서는 선집(anthology)이 되고, 교수·학습은 해석의 과정이 된다. 물론 여기에는 정평이 난 해석의 판단 기준이 존재하게 되고, 작품은 단일한 것으로 귀착하게 된다. 그런데 이 판단 기준이란 정전으로부터 나온 것이므로, 결국 정전은 스스로를 판정하는 유일한 기준을 갖는 존재가 되는 것이다. 그러나 '스스로 있는 존재자'인 야훼와는 달리, 자신이 자신을 떠받치고 있다는 사실을 은폐한다.

이런 점에서 정전은 재귀적이며 순환적(circular)이다(Altieri, 1990). 자명한 실체가 아님에도 불구하고 그것은 일종의 '전이해(foreunderstanding)'에 의존하여 일반적인 규범을 만들어낸다. 여기서 유발되는 정전의 효과가 '동일화(identification)'이다(Macdonell, 1992).

전유(專有)라는 기제는, 이렇듯이 담론 주체들의 자발적 합의를 이끌어내고 동일한 상상 체계를 공유하게 하며 그것들의 중심에 놓인 정전으로 끊임없이 지향하게 한다. 그러나 이러한 전유의 기제가 미치지 않는 모든 경우, 이를테면 자발적 합의를 회의하거나 정전의 기반을 파헤치려 하거나 혹은 정전 자체를 추궁하거나 아니면 일탈적인 상상을 하거나 하는 경우, 정전은 그것을 배제(排除)한다.

배제한다는 것은 곧 금기로 삼는다는 것을 뜻한다. 그것은 경계를 만드는 것이고, 경계의 안과 밖을 문화와 야만, 이성과 무지, 창조와 파괴 같은 이원적 대립 구도로 만드는 것이다. 정전에 있어서 경계 밖이란 열등한 것을 의미하는 것이 아니다. 그것들에 이름을 붙이기는 하지만, 지배권의 바깥에 있어서 등급이나 서열을 매길 수 없는 미지의 것을 의미한다. 그렇기 때문에, 정전은 경계 밖의 금기 대상들을 부재(不在)하는 것으로 만들려 한다. 정전이 갖는 배제의 기제는 정전의 권력 효과가 미치는 모든 대상들이 이 지배권 밖의 도전에 공포를 느끼고 문을 굳게 닫아걸도록 만든다.[1] 자발성에 기초한 전유만큼이나 배제 또한 자발성에 기초한다. 그리고 그것 또한 자연화된다.

---

[1] 이를 통해 경계 밖에 있는 대상들은 정전이 주장하는 가치를 원천적으로 박탈당하게 된다. 배제의 기제는 이처럼 금기를 만들어 박탈한다는 점에서 그리고 박탈을 통해 금기 대상을 만든다는 점에서 이중의 작용을 하는데, 필자는 이러한 작용이 갖는 문제성을 4장과 5장에서 구체적으로 다룰 것이다.

이러한 설명은 정전의 작용을 일방적인 것, 혹은 전일적인 것으로 혼동하게 할 여지가 있다. 그래서 단서를 붙여둔다. 정전은 분명 그 작용과 효과에서 이데올로기와 유사한 측면을 지니고 있다. 하지만 이데올로기와는 달리, 정전은 본보기로서의 가치를 지닌다. 정전이 보여주는 기교와 지혜의 모범적 양상은 이른바 "장르나 스타일을 심화 발전시킬 수 있는 우리의 능력에 대한 하나의 도전"(Altieri, 1990)이 될 수도 있다. 정전은 가치 있는 것과 그렇지 않은 것을 변별할 수 있게 한다. 그것은 우리로 하여금 성취해야 할 목표를 향해 훈련하게 만든다. 이데올로기와는 달리, 정전은 그것의 역사성이 밝혀지는 경우에도 돌연 그 효과가 상실되는 것은 아니다. 게다가 어떤 것들은 매우 안정적인 작용을 하는 것으로 보이기도 한다(최지현, 1997a : 35).

2) 문학정서와 문학정서체험

(1) 문학정서체험 연구의 흐름

문학교육에서 감상이 중요하다는 것은 전혀 새삼스러울 수 없다. 그러나 이것이 주장과 논변을 필요로 할만큼, 문학교육이론에서 감상의 문제는 소홀히 다루어져 왔을 뿐 아니라 심지어는 자생적인 것으로, 이론의 부재를 드러내는 것으로, 교육의 계획과 설계를 더욱 어렵게 만드는 것으로 치부되어 오기도 했다(최지현, 1998b). 이 때문에 문학교육이론에서는 감상을 대신해 해석이 그 자리를 차지해 왔다. 그것은 좀 더 이성적으로 판별 가능한 교육적 전이성을 얻고자 했던 이론적 욕구에서 비롯된 것이었다.

그러나 학습자를 감상자, 혹은 '의사(擬似)―시인'으로부터 비평가로 옮겨 놓고 그들의 비평적 안목을 키우는 것을 문학교육의 중심적 목표로 삼았던 당시의 여러 문학교육이론들은 자신들의 입장으로부터 감상을 지적 인식 작용과는 무관한 것으로서 상식에 의한 감수성이자 이론 없는 이론의 내면화로 바라볼 수밖에 없었다. 그리고 이것은 감상, 곧 문학정서체험에 대한 부당한 평가로 이어지는 것이었다. 따라서 지금 문학정서체험에 대한 연구사를 정리하려고 하는 시점에서 우리는 관련 연구가 매우 미진한 것을 불가피하게 인정해야 한다. 문학정서체험에 대한 본격적인 논의는 불과 수년에 지나지 않는다.

강현재(1991)나 김주향(1991)에서 논의된 정의적 영역의 학습 지도는 관련 연구의 선편(先編)에 해당한다. 김중신(1994)에 이르러 문학정서체험은 객관적 검토가 가능한 대상으로 인정된다. 그는 독자의 심미적 체험을 선망(羨望), 감계(鑑戒), 동정(同情) 등으로 유형화하여 윤리적 차원에서 위계화를 시도하였다. 김대행(1996)은 문학교육의 내용 영역에 감상을 포함시키고 이를 조응(照應)이라는 방법적 원리를 통해 구체화하는 것으로 규정하였다. 그에게 감상의 실제적인 방법이나 절차는 의미 발견과 가치 판단 같은 지식의 체계로 구조화되어야 한다고 주장하기도 하였다. 이러한 입장은 나중에 "문학 감상의 과정 자체가 논리적이고 비판적인 사고의 과정과 흡사한 경로를 거친다"는 생각으로 강화된다(김대행, 1998). 1997년 이후로 문학교육에서 글쓰기의 의미를 탐구하는 연구들이 활발해지는데, 그 가운데 유영희(1998)는 문학감상교육으로서의 쓰기 교육의 문제를 제기하기도 하였다.

이상의 소략한 정리가 문학정서체험에 대한 그간의 문학교육논의가 미진하였음을 말해주고 있기는 하지만, 문학정서체험이 교육 내용으로서 제대로 인정되고 또한 본격적인 관심의 대상이 될 수 있었음은 일정한 성과로서 인정받아 마땅하다고 본다. 다만 이후의 발전적 논의를 이끌어 내기 위해 이들 연구가 완전히 극복하지 못한 편향들에 대해서는 짚어두어야 하겠다. 우선 이들 연구는 문학정서와 문학정서체험을 동일시하는 경향을 보이고 있다. 이 둘의 차이는 전자가 대상으로서 의미를 지니는 반면, 후자는 활동으로서의 의미를 지닌다는 점이다(최지현, 1998a). 감상이 지식의 형식을 통해 구체화한다거나 객관화할 수 있다는 것은 일면 타당하다. 그러나 이를 위해서는 구체화하거나 객관화하는 것이 지식이 아니요 체험이어야 한다는 전제가 필요하다. 예컨대, 유치환의 <깃발>에서 학습자의 감상이 교육 내용이 된다고 하였을 때, '향수'나 '고독', '이상 추구' 같은 것이 객관화되어야 할 내용이 되는 것이 아니라 그러한 정서나 태도에 이르는 학습자의 체험 과정이 그러해야 한다는 것이다.

또한 이들 연구가 문학정서에 경사(傾斜)되어 있는 까닭에 문학정서체험의 가치를 체험에 두기보다 체험의 대상에 두는 양상도 나타나는데, 이것은 다양하게 열려 있어야 하는 문학 감상의 근본 조건과는 어울리지 않는 것이다. 이러한 양상이 나타나는 원인을 가치의 지향과 다양성의 존중이라는 상충되는 것처럼 보이는 문학교육의 가치 문제에서 찾아본다. 문제는 이에 대해 분명한 입장을 취하지 못하는 것인데, 필자는 이 문제의 해결 가능성이 형식적으로는 선택이거나 절충 중에서, 그리고 실질적으로는 다양성의 선택 쪽에서 나올 것으로 판단하고 있다. 하지만 이에 관해서는 나중에 자세히 밝히기로 한다.

(2) 문학정서체험의 교육적 중요성

문학 작품을 통해 형상화되는 것은 세계관이나 인생관일 수도 있고, 은유 도식일 수도 있으며, 주제일 수도 있다. 서정주의 <무등을 보며>는 무엇보다 순응주의적 인생관을 형상화하고 있다고 평가되고 있고, 김수영의 <눈>은 지식인적 양심이 현실과 날카롭게 대치한 이원 대립 구도를 형상화한 것으로, 구상의 <초토의 시 8-적군 묘지 앞에서>는 모든 인간의 모성적 근원지라고 할 수 있는 고향을 영구히 빼앗아 버린 비인간적 이데올로기의 냉혈함을 형상화한 것으로 각기 설명되고 있다. 어디 이뿐이겠는가. 비근한 예들은 모든 작품들에서 인용될 수 있을 것이다.

문학정서 또한 문학 작품을 통해 형상화된다. 김광균의 <추일 서정>은 인간미라고는 끼어들 여지가 없는 근대적 삶의 공간 속에 내던져진 도회인의 소외감을, 김광섭의 <성북동 비둘기>는 물질문명의 파괴적 위력 앞에서 생존의 터전을 상실해 버린 인간들(혹은 자연)이 겪는 비애를, 이육사의 <청포도>는 지극한 마음으로 기다리는 이를 미리 반기고 소망하는 기대감을 각기 형상화하고 있다.

그런데 이것들은 교육되는 것일까? 만약 우리가 이 질문에 긍정하고 있다면, 이것들이 지식의 형식으로 교수·학습 상황 속에 주어져 왔다는 사실을 먼저 시인해야 할 것이다. 그러나 이에 앞서 시인해야 할 것이 있는 바, 그것은 이 진술의 전제가 되는 문학교육은 기본적으로 문학감상교육이어야 한다는 사실이다.[2]

앞서 논의하였듯이, 문학정서와 문학정서체험이 변별되어야 하고, 그 중에서도 문학정서체험이 문학교육의 내용 요소가 된다고 하면, 이 둘의

---

[2] 이 말이 창작 교육을 부정하는 뜻이 아님을 밝혀둔다. 최지현(1997b, 1998a, 1998b, 1999c) 등에서 제기한 감상과 창작의 연관적 활동에 대해 참조할 것.

차이점을 만드는 문학정서체험의 성격을 우선 분명히 해야 할 것이다. 이에 대해서는 최지현(1998a)에서 이미 논의된 바 있으므로, 여기에 간략히 정리해 둔다.

우선, 문학정서체험은 일정한 정서문화를 배경으로 학습자의 체험역(體驗域) 안에서 생성된다. 문학정서가 문학적 정전에 의해 분류되는 것에 비교하면, 문학정서체험은 학습자로 하여금 작품을 내면화할 수 있게 하는 특성을 지닌다는 점이 특징이다. 정서문화가 체험되는 정서들에 대한 분류 체계와 윤리적 평가 체제를 가지고 있기 때문에 문학정서체험에 '대해' 학습자가 호오(好惡)의 태도를 갖게 되는 것은 자연스럽지만, 중요한 것은 체험에 대한 체험이 아니라 체험 그 자체이다.

또한 문학정서체험은 교사와 학습자간의 공유를 통해 학습되며 이를 바탕으로 일정한 정서문화를 유지하거나 변동하게 한다는 특성을 지닌다. 따라서 일방적인 교수(教授)가 문학정서체험을 가능하게 하는 일이란 일어나지 않는다. 문학정서체험이 학습되는 조건은 오로지 상상된 체험이 교사와 학습자 사이에 공유될 때뿐이며, 그것은 일정한 인식틀을 통해 구체화한다.

그리고 문학정서체험은 학습자의 체험 속에 내재하여 문화적 다양성을 교육적으로 담보해 낸다는 특성을 지닌다. 문학정서체험은 교육적 맥락에서 일정한 가치를 부여받지만, 체험에 앞서지는 않는다. 그것은 상상된 체험을 필요로 한다. 그 속에서 학습자들은 저마다 다른 정서체험을 하고 다른 감상에 도달한다. 따라서 문학교육에서는 정서체험과 감상의 다양성이 용인된다. 문학정서체험의 가치가 상상된 세계와 학습자의 관계 구도 속에서 형성되기 때문에, 학습자가 경험하는 문학정서체험간에는 본질적으로 위계성이 존재하지 않는다.

3. 위계화의 논리와 양상

1) 정전과 문학교육 과정

문학교육에서 작품은 문학적 상호작용의 매개이며, 교육적 조직의 구현 방식이자 또한 그 수단이 된다. 따라서 작품은 일면으로는 매개의 성격을 지니지만, 다른 일면으로는 제재의 성격을 지닌다. 작품을 통해 독자인 학습자는 심미적, 윤리적 체험을 하고 그것의 교육적 의미를 수용하거나 비판적으로 성찰함으로써 내면화하게 된다.

교육과정을 일정한 교육 목표 속에서 그것에 부합하는 내용을 선정·조직하고, 이를 교수·학습할 합리적 방안과 절차를 바탕으로 일련의 교육 실천을 수행하며, 이를 평가·송환하는 일련의 과정으로 본다면, 특히 문학 작품은 문학교육 과정의 중핵적 요소가 된다. 문학교육은 가치 있는 문학적 체험이 의도되거나 계획된 목표와 방법에 선행할 수밖에 없는 근본적 존재 조건을 지니고 있고,3) 문학 작품에 접근해 들어가는 감상 활동은 다른 어떤 언어 활동보다도 중요한 활동이기 때문이다.

그렇다면 정전은 문학교육에서 매개이자 제재로서 작품과 어떤 연관을 맺게 될까? 그리고 그 관계는 문학교육에 어떤 작용이나 권력 효과를 갖게 될 것인가? 이 문제를 해명하기 위해서는 우선 정전이 문학교육 과정 속에서 어떻게 현실화되는가를 살펴보아야 할 것이다. 이하에서는 정전의 현실화 경로를 크게 세 가지로 나누어 생각해 본다.

---

3) 어떤 의도나 목적, 이를테면 도덕성을 함양한다거나 세상사 지식을 증대시키기 위한 목적 같은 것 때문에 문학 작품을 감상한다는 생각은 문학이나 문학교육 모두에서 받아들여지기 어렵다. 문학의 자율성을 인정하든, 혹은 그렇지 않든 간에, 문학교육은 독자인 학습자 자신이 스스로 문학 작품을 통한 상상적 체험을 넓고 풍부하게 갖는 것을 전제하였을 때에야 비로소 실현될 수 있기 때문이다(최지현, 1998a).

(1) 교과서를 통해 반영되는 정전

정전의 가장 명확한 형태는 일관된 원리나 방식으로 선택된 훌륭한 작품들의 선집(anthology)이다. 훌륭한 작품이란, 특정한 문학 이론에 의해 걸러진 것이거나 주요 시인·작가들의 대표작들을 배후로 삼고 있는 만큼, 우리는 교과서를 통해 반영되는 정전의 두 가지 형태를 상정해 볼 수 있을 것이다.

하나는 문학교육의 지배적 담론으로서의 정전이다. 이것은 교과서에 실릴 문학 작품들을 선별하는 특정한 문학 이론의 모습으로 구체화될 수도 있고, 아니면 문학사적인 평가를 내리는 학문 공동체의 문학적 전통이라는 좀 더 추상적인 모습을 취하게 될 수도 있다. 교과서에 실리는 작품이나 이론은, 그것이 제재로서 노출되거나 혹은 작품 선별의 일관된 기준으로서 은폐되는 것에 관계없이 학습자들에게 규범적인 것으로 작용한다(이숭원, 1993 : 221).

그런데 가르칠 것에 대한 불확실성이 야기한 종래의 교재관에 대한 의문은 어떤 결과를 가져왔는가. 표명되기로 교과서는 '교조적(敎條的)인 정전(正典)이 아니라 자료의 성격을 띤다.'(교육부, 1995 : 24)고 설명되기에 이른다. 제재로서의 정전이 부정되었다는 것은, 원본성이나 저자로 귀속되는 구체적 작품을 공준할 수 없는 상황에 놓여 있음을 표명하는 것이다.

그러나 그것은 정전에 대한 논쟁을 통해 이루어진 것이 아니었음을 주목해야 한다. 앞서 정리한 바와 같이, 30년대와 80년대에 미국에서 벌어졌던 정전 논쟁과 그 이후의 교육과정 변화를 염두에 둔다면, 교육부의 이러한 설명에는 의아한 부분이 있을 수밖에 없다. 도전 받기 전에 스스로 정전을 포기하는 일은 상식적으로 이해하기 힘든 일이기 때문이다. 따라서 우리는 이를 우리에게 정전이 부재하는 까닭과 연관 지어 생각하기보다는 정전 실현의 특수한 양상으로 생각할 필요가 있다.

우선 교과서를 절대시하는 것과 교과서를 정전으로 보는 관념 사이에 엄연한 차이가 존재하고 있음에 주목하게 된다. 교과서를 절대시하는 풍조는 제4차 교육과정에 와서 고착된 것으로, 선집(選集) 형태의 교과서로 하여금 거기 실린 제재들을 정전화하게 하려는 교육적 의도와 밀접한 관련을 맺고 있었다. 이것이 교과서를 정전으로 보는 관념에 호응하는 것은 사실이지만, 제5차 교육과정에서부터 이러한 요행적인 결합은 더 이상 유지되기 힘들어졌다. 말하자면, 전자의 경향이 온존(溫存)되어 있었음에도 후자는 더 이상 유지되기 힘든 상황이 되어버린 것이다.

그것은 정전이 합의의 산물이면서 동시에 합의의 유일한 근거가 되어 왔던 반면, 교과서는 어느 때고 타협의 산물이기를 멈춘 적이 없었기 때문이다. 그렇기 때문에, 타협은 그 결과가 합의를 유보한 것으로 나타나게 되는 상황에서조차 발생하는 것으로 보인다. 그라프는 이를 장-적용 모델(field-coverage model)을 통해 설명한다(Graff, 1989). 그에 따르면, 문학 교육 과정이 구축하는 정전 체제[4] 속에 새로운 텍스트가 들어올 때 타협은 기존의 정전이나 정전 체제에 근본적으로 도전하지 않는 것들에 대해 사회의 새로운 변화를 수용할 수 있는 유연한 대처를 통해 작용하는 것으로 나타난다. 이것은 앞서 언급한 정전의 작용 기제인 '전유(appropriation)'와 일치한다.

---

4) 이 용어는 작품으로서의 정전이 부재함에도 불구하고 그것을 구현하는 기반인 이론과 철학에서는 정전이 존재한다는 점, 따라서 여기에 기반한 작품들이 계층을 이루며 위계적인 질서를 갖춘 어떤 체제가 정전으로서 현실적인 힘을 발휘하게 된다는 점을 나타내기 위해 사용하였다.

교과서는 교육 목적을 달성하기 위해 구성되는 표본적인 교재이다. 따라서 교과서에 실리는 제재들이 교육 목표를 구현할 수 있도록 잘 선별되어야 한다는 것은 형식 논리로 보면 마땅한 일이다. 물론 이를 위해 교육의 이념이나 목적, 목표들에 대한 검토를 논외로 한다는 것을 전제로 삼아야 하겠지만, 이 경우에 제재들은 비록 그것이 다양한 출처와 견해들을 반영하고 있다고 하더라도 당대의 지배적 담론과 호응하며 서로 긴밀한 연관성을 맺게 마련이다. 5차 교육과정 이후로 국어 및 '문학' 교과서에 70년대 이후의 새로운 경향의 작품들이 대거 포함되고 해금조치와 함께 정지용, 김기림, 이용악 등의 작품들이 교과서에 등재된 이후로도 문학적 정전의 모델이 바뀌지 않았다는 것이 그 증거가 될 것이다(임문혁, 1988 ; 최지현, 1994 ; 윤여탁, 1998).

이렇게 구성된 교과서는 교수·학습 활동의 성격과 의미를 간명하게 설명할 수 있게 하는 지표가 된다. 입문서로서의 교과서는 지배적 담론을 구성하는 내용 체계가 구조적으로 전수되는 교육과정을 대변한다. 교본으로서의 교과서는 기능주의적 훈련을 통해 지배적 담론의 이데올로기 효과가 실현되는 교육과정을 대변한다(최지현, 1994 : 18~19). 선집으로서의 교과서는 지배적 담론을 향한 담론들의 경합장이 되는, 혹은 이론적 경합을 용인하되 그것을 통해 실제로는 지배적 담론을 보환(supplement)하게 되는 교육과정을 대변한다(최지현, 1999b).

(2) 학습자의 문화적 환경으로서 실현되는 정전

도전이 없었던 것은 아니지만, 정전 체제가 무너지거나 혹은 심각한 경합 상태에 있는 것이 아닌데도 불구하고 문학교육 과정이 교과서가 절대적이지 않다고 분명히 밝히는 것에는 또 다른 원인이 있다. 그것은 현실적으로 정전의 반열에 드는 작품을 우리가 합의하지 못하고 있다는 점이다. <춘향전>이나 <무정>, <진달래꽃> 등은 모두 뛰어난 작품으로 수용되고 있고 또한 그러한 관점에서 집중적인 조명을 받으며 연구 대상이 되었던 바 있는데, 그러나 그렇다고 하여 이 작품들이 '문학'이나 인생에서 모방적 대상이 되고 있는 것은 아니다.

이것은 교과서와 그에 대한 학습자의 반응에서도 확인할 수 있는 사실이다. 필자가 1999년 5월에 경기도와 충청북도의 중·고등학생 953명에 대해 설문 조사한 결과에 따르면, 교과서에 실린 현대시 작품들이 모두 훌륭한 작품들인가를 묻는 질문에 대해 응답자들은 31.8%만이 그렇다고 답을 하였다. 이는 그렇지 않다고 답을 한 26.5%와 크게 차이를 보이지 않은 비율이었다(보통이라고 답한 비율은 39.8%였으며 무응답은 1.7%). 이 반응은 응답자의 현대시 작품 선호도와 교과서 반영의 상관성을 묻는 물음에서 43.4%가 많은 차이를 보이거나 상당한 차이를 보인다고 답한 것과도 관련이 있다(일치하거나 상관성이 있다고 반응한 비율은 24.1%, 무응답 3.5%).

교사들이 현대시 작품에 대해 개인적 선호를 가질 수 있지만 일반적으로 그들은 교육과정상 교수자(敎授者)의 입장에서 문학교육의 목표를 달성하기 위해 의식적이고 계획적인 교육 실천을 수행해야 하는 의무를 지니고 있으며, 또한 대개 그러한 역할에 충실하다고 할 수 있다. 이러한 사실에 비추어 볼 때, 현대시 작품들에 대한 학습자의 선호도와 그들이 추정하고 있는 문학교사들의 현대시 작품에 대한 선호도 사이의 상관관계를 살펴보는 것은 문학적 정전, 곧 현대시 정전이 작품 감상에 어떤 실제적인 영향을 미치고 있는지를 판단할 수 있는 단서가 될 것으로 짐작할 수 있다.

이와 관련하여, 설문에서는 학습자들이 선호하는 작품의 경향과 그들이 추정하는 교사의 선호 경향을 조사하였다. 설문 조사에서는 급별, 학년별 경향을 판단할 수 있는 문항들을 포함하고 있었으나, 여기에는 전체적인 통계치만 제시하였다. 따라서 급별, 학년별 편차라든가 지역, 혹은 학교 규모에 따른 편차가 반영될 수 있다. 또한 '국어' 과목이나 '문학', 특히 현대시 작품 자체에 대한 학습자의 선호 여부도 변수가 될 수 있을 것이다. 아울러 교사들의 선호에 대한 추정은 직접적으로 통계적 의미를 지니지는 않음을 전제해 둔다.

설문 조사를 통해 특징적으로 나타난 양상을 분석해 보면, 다음과 같다.

① 최지현(1994), 정재찬(1996) 등에서 이론적으로 검토된 문학적 정전의 영향은 적어도 학습자들의 현대시 작품 선호와 관련해서는 사실임이 확인되고 있다. 그러나 문학적 평가와 관련한 반응을 볼 때, 그 영향은 전일적(專一的)이지 않음을 짐작케 한다. 예컨대 키치 문학에 대한 학생들의 관심(최미숙, 1995)과 정전의 지배성의 관계에 대한 논의가 좀 더 엄밀하게 이루어질 필요가 있다.

② 학습자들은 기교나 대중성의 면에서는 특별한 선호를 보이지 않았다. 그러나 그들은 교사들이 적어도 기교가 없거나 대중적이지 않은 시들에 대해서는 선호하지 않는다고 여기고 있었다. 이러한 반응은 학습자들이 기교의 문제를 모더니즘시의 일반적인 특성으로 보기보다는 문학성에 대한 교사들의 인식과 연관 지어 생각하고 있으며, 그것을 난해시와 묶어 생각하고 있음을 보여주는 것이라 하겠다. 이는 학습자들이 생각하기에 문학성이 높다고 인정되는 시가 교육적으로 바람직한 것이라는 교육적 고려를 인지하고 있다는 뜻이기도 하다. 대중성의 문제 또한

이와 관련이 있다. 학습자들은 대중들에게 잘 알려진 작품, 곧 시기적으로는 해방 이전이며 내용적으로는 전통적 삶을 다룬 작품을 교사들이 선호하고 있다고 여기고 있었다.

③ 학습자 자신이 선호하지 않고 있음에도 불구하고, 교사에 의해 선호되고 있다고 여기는 것들에 대해 학습자들은 어떻게 생각할까? 학습자들은 교과서에 실린 현대시 작품들이 특별히 재미있다거나(28.6%) 훌륭하다고 여기는 것(26.5%)은 아니지만, 그렇다고 자신들이 선호하는 작품이 교과서에 실리기를 바라는 것(응답자 중 18.4%)5)은 아니었다. 이것은 그들이 선호하는 작품을 문학적으로나 교육적으로 가치 있는 것으로 여기고 있지는 않음을 말해주는 것이다. 그들 자신은 도덕적인 내용에 비해 비도덕적인 내용이 담긴 작품을 더 선호하고 있었는데(20% : 31.1%), 이것도 앞서의 분석을 뒷받침하는 자료가 된다.

④ 학습자들이 생각하는 교사들의 선호는 물론 우리가 충분히 추정해 볼 수 있는 경향성을 띠고 있었다. 학습자들은 교사들이 해방 이전의 시를 해방 이후의 시보다 더 선호하고 있고, 기교적인 시를 그렇지 않은 시보다, 정신적 가치를 지향하는 시를 정서적 감흥을 추구하는 시보다, 애상적인 시를 흥쾌한 시보다, 도덕적인 시를 비도덕적인 시보다, 전통적 삶이 반영된 시를 현대적 삶이 반영된 시보다, 그리고 높은 문학적 평가를 받은 시와 어려운 시를 그렇지 않은 시보다 더 선호한다고 추정하고 있었다. 이러한 학습자들의 추정은 교사들은 문학적 정전을 선호하며 학습자들에게 교육하려 한다는 것을 방증해 준다.

---

5) 이 문항에 대한 응답자의 수는 575명이며, 이는 전체 설문대상의 60.3%였다. 그 가운데 자신들이 선호하는 작품이 교과서에 실릴 필요가 없다고 생각하거나 또는 실리기를 바라지 않는다는 응답자는 61.8%였다.

⑤ ①과 ④의 분석에 일치하는 것으로, 학습자들에게 작용하는 문학
적 정전의 가장 두드러진 특징들을 고려해 볼 필요가 있다. 학습자들은
낭만주의 시와 (그 중에서도) 순수서정시를, 정서적인 감흥을 추구하는
시와 (그 중에서도) 애상적인 시를, 인간적인 삶을 다룬 시와 구체적인
시를 선호하고 있었는데, 사실 이것은 국어나 '문학' 교과서의 작품 선
정 원리와 높은 상관관계를 갖는 것이다(최지현, 1999b).

[표 1]

1(17,30)	모더니즘시	낭만주의시	비고
	80(8.4) / 226(23.7)	406(42.6) / 268(28.1)	424(44.5) / 375(39.3)
2(18,31)	현실참여시	순수서정시	비고
	124(13) / 257(27)	517(54.2) / 274(28.8)	280(29.4) / 338(35.5)
3(19,32)	해방 이전 시	해방 이후 시	비고
	155(16.3) / 309(32.4)	347(36.4) / 160(16.8)	416(43.7) / 387(40.6)
4(20,33)	기교적인 시	무기교의 시	비고
	228(23.9) / 282(29.6)	216(22.7) / 142(14.9)	474(49.7) / 435(45.6)
5(21,34)	정신적 가치를 지향하는 시	정서적 감흥을 추구하는 시	비고
	151(15.8) / 330(34.6)	495(51.9) / 203(21.3)	269(28.2) / 322(33.8)
6(22,35)	흥쾌한 시	애상적인 시	비고
	225(23.6) / 190(19.9)	473(49.6) / 266(27.9)	221(23.2) / 398(41.8)
7(23,36)	대중적인 시	대중적이지 않은 시	비고
	276(29) / 271(28.4)	287(30) / 183(19.2)	354(37.1) / 403(42.3)
8(24,37)	도덕적인 시	비도덕적인 시	비고
	191(20) / 404(42.4)	296(31.1) / 102(10.7)	429(45) / 349(36.6)
9(25,38)	전통적 삶이 반영된 시	현대적 삶이 반영된 시	비고
	130(13.6) / 301(31.6)	480(50.4) / 200(21)	306(32.1) / 356(37.4)
10(26,39)	자연을 다룬 시	인간의 삶을 다룬 시	비고
	235(24.7) / 225(23.6)	441(46.3) / 270(28.3)	240(25.2) / 366(38.4)
11(27,40)	높은 문학적 평가를 받은 시	아직 평가되지 않은 시	비고
	200(21) / 394(41.3)	308(32.3) / 113(11.9)	406(42.6) / 351(36.8)

12(28,41)	관념적인 시	구체적인 시	비고
	196(20.6) / 265(27.8)	377(39.6) / 192(20.1)	336(35.3) / 400(42)
13(29,42)	쉬운 시	어려운 시	비고
	530(55.6) / 171(17.9)	81(8.5) / 315(33.1)	297(31.2) / 369(38.7)

1. 괄호 밖은 반응수, 괄호 안은 백분율을 나타내며, 앞의 수치는 학생들의 선호를, 뒤의 수치는 교사의 선호에 대한 학생들의 추정을 나타냄.
2. 무응답자는 표시하지 않음(교사의 선호에 대한 추정에서 무응답 비율은 평균 10% 정도임).
3. '비고'항은 학생들의 경우 '특별한 선호가 없음'을 나타내며, 교사의 경우는 '판단할 수 없음'을 나타냄.
4. 연번호에 기재된 괄호안 (A, B)의 A와 B는 설문지 문항 번호를 의미함.

정리해 볼 때, 학습자들에게 주로 영향을 미치는 것은 문학 자체의 예술적 완결성보다는 문화적 소통성이다. 학습자들은 당대 사회의 문화적 정전으로 여겨지는 작품들에 대해 뚜렷한 선호를 보이지 않는다. 그러나 이것은 정전의 영향을 받지 않았기 때문이라고 보는 것은 온당하지 못하다. 학습자들은 비록 그들이 선호하는 것은 아니지만 문학적 정전이 더 가치 있다는 생각을 수용하고 있다. 이것은 결과적으로 학습자 자신의 선호를 열등한 것으로, 그리고 교사의 그것을 우월한 것으로 여기게 되는 결과를 낳는다.

(3) 잠재적 교수·학습 과정에서 형성되는 정전

학교에서 정전을 가르치는 까닭은 무엇인가? 그 까닭을 짐작해 볼 수 있게 하는 단서는 학습자들에 대한 문학 교사들의 인식이다. 그들은 학습자들이 오랜 '문학'의 역사 속에 누적되어 온 많은 문학 작품들을 섭렵하거나 의미 부여를 할 능력을 가지고 있지 못하다고 믿는다. 그것은 사실이다. 단적으로 말해, 학생들이 기나긴 역사 속에 누적되어 온 수많은 문학 작품을 설명하는 또한 수많은 문학 이론들을 개관할 능력을 가지고 있지 못하다.

그런데 어째서 학습자들은 그 많은 문학작품들과 이론들을 개관할 수 있게 되기를 요구받는가? 그것은 교사와 교육이론가들이 문학 작품들을 보는 서사를 좀처럼 포기하기 힘들기 때문이다. 서사란 일종의 진리 세계로서 교육 내용의 정당성을 뒷받침해 주며, 교육 실천의 안정성을 보장해 주기 때문이다. 그리고 적어도 오늘날의 교육 실천에서 이러한 서사는 경쟁적인 상황에 있는 것이 아니라 지배적인 상황에 있는 것이다.

이러한 권위적 교육의 실현은 앞서 설문 분석을 통해 확인한 바 학습자들이 알게 모르게 인정하게 되는 자신의 열등성과도 관련이 있다. 그것은 교사나 교사를 통해 실현되는 교육 내용의 가치가 갖는 합법적이고 권위적인 능력과 함께 교육을 가능하게 하는 기반이 된다. 라다크리슈난은 이러한 문학교육적 상황을 본질상 소크라테스적이라고 말한다(Radhakrishnan, 1991 : 120). 즉, 교사는 묻고만 있지만 학습자 스스로가 자발적인 '발견'을 통해 교사와 교사가 전수하는 교육적 가치의 권위에 복속하게 되는 위계화된 구조를 문학교육적 상황이 갖는다는 것이다. 이를 우리는 정전의 전유(專有) 기제라고 말한 바 있다.

이것은 학습자에게는 좀 더 광범하고 근본적인 영향을 미치는 잠재적 교육과정의 의미를 반성하게 한다. 왜냐하면, 어떤 측면에서는 이것이 교사와 학습자간의 명시적인 상호작용보다 더 광범하고 근본적인 작용을 하기 때문이다.

교과서가 일종의 타협의 산물이라는 점을 밝히기도 하였거니와, 비판적 교사들에게는, 교사들과 그들을 뒷받침하는 교육이론가들, 혹은 계급적·계층적 이해 집단을 대변하는 이데올로그(ideologue)에게는 교과서의 내용이 여전히 거부되거나 재해석될 여지를 갖고 있다. 때로는 선별된 작품들이 실제로 교체되는 일들이 벌어진다.6) 그 결과 선별된 작품들은 실제로는 단일하게 정전의 규범성을 반영하지는 못하게 된다.

여기서 위계화된 상태로 교수·학습 과정에 이끌린 작품들은 어떤 식으로든 재해석될 수밖에 없는 상황에 놓인다. 그렇다면, 잠재적 교육과정 속에서 이것들은 어떻게 변형되는가? 그리고 무엇이 이러한 변형을 주도하는가? 가장 두드러지게 나타나는 것은 다음과 같은 다섯 가지 변형의 기술적 장치들이다.

① 삶과 일치시키기

문학 수업의 첫머리에 교사는 시인에 대해 말한다. 이육사는 애국지사의 집안에서 출생했으며, 독립 운동에 참여하였고, 옥고(獄苦)를 치렀으며, 결국 옥사(獄死)하였다. 이육사가 해방 직전에 옥사하였다는 사실은 교사 자신에게도 매우 안타까운 일이다. 그런 식으로 훌륭한 사람들은 모두 저 세상으로 가고 해방 공간에는 친일파 지식인·관료들과 매판 지주들이 활개를 펴게 됨으로써 근대사의 오욕(汚辱)이 청산될 수 없었다는 사실에 분개하기도 한다. 육사의 이름이 수인 번호에서 비롯되었다는 식의 추정에 이르면 그의 시는 곧 그의 삶이 되고 정신이 된다. 교사가 전하는 시인의 삶은 거의가 시의 이해를 위한 것이다. 그러나 정작 그것은 참조가 아닌 지침이 된다. 신석정이 절필을 하고 사업을 해서 성공했다더라는 식의 설명을 붙일 때, 교사는 자신이 석정의 시 <그 먼 나라를 알으십니까>라든가 <슬픈 구도>에 대해 무의식적으로 불만을 느끼고 있다는 것을 자각하지 못한다. 하지만 그것 역시 학생들에게는 감상

---

6) 교과서의 개발과 편찬 사업이 정전 획정을 두고 사회 제세력이 첨예하게 대립하는 현장이라는 사실은 새삼스러울 것도 없는 일이다.

의 지침으로 은연중 작용한다.

작품을 삶에 일치시키는 것은 교수·학습 과정의 필수적인 코스에 해당하지만, 그것이 교육 내용이 되는 경우는 오히려 희소하다.7) 문학에 대해서는 '일상 세계의 반영'(중학교 1학년 '문학의 본질')에서 '상상에 의하여 창조된 세계'(중학교 3학년 '문학의 본질')로 심화되는 교육과정상 규정이 명시되어 있고, 고등학교 '문학' 과목의 경우는 문학의 성격을 '허구'이자 '심미적 구조물'로서 밝히고 있기 때문이다. 하지만 잠재적인 교수·학습의 영향은 학습자들이 문학 작품을 인격으로서 살피게 하며, 결국 인격 대 인격의 불공정한 게임에 내몰렸다는 불만을 갖게 만들 수 있다.

필자는 교사가 '자연스럽게' 시와 삶을 일치시키는 것을 그들이 학습자로 하여금 문학에 더 친숙하게 만들고자 하는 배려 때문임을 인정하지만, 교사의 이러한 배려가 작품을 역사 속으로 밀어 넣음으로써 오히려 학습자의 시 경험을 분열시키는 작용(김창원, 1996)을 하게 될 수도 있음을 지적하고자 한다. 학습자는 자신이 작품으로부터 너무도 멀리 떨어져 있음을 알게 되었을 때 감상의 곤란함을 느끼게 될 것이다. 그들 스스로 '문학성'이 떨어진다고 보는, 다시 말해 아직 대중적이지도 않고 문학적 평가도 받지 않았다고 보는 작품에 몰입하는 것은 이런 측면에서 보면 지극히 당연한 일이다.

---

7) 교육 내용으로 선정되어 있는 특별한 경우를 두고도 같은 판단에 도달하게 된다. 제6차 교육과정 고등학교 '국어' 교과서 상권의 '작가·작품·독자'라는 단원은 오히려 창작 동기나 인간적 보편성에 좀 더 초점을 두고 있다(이육사의 <광야>를 다루고 있는 학습 활동 222면과 도움말 223면을 참조할 것).

② 정서를 논리화하기

교사는 곧잘 작품을 해설하며, '이 시의 주제는 사랑이야', '이 시는 여성적 정서를 담고 있어' 하는 식으로 설명을 붙이곤 한다. 교사가 은연중 내비치는 비평적 태도는 학습자에게는 학습해야 할 새로운 지식이 그만큼 더 생겼다는 신호로 여겨지곤 한다. 사실 교사도 그 자신이 시에 '대해' 가르치고 있다는 생각을 그다지 의심하지 않는다.

문학 작품의 정서를 어떻게 설명하느냐 하는 문제는 문학정서체험을 위계화하는 것과 긴밀히 연관된다. 하지만 설명할 수 있느냐, 혹은 없느냐 하는 문제가 더 근본적이다. 때로 교사들은 작품의 정서를 그럴 듯하게 설명하고, 때로는 설명하지 않는다. 그리고 이렇게 설명되지 않은 것들은 사실상 체험될 수 없는 것이 되고 만다. 금기의 정서는 그것을 비교육적으로 보는 인식에서는 자연스러운 것이지만, 그 때문에 정전은 특정한 문학정서체험들을 배제하는 정전 체제를 안정적으로 유지할 수 있게 된다(최지현, 1999b).

③ '문학'의 소비자 만들기

교사들은 학습자들이 문학 작품을 잘 '이해'하고 '감상'하기를 바란다. 그들은 작품의 의미를 가능한 한 충실하게 '전달'하고자 하고, 따라서 비평적 태도임에도 불구하고 비판적 태도가 되는 것은 오히려 예외적이 된다. '이해', '감상', '전달' 등은 이러한 내면화 수업에서는 단방향적, 단선적 의사소통맥락을 갖게 만드는 경향이 있다.

창작 교육은 교사 자신에게 창작의 경험이 희소하고 방법론적 성찰이 부족한 까닭에 기피된다. 창작을 문학에 대한 대리물로 삼는 미국의 문학교육8)과는 달리, 그것을 곧 문예문의 생산으로 보는 우리나라의 문학 교육에서, 학습자들은 어떤 안내자나 협력자도 없이 '국어'나 '문학' 과목의, 혹은 교·내외 백일장의 과제물로 창작을 요구받는다. 그리고 이러한 특별한 교육의 순간들이 지나면 더욱더 문학 수업은 소비자로서의 학습자를 요구하게 된다. 때로 교사들은 문학을 언어 자료로 삼아 매우 다양하고 흥미로운 언어활동들을 한다. 시 구절을 가지고 광고문을 쓰고, 시들의 연대기를 통해 역사 신문을 만들고, 거꾸로 일상의 너무도 흔하디흔한 이름들을 가지고 삼행시(三行詩)를 짓는다. 그런데 이러한 언어활동들까지도 학습자를 '문학'의 소비자가 되게 한다.

소비자에게 소비자의 권리가 있고, 소비자의 윤리가 있다는 인식이 문학 수업에 적용된다면, 그래도 학습자들은 정전과 이론들과 작품들의 공정한 경쟁의 규칙'에 대해' 생각할 수 있게 될 것이다. 말하자면 인용(citation)을 벗겨낸 문학의 소비자가 될 수 있게 될 것이다. 그러나 '문학'의 소비자들에게는 독과점 체제로서의 정전이 그것을 가로막는다.

④ 문학 소년(소녀) 만들기

한편에는 시 한 줄을 써 보라고 하면 끙끙대기만 하고 어쩔 줄 모르며 때로는 따분해 하는 학습자들이 있는가 하면, 다른 한편에는 학내 문학 서클에 가입을 하고, 학교 도서관의 사서와 대출 일도 기꺼이 떠맡으며, 교외 백일장이나 잡지 등에 글도 써 보내고, 심지어는 당돌하게 신춘문예 입상을 꿈꾸며 글을 쓰는 학습자들이 있다. 그들은 소수이고, 자발적이며, 대개 순종적이기에, 교사들의 관심을 받는다. 그들은 또한 자

---

8) 로버트 숄즈(Scholes, 1985)를 참조할 것.

신들의 문학적 취향과 충분치 못한 학교 성적 사이의 괴리에 괴로워하기도 하지만, 대개는 그것을 어쩔 수 없는 희생이라고 수긍해 버린다. 이런 그들을 문학 소년(소녀)라고 부른다(김남희, 1997 : 44~45 참조).

문학 소년(소녀)은 거꾸러뜨릴 수 없는 자부심을 가진 소수의 집단이다. 그들은 자발적으로 문학적 정전의 수호자가 된 학습자들이다. 주위의 또래 독자들이 읽고 있는 시집에 불만을 지닌 사람들이다. 그들은 '문학'에 대한 열정으로 내밀한 친밀감이 형성되어 있어서, 그 결속력은 이른바 '음성 서클'의 그것보다 더 강하다. 교사들은 그들을 볼 때면 흐뭇하다. 그들을 마치 자신의 과거 모습처럼 여기며 교사들은 자신들이 학창 시절에 좋아하던 작품을 권해 보기도 한다. 교사들의 기대 수준이 지나치게 높기는 하지만, 이것은 문학 소년(소녀)들 덕분에 '문학'이 죽지 않았음을 믿게 된 교사들이 보이는 지극히 자연스러운 현상이다. 그러나 일반 학습자들에게 이것은 뛰어넘기 힘든 벽이 된다.

⑤ 신비화하기

학습자들에게 '문학'의 어떤 부분들이 더 일상적인 되면 될수록 정작 '문학' 그 자체는 알 수 없는 것이 된다. 문학이 역사적이 되면, 문학이 체험할 수 없는 것이 되면, 문학을 어떤 효용으로 소비만 하게 되면, 문학 소년(소녀)을 만나게 되면, 문학은 신비한 존재가 된다.

하지만 또 다른 신비화가 존재한다. 그것은 어쩌면 매우 역설적인 것처럼 보이기도 하는데, 어떤 문학 수업에서도 문학적 정전의 대표적인 작품이 내세워지지 않는다는 것이다. 어떤 점에서는 뛰어난 언어 표현이 빛나고, 어떤 점에서는 시상의 깊이가 놀랍고, 또 어떤 점에서는 능히 감명을 받을 만한데, 실은 이것들이 교수·학습의 상황에서는 언제나 도전 받고 그래서 재해석되고 있다는 것이다. 이러한 '경합'(최지현, 1999b) 자체가 교육적으로 문제될 것은 없다. 하지만 정전이 가시화되지 않은 상황, 혹은 부재한 상황에서, 정전 체제가 존재하고(교과서를 통해 반영되는 정전), 취향과 선호의 주류적 경향이 교육과정 속에 들어오게 될 때(문화적 환경으로서 실현되는 정전). 경합은 '문학'에서 인용 표식을 떼어내지 못하게 한다. 언젠가는 드러날 것이라고 믿는 정전을 놓고 그림자 경기 (shadowboxing)를 벌여보지만, 그것으로는 자신의 체력이나 기술을 확신할 수 없는 권투 선수처럼 '문학'에 대해서는 자신할 수 없다. 따라서 신중한 학습자라면 어떤 작품도 마음껏 감상하거나 평가하지 못할 것이다. 수많은 문학 참고서와 자습서가 필요한 것은 그 때문이다. 특히 교사들에게는 필수적이다.

기술적 장치라는 것은 그것이 교사들이나 학습자들이 자각하지 못한 상태에서 적용하고 작용하며 일정한 교육 효과를 발생시킨다는 점을 부각시키는 용어다. 따라서 이것들이 기술적 장치로서 사용되고 있다는 것이 여기서는 중요하다. 왜냐하면, 이러한 장치들은 잠재적 교육과정에서 교사가 문학적 정전을 명백히 드러내지도 않고 심지어는 그 자신이 문학적 정전을 제대로 인지하지 못하고 있는 경우에조차 작동하기 때문이다.

이것들의 작용 효과는 명시적인 교육과정을 뒷받침하는 데 있는 것처럼 보인다. 하지만 그것보다 더 근본적인 것이 비명시적인, 곧 잠재적인 교육과정 속에서 작용하는 정전 체제를 뒷받침하는 것이며, 따라서 교육과정이 바뀌고 문학적 정전의 모델이 다르게 제시되더라도 그 중심을 잡아주는 역할을 할 정도로 강력한 영향력을 가지고 있다는 것을 알아두어야 할 것이다.

이상에서 문학교육 과정에 개입하는 정전의 세 가지 방식을 살펴보았다. 이 세 가지 방식은 문학적 정전의 어떤 상(image)을 보여준다. 그것은 전통적이고 낭만주의적이며 유기체론적이고 신비평적인 어떤 것이다. 하지만 이것은 이론으로서의 낭만주의 문학론도, 형식주의 이론도, 신비평도 아니다. 따라서 이 이론들이 정전으로 삼는 작품들이 반드시 문학적 정전을 이루고 있다고 할 수도 없다. 오히려 우리는 작품으로서의 정전이 부재함을 논의하였는데, 이 때문에 우리에게 문제가 되는 것은 정전이 아니라 정전주의(正典主義)가 된다.

정전주의는 정전 수용의 세 가지 측면―원본성, 기원으로서의 저자, 규범성―이 유일한 관점으로 고착되는 것을 말한다. 이를테면, 모든 텍스트를 정전과 외전(外傳)의 계열체 속에 위치시키려는 태도가 정전주의이며, 텍스트의 의미를 저자로 환원시키려는 기도(企圖)가 정전주의이고, 정전의 전통이 구속적, 결정론적이라고 믿는 관점이 정전주의인 것이다. 박목월의 <나그네>는 누가 읽더라도 박목월의 <나그네>이지 다른 어떤 작품이 될 수 없다는 생각을 발견하게 된다면, 그것은 원본에 대한 부단한 회귀를 강조하는 정전주의의 모습을 본 셈이다.

물론 박목월의 <나그네>는 박목월의 <나그네>가 틀림없지만 읽기에 따라서는 다른 '나그네'로 대하게 될 수도 있다. 하나의 텍스트에 대한 여러 작품의 가능성은 근원적으로 열려 있다. 문제는 그것과 정전의 전통은 모순되지 않는다는 것이다. 어떤 작품이냐가 문제되는 것이 아니라 어떤 관점에서의 작품이냐가 문제되는 것이다.

2) 문학정서체험에 대한 정전의 권력 효과

(1) 감상에 대한 이론의 영향

문학교육이론이나 비평은 학습자의 작품 감상에 어느 정도의 영향력을 지니고 있을까? 어떠한 이론이 영향력을 미치고 있으며, 어떤 방향으로 영향력을 미치고 있을까? 특히 이러한 영향 관계에서 정전의 역할은 어떠한 것인가? 여기서의 관심은 이러한 것들이다.

우선 생각해 볼 수 있는 것으로, 이론이 감상에 영향을 미치는 것은 크게 두 가지 방향에서이다.

첫째, 이론은 작품을 평가하는 척도(criterion)가 됨으로써 감상에 영향을 미친다. 이론은 작품의 형상적 특질들을 해석하거나 설명하는 가운데 그것이 갖는 심미적 가치에 대해 직접적인 평가를 내림으로써 독자의 수용 태도에 일정한 영향을 미친다. 특정한 정서 어휘들은 습관적으로 모방되고 다른 특정한 정서 어휘들은 기피된다. 예컨대 독자로서의 학습자들은 작품에서 모종의 슬픔의 정조를 느꼈을 때에는 지체 없이 '한(恨)'이나 '향수' 같은 어휘들을 사용하여 그 느낌을 설명하려 한다.

형식주의 이론이나 신비평은 문학정서체험의 중요성을 부인하지는 않지만 그것이 '정서적 오류'를 만들어 내는 것처럼 매우 위태한 위치에 있다는 것을 강조하는 데는 인색하지 않았다. 주제론적 접근이나 표현론적 접근은 저자의 정서를 찾는 데 온 힘을 다하였다. 수용론적이거나 현상학적인 접근은 정서체험의 소통보다는 독자의 인상이나 지각에 기반한 심리적 체험에 더 많은 신경을 썼다. 간단히 살피더라도, 이론은 작품 감상의 매우 유력한 척도로서 작용한다는 것을 알 수 있다.

이론은 문학적 정전의 변동 과정에서 특히 중요한 작용을 한다. 80년대에 미국을 중심으로 일어났던 정전 논쟁(canon debate)에서 주요 논점이 되었던 것 가운데 하나도 이론의 영향력이었다. 문학적 정전의 변경을 놓고 벌어진 이론들의 경쟁에 대해 케인(Cain W. E.)은 지적하기를, 존슨이나 코울리지, 아놀드, 엘리어트, 파운드, 리비스 등과 같은 비평사의 주요 인물들 거의 모두가 정전의 재구성을 도모하였고, 그것은 작품들에 대한 비평적 용어를 변화시키는 데 주로 목적을 두었다고 하였다(Cain, 1994 : 10). 그렇기에 정전과 그것이 작용하는 교육과정에서 많은 위대한 작품들은 이론들에 의해 때로는 공감이 가지 않는 것으로, 또한 때로는 매우 절찬을 받는 것으로 여겨져 왔던 것이다(Cain, 1994 : 136).

그라프(Graff, 1997 : 17) 또한 이와 비슷한 지적을 하였다. 그가 현대사회에서 정전의 해체를 목도하면서 발견한 것은 '문학이 그 자신에게서 적을 발견하게 된 사태'였다. 그에게 있어서, 이러한 사태는 신비평이 더 이상 해석의 공통 기반이 되지 못하고, 그것을 대체할 이론의 부재로 인해 문학 작품을 완결적이고 유기적인 것으로 보는 가정이 더 이상 안전하게 유지되지 못하게 된 데서 비롯된다. 말하자면, '문학'에 더 이상 신뢰할 만한 규범적 기능을 부여하기가 진실로 어렵게 된 것이다. 이것은 이스트호프(Easthope, 1989)에게는 '구 패러다임의 붕괴'로 여겨졌다. 이러한 패러다임적 붕괴 사태에서 이론이 어떤 역할을 하느냐가 문제이다.

둘째, 이론은 작품의 구성 원리가 됨으로써 감상에 영향을 미친다. 이를테면, 정전의 중심적 특성 가운데 하나로 인정되는 작품의 미적 특질, 곧 문학성이 이러한 구성 원리의 다른 이름이라 할 터인데, 이것이 갖추어져 있느냐, 그리고 어느 정도, 어떻게 갖추어져 있느냐에 따라 감상의 가능·불가능 문제를 포함하여, 감상의 초점과 태도가 결정된다. 이러한 문학성은 '문학'을 언어의 '비문학적 사용'으로부터 격리시켜 스스로 고답적 성곽 내에서 독립된 세계를 구축하게 하는 가장 강력한 방편이 되어 왔다. 다시 말해, 텍스트의 정전화를 뒷받침하는 가장 객관적인 지표로 인정받아 왔다.

사실 '문학'의 등장은 성서적 정전으로부터 문학적 정전이 구획되면서 독립함에 따라 이루어진 것이라 할 수 있다. 전통적인 정전의 저자들은 정전 그 자체였다. 그러나 문학적 정전이 분리되면서 저자들은 죽음을 맞이하게 되었다. 말하자면, 문학은 '저자의 죽음'과 더불어 진정한 탄생을 맞게 된 것이다(Faucoult, 1989). 작품의 역사적 자율성과 항구적 가치성의 척도에서 독립적으로 평가될 수 있게 되자, 정전은 스스로를 평가하는 원리가 되었다. 말하자면, 이론은 작품으로 실현되었던 것이고, 문학적 정전은 '문학'이란 무엇인가에 대한 답변을 하게 되었던 것이다.

여기서도 이러한 자기 논증의 원리가 도전 받는 상황을 생각해 본다. 20세기 초반에 문학성에 대해 벌어졌던 도전은 언어를 진리 세계의 표상으로 보았던 전통적 언어관에 대한 도전에서 비롯된 것이었다. 이를 '기호 체계로서의 문학'관이라고 하는데, 이에 따라 문학성은 영혼으로부터 텍스트의 어떤 특정한 양상이나 기능들로 옮겨지게 되고 고답적인 심미적 세계로서의 '문학'은 세속화되기에 이른 것이다.

그러나 자연화되어 있던 정전이 도전받는다고 하여, 그것이 마치 의문이 제기된 이데올로기처럼 그 효과가 감쇄되거나 상실되는 것은 아니었기에, 정전 자체에 대한 의문은 정전 논쟁(canon debate)에서는 본질적이지 않았다. 그래서 문학성의 세속화가 텍스트의 어떤 자질, 이를테면 문체나 형식 등에 그런 이름을 붙이게 했다는 이유로, 정전이나 정전 체제의 변화가 불가피해졌던 것은 아니었다. 비록 전통적으로 정전의 지위에 올라 있던 낭만주의 문학 작품들을 제치고 모더니즘 계열의 문학 작품들이 그 자리를 차지했던 것이 사실이라 하더라도, 정전 그 자체는 손상되지 않았던 것이다. 여전히 규범적이고 권위적인 '작품'들이 존재하고, 연하여 그것들은 전통을 이루면서 모방되고 육신화되었다.

그렇다면 이러한 문학성에 대한 인식 내지는 규정의 변동 과정에서 변화한 이론은 무엇이고, 남아 있던 이론은 무엇이었나? 문학성의 변동 과정을 보면, 작품의 외부에서 그것을 평가하는 척도로서 작용하였던 이론은 교체되었더라도 작품을 구성한 이론— 우리가 관점(perspective)이라고 곧잘 바꾸어 말하기도 하는— 은 그대로 유지되었음을 알게 된다.

정전과 거리를 둔 이론은 이미 반정전적이거나 탈정전적이다. 따라서 작품을 평가하는 척도로서의 이론은 기술적(記述的)으로는 작품과 분리되어 있을 뿐 이미 정전 속에 구현된 자기 논증의 원리로서 존재한다고 보아야 한다. 우리나라 문학교육 과정을 놓고 말하자면, 50여 년이라는, 어떻게 보면 그리 길지 않은 기간 동안9) 계속해서 교과서에 실린 작품은 하나도 없었다. 그럼에도 불구하고, 이 기간을 포함하여 최소 한 세기, 길면 그보다 몇 배 더 긴 기간 동안, 유기체론적 정전 체제는 그대로 유지되어 왔다.

해석의 공통 기반, 다시 말해 작품의 기반이 무너진다는 것은 작품에 대한 이론의 교체는 될지언정, 이론으로서의 작품의 교체는 보장하지 않는다는 것을 알 수 있다. 비유컨대, 이것 또한 왕위 계승의 한 방식— 왕조 교체와는 다른— 인 셈이다. 이론으로서의 작품은 뷔르거가 말한 바, 이데올로기의 형태로 제도화된 예술의 자율성 주장을 통해 가장 완숙한 형태로 현재화한다(Bennett, 1990 : 170 참조). 이는 교수 이론의 정전

---

9) 이 기간 중 일곱 차례의 교육과정 교체만이 있었을 뿐이기 때문이다.

화 방식에 있어서 이론이 문학을 대신하고 아예 새로운 정전이 되어 작용하는 이데올로기적 작용과 효과를 보여주는 것이라 하겠다.

이런 점에서 학습자들은 특정한 종류의 이론가로서 문학을 대하는 것이며, 그것을 문학으로서 습득하도록 계도될 것이다(McCormick, 1992 : 118).

(2) 선별과 경합 : 체험에 대한 정전의 영향

필자는 교과서의 제재 수용과 '슬픔'의 정서체험의 관련 양상을 살피는 가운데 여기에 작용하는 '선별'과 '경합'의 교육적 고려에 대해 살펴본 바 있다(최지현, 1999b). 이러한 고려는 정전과 어떤 관련을 맺는가.

선별은 교과서의 제재 선택과 긴밀히 관련된다. 어떤 작품은 선택되고, 다른 어떤 작품은 선택되지 않는 것에는 표면적으로 문학성이나 교육적 유용성 갖는 필요가 고려된다. 그런데 그 이면에서 그것이 갖는 문학정서체험적 효과란 교사나 학습자들로 하여금 학습자의 정서심리적 평형성을 지향하는 것이 바람직한 체험의 실체로 보게 한다는 점이다.

이는 '정화(淨化)'된 심리상태를 중시하는 교육이론이나 지침들을 통해 뒷받침된다. 그렇기 때문에 이미 선택된 제재들은 교사나 학습자 모두에게 정화된 문학정서체험을 가능하게 하는 것들이라 여겨진다. 이런 점에서 보면, 사상과 감정이 조화를 이루고, 내향적 의식과 외향적 의식이 균형을 이룬 것으로 여겨지는 이들 제재들은 객관적으로 그러한지 여부와는 무관하게 선택되었다는 사실로 인해 일단 그러한 것으로 수용되고 평가된다. 이것이 선별이다.

따라서 실제 선택된 제재들의 특성이 그러한가 하는 점은 좀 더 상고(詳考)해야 할 부분이다. 제6차 교육과정 고등학교 '문학' 교과서에 실린 시 제재들을 놓고 볼 때, 그렇지 않은 일정한 경향을 확인할 수 있다. 인용 빈도에서 수위(首位)에 놓이는 경향은 시인이나 시 작품 모두에서 이른바 '순수시'에 속하는데,10) 이것은 전술한 바 우리나라 문학교육의 정전 체제의 중심에 있는 시적 원리이자 경향이다.

그런데 순수시란 무엇인가. 어떤 목적 의식을 배제하고 음악성과 언어 기능에 의한 순수한 서정만을 강조하는 시라는 비평적 명명의 다른 한편에 시인의 서정적 심리 상태를 위주로 표현되고 있는 서정시라는 매우 포괄적이고 기술적인 명명을 함께 가지고 있는 용어이다(최지현, 1994 : 52~54). 이것이 정전 체제의 중심에 있다면, 그 안에서 격조(格調)의 차이가 평가될망정 배척되지는 않는 작품의 위계화가 이루어진다. 그래서 5편 이상 인용된 서정주, 김소월, 김영랑, 김광균, 유치환, 윤동주, 정지용 등의 대표 시인들에만 국한한다 하더라도, 실제로 인용된 작품의 경향은 그들의 시적 태도와 이론적 기반의 차이를 뛰어넘는 유사성을 보임으로써 순수시를 중심으로 한 정전 체제를 지탱하는 데 어떤 위협도 스스로 제기하지 않는 것처럼 보인다.

김광균이나 유치환, 정지용 등은 물론이고 김소월이든, 김영랑이든 간에 제재의 선택이 현재와 다르게 이루어졌다면 실질적인 위협이 발생할 수도 있다는 점에서, 이것은 순수시의 포괄적이고 기술적인 명명 뒤편에 자리 잡은 '서정'의 실체에 대한 논의로 우리를 이끌어간다. 그것은 공통적으로 나타나는 슬픔의 정서이다. 김소월이나 김영랑 등의 작품은 물론이고, <외인촌>, <추일 서정>, <설야>, <와사등>(이상 김광균) 등에 나타나는 비애나 호젓함이 그러하며, <일월>, <생명의 서>, <깃발>, <바위>, <울릉도>(이상 유치환) 등에 스며있는 고독감의 근친성이 그러

---

10) 시인의 경우 35명에 이른다(윤여탁, 1998 참조). 이는 전체 인용 시인 64명의 과반수 (54.7%)에 해당한다.

하고, <별혜는 밤>, <또 다른 고향>, <십자가>, <참회록>, <쉽게 씌어진 시>(이상 윤동주) 등을 한데 묶는 부끄러움의 내면이 또한 그러한 것이다.

물론 이 정서는 일종의 정화(淨化)된 정서로서 복합적인 정서체험으로 변형되어 수용된다. 그래서 실제로는 슬픔이든, 기쁨이든 간에 일상의 정서체험을 그대로 반복하게 되는 일은 희소하다. 그런 일이 일어날 수도 있지만, 그러한 정서체험을 하는 학습자는 '문학'과 '현실'을 혼동하거나 '문학'을 벗어나 '현실'로 되돌아간 체험을 한 것으로 평가되는 것이 일반적이다.

정화된 정서는 정서적 평형성을 지향하는 정서이다. 긴박한 정서나 금기된 정서들을 체험하게 하는 것보다 정화된 정서를 체험하게 하는 것이 교육적으로 바람직할 수도 있다. 동시에 그것이 문학정서체험을 모호한 것으로 만들고 결국에는 인지적인 해석을 통해 알게 하는 문학정서지식으로 만들 가능성도 있다. 정화된 정서를 체험하게 하는 것은 학습자들이 문학을 통해 대리 체험하거나 상상적 체험을 하게 되는 가능성의 세계를 충분히 접하지 못하게 만들 수도 있다. 그렇다면 그것은 교육적으로 바람직하지 않을 수도 있다. 문제는 문학정서체험의 다양성이 교육적으로 열려 있느냐 하는 점일 것이다.

경합은 선택된 제재의 해석에 긴밀히 연관된다. 특히 우리나라의 문학교육에서처럼 작품으로서의 정전이 부재한 상황에서는 이론으로서의 정전이 지배적인 영향력을 갖고 있으며, 문학정서체험의 내용과 성격을 결정하기도 한다.

제재의 선택에서 선별이라는 교육적 고려가 전일적으로 작용하였다면, 문학사적으로 중요한 작품들은 적어도 현재의 교과서와는 다른 제재들을 선집(選集)했을 것이다. 18종 '문학' 교과서에 인용된 빈도순으로 보았을 때, 12권에 인용된 <해에게서 소년에게>(최남선)나 <풀>(김수영)을 비롯하여, 6권 이상 인용된 <빼앗긴 들에도 봄은 오는가>(이상화), <거울>(이상), <절정>(이육사), <성북동 비둘기>(김광섭), <국경의 밤>(김동환), <알 수 없어요>(한용운), <유리창1>(정지용), <불놀이>(주요한), <님의 침묵>(한용운), <참회록>(윤동주) 등 어떤 작품도 이론적 용어로서의 '순수시'에 해당하는 것은 없다. 그렇다고 실제 문학교육에서 다른 정전이 있다거나 아니면 정전 자체가 없다고 말할 수는 없는 일이다.

그렇다면 어떻게 이들 작품은 문학 수업에 동원되는가. 우선 경합은 이론들의 경쟁을 통해 이 작품들을 이론으로부터 풀어놓는다. 하지만 여기에 다양한 해석이나 감상이 용인되는 것은 아니다. 대부분의 작품은 시로부터 시인과 시적 상황에로 눈을 돌리게 함으로써 시인의 정서체험을 대리 체험하게 하는 데 동원된다. 흥미롭게도 이 체험은 앞서 살핀 바와 같이 복합정서로서의 슬픔의 체험이다. <빼앗긴 들에도 봄은 오는가>의 경우, 학습자들은 국토를 빼앗긴 현실에 주목하기를 요구받는다. 그러할 때 "여러분은 어떤 심정에 놓이겠는가" 하고 질문을 받는다. 여기서 비롯되는 체험이란 실은 문학적 체험이라기보다는 역사적 체험이라고 하는 편이 더 적절하다. 그리고 이 경우에 학습자들은 체험에서 곧장 옮겨 진술의 논리화로 옮겨간다.

때로 작품들은 학습자들이 시적 상황보다는 그 배경에 주목함으로써 비평적 거리두기를 하게 하는 데 동원되기도 한다. 예컨대 <해에게서 소년에게>라든가 <풀>은 어떻게 체험할 것인가. 교사는 이 작품에 담긴 성취감이나 야망, 등의 정서·태도적인 심리 상태에 학습자들이 동참하게 할 방법을 가지고 있는가. 실은 문학적 정전 체제가 이러한 정서체험에 익숙지 않기 때문에 교사로서는 상황에 놓이게 된다고 할 수 있다. 그래서 경합은 시적 상황에 대해 거리감을 조장하게 되고 감상 자체가 어려워지는 것을 손쉬운 해결책으로 삼게 된다.

우리는 그 결과에 주목할 필요가 있다. 왜냐하면 이러한 경합의 결과는 정서보다 인지를 중시하는 문학교육 과정을 강화하는 경향이 있기 때문이다.

(3) 정서의 편식, 이른바 권력 효과

'감상 없는 이해'가 일반화될수록 문학정서체험은 편중되고 정서의 편식증(偏食症)은 심화된다. 이것은 다른 방식의 감상들에 영향을 끼쳐 유사한 문학정서체험으로 변형해 낸다. 말하자면 '전유'에 의한 권력 효과가 발생하게 되는 것이다.

여기서는 정재찬(1996)에서 지적된 바 있는 신경림의 <가난한 사랑 노래>를 중심으로 이 권력 효과에 대해 살펴보기로 한다. 정재찬은 이 시가 교과서에 실린 것의 의미를 논구하면서 크게 두 가지 주목할 사항을 지적한다. 하나는 "단지 정전의 추가나 대체에 의해 교육의 보수성이 변화될 수 있으리라는 기대는 잘못"이라는 것이며, 또 하나는 "(교과서 제재 선정에서 시인의 대표작이 선정되는 것에는) 알게 모르게 관습의 질서가 갖는 힘, 곧 전통적인 서정시관이 작용하고 있"다는 것이다.

첫 번째 지적 사항에 대해서는 이미 앞서 언급한 바 있다. 그것이 두 번째 지적 사항과 어떤 관련을 갖느냐가 중요한데, 왜냐하면 논리의 연장선상에서 정전 체제가 흔들리지 않는 조건에서라면 이 정전 체제는 지난 수십 년간 우리 문학교육에서 지배적 담론의 중심에 있었던 신비평의 심미적 가치 체계의 다른 이름에 불과할 것이기 때문이다. 그것이

그러한가 하는 점은 마땅히 심도 있게 사정(査定)되어야 하리라.[11]

다만 이 지적이 갖는 의미를 필자는 조금 다른 각도에서 재해석해 보고 싶은데, 그것은 신비평이든, 아니면 유기체론이든 <가난한 사랑 노래>가 현실에 대한 '분노'나 비판적 태도가 아닌 삶에 대한 긍정적 태도나 '슬픔'의 정서를 체험하게 하는 수단으로 기능하게 하고 있다는 사실이다. 여기서 작품이 드러내는 시인의 세계관이나 세계에 대한 인식, 혹은 작품의 완성도의 문제가 곧 정서체험의 문제와 긴밀히 연관되어 있다는 것은, 현재의 정전 체제가 특정한 문학정서체험을 강화하거나 혹은 배제하는 데 중요한 작용을 하고 있다는 가설을 입증하는 근거가 된다. 물론 이러한 사례는 <가난한 사랑 노래>에 국한되는 것이 아니다.

3) 정당성을 얻는 감상들

문학교육에서 가치 설정이 가능하고 또한 필요한 까닭은 크게 세 가지이다. 첫째는 교육 자체의 성격과 임무 때문이다. 둘째는 '문학'의 존재 방식이 이미 가치를 내포하고 있기 때문이다. 셋째는 문학교육이 가치 있는 체험을 풍부화, 섬세화하는 계획된 실천 활동이어야 하기 때문이다.

이미 '문학'을 전제하고 있다면, 그것은 다만 속성이나 기능이 문학 아닌 것과 구분되기 때문이 아니다. 그것의 대표적인 속성인 문학성은 심미적 가치나 윤리적 가치를 내포한 것으로 그것에 대한 체험을 위계화하고 있기 때문이다. 문학교육이 가치 있는 체험을 지향하는 것은 이

---

11) 필자는 그러한 지위에 유기체론적 패러다임이 자리하고 있음을 주장한 바 있다. 졸고 (1994) 참조.

런 점에서 '문학'을 점검하고 성찰할 것을 요구한다.

그러나 교사들은 가치 있는 체험으로서의 성취 목표를 달성하기 힘든 것으로 보고 있는데,[12] 이것은 문학적 체험에서 쉽게 확인되고 평가될 수 있는 인지적 영역과는 달리 정서적 영역은 곧잘 내면화된 것으로 여겨져 측정할 수 없는 대상으로 유보되기 때문이다.

그렇다면, 문학교육에 설정된 가치 있는 문학정서체험은 무엇인가. 무엇이 정당성을 얻고 있고, 무엇이 그렇지 못한가. 여기서는 이에 관해 논의한다.

(1) 상상력, 자유롭지 못한 감수성

'문학'에 대한 논의에서 곧잘 나타나는 것은 그것이 역사적 현실에 저항하는 유력한 존재 방식이라는 것. '문학'은 상상력의 소산이고, 상상력이란 본디 자유로운 존재성의 발현. 이러한 논법에 증거가 되는 것들이 이른바 낭만주의 정신이라 하겠는데, 그러한 정신의 소유자들이 묶여진다. 심훈이나 이육사, 윤동주, 조지훈, 황동규, 심지어는 문학적 태도에 있어서는 어느 정도 거리가 있는 정지용이나 김수영 등도 여기에 포함된다.

하지만 낭만주의 정신이 옹호하는 상상력이 본디 자유로운 존재성의 발현이라는 관념은 이내 도전 받는다. 애초에 상상력은 사회적으로나 역사적으로 자유로운 것이 아니며, 이러한 자유로움—그것을 추구하는 정신—의 실체 또한 실제로는 존재하지 않기 때문이다. '문학'의 제도화는 상상력의 제도화로 연결된다. 문학적이라고 불리는 것들이 사회로

---

12) 한국교육개발원(1997 : 88)을 참조할 것.

부터 독립적으로 자신의 전통을 쌓아가는 것이 상대적 자율성으로 불릴 때, 그것은 알뛰세적 의미에서 중층적 지배의 다른 이름이다. '문학'은 일정한 가치의 위계화를 모색하면서, 지배 이데올로기의 형식을 재생산하는 사회적 기능을 수행한다(Sarup, 1987 : 82). 문화적 합의의 이름으로 이루어지는 '문학'의 전통은 지배적 관계의 재생산에 기여한다.

따라서 상상력의 자유로움은 절대적 자유와는 다르다. 그리고 이러한 상상력이 동반하는 감수성 또한 자유로운 문학정서체험과도 성격을 달리한다. 학습자 가운데 누군가는 황석우나 이장희와 같은 데카당스 시의 창조적 파괴성에 호응하며 그것이 갖는 진보성을 황동규에 견주고자 할 수도 있지만, 이러한 상상적 체험과 감수성은 '문학성'에 의해 규제된다. 그런가 하면 임화나 기형도에 대한 체험은 교육적 가치에 의해 규제된다.

본 연구에서는 이러한 규제의 배후에 문학성이나 교육적 가치를 규정하는, 다시 말해 상상력의 심미적 체험이나 윤리적 체험을 관여하는 문학적 정전 체제가 존재함을 살펴왔다. 문학적 정전 체제가 학습자 개개인의 문학정서체험을 근본적으로 가능하게, 혹은 불가능하게 할 수 있는 것은 아니지만, 정당화되지 못한 체험이 문학교육의 밖으로 배제되어 버린다는 것은 분명하다.

(2) 전통·한·체험의 보편성

'태양 아래 새로운 것은 없다'는 인식은 단순한 경구(警句)로 대리되지 않는다. 이것은 결국 전통이라는 것을 축적의 결과물로 고착화시키는 것을 뜻하며, 따라서 공자의 시대나 현재 사이에는 시간적인 거리만 있는 셈이 된다(이성원, 1993). 이런 가정에 따르면, 문학은 작품에 내재된 어떤 항구적이고 보편적인 본질의 가치를 계기적으로 지닌 체제가 되는 것이 당연하다. 이런 관점에서 그에 값하지 못한 작품들이 배제되는 것은 당연하지만, 더 중요하게 여겨지는 것은 보편적 본질의 가치가 제대로 실현되고 수용될 수 있도록 조심스럽게 정비하는 일이 될 것이다.

하지만 다만 전통이라는 맥락에서 특정한 문학정서체험들이 가치 있는 것으로 지지되어 왔음을 밝힌 연구(최지현, 1997a)에서는 전통이 보편성의 관점에서 지지되기 위해서는 오히려 역사적 맥락화를 거쳐야 한다는 주장이 제기된다. 이를 좀 더 명백히 해 보자.

예컨대, 한(恨)은 전통에 의해 지지되는 '보편적 정서'이다. 그런데 이것이 인용을 떼어낸 보편적인 문학정서로 되기 위해서는 문학감상을 통해 체험될 수 있어야 한다. 원리적으로 그것은 가능하지 않다. 왜냐하면, '한'이란 물려온 것이 아니라 사후적으로 규정한 것이기 때문이다. '한'은 실체가 아니라 효과이기 때문에, 체험의 내용이 된다기보다는 체험을 설명하는 수단이 된다.

실제에 있어서 '한'의 체험은 가능할 수도 있다. 문학정서체험에 대한 정전의 교육적 권력 효과는 유사한 정서체험들을 이른바 '전통적 정서'로 묶고 위계화함으로써 슬픔의 체험이나 고독의 체험을, 혹은 고통의 체험을 '한'의 체험으로 포괄해 내기 때문이다. 이러한 체험들은 문학감상에서는 매우 예외적이지만, 그것보다 더욱 모호한 문학정서체험들에 대해서도 정전의 효과는 영향을 미친다. <나그네>(박목월)에서 느끼는 호젓함이나 <울음이 타는 강>(박재삼)을 통해 성찰하게 되는 인생의 이러저러한 모습들에서도 '한'은 체험될 수 있다. 하지만 이런 체험들이 '한'의 체험이라면, 그것은 그런 체험을 '한'이라고 명명했기 때문이다.

이것은 기억의 형태로 체험을 대리하며 스스로의 가치를 부여한다. 필자는 이러한 가치화가 부당하다고 주장하는 것은 아니다. 그보다는 가장 전형적인 것이라고 여겨지는 것을 포함하여 이러한 체험들이 '한'이 아닌 다른 문학정서체험으로 수용될 수 있도록 교육적으로 개방될 수 있어야 한다는 것을 강조해 두고자 하는 것이다. 어렵지 않은 주문처럼 여겨질 수 있으나, 이는 체험의 보편성을 전통으로부터 떼어놓는 것이며, 전통을 계기적인 축적의 과정으로 보는 인식을 거부하는 것이다. 무엇보다 전통이라는 이름으로 정당화되는 문학정서체험을 거부하는 것이다.

물론 연속으로서의 전통을 거부하는 일이란 쉬운 일이 아니다. 그것은 전통의 단절, 곧 정전의 단절로 여겨질 수 있고, 더 나아가 보편적 가치를 포기하는 것으로 여겨질 수도 있기 때문이다. 그래서 『국어교육학』(2000)의 공저자들 또한 정전의 문제를 고전(古典)의 맥락에 놓고 검토한다. 이들의 관점에서 보면, 고전은 "선언적으로는 늘 중요한 의의를 부여받고 있으면서 실질상으로는 중심부에서 배제되거나 소외되고 있는" 박물학적 유산처럼 존재해 왔던 것인데, 그 까닭은 고전에 대한 우리들의 수용적 태도가 "진정한 '역사적 원근법'"(강조는 인용자)에 따르지 못했기 때문이라는 것이다. 그러니까 '진정한 역사적 원근법'이란 고전을 옛것일 뿐 아니라 전범(典範)의 성격을 지닌 것으로 받아들일 수 있게 하는 구체적인 전략이 되는 셈이다.

모든 '진정한' 것들이 바람직한 것임을 고려한다면, 이러한 주장은 회귀적일 수밖에 없다. 저자들이 문학사적 평가를 기준으로 삼은 것도 결국 같은 이유 때문이다. 하지만 문제를 해결할 수 있는지의 여부는 '역사적 원근법' 자체의 방법론적 가능성에 있다. 먼 것을 보기 위해 멀리 보는 것은 그것을 마치 가까이 있는 것처럼 보지는 않겠다는 뜻이므로, 역사적 원근법은 불가피하게 상대주의적 관점을 취할 수밖에 없다.[13] 이런 관점에서는 전통의 단절이란 무시로 있는 것이며 전통의 창조 또한 그러하다.

(3) 중용·조화·정서적 평형성

문학 외부로부터 제기되는 전통의 요구가 한(恨)과 같은 정서를 보편 적인 것으로서 정당화한다면, 문학 내부로부터는 문학의 실체성에 대한 부단한 강조와 주장들이 또한 특정한 문학정서체험을 정당화한다. 그것 은 정확히 명명하기는 쉽지 않지만 중용이나 심리적 조화성과 같은 정 서적 평형의 상태에 해당한다.

문학 형식이 모종의 정서체험을 정당화할 수 있다는 관념이 구체화되 었던 것은 이미 매우 오래 전의 일이었지만, 그 정당성이 문학 형식으로 부터 나온다는 생각은 이에 비하면 비교적 최근의 일에 속한다. 문학을 자족적인 대상으로 보았던 모든 이론적 가정들은 이 유기적 통일체의 생존 방식을 평형성의 회복에 두었다. 가까이서 대하는 어떤 생명체와도 쉽게 비견될 수 있는 것처럼, 이상적인 형태의 문학은 결핍이나 과잉이 없는 균형적 상태를 취하고 있고, 파괴나 정체가 아닌 규칙적이고 안정 적인 운동성(율동성)을 보이고 있을 뿐 아니라, 무엇보다 그 상태를 지속 적으로 유지하려는 내부 기제를 가지고 있는 것으로 보았던 것이다.

그리하여 낭만주의 이래로 만물조응(correspondence)의 상징주의에 이르

---

13) 『국어교육학』(2000)의 저자들은 고전이 정전으로서 제 역할을 하지 못하게 된 원인 가 운데 하나로 전통단절론을 들고 있다. 하지만, 역사적 원근법의 수용 자체가 전통의 단 절을 전제하지 않고는 성립되기 힘든 개념임을 유념할 필요가 있다. 왜냐하면 이 개념 은 다만 시간적으로 오래 문학 작품들을 감상하기 위한 전략으로 고안된 것이 아니기 때문이다. 먼 거리를 선명하게 보기 위해 만들어진 원시(遠視) 안경과 가까운 거리를 보기 위한 근시 안경이 서로 다른 렌즈의 원리에 기반하고 있다는 것이 이 비유법의 핵심이다.

기까지, 그리고 형식주의와 신비평에 이르기까지 이론적 차이에도 불구하고, 문학의 유기체적 가정은 시 정신이든, 자연이든, 혹은 시 형식 그 자체이든 공통적으로 발견되는 것으로서 문학을 실체로 만드는 원리가 되어 왔다.

이것이 정서와 정서체험에 대한 생리학적 가설과 맞닿아 있음은 주목할 부분이다(최지현, 1999a). 왜냐하면 조화와 정서적 평형성을 문학 자체의 내재적 원리로 인정하게 되면, 그것은 가장 강력한 교육적 가치의 기반이 되기 때문이다. 어째서 그러한다. 청소년기는 필연코 성숙을 요하는 시기로서 청소년기의 한 특성이라 할 수 있는 정서적 불안정은 그 자체로 미성숙의 증거로 언급되기 때문이다.

따라서 여기에서 만들어지는 대유비(大類比)는 모든 미성숙한 것들은 불균형 상태에 있는 것이며 성숙은 자연이나 사회나 미생물이나 영장류인 인간 모두에 이르기까지 부적응이 적응으로, 결핍이 충족으로, 불완전함이 완전함으로 변화해 가는 것이라는 원리로 발전하게 된다. 이것이 중용이나 조화, 정서적 평형성 같은 것의 교육적 가치를 뒷받침하는 기반이 된다는 말의 의미인 것이다.

정신적 성숙을 균형과 안정의 심리 상태로 보는 것은 경험적으로나 문학과 인생을 결부시키는 이론적 측면 모두에서 정합적인 것처럼 보이기도 한다. 하지만 이것은 진실의 한 부면(部面)에 불과하다. 불균형이 평형을 지향하는 것이 사실인 것처럼, 평형 또한 불균형을 지향하며 그것이 지속적으로 교차함으로써 비로소 유기체의 존속이 보증받기 때문이다. 시(詩)는 어떠한가. 정서적 평형성이 높은 교육적 가치를 담보하는 것처럼 보이기는 하지만, 정서체험이 형상을 입은 정서와 일치하지는 않는다는 점이 가장 큰 난점이다. 말하자면, <초혼>(김소월)을 읽고 정서적 평정 — 이를 카타르시스로 풀이할 수 있을 것이다 — 을 얻게 될 수 있는 반면, <유리창1>(정지용)을 읽으면서는 급격한 정서적 불안정을 느끼게 될 수도 있다는 것이다. 바로 이런 이유로, 문학적 형식의 균제와 안정이 곧 정서적 평형을 이룬 문학정서체험을 보장해 주는 것은 아니라는 판단이 가능해지는 것이다.

이런 불일치는 본질적으로 문학정서체험이 문학정서와 다르다는 앞서의 논의를 뒷받침하는 것이기도 하다.

이상에서 문학교육에서 일반적으로 정당성을 부여받는 두 가지 문학정서체험에 대해 비판적으로 살펴보았다. 그 결과는 어떤 이상적인 가치도 특정한 문학정서체험에 결정되어 있지 않다는 사실을 확인한 것이었다. 또한 '한'과 같은 이른바 '전통적 정서'를 체험하는 것이나 '정서적 평형'과 같은 이른바 '문학적 형상성'에서 비롯된 정서를 체험하는 것 모두가 문학적 정전(혹은 정전 체제)의 교육적 권력 효과로서 정당화되고 있다는 것도 확인할 수 있었는데, 정작 우리는 이 정전적 독해와 감상의 정당성 대신 그것들이 도전받게 된 상황을 마주 대하게 되었다.

정전을 읽는 것과 정전 아닌 것을 읽는 것 사이에는 분명한 차이가 있다. 그러나 그 차이는 어떤 목적에서 읽느냐에 따라 달라진다. 만약 정전주의에 의한다면, 정전의 규범에 충실한 작품을 읽는 것과 그렇지 않은 작품을 읽는 것은 작품에 대한 평가를 놓고 동일한 감상의 원리가 적용하게 되는 읽기가 될 것이다. 정전의 규범에 반하는 것은 작품으로서, 말하자면 문학으로서 여겨지지 않게 될 것이기 때문에 감상의 대상에서 배제될 것이다.

물론 정전주의에 의한 감상이 반드시 감정 이입이나 투사와 같은 동일화 원리에 따를 것이라고 생각할 수는 없다. 왜냐하면 정전의 규범에 충실하지 못한 작품에 대해서는 자연적으로 거리두기가 요구될 것이고, 때로는 문학사적 평가에 있어서나 그간의 교육과정 속에 뛰어난 작품이라고 공히 평가되어 왔던 이른바 '준정전'(윤여탁, 1998)에 대해서조차 반동일화(counteridentification) 원리에 따른 감상이 있을 수 있기 때문이다. 하지만 이것들이 동일화 원리와 근본적으로 같은 권력 효과를 지니고 있다는 점에서는 일치한다.

우리는 재구성의 입장에서의 정전을 역사적 맥락에 놓고 대하는 입장을 취하고자 한다. 이것은 다양한 방식과 형태로 개방되겠지만 동일화 원리와 일치하지는 않을 것이다. 그것이 다음 장의 핵심적인 주제이다.

4. 교육적 현실화

이 연구 과정에서 필자를 항시 붙잡고 있었던 생각을 먼저 밝히는 것이 온당할 것이다. 그것은 어떤 교육 연구라도 그것을 통해 교육이라는 정전 비판의 교육적 현실화를 논의하기 위해서는 가치 있는 인간 활동을 더욱 고무케 하는 데 기여하지 못한다면 이미 존재 이유를 상실한 것일 수밖에 없다는 것이다. 이 때문에 이 연구에서는 학습자의 문학정서체험이 교육적으로 가치 있는 것이 되게 하기 위한 합리적이고 실현 가능한 제안을 하는 것이 필자에게 주어진 당위적 요구였다.

그러나 정전 비판이 교육의 허무주의에 도달하지 않고, 그것의 교육적 영향력에 대한 성찰이 문학정서체험의 가치에 대한 무정부주의적 혐오에 이르지 않기 위한 분명한 관점과 방법적 해결책을 마련한다는 것은 매우 어려운 일임에 분명하다. 과연 정전의 해체나 정전의 재구성 중 무엇이 학습자의 문학정서체험을 교육적으로 가치 있는 것이 될 수 있게 할 것인가? 각각의 장점과 한계를 이미 알고 있는 상황에서, 우리를 위해 남겨진 선택은 무엇인가?

대안(代案)이라는 말에 붙어 있는 '양자 선택적(alternative)'이라는 의미가 반-정전성(counter-canonicity)의 혐의를 불러오기는 하지만, 필자는 정전의 재구성이 좀 더 합당하고 현실화할 수 있는 대안적(substitute) 모델이 될 것이라고 믿는다. 이하에서는 그 까닭을 밝히고 구체화하기로 한다.

1) 정전 패러다임의 수정

(1) 문학을 실체로서 인정한다는 것의 의미

문학이 분명한 실체로서 인정되던 때가 있었고, 그것이 부정되던 때가 있었다.[14] 하지만 '실체'의 문제는 그것의 의미가 문학을 자족적 유기체로 여기는 것이라고 단정할 만큼 단순하지는 않은 것 같다. 이를테면 그것은 어떤 텍스트를 이러저러한 작품으로 수용하는 해석 공동체의 존재 방식이 정전이라는 실체로서 존재한다는 뜻이기도 하며, 텍스트와 독자 간의 의미 생성의 상호작용이 문학정서체험이라는 실체로서 존재한다는 뜻이기도 하기 때문이다. 그리고 바로 이것이야말로 실체라는 범주로서 우리가 수용해야 할 개념이라고 할 수 있을 터인데, 이런 관점에서 필자는 일정한 담론환경 속에서 공유하게 되는 인간의 정신 활동과 그것이 창조하는 정신적 가치들, 곧 전술한 바 정전과 문학정서체험을 각기 문

---

14) 필자 자신이 문학 실체관을 비판한 주요 논자 가운데 하나이기도 했다(최지현, 1994).

학에서의 실체로서 인정한다.

요즈음에는 문학은 '실체'로서도 '속성'으로서도 또한 '활동'으로서도 받아들여지고 있다. 그것들 사이에 교육적 위계화를 시도하려는 이론적 접근도 발견하게 된다.15) 문학교육에서 이러한 문학관의 변화는 문학교육이 '예술자료로서의 문학'을 포괄할 수 있는 교육적 가능성을 지향한다는 것을 말한다(최지현, 1999c).

그렇다면 실체성을 인정한다는 것은 정전이나 문학정서체험, 그리고 그것들간의 교육적 연계성에 대해 어떤 영향을 끼칠까?

문학을 실체로서 인정한다는 것은, 우선 정전적 지위에 있는 작품들에 대해 "정말로 나쁜 것으로, 지배 집단의 이데올로기의 표현에 불과한 것으로"(Guillory, 1994 : 307) 비난할 수 없게 되는 난감한 사태를 설명할 수 있게 한다. 언어 활동을 통해 창조되는 정신적 가치들은 그것을 구현하는 단일한 형상적 질서를 가지고 있지 않기 때문에, 후자에 대한 비판으로 전자에 대한 비판을 합리화하는 것은 옳지 못하다는 것이다. 이는 문학적 정전이 입문서나 교본, 혹은 선집 중 그 어떤 형태로도 현실화될 수 있다는 사실에 의해 지지된다.

만약 우리가 정전의 절대성을 주장하지 않는다면, 실체성의 인정으로 인해 정전의 재구성이 가능해진다. 그리고 그 내용으로서 '체험의 정신적 가치'는 다양성을 존중받을 수 있는 근거를 얻게 된다. 더군다나, 이것은 정전 논의의 본질적인 문제 제기 가운데 하나인 '문학으로부터의 배제' 문제를 해결하는 합리적인 근거를 제공하는 것이기도 하다. 정전

---

15) 김대행 외, 『문학교육원론』, 서울대학교 출판부, 2000. 이 책의 제1장에서 우리는 활동 중심에서, 속성 중심으로, 그리고 가장 높은 단계의 교육에서 실체 중심으로 옮겨가는 문학관의 전이 과정을 보게 된다.

과 문학정서체험간 교육적 연계성의 중심에는 위계화된 가치를 지향하
는 의도와 목적과 방법이 있고, 그것은 불가불 문학을 경유하게 된다.
그런데 정전으로부터의 배제가 사실상 '문학'으로부터의 배제를 뜻하는
것이었음을 상기해 보자.16) 역설적으로 이것은 정전의 재구성으로 인해
문학 안에서 다양한 문학정서체험들이 일정한 가치를 부여받으며 위계
화될 수 있게 될 것임을 시사한다.

그렇다면 가치의 다양성과 가치의 위계화는 어떻게 조율될 수 있는가.
이 문제에 답하기 위해서는 먼저 정전의 절대성을 주장하거나 혹은 하
지 않거나 간에 정전에 의해 '문학정서' 자체가 위계화될 수 있음을 유
념해야 한다. '작품'에서의 문학정서와 문학정서체험이 근본적으로 다른
기반 위에 존재함을 이미 밝힌 바 있거니와(최지현, 1998b), 문학정서는 역
으로 정전의 상대적 자율성과 미학적 절대성을 고착시킬 우려가 있기
때문이다.17) 하지만 이 점에 유념한다면, 정전의 역사화(Guillory, 1994 :
318)가 문학적 체험의 정신적 가치를 위계화하는 한편 또한 그것을 끊임
없이 심문하고 상대화하는 방안으로 선택될 수 있다는 것에 더 주목하
게 될 것이다.

(2) 위계적 구조의 재위계화

우리가 만나게 되는 문제들 가운데 어떤 것들은 그 문제와는 직접적
으로는 관련이 없는 것에 원인을 두기도 한다. 이를테면, 이 연구에서

---

16) 2,30년대에 벌어진 창작 방법 논쟁, 근대성 논쟁, 세대 논쟁 등이나 해방 후 불거진 민
   족문학 논쟁 등은 본질적으로 정전 획정을 두고 벌어진 것이었고, 그 때문에 정치적 이
   유로든 다른 어떤 이유로든 결과적으로 패배한 쪽은 문학적 전통 속에서 말 그대로 '사
   라졌다'. 그로부터 40여 년을 프롤레타리아 '문학'이란 금기의 대상이었으며, 전통 단절
   론은 그보다 더 오랜 동안 비난받아 마땅한 것으로 여겨져 왔다.
17) 이에 관해서는 다음 항에서 설명하기로 한다.

주요한 논의 대상이 되는 '위계성'이라는 범주가 그러하다. 결론부터 말하면, 이 범주에 대한 우리의 상식화된 가정은 우리로 하여금 교육적으로 가치 있는 대안적 정전 체제를 사고하는 데 오히려 부정적 영향을 끼치고 있다. 어째서 그러한가?

앞서 우리는 정전과 문학정서체험이 각기 위계적이며, 그것들간에도 또한 위계적인 관계가 형성된다는 것을 살펴보았다. 그런데 여기에 사용되는 '위계(hierarchy)'라는 말은 오랜 동안 성직이나 군부의 계급적 지배 구조를 나타내는 피라미드형18)의 서열 체계를 통해 표상되어 왔다. 그것은 동시에 일종의 분류 체계이기도 하기 때문에, 하층에 놓이는 수많은 개체들은 상층에 의해 기능화·계통화되고, 반면 상층으로 갈수록 지배의 영향력에 반비례하여 구성 요소의 수는 감소하는 양상을 보인다.

우리는 이러한 위계성의 가정을 오늘날의 전통적인 문학 제도에서 발견하게 된다. 모든 텍스트들은 기능과 속성에 따라 유형화된다. 일정한 유형들은 좀 더 안정적인 관습들에 의해 분류된다. 이렇게 분류된 것들에 장르(genre)라는 이름이 붙게 되고, 각 장르(류)들에는 그것들의 속성이 이상적으로 실현된 대표적 작품들이 선별되어 장르를 대표하게 된다. 여기서 도출되는 이른바 문학적 완성이란 문학적 정전을 만들고 그것들로 하여금 이러저러한 텍스트들을 작품으로 존재하게 하는 문학 제도의 위계적 구조가 자기 스스로를 증명하는 방식으로 가장 권위 있게 사용되는 것이다.

인간 발달을 설명하는 많은 교육 이론들에서도 위계성의 가정이 발견된다. 특히 문학교육학자들 가운데 상당수가 직·간접적으로 영향을

---

18) 여기서는 일반적으로 비유되는 바, 평면 공간 내의 형태로서 '피라미드'를 말하는 것이다.

받고 있는 피아제(Piaget, 1985)의 '4단계 인지발달단계론'이나 콜버그
(Kolberg, 1985)의 '6단계 도덕발달이론', 에릭슨(Erikson, 1988)의 '8단계
인성발달론' 등은 발달심리학에 기초하여 인간의 인지적, 정서적 발달
을 설명하고 있는데, 이것들의 공통점은 상·하위의 발달 단계에 부여
하고 있는 서열성과 교육적 가치이다.

이 이론들이 보여주는 피라미드형의 위계적 구조 모델의 장점을 먼저
생각해 본다. 이 모델은 인간 발달의 지표를 분명하고 확고하게 보여준
다. 하층부를 이루는 다양한 인지적, 정서적 발달 속성들은 상층부의 좀
더 통합적이고 조화로운 속성들에 의해 통제된다―혹은 통제되어야 한
다―. 인지적, 정서적 발달은 이전의 낮은 수준의 발달 속성들을 배제하
는 것이 아니라 포괄한다―만약 포괄되지 않으면 금기시한다―. 최상
층으로 갈수록 원숙하고 안정감 있는 정신적 상태가 된다―만약 그렇
지 않으면 성숙하지 못했다고 판단된다―.

이 모델은 안정적인 가치의 존재―중용, 사회적 조화, 통합 같은―
를 보여준다. 가치를 지향할 수 있게 하고, 무엇보다 윤리적이다. 그뿐
아니라 교육적 유용성도 지니고 있다. 이 모델은 가치를 지향하는 교육
의 존재 의의를 충족시킬 뿐 아니라 비교적 단순한 구조화를 통해 교육
적 수용을 용이하게 하는 측면을 지니고 있다. 이런 것들이 이 모델이
지닌 장점이다.

그럼에도 불구하고 장점으로 단점을 덮을 수 있는 것은 아니다. 수준
의 차이를 객관적으로 나타낼 수 있는 준거에 의해 이러저러한 작품이
나 문학정서들이 여러 개의 계층을 이룬 형태를 취하고 있음에도 불구
하고, 이것은 지배와 피지배의 단순한 이원적 구도에서 벗어나지 못한
다. 상층부에는 유일성의 가정 위에 '이상적인 것'으로 가정된 소수의

작품들이 정전으로 '선택'되고 있고, 나머지는 여기에서 '배제'된다.[19) 그런데 이러한 분석틀이야말로 앞서 여러 차례 반복하여 비판한 바, 정전을 영구한 가치의 실체로 만드는 정전주의의 가정에 다름 아니다.

이 모델이 지닌 한계를 좀 더 분명히 보기 위해 위상학적(topological) 변환을 해 본다. 그 결과 우리는 정전으로부터 동일한 영향권 내에 포괄되는 담론들의 집합으로서 원환적 구조(circumplex structure)를 얻게 된다.[20) 이 동심원적 모델은 중심의 정전적 규범으로부터 확장되는 담론들의 분포를 적절하게 보여준다. 그러니까, 문학에서는 중심으로 갈수록 원형에 가까워지는 것이며, 주변으로 가면서 개별 텍스트로 구체화하게 된다. 이와 더불어 지배의 영향력은 주변으로 가면서 약화되고, 더 넓은 경계를 갖게 되는 장르는 파생적 장르라는 변이형들을 갖게 되는 셈이다. 물론 이러한 변이형들은 정전 체제에서는 근근히 인정받거나 '규정되지 않은 것'(최지현, 1999b)으로서 정전과 공존하게 된다.

---

19) 최지현(1994)이나 정재찬(1996)에서 '배제'는 다른 담론들을 금지하고, 결국 담론의 영역 밖으로 추방하는 지배적 담론의 통제 전략, 혹은 기능이라는 의미로 사용되었다. 이런 관점에 따르면 지배는 전일적(全一的)이 되기 때문에, 의도한 바와는 달리―두 논문 모두 지배적 담론의 극복을 내부로부터 이룰 수 있게 되기를 기대한다―담론의 지배성이 그 내부로부터 붕괴되거나 도전 받게 되기란 매우 어려울 수밖에 없다.
20) 따라서 '피라미드'라는 용어는 수직면상의 비유로는 적합할는지는 모르나, 위상학적으로는 적합하지 않다. 이 위계 구조는 차라리 원뿔형의 모델로 비유되는 것이 더 적합할 것이다.

정서 이론에서 이와 유사하게 제기되는 파이(pie)형 정서 구조 모델
(Plutchik, 1980a)을 검토해 본다. 플럿칙은 이전의 정서 이론들이 가져왔던
기본적 가정, 이를테면 모든 정서에는 그것의 기반이 되는 기본 정서(쾌-
불쾌 같은)가 있다는 것이나, 정서들은 그 속성과 발현 양상에 따라 분류
될 수 있다는 것 등을 그대로 유지하면서 인간 생존을 위해 요구되는 필
수적인 기초 정서(primary(or basic) emotion)들을 추출해 내었다. 이것들은
다시 인접한 다른 정서와 결합하여 복합적인 정서들을 만들어 내는데,
기본 정서의 외곽에 위치하는 2차, 3차 정서들은 앞서 살펴본 것과 마찬
가지로 변이형에 속한다. 주목할 만한 것은 이런 복합 정서들이 일반적
으로 병리적 증상에 속하는 것으로 여겨지는 것들이라는 점이다.[21]

필자는 복합 정서들 가운데 어떤 것들이 문학에서는 매우 가치 있는
정서체험의 내용이 되기도 한다는 점(최지현, 1997a)에 주목한다. 문학의
정전 체제가 지닌 중심의 규범성이 정서, 혹은 정서체험의 체제 속에서
는 오히려 주변부에서 작용하고 있다는 것. 이것이 특정한 정전이 특정
한 정서체험을 강화하고 혹은 금기시하는 데서 작용하는 위계성과 어긋

---

21) Horowitz(1997) 또한 이러한 원환적 모델을 제시한다.

나고 있다는 점이 여기에서 필자가 주목하는 핵심이다. 말하자면, 두 개의 원환적 정전 체제는 동심원을 이루고 있다기보다는 이심원, 혹은 중첩된 두 개의 원으로 구성된 불안정한 체제라는 것이다. 그 까닭은 정서체험, 혹은 문학정서체험이 오직 문화적 해석역(解釋域) 안에서만 일정한 가치를 부여받으며 위계화된다는 데서 찾을 수 있다.

여기서 필자는 위계성을 지닌 정전과 문학정서체험의 구조를 앞서와는 다른 위상학적 모델로 설명할 필요를 느낀다. 그것은 정전과 문학정서체험의 위계적 구조가 전자가 후자에 지배적 영향 관계를 가지면서 상호작용하는, 동시에 그것이 시대적으로 변동하며 수정되는 모델이 되어야 할 것이다. 이를 '블록 쌓기 모델(building block model)'이라 부르기로 한다.

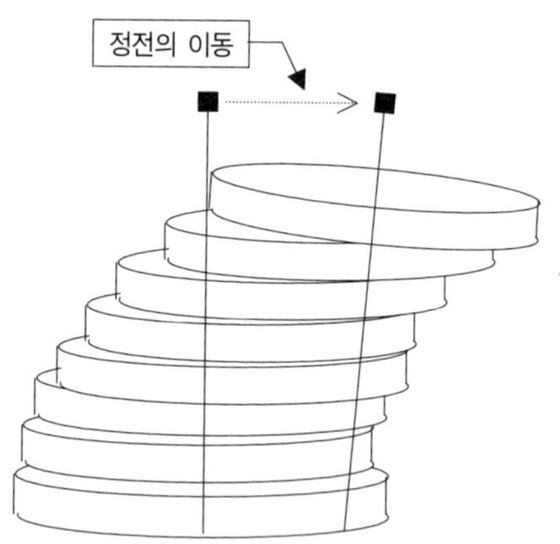

'블록 쌓기 모델'이라는 용어를 사용하는 것은 작은 돌멩이나 블록을 쌓듯이 정전과 문학정서체험의 위계적 구조가 만들어져 간다는 것을 드러내기 위함인데, 만약 이것의 비유법이 제대로 읽혀졌다면 다음과 같은

함축의 의미가 쉽게 드러날 수 있을 것이다. 첫째, 탑 쌓기처럼 층을 새로 쌓을 때에는 항상 아래의 층들의 무게중심을 고려하여 안정되게 쌓으려 한다. 이것은 정전이나 문학정서체험이 이른바 전통(傳統)의 권위에 의존해 정전 체제를 만들고 그에 기반하여 위계적 관계를 갖게 됨을 의미한다(최지현, 1997a). 둘째, 실제 블록 쌓기 과정에서는 가장 하단의 층을 고려하기보다는 바로 아래에 있는 층들을 고려하여 새로운 층을 만들게 되기 때문에 블록이 쌓여감에 따라 불가피하게 무게중심이 이동할 수밖에 없게 된다. 이것은 정전의 전통이 변화하며(김흥규, 1984 : 63 참조) 그에 따라 역사적으로 정전이나 가치 있다고 선호되는 문학정서체험도 변화하게 된다는 현실을 반영한다. 셋째, 무게중심의 이동에 따라 블록의 기울어짐을 감당할 수 없게 되면 결국 블록은 약간의 층만 남기고 무너지게 된다. 이것은 전통이 전수되는 것이 아니라 후세에게 부여된 시대적 과제 속에서 창조되는 것이라는 관점을 지지한다. 이 관점에 따라 정전이나 문학정서체험을 전면적으로 뒤흔드는 역사적, 문화적 시도가 때로는 전통의 단절을 용인하게 될 수도 있다는 것을 의미하고 있다.[22]

그러나 전술하였듯이, 전통의 단절을 자각하는 것은 전통 부재와는 근본적인 문제의식이 다를 수밖에 없다. 왜냐하면, 전통 단절의 자각이란 불가불 새로운 전통을 세우기 위해 과거라는 시간 속에서 계승해야 할 것이 무엇이고, 어떻게 계승해야 하는지에 관한 근본적인 과제를 던져주는 한편, 계승해야 할 주체의 능동적 역할을 부단히 요구하게 되기 때문이다.

---

22) 쿤(T. Kuhn)의 패러다임(paradigm)도 이러한 모델로 설명할 수 있을 것이다.

2) 정전 재구성과 문학감상교육의 방향

(1) 정전에 대해 가르치기

정전주의를 극복하기 위해서 정전이 역사적으로 맥락화되는 감상이 이루어져야 함을 주장하였다. 이것은 정전을 주요 작가나 걸작들로 이루어진 고정된 작품으로 간주하기보다는 일련의 논쟁적인 이론과 맥락의 그룹으로 간주하자는 것으로, 곧 주어진 것이 아닌 토론되어야 할 문제로 정전을 다룸으로써 어떤 작품이 정전답다고 불려지는 것의 의미를 보다 지성적으로 파악할 수 있게 하자는 주장이다. 또한 독서가 특정한 맥락을 내포하고 있기 때문에 무엇을 읽느냐보다 어떻게 읽느냐에 따라 정전이 결정된다고 보는 입장이기도 하다.

정전을 역사적으로 맥락화하는 데 있어서 해체적 관점을 취할 수 있다. 이 관점은 그라프(G. Graff)가 이글튼을 비판하면서 주장하였듯이 기존의 정전이 갖는 모순과 폐해를 또 다른 정전으로 대체하는 것을 반대하는 것이다. 말하자면, 정전이든 혹은 대안적 정전이든 간에 그것은 일종의 '성물(sacrament)'과 같은 것으로 물상화되기 마련이며, 따라서 '대안적'이라는 규제로도 어찌할 수 없는 절대적이며 근원적인 존재 방식을 취한다는 것이다.

이러한 관점은 정전을 탈신비화하려는 탈구조주의적 교육 이론과 만난다. 이를 위해 '양가적 이중 독서 전략'이 제안되기도 한다(Radhakrishnan, 1991 : 122).

① 정전의 이데올로기적 토대를 드러냄으로써 그것이 읽기의 산물임을 드러낼 것
② 정전의 상상적 위상을 개념적으로 이론적으로 탈신비화하면서, 그것

　　의 진리 표상을 비타협적으로 다룰 것
　③ 정전을 그 자신의 역사성을 보다 앞선 시대의 독서로 지정할 것
　④ 진리와 방법 사이에 일대일 대응의 개념에 대한 신임을 버리고 자신
　　의 방법론적 진리를 대안으로 제시하는 관념을 버릴 것
　⑤ 자신의 관점을 구체화하고 역사화할 것

　송무(1997)에서 제안된 선집 형태의 '문학' 교과서가 이를 구체화하는 교재로서 제안될 수도 있을 것이다. 그것은 작품으로서의 제재를 주는 것이 아니라 텍스트로서의 제재를 주는 것이다. 물론 제재들은 특정한 맥락에서 이미 작품으로서 주어질 가능성을 지니고 있다. 특히 학습자의 문화적 환경으로서 실현되는 정전이 여기에 속할 터인데, 이러한 정전이나 정전 체제는 학습자에 따라 상당히 강력하게 영향을 미칠 수도 있다.

　하지만 이러한 관점은 두 가지 측면에서 조심스러울 필요가 있다. 어떤 설명도 부여되지 않은 작품이 문학교육에서 존재할 수 없다는 점에서이며, 정전을 실제로 해체하거나 대체할 수 있는 방법을 가질 수 있어야 한다는 점에서이다.

　어느 누구든 문학 수업에서는 이론가일 수밖에 없으며, 정전의 지배가 그러하였듯이 정전에 대한 도전이나 저항 또한 이론을 통할 수밖에 없다는 점에서 이론 없는 문학 수업은 존재하지 않는다(Zavarzadeh, 1991 : 42). 이론을 부정하는 것은 작품을 읽고 가르치는 일을 문학교육의 주된 활동이라고 보는 기존의 정전 체제와 다를 바 없다. 이를 그라프(Graff, 1990 : 21)는 이론에 대한 불만 자체가 하나의 이론이며 스스로가 회피하고자 하는 가정과 가치와 원칙에 대한 메타담론을 추가할 따름인 것이라고 비판한다.

　결정적으로 우리의 경우 문제는 정전 체제이며, 달리 말해 이론으로서

작용하는 정전이기 때문에, 정전의 상대화를 위해 이론을 다루는 것은 불가피하다. 정전 해체론자들의 주장에는 경청할 부분이 많지만, 그것이 갖는 교육적 무력감은 지양해야 할 문제이다. 정전 해체는 정전 이후의 것을 제시하지 않는 것은 물론이고, 시사하지도 않는다. 정전 재구성이 필요한 것은 그 때문이다.

정전 재구성은 마치 데리다(J. Derrida)가 제안한 '차연(différence)'과 흡사하다. 이 용어는 의미의 차이와 의미의 지연이라는 내포를 갖는 것으로서, 대안적 정전이 갖게 될 위험을 어떻게 방지할 수 있게 하는 단초를 제공한다. 우선 기존의 정전 체제가 지닌 완고한 의미 체제를 대안적 정전으로 상대화함으로써 작품 내에 존재하는 개념 체제의 형이상학적 구조를 규명하게 한다. 다음으로는 대안적 정전으로 제안된 작품들이 다시금 완고한 정전 체제를 재구축하지 않도록 거기에 맥락을 부여한다.

대안적 정전을 제시하는 일이란 모든 체제 이론들이 할 수 있는 것이지만, 맥락을 부여하는 것은 작품들을 생성적인 것, 곧 바르뜨(R. Barthes)가 말한 '쓰기 텍스트'를 만드는 것을 통해서 가능하다. 그것이 '문학 작품'으로 남을 경우 그 작품의 의미가 '지연'되지 않는 유일한 방법은 외부로부터의 초월적 비판뿐이기 때문이다. 그것은 현재의 정전을 해체하는 것만큼이나 힘든 일이 될 것이 분명하다. 따라서 맥락 부여하기는 새로운 맥락을 부여함으로써 정전의 원본성과 기원으로의 회귀성, 지배적 규범성 등의 속성들을 변형시키는 과정이 되기도 해야 하겠지만, 다른 한편에서는 텍스트 생산의 역사적 맥락으로 되돌리는 과정이 되기도 해야 한다.

(2) '쓰기 텍스트'로서의 문학 교재

문학교육의 목표는 '건강한 문학 향유자'들을 길러 내는 것이다. 따라서 그것은 소비의 규범을 모르는 탐욕스러운, 혹은 무절제한 문학 소비자를 지향하는 것이어서는 안 된다. 탐욕스럽고 무절제한 문학 소비자는 음미할 줄 모르는 소비자다.

이와 관련하여 문학 작품의 최종적 도달점이 더 이상 독자를 소비자에 머물게 해서는 안 되며, 오히려 텍스트 생산자가 되도록 해야 한다는 롤랑 바르트(R. Barthes)의 지적을 음미할 필요가 있다. 문학이 그러한 목표 지향을 갖는다면, 그것은 문학교육이 그가 이 진술에서 강조하는 바는 독자들을 작가로 길러내야 한다는 주장은 아니다. 다시 말해, 문학교육이 모든 학습자들로 하여금 생산자가 될 것을 요구해야 하는 것은 아니다.

다양성의 존중이 문학 생산자 교육을 요구하는가 하는 점이 여기서 문제될 수 있다. 물론 그러한 개연성을 높으며, 현실의 요구로서 실제로 제기될 수도 있을 것이다. 하지만 생산자의 개념을 '문학 작품'을 쓰는 것으로 제한한다면, 그것은 학습자들을 소비자로 남게 하는 것과 사실상 아무런 차이가 없다. 이와 관련하여 소비의 신화가 인간을 경제적 삶 속에서 소외시키는 동안 생산의 신화가 그와는 정반대 편에서 그와 동일한 작용을 했던 것을 기억해 볼 필요가 있다. 문학교육이 요구하는 학습자들의 모습은 이미 기존의 정전 체제에 의해 규정된 '문학'의 생산자가 아니라 앞으로 그들이 구성해 가야 할 문학, 곧 바르트의 의미에서 '쓰기 텍스트'의 생산자이기 때문이다.

그렇다면, 이를 교수·학습 과정에서 뒷받침할 교재는 어떻게 구성되어야 할 것인가. 앞서 선집 형태의 문학 교재에 대해 경계한 바 있지만, 이것이 '쓰기 텍스트'가 제재처럼 주어진 교재의 형태는 정전의 권력 효과가 가장 은폐된 방식으로 실현되는 통로로서 기능할 수도 있다. 특히 이 제재들이 문학사적으로도 평가되고 있는 경우라면, 교수・학습 상황에서 '쓰기 텍스트'로 기능할 수 있는지는 의문이다. 이것들은 새로운 의미를 생산할 개연성을 지니고 있지만, 이미 평가의 준거가 되는 이전의 '전통적' 정전 체제에 의해 걸러진 것들이기 때문에 기존의 정전, 혹은 대안적 정전을 오히려 확고히 하는 '재약호화'가 이루어질 수 있다(최지현, 1994 : 12~18).

이와 관련하여 참조할 만한 사례가 있다. 명목상의 첨가나 추보(追補)와 관련한 문제를 극복하기 위한 노력의 일환으로 간행되었던 『노턴 여성 명작선(*The Norton Anthology of Literature by Women*)』(NY : Noton, 1985)이 그것이다. 뛰어난 페미니스트 이론가들인 산드라 길버트와 수잔 구바(Sandra Gilbert and Susan Gubar)에 의해 편찬되었던 이 선집(選集)은 그 의도와는 달리 기존의 노턴 선집들에 대한 적절한 대안이 되지 못한 것으로 평가되었다.

왜 그러했을까. 이 선집은 그 동안 영미권 국가들의 문학교육에서 가리워졌던 여성 문학의 전통을 발굴하여 통합적 교육과정(core-curriculum)을 구성할 수 있게 하기 위한 의도로 제시된 것이고, 따라서 기존 정전 체제를 보환(supplement)하는 성격을 스스로 취함으로써 기존의 노턴 선집들이 취해온 전통적 형식을 벗어나지 않았기 때문이다. 이에 따르면, 정전의 조건이나 자질, 혹은 표준적인 글쓰기의 전통 같은 것은 도전 받지 않게 된다. 그리고 결국 이것은 정전의 전통 속에 굳건히 자리잡은 남성적 글쓰기의 가치 체제를 강화하는 작용을 했기 때문이다.

따라서 대안은 제재로서의 '쓰기 텍스트'가 아닌 교재로서의 '쓰기 텍스트'여야 할 것이며, 이론은 숨겨지는 대신 교재 속에서 경합할 수 있게 해야 할 것이다.

5. 요약 및 전망

이상의 논의를 간단히 요약해 본다.

먼저 본고의 2장에서 필자는 정전의 개념과 그것의 작용 및 효과에 대해 살폈다. 여기서 정전이 원본성과 기원으로서의 저자, 그리고 규범성을 가지고 있음을 밝히고, 이교도적 이본에 대한 배척의 논리로서 성립된 역사적 기원 속에서 정전의 지배적 작용이 어떻게 이루어져 왔는가를 살폈다. 그리고 이를 설명하기 위해 푸코(M. Foucault)로부터 전유(appropriation)와 배제(margination)라는 기제를 빌려와 그 효과들에 대해 검토하였다. 또한 문학정서와 문학정서체험에 관한 저간의 문학교육논의들을 검토하면서 문학교육에서 문학정서체험이 왜 중요한지 논의하였다.

3장에서는 우리나라 문학교육의 정전이 문학교육 과정에 어떤 지배성을 지니고 있으며, 학습자의 감상에는 어떤 영향을 미치고 있는지 검토하였다. 교과서와 학습자의 문화적 환경, 그리고 잠재적 교육과정을 통해 실현되는 정전을 살펴, 우리나라의 경우 작품으로서의 문학적 정전이 부재하며 그 대신 유기체론적 관점이 이론으로서의 문학적 정전 체제를 이루고 있음을 논의하였다. 또한 정전은 작품의 비평적 척도이자 선별된 작품의 원리로서 학습자의 문학 감상에 영향을 미치며, 특히 선별과 경합이라는 교육적 고려를 통해 특정한 문학정서체험을 요구하고 있음을 밝혔다. 이 과정에서 이른바 '전통적 정서'로서 '한'을 정점으로 한 슬픔의 체험과 '보편적 정서'로서 '정서적 평형성'을 학습자들로 하여금 체험하게 하는 정당화의 논리가 작용함을 논하였다.

4장에서는 앞으로 지향해야 할 문학감상교육의 현실화 방안을 제안하였다. 먼저 교육적 가치와 관련하여 문학정서체험에는 정전처럼 위계화된 모델이 가정되고 있음을 밝히고 이를 위상학적으로 수정하여 '블록 쌓기 모델'이라는 이름으로 제안하였다. 이것은 문학정서체험에서 위계화된 가치보다는 수렴과 변화를 반영하는 수평적 가치를 지향하는 것으로서, 정전의 재구성을 위해서도 요구된다는 점을 밝혔다. 아울러 이를 위한 문학 교재에서도 '쓰기 텍스트'로서의 교재를 구성해야 할 필요성을 밝혔다.

본 연구의 과정을 통해 필자는 세 가지 물음에 대한 답을 얻을 수 있었는데, 그것은 다음과 같다.

첫째, 우리나라의 문학교육은 작품으로서의 정전을 가지고 있지 않았으나, 이론으로서의 정전 체제가 그 역할을 수행하고 있었다. 이것은 정전이 그것의 문학적, 교육적 가치를 스스로 뒷받침해 주고 있다는 판단의 근거가 되었다.

둘째, 정전은 문학정서체험에 매우 중요한 영향을 미치고 있었으며, 특히 그것은 정서체험 전반을 위계화하고 체험하거나 할 수 없게 하는 지배 효과를 지니고 있었다.

셋째, 정전과 문학정서체험의 위계적 구조는 명시적으로나 잠재적으로 문학교육 과정에 반영되어 있었으며, 그것 또한 위계성을 지니고 있었다.

이러한 답은 서론에서 열거한 다섯 개의 진술이 상호 논리적 연계성을 있음을 확인하는 것이기도 했다. 정전과 문학정서체험은 동일한 원리 내에서 각기 위계성을 갖고 있었을 뿐 아니라 전자가 후자에 지배성을 지니고 있었다. 그것은 정서체험간의 위계성이 결국 정전 체제로부터 비롯된 것임을 보여주는 것이었다. 이와 함께 문학정서체험이 갖는 위계적 구조의 정점에서 문학적 정전은 특정한 문학정서체험을 전통적이거나 보편적인 가치로 정당화하는 효과를 지니고 있었다.

이상의 연구 결과를 통해 필자는 우리나라 문학교육의 개선과 활성화를 위한 전망을 해 본다. 본 연구는 오늘날의 문학교육이 요구하는 문학정서체험이 향후 학습자가 누리게 될 문화적 삶의 향유에서 어떠한 영향을 미치게 될 것인지 추정할 수 있게 하고 있다. 만약 문학교육이 학습자로 하여금 더 풍부한 상상적 체험으로 폭넓은 인생을 살 수 있게 하는 것을 목적으로 삼고 있다면, 가치 있는 상상이나 정서 체험에 대한 요구가 이러한 목적을 근본적으로 억압하게 해서는 안 될 것이다. 배제된 문학정서체험들이 정말로 금기시되어야 하는 것들인지에 대한 재검토가 요구된다.

본 연구가 다루지 못한 것은 현실화 방안에서 현재의 문학 교재와 제재들을 어떻게 대체하느냐 하는 문제였다. 제재를 선정하지 못했던 것은 물론 정전 재구성의 가상적 사례를 제안하지도 못했다. 이것은 문학교육과정에 대한 필자의 연구뿐 아니라 현재 관련 연구가 교육과정 요소에 대한 질적 검토에까지 미치지 못한 까닭이다. 따라서 향후 다양한 관점에서 대안적 정전이나 혹은 정전의 경합에 관해 논의하는 문학교육 과정 연구들이 많이 요구될 것으로 본다. 이들 연구들은 마땅히 그 이론적 기반을 역사 속에 상대화하고 다양한 체험의 가치를 수용하는 것들이 되어야 할 것이다.

참고문헌

Atkins, G. Douglas & Michael L. Johnson eds., *Writing and Reading Differently : Deconstruction and the Teaching of Composition and Literature*, UP of Kansas, 1985.

Atkinson, R. L., Atkinson, R. C., and Hilgard, E.R.(1983), *Introduction to Psychology* (8th), 李勳求 역, 『現代心理學槪論』, 정민사, 1984.

Barthes, Roland, *S / Z, trans. by Richard Miller*, NewYork : Hill and Wang, 1974.

Bennett, Tonny, *Outside Literature*, Routledge, 1990.

Bernstein, B., *The Structuring of Pedagogic Discourse —Class, Code and Control*, Routledge, 1990.

Bourdieu, P., "Cultural Reproduction and Social Reproduction", in Karabel, J. & Halsey, A. H., eds., *Power and Ideology in Education*, Oxford Univ. Press., 1975.

Charles Altieri, "An Idea and Ideal of Literary Canon", in Robert von Hallberg, eds. *Canons*, Chicago : The Univ. of Chicago Press, 1983.

Crowley, Sharon, "writing and Writing", in Henrickson, Bruce & Morgan, Thaïs E., eds. *Reorientations : Critical Theory & Pedagogies*, Univ. of Illinois Press, 1990.

Dasenbrock, Reed Way, "What to Teach When the Canon Closes Down : Toward a New Essentialism", in Henrickson, Bruce & Morgan, Thaïs E., eds. *Reorientations : Critical Theory & Pedagogies*, Univ. of Illinois Press, 1990.

David H. Richter, *Falling into Theory ; Conflicting Views on Reading Literature*, Boston : Bedford Books of St. Martin's Press, 1994.

De Man, Paul(1995), "The Resistance to Theory." In Douglas Tallack, ed., *Critical Theory : A Reader*, New York & London : Harvester / Wheatsheaf. from "The Resistance to Theory", Yale French Studies(1982).

Eagleton, Terry, 김명환 역, 『문학이론입문』, 창작사, 1986.

Easthope, Anthony, 임상훈 역, 『문학에서 문화연구로』, 현대미학사, 1989.

Erikson, Erik H., Childhood and Society, 윤진·김인경 옮김, 「아동기와 사회」, 중앙적성출판사, 1988.

Fiedler Leslie & Houston Baker eds., *Opening on the Canon ; Selected Papers from the English Institude*, Johns Hopkins Univ. Press, 1981.

Fiske, John, "Culrural Studies and the Culture of Everyday Life", *Understanding Popular Culture*, Boston Unwin Hyman, 1989.

Foucault, Michel, 「저자란 무엇인가?」, 김현 편, 『미셀 푸코의 문학비평』, 문학과 지성사, 1989.

Fowler, R., *Literature as Social Discourse*, London : Batsford Academic and Education LTD, 1981.

Gordon, S. L., "The Sociology of Sentiments and Emotion", in M. Rosenberg and R. Turner eds., *Social Rsychology : Sociological Perspectives*, New York : Basic Books, 1981.

Graff, Gerald, "The Future of Theory in the Teaching of Literature", Ralph Cohen ed., *The Future of literary Theory*, Routledge, 1989.

Graff, Gerald, "Why Theory?", in Davis, L. J. and Mirabella, M. B., eds. *Left Politics and the Literary Profession*, Columbia UP., 1990.

Graff, Gerald, 박거용 옮김, 『자신의 적이 되어 가는 문학』, 현대미학사, 1997.

Gribble, J.(1983), *Literary Education : a Revaluation*, Cambridge University Press, 나병철 역, 『문학교육론』, 문예출판사, 1987.

Guillory, J., 박찬부 역, 「정전」, Lentricchia, F. & T. Mclaughlin eds.(1990), *Critical Terms for Literary Study*, 정정호 외 공역, 『문학연구를 위한 비평용어』, 한신문화사, 1994.

Henriksen, Bruce, "Teaching against the Grain", in Henrickson, Bruce & Morgan, Thaïs E., eds. *Reorientations : Critical Theory & Pedagogies*, Univ. of Illinois Press, 1990.

Hills, P. J., 장상호 역, 『교수, 학습 그리고 의사소통』, 교육과학사, 1987.

Kolberg, L., 김봉소·김민남 역, 『도덕발달의 철학』, 교육과학사, 1985.

Kövecses, Z., "Introduction : Language and Emotion Concept", in James A. Russell, José-Miguel Fernándes-Dols, Antony S. R. Manstead and J. C. Wellekkamp(eds.), *Everyday Conceptions of Emotion : An Inroduction to the Psychology, Anthropology and Linguistics of Language*, NATO ASI Series.(3), 1994.

Leitch, Vincent B., 김성곤 외 공역, 『현대미국문학비평』, 한신출판사, 1993.

Linton, R.(1945), *The Cultural Background of Personality*, 전경수 역, 『문화와 인성』, 현음사, 1984.

McCormick, Kathleen, "Always Already Theorists : Literary Theory and Theorizing in the Undergraduate Curriculum" in Kecht, Maria-Regina, ed. *Pedagogy Is Politics : Literary Theory and Critical Teaching*, Urbana and Chicago : Univ. of Illinois Press, 1992.

Macdonell, D., *Theories of Discourse*, 임상훈 역, 『담론이란 무엇인가』, 한울, 1992.

Minsky, M. "A framework for representing knowledge". in P. H. Winston eds., *The Psychology Of Computer Vision*, New York : McGraw-Hill, 1975.

Morgan, Thaïs E., "Reorientations", in Henrickson, Bruce & Morgan, Thaïs E., eds. *Reorientations : Critical Theory & Pedagogies*, Univ. of Illinois Press, 1990.

Nelson, Cary, ed., *Theory in the Classroom*, Univ. of Illinois Press, 1986.

Oakley, J., *Morality and the Emotions*, Routledge, 1992.

Pécheux, M.(1975), trans. Nagpal, H.(1982), *Language, Semantics and Ideology : Stating in Obvious*, St. Martin's Press.

Piaget, 송명자·이순형 역, 『兒童의 言語와 思考』, 中央適性出版社, 1985.

Plutchik, R., *Emotion : A Psychoevolutionary Synthesis*, Harper & Row, 1980.

Preminger, A. & T. V. F. Brogan eds., *The New Princeton Encyclopedia of Poetry and Poetics* Ⅰ, Ⅱ, Princeton University Press : Princeton, New Jersey, 1993.

Radhakrishnan, R., "Canonicity and Theory : Toward a Post-structural Pedagogy", in Morton, Donald and Zavarzadeh, Mas'ud, eds. *Theory / Pedagogy / Politics : Texts for Change*, Univ. of Illinois Press., 1991.

Rumelhart, D. E., and Ortony, A., "The representation of knowledge in memory", in R. C. Anderson, R. J. Spiro and W. E. Montague eds., *Schooling and the acquisition of knowledge.*, Hillsdale, NJ : Lawrence Erlbaum, 1977.

Sarup, Madan, 한준상 옮김, 『신교육사회학론』, 문음사, 1987.

Schachter, S. and J. Singer, "Cognitive, Social and Physiological Determinants of Emotional State", *Psychological Review* 69, 1962.

Schank, R., and Abelson, R., *Scripts, plans, goals, and understanding : An inquiry into human knowledge structures*, Hillsdale, NJ : Erlbaum, 1977.

Scholes, R., *Textual Power : Literary Theory and the Teaching of English*, New Gaven : Yale Univ. Press, 1985.

Searle, J. S., 이건원 역, 『言話行爲』, 한신문화사, 1987.

Shott, S.(1979), "Emotion and Social Life : Symbolic Interationist Analysis", *American Journal of Society*, 이성식·전신현 편역, 『감정사회학』, 한울아카데미, 1995.

Shumway, David R., "Integrating Theory in the Curriculum as Theorizing—A Postdisciplinary Practice", in Kecht, Maria-Regina, ed. *Pedagogy Is Politics : Literary Theory and Critical Teaching*, Urbana and Chicago : Univ. of Illinois Press, 1992.

William E. Cain, "Contemporary theory, the Academy, and Pedagogy", in Teaching Contemporary Theory to Undergraduates, Dianne F. Sadoff & William E. Cain eds., *The Modern Language Association of America*, New York, 1994.

Zavarzadeh, Mas'ud and Morton, Donald, "Theory Pedagogy Politics : The Crisis of The Subject in the Humanities", in Morton, Donald and Zavarzadeh, Mas'ud, eds. *Theory / Pedagogy / Politics : Texts for Change*, Univ. of Illinois Press., 1991.

Zavarzadeh, Mas'ud, "Theory as Resistance", in Kecht, Maria-Regina, ed. *Pedagogy Is Politics : Literary Theory and Critical Teaching*, Urbana and Chicago : Univ. of Illinois Press, 1992.

강현재, 「시교육의 수용론적 방법 연구」, 서울대학교 국어교육과 석사학위논문, 1991.

곽동훈, 「중학교 문학 교재에 대하여—작품 선정 기준」, 『모국어교육』, 5호, 1987.

구인환 외, 『문학교육론』, 삼지원, 1988.

구인환·박대호·박인기·우한용·최병우, 『문학교육론』, 삼지원, 1987.

김경희, 『정서란 무엇인가』, 민음사, 1995.

김남희, 「현대시 수용에 관한 문화 기술적 연구—고등학생 독자를 중심으로」, 서울대학교 국어교육과 석사학위논문, 1997.

金大幸, 「情緖의 本質과 構造」, 金大幸 편, 『高麗詩歌의 情緖』, 개문사, 1985.

김대행, 『국어교과학의 지평』, 서울대학교 출판부, 1994.

김대행, 「시교육의 내용」, 『현대시교육론』, 김은전교수 정년기념논총 간행위원회, 1996.

김대행, 「국어과교육의 목표와 영역」, 『선청어문』 25집, 서울대학교 사범대학 국어교육과, 1997.

김대행, 「사고력을 위한 문학교육의 설계」, 『국어교육연구』 5집, 서울대학교 교육종합연구원 국어교육연구소, 1998.

김대행 외, 『국어교육학』, 소명출판, 2000a.

김대행 외, 『문학교육원론』, 서울대학교 출판부, 2000b.

김상욱, 「고등학교 현대시 제재의 문제점과 대안」, 『선청어문』, 서울대 국어교육과, 1991.

김은전 외, 『현대시 교육론』, 시와시학사, 1996.

김은전, 「국어교육과 문학교육」, 『사대논총』19, 서울대 사대, 1979.

김주향, 「시 교육 방법 연구」, 서울대학교 국어교육과 석사학위논문, 1991.

金仲臣, 「서사 텍스트의 심미적 체험의 구조와 유형에 관한 연구」, 서울대학교 국어교육과 박사학위논문, 1994.

김중신, 『소설감상방법론 연구』, 서울대학교 출판부, 1995.

김창원, 『시교육과 텍스트 해석』, 서울대학교 출판부, 1995.

김창원, 「초등 국어과 교육학의 교수·학습 방법 : 시 경험의 분열과 시교육의 본질을 중심으로」, 『초등교과교육학의 교수·학습 방법 연구』, 인천교육대학교 초등교육연구소, 1996.

김흥규, 「傳統의 現在的 意義에 관한 물음」, 『예술과 비평』 2, 1984 여름호.

노창수, 「현대시 교재의 전체적 접근단계 지도」, 교육개발, 1986.

도정일, 「고슴도치와 여우, 그리고 두더쥐—비평적 교육의 필요성에 대하여」, 『현대비평과 이론』6호, 한신문화사, 1993 가을·겨울.

박붕배 외, 『광복 40년의 교과서—시』, 나라말쓰미, 1987.

박인기, 『문학교육과정의 구조와 이론』, 서울대학교 출판부, 1996.

방인태, 「문학교육과정의 통시적 조망과 발전적 과제」, 문학교육과정의 연구와 실천방향, 한국국어교육연구회, 1996.

서경석, 「정전의 해체와 생성」, 『한국문학』 1997 봄호.

송 무, 「영문학 교육의 정당성과 정전의 문제」, 고려대학교 영어영문학과 박사학위논문, 1994.

송 무, 「문학교육의 '정전' 논의」, 문학교육학 창간호, 한국문학교육학회, 1997a.

송 무, 『영문학에 대한 반성』, 민음사, 1997b.

송정헌, 「중, 고등학교 시교재의 분석 연구」, 서울대학교 석사학위논문, 1972.

안병관, 「중고 국어 교과서에 수록된 현대시의 변천 연구」, 경북대학교 석사학위논문, 1989.

우한용, 「문학교육과정론의 의의」, 『문학영역 교육과정 내용의 체계화 연구』, 서울대학교 사범대학 국어교육연구소, 1996.

우한용, 『문학교육과 문화론』, 서울대학교 출판부, 1998.

윤여탁, 「시문학의 이데올로기와 교육」, 『국어교육』 71·72호, 한국국어교육연구회, 1990.

윤여탁, 「현대시 제재의 교육적 위계에 대한 연구」, 『국어교육』 95호, 한국국어교육연구회, 1997.

윤여탁, 「문학 교재 구성을 위한 현대시 정전 연구」, 『국어교육연구』 5집, 서울대학교

교육종합연구원 국어교육연구소, 1998.

윤현섭, 『정서의 논리』, 강원대학교 출판부, 1987.

윤희준, 『인성심리학』, 교육출판사, 1977.

이성원, 「무엇이 고전인가? 왜 고전인가?」, 『고전읽기의 활성화 방안 연구』, 서울대학
교 인문과학연구소, 1993.

이숭원, 「중고교 시 지도 방법」, 제4회 국어교육연구 발표대회 자료집, 한국국어교육
연구회, 1994.

임문혁, 「고등학교 국어 교과서 시단원의 변천 연구—작품 선정과 문학교육의 방향을
중심으로」, 교원대학교 석사학위논문, 1988.

정원식·이상로·이성진, 『現代敎育心理學』, 교육출판사, 1985.

정재찬, 「문학교육의 지배적 담론에 관한 연구」, 서울대학교 박사학위논문, 1996.

정재찬, 「산업화 시대의 시 교육의 쟁점」, 김은전 외, 『현대시 교육론』, 시와시학사,
1996.

정정순, 「시 담론의 이데올로기성에 관한 연구—청록파 시의 담론 형식을 중심으로」,
서울대학교 국어교육과 석사학위논문, 1997.

정현선, 「모더니즘시의 문화교육적 연구」, 서울대학교 국어교육과 박사학위논문, 1995.

정현선, 「문화교육이라는 문제설정 2」, 『국어교육연구』 제4집, 서울대학교 교육종합연
구원 국어교육연구소, 1997.

최미숙, 「키치와 문학교육」, 『선청어문』 23집, 서울대학교 국어교육과, 1995.

최지현, 「한국 현대시 교육의 담론분석—1940년대 저항시를 중심으로」, 서울대학교
국어교육과 석사학위논문, 1994.

최지현, 「현대시 교육론의 반성과 전망」, 김은전 외, 『현대시 교육론』, 시와시학사,
1996.

최지현, 「한국현대시 정서체험의 텍스트 조건 연구」, 서울대학교 박사학위논문, 1997a.

최지현, 「창작과 작문의 통합적 교수학습을 위한 목표 탐색」, 『교육발전』 17-2, 서원
대학교 교육연구소, 1997b.

최지현, 「문학정서체험—교육 내용으로서의 본질과 가치」, 구인환 외, 『문학교수학습
방법』, 삼지원, 1998a.

최지현, 「문학감상교육의 교수학습방법 탐구」, 『선청어문』 26집, 서울대학교 사범대학
국어교육과, 1998b.

최지현, 「이중 청자와 감상의 논리」, 『국어교육연구』 5집, 서울대학교 교육종합연구원
국어교육연구소, 1998c.

최지현, 「초기 근대시의 시 정서에 관한 몇 가지 가설들의 검토」, 『서원대학교 교육대

학원 논문집』, 서원대학교 교육대학원, 1999a.

최지현, 「이른바 '애상'은 어떻게 거부되는가 : '슬픔'의 정서에 대한 '교육적 고려'를 비판적으로 성찰하기」, 『문학교육학』 3집, 한국문학교육학회, 1999b.

최지현, 「언어자료로서의 문학의 교육적 가능성」, 한국문학교육학회 제15회 발표대회 자료집, 한국문학교육학회, 1999c.

한국교육개발원 편, 『21세기 국어과 교육의 지향과 수준별 교육 과정』, 한국교육개발원 세미나 자료집, 1997.

[부록]

학교교육을 위한 현대시 작품 선정에 관한 설문지
(학생용)

다음 질문에 응답하여 주십시오.

1. 당신의 소속 학교와 학년은?
   ＿＿＿＿＿＿＿＿＿＿학교 ＿＿＿＿＿학년

2. 당신의 성별은?
   남 / 여

3. 당신이 소속한 학교의 위치는?
   대도시 / 중소도시 / 농촌 / 어촌 / 산촌

4. 당신이 소속한 학교의 학급당 학생 수는?
   ＿＿＿＿＿＿명

5. 당신이 가장 좋아하는 교과목은?
   ＿＿＿＿＿＿

6. 당신이 가장 좋아하는 교과목 선생님은?
   ＿＿＿＿＿＿과목 선생님

1	2	3	4	5
그렇지 않다	아닌 편이다	보통	그런 편이다	그렇다

※ 다음 물음을 잘 읽고 선택하여 주십시오.

1. 평소에 시를 즐겨 읽는다.   1…2…3…4…5

2. 서점에서 시집을 산 적이 많다.   1…2…3…4…5

3. 시를 싫어하는 이유는 내용 이해가 되지 않기 때문이다.(1에 부정적인 답을 한 학생만 답 하세요.)   1…2…3…4…5

4. 선생님께서는 좋아하시는 시를 낭송해 주신다.   1…2…3…4…5

5. 선생님이 좋아하시는 시는 나도 좋아한다.   1…2…3…4…5

6. 친구에게 시를 소개받는 경우가 많다.   1…2…3…4…5

7. 부모님으로부터 현대시에 관한 이야기를 들은 적이 많다.   1…2…3…4…5

8. 학원에서 배운 내용이 학교에서 배운 내용보다 더 중요하다고 생각한다.(학원에 다니는 학생만 답해 주세요.)   1…2…3…4…5

9. 학원에서는 교과서 이외의 현대시 작품도 가르쳐 준다.(학원에 다니는 학생만 답해 주세요.)

10. 학교에서 배운 현대시 작품은 잘 이해된다.   1…2…3…4…5

11. 국어 수업 시간에는 교과서 이외의 현대시 작품도 다룬다.   1…2…3…4…5

12. 교과서에 실린 현대시 가운데는 왜 그 시가 실렸는지 이유를 알 수 없는 작품이 많다.   1…2…3…4…5

13. 교과서에 실린 현대시 작품은 재미가 없다.   1…2…3…4…5

14. 교과서에 실린 현대시 작품은 모두 훌륭한 작품이라고 생각한다.   1…2…3…4…5

15. 내가 좋아하는 시는 교과서에 실린 시와 여러모로 차이점이 많다.   1…2…3…4…5

16. 내가 좋아하는 시로 교과서에 실렸으면 하고 바라는 작품이 있다. (있다고 생각되면 해당 하는 작품명을 가능한 한 모두 쓰십시오.)   1…2…3…4…5

※ 시에 대한 여러분의 선호도를 조사합니다. 더 좋아하는 쪽에 표시를 해 주십시오.

17. 모더니즘 시, 낭만주의 시, 특별히 좋아하는 시의 경향은 없다   1…2…3

18. 현실 참여시, 순수 서정시, 특별히 좋아하는 시의 경향은 없다   1…2…3

19. 해방 이전의 시, 해방 이후의 시, 특별히 좋아하는 시의 경향은 없다   1…2…3

20. 기교적인 시, 무기교의 시, 특별히 좋아하는 시의 경향은 없다   1…2…3

21. 정신적 가치를 추구하는 시, 정서적 감흥을 추구하는 시, 특별히 좋아하는 시의 경향은 없다   1…2…3

22. 흥쾌한 시, 애상적인 시, 특별히 좋아하는 시의 경향은 없다　　　　1···2···3

23. 다른 사람이 좋아하는 시, 다른 사람의 관심을 받지 않은 시, 특별히 좋아하는 시의 경향은 없다　　　　1···2···3

24. 도덕적인 내용을 담은 시, 도덕적이지 않은 내용을 담은 시, 특별히 좋아하는 시의 경향은 없다　　　　1···2···3

24. 도덕적인 내용을 담은 시, 도덕적이지 않은 내용을 담은 시, 특별히 좋아하는 시의 경향은 없다　　　　1···2···3

25. 전통적 삶이 반영된 시, 현대적 삶이 반영된 시, 특별히 좋아하는 시의 경향은 없다　　　　1···2···3

26. 자연을 다룬 시, 인간의 삶을 다룬 시, 특별히 좋아하는 시의 경향은 없다　　　　1···2···3

27. 문학적으로 높이 평가된 시, 아직 평가가 내려지지 않은 시, 특별히 좋아하는 시의 경향은 없다　　　　1···2···3

28. 관념적인 사유를 담은 시, 구체적인 일상을 다룬 시, 특별히 좋아하는 시의 경향은 없다　　　　1···2···3

29. 쉬운 시, 어려운 시, 특별히 좋아하는 시의 경향은 없다　　　　1···2···3

※ 시에 대한 선생님의 선호도를 여러분이 어떻게 추정하고 있는지 조사합니다. 더
　가까운 쪽에 표시를 해 주십시오.

30. 모더니즘 시, 낭만주의 시, 판단할 수 없다　　　　1···2···3

31. 현실 참여시, 순수 서정시, 판단할 수 없다　　　　1···2···3

32. 해방 이전의 시, 해방 이후의 시, 판단할 수 없다　　　　1···2···3

33. 기교적인 시, 무기교의 시, 판단할 수 없다　　　　1···2···3

34. 정신적 가치를 추구하는 시, 정서적 감흥을 추구하는 시, 판단할 수 없다　　　　1···2···3

35. 흥쾌한 시, 애상적인 시, 판단할 수 없다　　　　1···2···3

36. 다른 사람이 좋아하는 시, 다른 사람의 관심을 받지 않은 시, 판단할 수 없다　　　　1···2···3

37. 도덕적인 내용을 담은 시, 도덕적이지 않은 내용을 담은 시, 판단할 수 없다　　　　1···2···3

38. 전통적 삶이 반영된 시, 현대적 삶이 반영된 시, 판단할 수 없다　　　　1···2···3

39. 자연을 다룬 시, 인간의 삶을 다룬 시, 판단할 수 없다　　　　1···2···3

40. 문학적으로 높이 평가된 시, 아직 평가가 내려지지 않은 시, 판단할 수 없다　　　　1···2···3

41. 관념적인 사유를 담은 시, 구체적인 일상을 다룬 시, 판단할 수 없다　　　　1···2···3

42. 쉬운 시, 어려운 시, 판단할 수 없다　　　　1···2···3

문학 정전의 재검토

제 5 장

고전 정전의 재검토

─ 해방 이후 초, 중등 '국어' 교과서를 중심으로 ─

조 희 정

한성대학교 언어교육원

1. 서론

본 논문은 해방 이후 공교육 내에서 고전 정전이 형성되는 과정과 특징을 살펴 고전 정전의 변화 방향을 모색하는 것을 목표로 삼는다. 본 논문이 고전 정전의 형성 과정과 특징을 살핌에 있어 시기를 해방 이후로, 영역을 공교육으로 한정하는 이유는 다음과 같다.

먼저 시기 한정의 문제이다. 중세의 리터러시 교육 내에서 고전 리터러시는 핵심적 능력으로 간주되었다.[1] 고전 리터러시가 핵심적 능력으로 간주되었던 만큼 중세의 고전 교육 내에는 사회적으로 합의되어 중시되던 '고전(classic)' 목록이 존재하였다. 사서오경을 중심에 둔 경학적(經學的), 사학적(史學的), 시학적(詩學的) 고전[2]들이 그 대표적 목록[3]이다.

그러나 중세의 고전 리터러시 능력은 근대 이후 '국어(國語)'가 강조되는 교육 상황 속에서 중국의 글에 대한 리터러시, 즉 외국어 리터러시로 격하되며 부정되는 과정[4]을 겪는다. 그러한 흐름 속에서 중세의 고전

---

1) 중세의 리터러시의 특징으로 고전 리터러시를 꼽고 고전 리터러시의 성격에 대해 논의한 것은 졸고, 「고전 리터러시 교육을 위한 새로운 구도」, 『국어교육학연구』 제21집, 국어교육학회, 2004 ; 졸고, 「고전 리터러시의 '시공간적 거리감' 연구」, 『국어교육』 119호, 한국어교육학회, 2006 참조.

2) 졸고, 「고전 리터러시의 '시공간적 거리감' 연구」, 『국어교육』 119호, 한국어교육학회, 2006, 71~85면 참조.

3) 김성룡은 중세의 문인들이 반드시 학습해야 했던 전범의 구체적 목록을 제시해 두었다 (김성룡, 「전범 학습과 중세의 문학교육」, 『문학교육학』 창간호, 한국문학교육학회, 1997, 277~282면 참조).

4) 중세의 리터러시가 격하되고 축소되는 양상은 졸고, 「근대계몽기 어문 교과의 형성에 관한 연구」, 『국어교육학연구』 제16집, 2003, 508~512면. 졸고, 「고전 리터러시 교육을 위한 새로운 구도」, 『국어교육학연구』 제21집, 국어교육학회, 2004, 128~135면 참조.

목록은 근대로 넘어오면서 철저하게 부정되며 새로운 '정전(canon)' 목록으로 대체되었다.5)

근대계몽기와 일제 강점기를 거치면서 한국의 문학 작품을 중심으로 새롭게 형성된 정전 목록은 해방 이후 공교육 속에서 그 굳건한 지위를 획득하게 된다. 가령 시조 갈래는 일제 강점기부터 '국어' 교과서의 제재로 선택되었을 뿐만 아니라 당시 학교 현장에서 시조 수업이 진행되는 모습6)도 확인할 수 있어 고전 작품 중 가장 먼저 정전의 지위에 오르는 과정7)을 확인할 수 있지만 현대의 우리에게 익숙한 고전 정전의 전체 목록은 해방 이후 공교육 내 국어교육 속에서 완성되었다고 할 수 있다. 이에 본 논문은 해방 이후 시기에 초점을 두어 고전 정전 문제를 탐색한다.

다음 검토 대상을 공교육 내 국어교육으로 한정하는 문제를 살펴본다. 고전 정전의 형성 과정은 다양한 통로를 통해 검토할 수 있다. 오늘날의 학습자들은 고전 정전 중 많은 부분을 공교육 제도 내로 편입되기 이전에 이미 접하고 있다. 다시 말해 많은 학습자들이 유아기 학습 동화의 형태로 고전을 처음 접한다는 점을 고려할 때, 취학 전 아동을 위한 고전 관련 선집은 고전 정전을 탐색하기 위한 중요한 자료가 될 수 있다. 다른 한 편으로 대학 입시를 위한 고전 자료 선집 역시 한 사회의 고전 정전을 형성하는 중요한 자료로 기능한다. 특히 이것들은 중등학교 교육

---

5) '고전[classic]'은 평가의 보편성을 인정받으며 명백히 존경의 뜻을 담고 있는 용어인 반면 '정전[canon]'은 규범과 표준을 결정하는 평가의 보편성을 의심하는 비판적 맥락에서 선택되는 용어이다. '고전'과 '정전'의 차이에 대한 자세한 논의는 졸고, 「고전 리터러시의 '시공간적 거리감' 연구」, 『국어교육』 119호, 한국어교육학회, 2006, 63~65면 참조.
6) 「학교방문기-중앙학교 편」, 『청춘』 제8호, 1917. 6. 16.
7) 졸고, 「1910년대 국어(조선어)교육의 식민지적 근대성」, 『국어교육학』 18집, 국어교육학회, 2003, 459~463면 참조.

을 통해 실질적으로 고전교육을 마무리하는 상당수의 학습자들에게 고전교육의 최종 단계에 개입하는 자료라는 의의를 지닌다.

이상의 자료들은 공교육 내로 편입되기 이전과 공교육에서 벗어나기 직전의 학습자들에게 영향을 미치는 중요한 것들이지만 학습자들의 선택이 남아 있는 영역이다. 학습자들은 그러한 자료들을 접할 가능성도, 접하지 못 할 가능성도 모두 가지고 있다. 반면 공교육 내 국어교육은 대부분의 학습자들이 피할 수 없는 사회화 과정으로 간주되었다[8]는 점에서 고전의 정전화 과정에 강력한 영향력을 행사하고 있다. 이를 통해 학교에서 접한 고전이 학습자들의 전 생애를 통해 가장 대표적인 고전 자료로 남게 된다는 점에서 공교육 내에서 취사선택된 고전 자료의 영향력은 막강하다. 이에 본 논문은 해방 이후 공교육 내에서 다루어진 고전 정전에 초점을 두어 검토하기로 한다.

그런데 해방 이후 건국과도기부터 제7차 교육과정기까지 국정 교과서 체제를 유지하며 비교적 단일한 고전 정전 체제를 제시하던 흐름은 2006년 12월 고시된 교육과정에 따라 변화가 예상된다. 지금까지 국정 교과서 체제를 유지하던 국어 교과가 검인정 교과서 체제로 변화하는바, 이전과 같이 고전 정전에 대한 단일한 목소리가 나오리라 기대할 수 없다. 공교육 내 고전 정전 체계의 변화가 예상되는 대목이다.

그러나 다른 한편 검인정 체계로 전환된 흐름은 기존의 고전 정전의 흐름을 답습 강화할 가능성 역시 안고 있다. 교과서 심사와 대학 입시라는 평가 체제로부터 자유롭지 않은 교과서 필자들이 고전 정전에 대한

---

8) 해방 직후부터 1962년까지의 시기는 특히 교육 '폭발'의 시기로 간주된다. 해방 직후에는 의무교육이 실시되면서 의무교육 연령 아동의 취학률이 95%선까지 상승하였으며 총 인구의 1/5이 각종 학교에서 교육을 받았다(김동춘, 「한국의 근대성과 '과잉교육열'」, 『근대의 그늘』, 당대, 2000, 133~177면).

실험보다는 기존의 교과서에 수록된 정전들을 다시 선택함으로써 오히려 고전 정전을 강화할 가능성도 존재한다. 즉, 지금은 향후 고전 정전이 새롭게 재편될 것이냐, 혹은 기존의 흐름을 더욱 강화하는 흐름으로 나아갈 것이냐는 기로에 서 있는 시점이라 할 수 있다. 이에 기존의 공교육 내에서 고전 정전이 형성된 양상을 살펴 그 특징을 분석하고 향후 고전 정전의 변화 방향을 모색해야 할 필요성이 대두하는 것이다.

지금까지 고전 정전에 대한 반성적 논의는 국어교육 내 다른 영역의 정전 논의와 함께 다루어졌다. 1차부터 6차까지 고등학교 '국어' 교과서의 단원 변화를 중심으로 살핀 권순긍9)과 7차 '문학' 교과서에 수록된 작품을 집중적으로 분석한 박기범,10) 목차 구성과 작품 선정, 학습 활동 설계의 측면에서 7차 '문학' 교과서를 분석한 김창원11) 등에서 고전 정전에 대한 논의를 살펴볼 수 있다. 그러나 이러한 논의들은 고전 정전에만 초점을 둔 것이 아니라 보다 상위의 문학교육 차원에서 교과서 내 정전 문제를 다루기에 고전 정전에 대한 본격적인 입장을 표명하였다고 보기 어렵다.

고전 교육 분야에서는 우선 한국고소설학회에서 펴낸 『고전소설 교육의 과제와 방향』을 들 수 있다. 이것은 공교육 내 고전소설 교육의 이모저모를 살피고 있어 부분적으로 '정전'에 대한 관점을 찾아볼 수 없는 것은 아니나 고전 정전에 대한 본격적 논의라기보다는 고전소설 교육 일반에 대한 논의에 가깝다.

---

9) 권순긍, 「교과서의 변천과 문학교육의 방향」, 『문학교육학』 제4호, 한국문학교육학회, 1999, 190~218면.
10) 박기범, 「제7차 교육과정에 따른 문학 교과서의 내용 분석 연구—수록된 문학 작품을 중심으로」, 『문학교육학』 제11호, 한국문학교육학회, 2003, 83~120면.
11) 김창원, 「문학교육의 성격과 문학 교과서의 지향」, 『국교육학연구』 제27집, 국어교육학회, 2006, 187~220면.

특정 제재가 정전의 지위에 오르기 위한 필요조건 중 하나는 비교적 오랜 기간에 걸쳐 독자들에 의해 중요한 작품으로 간주되어야 한다는 점이다. 따라서 고전 정전화를 논의함에 있어 통시적 연구 시각은 필수적으로 요구된다. 또한 공교육 내에서 고전 정전화는 교과서라는 매체를 통해 실체화된다. 이러한 관점에서 해방 이후 공교육 내 고전 정전의 실태를 살필 수 있는 통시적 연구가 조희정과 서명희에 의해 진행되었다. 조희정은 해방 이후 중등학교 '국어' 교과서에 수록된 고전 자료의 목록을 정리[12]하였으며 조희정과 서명희는 공동으로 해방 이후 초등학교 '국어' 교과서에 수록된 고전 자료의 목록을 정리[13]하였다. 이상의 작업은 해방 이후 공교육 내에서 다루어진 고전 자료의 실태를 확인하여 고전 정전에 대한 논의를 이끌어낼 수 있는 기초 연구라는 의의를 지닌다.

이러한 흐름과 함께 고전의 개별 작품에 대한 논의가 병행되었다. 조희정은 해방 이후 '문학' 교과서에 수록된 <도산십이곡> 관련 담론[14]을, 그리고 해방 이후 '국어' 교과서에 수록된 <홍길동전>과 <관동별곡>에 대한 시각의 변화를 추적[15]하였으며 류수열은 교재사적 관점에서 해방 이후 '국어' 교과서에 수록된 <관동별곡>이 다루어지는 방식[16]을 고찰하였다. 이러한 연구들은 특정 작품이 고전 정전의 지위를 획득

---

12) 졸고, 「교과서 수록 고전 제재 변천 연구」, 『문학교육학』 제17호, 한국문학교육학회, 2005.
13) 조희정·서명희, 「교과서 수록 고전 제재 변천 연구(1)」, 『문학교육학』 제19호, 한국문학교육학회, 2006. 서명희·조희정, 「초등 교과서 수록 고전 제재 변천 연구(2)」, 『한국초등국어교육』 제30집, 한국초등국어교육학회, 2006.
14) 졸고, 「<도산십이곡>에 대한 교육 담론 속의 독해」, 『고전과 교육』 5집, 한국고전교육학회, 2003.
15) 졸고, 「고전 제재 교과서 수용 시각 검토(1)」, 『국어교육연구』 15집, 서울대학교 국어교육연구소, 2005.
16) 류수열, 「<관동별곡>의 교재사적 맥락」, 『국어교육』 120, 한국어교육학회, 2006.

하는 양상을 보여준다는 장점을 지니나, 고전 정전의 전체상을 그리는 데에는 여전히 아쉬움을 남기고 있다.

이에 본 논문은 앞선 기초 연구에서 밝힌, 해방 이후 '국어' 교과서에 수록된 고전 자료의 실상을 토대로 삼아 해방 이후 공교육 내에서 고전 정전이 형성되는 양상을 분석하는 데 초점을 둔다. 기존의 기초 연구가 주로 자료의 실상을 드러내는 데 집중하고 있었다면 이 논문은 기존의 기초 연구의 성과를 계승하되 자료가 보여주는 현상에 대한 분석과 해석에 초점을 둔다는 점에서 해방 이후 '국어' 교과서에 수록된 고전 제재를 살핀 연구의 후속 작업이라는 성격을 띤다.

최지현은 "우리나라 문학교육이 작품으로서의 정전을 가지고 있지는 않지만 이론으로서의 정전 체제가 그 역할을 수행한다."[17]고 지적한 바 있지만 오랜 기간에 걸쳐 반복적으로 교과서에 수록된 작품 목록은 세대를 뛰어 넘어 학습자들에게 '우리의 대표 고전 작품'으로 인식될 수밖에 없다는 점에서 우리 사회의 고전 정전 작품으로 간주하지 않을 수 없다. 이에 본 논문은 해방 이후 '국어' 교과서에 수록된 제재들, 특히 그중에서도 반복 수록된 제재들은 고전 정전으로서 지위를 획득한 것이라는 관점하에 교과서에 특정 제재가 취사선택되는 현상 속에서 정전 형성의 과정을 확인할 것이며, 실제로 반복 수록된 텍스트를 정전으로 간주하여 논의를 진행할 것이다. 이러한 관점에서 2장, 3장에서 고전 정전이 형성되는 외적 조건과 내적 조건을 각각 살핀 후, 4장에서는 향후 고전 정전의 형성 과정에서 고려해야 할 요소를 검토하기로 한다.

---

17) 최지현, 「문학교육에서 정전과 학습자의 정서체험이 갖는 위계적 구조에 관한 연구」, 『문학교육학』 제5호, 한국문학교육학회, 2000, 92면.

2. 고전 정전 형성의 외적 조건

해방 이후 공교육 내에서 고전 정전이 형성되는 조건을 외적 측면과 내적 측면으로 구분하여 살펴보기로 한다. 그런데 여기서 살피는 조건은 연역적으로 추출된 것이라기보다는 해방 이후 '국어' 교과서에 수록된 고전 제재 목록을 살핀 결과, 고전 제재 목록을 통해 추출해낸 귀납적 특징에 가깝다. 즉, 초등 중등 '국어' 교과서에 선정된 고전 제재 목록에서 확인할 수 있는 요소들을 추출하여 고전 정전화 과정에 개입한 조건들로 의미 부여한 것이다.

고전 정전 형성의 외적 측면은 특정한 고전 제재가 '국어' 교과서에 수록되도록 견인하는 제도적 측면을 가리킨다. 교과서 내에 고전 제재가 선택되는 데 영향을 미친 제도적 측면으로는 학교 급별 구분과 교육과정이 대표적이다. 학교 급별 구분 속에서 고전 정전을 구획 짓는 위계적 시선을 확인할 수 있으며 교육과정의 변천에 따라 고전 정전의 선택이 변화하는 모습을 확인할 수 있다. 다시 말해 학교 급별 구분에 따른 고전 정전의 위계화는 하나의 시기에 고전 정전을 배열하는 횡적 기준으로 작용한다면, 교육과정의 변천은 다양한 시대의 변화 속에서 고전 정전을 취사선택하는 종적 기준으로 작용한다.

1) 학교 급별 차이

먼저 고전 정전에 대한 위계적 시선을 살펴본다. 공교육 내 고전 정전에 대한 위계적 시선은 초등학교와 중등학교라는 학교 급별에 따라 분명한 차이를 보이는 한편, 중등학교 내에서도 중학교와 고등학교 단계에서 차이를 드러낸다.

　우선 초등학교에서 고전이 정전화되는 모습의 특징 중 하나는 고전의 원문 변용 유무이다. 초등학교 초기 학년에는 고전이 선택되더라도 학습자가 접근하기 쉬운 형태로 변용되는 것이 일반적이다. 반면 5·6학년 고학년에 이르면 고전의 원문 모습을 유지한 자료가 제시된다. 이는 초등 국어과 교과서에 수록된 고전 제재 중 비교적 원문의 형태가 유동적인 구비 전승 제재가 전 학년에 골고루 제시되어 있는 반면, 원문의 형태가 결정된 문헌 제재가 5·6학년 교육 내용으로 제시된다는 점에서 확인된다.[18] 또한 문헌 제재 내에서도 원문의 형태가 비교적 완고한 서정 제재와 교술 제재가 5·6학년을 벗어난 경우가 없는 반면 원문의 내용에 대한 변용이 가능한 서사 제재와 극 제재는 다양한 학년에 분포[19]되어 있어 원문 형태의 견고함이 고전의 정전화 과정에서 자료의 위계화에 영향을 끼친다는 점을 확인할 수 있다. 이는 특정 교육과정기에 국한된 현상이 아니라 해방 이후 전체 교육과정 내에서 지속적으로 드러나는 현상이다.

---

18) 자세한 내용은 조희정·서명희, 「교과서 수록 고전 제재 변천 연구(1)」(『문학교육학』 제19호, 한국문학교육학회, 2006)과 서명희·조희정, 「초등 교과서 수록 고전 제재 변천 연구(2)」(『한국초등국어교육』 제30집, 한국초등국어교육학회, 2006)를 참조할 것.
19) 조희정·서명희, 「교과서 수록 고전 제재 변천 연구(1)」, 『문학교육학』 제19호, 한국문학교육학회, 2006.

[표 1] 초등 교과서 수록 고전 제재의 분포 양상

초등 교과서 수록 고전 재제	학년	1학년	2학년	3학년	4학년	5학년	6학년
구비 전승 제재	구비설화	전 학년 분포					
	민요						
	속담, 수수께기						
문헌 제재	서정						분포
	서사	전 학년 분포					
	극	전 학년 분포					
	교술						분포

한편 중등 '국어' 교과서에서도 고전 정전에 접근하는 위계적 시선이 드러난다. 초등 '국어' 교과서와는 달리 중등 '국어' 교과서에 수록된 고전 제재는 원문이 한문이 아닌 이상 대부분 원문의 모습을 유지한 채 제시된다.[20] 따라서 중등 '국어' 교과서에서 위계적 시선을 드러내는 단서는 원문의 변용 여부가 아니라 한 권의 '국어' 교과서 내에서 고전 제재를 포함한 단원의 비중이다. 학년의 변화에 따라 고전 제재를 포함한 단원의 빈도가 변화하는 모습이 드러나는 것이다.

중학교 '국어' 교과서에는 고전 제재 수록 단원이 비교적 학년별로 고르게 분포되어 있으나 고전 제재가 포함된 단원이 전무한 교과서도 종종 발견할 수 있다. 3차와 4차 교육과정기에는 중학교 2학년 교과서에 고전 제재가 가장 많이 수록되었으며 5차 교육과정기 이후로는 학년별 고른 분포가 드러나나 3학년 2학기에 고전 제재 수록 단원이 집중되는 양상이다. 전체적으로 중학교 3학년으로 올라갈수록 고전 제재 수록 단원이 조금씩 증가하는 모습을 보인다.

---

20) 현대의 학습자가 읽기 쉬운 문체로 수정되는 것은 변용의 단계에 포함시키지 않는다.

반면 고등학교 '국어' 교과서의 경우, 1차 교육과정기부터 7차 교육과정까지 고전 제재가 수록되지 않은 교과서는 단 한 권도 없다. 적게는 1 / 10부터 많게는 1 / 2까지, 평균적으로는 1 / 3의 단원에 고전 제재가 수록되어 있다. 1차·2차 교육과정기에는 고등학교 3학년 교과서에 고전 제재가 집중되는 현상을 보이나 이후에는 전 학년을 통틀어 고르게 분포되어 있다. 6차·7차 교과서에서 고전 제재가 수록된 단원 비율은 1 / 3 수준을 유지하고 있다.[21]

이러한 실태는 국어교육 내부에서 고전의 정전화가 학교 급별에 따라 서로 다르게 진행된다는 점을 보여준다. 초등 교육의 단계에서는 '고전'이라는 특성보다는 '문학'이라는 특성이 강조되는 방식으로 정전화가 진행되고 있다면, 중등학교에서는 원문의 형태를 유지하고 고전이 지닌 '고전'의 성격을 강조하며 고전의 정전화가 진행되고 있다 할 수 있다. 그리고 '고전'의 성격이 강조될 때 고전 교육은 고학년에게 적합한 교육 내용이라는 관점을 드러내고 있다.

2) 교육과정별 변화

특정한 고전 자료가 특정한 교육과정 시기에 취사선택되는 데에는 국어교육의 이론적 토대가 직접적 영향을 미쳤다. 교육과정별 국어교육 이론의 변화는 많은 논자들에 의해 지적된 사항인 만큼 간단하게 검토하기로 한다.

---

21) 자세한 내용은 졸고, 「교과서 수록 고전 제재 변천 연구―건국 과도기부터 제7차 교육과정기까지 중등 국어 교과서를 중심으로」(『문학교육학』 제17호, 한국문학교육학회, 2005), 287~288면을 참조할 것.

　고전 제재 수록과 관련하여 유의미한 특징을 보이는 시기는 4차, 5차, 7차 교육과정기이다. 1차부터 4차 교육과정은 각각 서로 다른 교육철학[22]을 근간으로 삼고 있지만, 그 당시에 취사선택된 고전 제재를 살펴보면 의외로 1차부터 4차까지의 '국어' 교과서에 수록된 고전 제재들은 유사한 흐름 속에 놓여 있음을 확인할 수 있다. 물론 개별 작품별로 검토하면 교육과정별로 작품 선택에서 차이를 드러내지만, 큰 흐름으로 볼 때 1차부터 4차 교육과정기까지 '국어' 교과서에 수록된 고전 제재들은 유사성을 띤다. 그리고 다시 그 시기를 세분하자면 건국기부터 2차 교육과정기까지가 하나의 흐름을, 3차와 4차 교육과정기가 하나의 흐름을 형성한다. 이러한 특징은 초등 '국어'과 교과서보다는 중등 '국어' 교과서에서 더욱 분명하게 드러난다.

　가령 중등학교 시가류를 살펴보아도 4차 교육과정기까지는 상고 시가가 중요 갈래로 수록되었지만 5차 이후에는 6차 교과서에 단 한 번 수록되었을 뿐이다. 상고 시가처럼 갈래의 선택이 변화하기도 하지만 동일 갈래 내에서 선택되는 작품의 변화가 더욱 확연하다. 향가는 4차 교육과정기까지 <제망매가>와 <찬기파랑가>가 주로 수록되다가 5차를 기점으로 <제망매가>, <안민가>, <서동요>로 변화한다. 고려속요의 경우 4차까지는 고려속요의 대표 작품은 <사모곡>과 <정과정>이었는데 3차 교과서에 등장한 <청산별곡>이 5차 이후 그 자리를 이어받고 있다.

　시조는 중등학교에서만 176종이 수록될 만큼 워낙 다양한 작품이 수록되어 있으니 교육과정별로 선택된 작품을 변화의 표지로 삼는 데 한

---

22) 김종서는 교수요목기는 별도로 다룬 후, 1차 교육과정은 교과중심, 2차 교육과정은 생활중심, 3차 교육과정은 학문중심, 4차 교육과정은 인간중심으로 구분하고 있다(김종서 외, 『교육과정과 교육평가』, 교육과학사, 1988, 28~42면 참조).

계가 있지만 작품 수록 빈도에서 차이를 보인다. 3차와 4차 교육과정을 정점으로 하여 5차 이후 급격하게 수록 빈도가 줄어들고 있다. 악장은 <용비어천가>가 대표작의 지위를 유지한다는 면은 일관되나 3차에서 <감군은>, <신도가> 등의 다른 악장 작품이 제시된 후, 5차 이후 수록 되는 양이 현저하게 줄어든다. 가사는 초기 교육과정에서 <사미인곡>, <관동별곡>, <상춘곡>, <태평사> 등의 다양한 작품이 다루어지다가 5차 이후 2개의 작품으로 줄어든다. 한시 역시 4차 교육과정까지 다양한 작품이 수록되다가 수록 빈도가 현저하게 줄어든다.23)

주지하다시피 5차 교육과정기는 이전과는 확연히 구분되는 '국어' 교 과서가 제출된 시기이다. 교육과정 내에서 언어 기능에 대한 강조는 건 국과도기의 교수요목에서부터 드러나지만 언어 기능에 대한 내용이 교 과서 속에서 본격적으로 구현되기 시작한 것은 5차 교과서이다. 이로 인 해 4차까지의 고전 제재와는 다른 작품들이 적극 도입되었다. 특히 초등 국어과 교과서에서 구비 전승 자료로 선정된 제재의 양이 급속하게 늘 어났다. 이는 언어활동을 위한 자료로 고전 제재가 적극 활용되었다는 점과 긴밀하게 관련된다.

7차 교육과정기에 이르러 '국어' 교과서에 수록된 고전 제재의 흐름은 또 다른 변화를 겪는다. 그 변화는 다양성이라는 형태로 발현되었다. 갈래 상으로는 구비문학의 도입이 이 시기를 특징짓는 현상이다. 중등학교 산 문류에서 6차 교육과정기까지는 구비설화 종으로 <우렁각시> 하나만을 찾아볼 수 있는 반면 7차 교과서에서 4개의 텍스트24)가 대거 수록되었으

---

23) 자세한 내용은 졸고, 「교과서 수록 고전 제재 변천 연구─건국 과도기부터 제7차 교육 과정기까지 중등 국어 교과서를 중심으로」(『문학교육학』 제17호, 한국문학교육학회, 2005)를 참조할 것.
24) 졸고, 「교과서 수록 고전 제재 변천 연구─건국 과도기부터 제7차 교육과정기까지 중

며, 서사무가가 포함되었다. 시가류에서는 민요 갈래가 4차까지의 교과서에서는 거의 수록되지 않다가 5차 이후 적극 도입되어 7차 교육과정기까지 그 흐름이 이어졌다.25) 이러한 7차 교육과정기의 특징은 정전에 대한 비판적 입장이 등장할 경우에 기존의 정전 목록에 다양한 목록들을 추가함으로써 정전 목록을 확장해가는 전형적인 대처 방식을 보여준다.

정리하자면 교육과정별로 고전 제재가 수록되는 양상을 고찰하면 건국 과도기부터 4차 교육과정기까지는 세부적인 작품 목록에서는 차이를 보이더라도 대체로 유사한 흐름을 유지하다가 5차 교육과정기에 들어 4차까지 정전의 지위를 차지하던 고전 작품들이 새로운 작품으로 대체되는 현상을 보인다. 7차 교육과정기에 들어서는 5차 이후 새롭게 정전의 지위를 획득하는 작품을 유지하되 보다 다양한 갈래를 포함하는 정전 목록 확장 현상이 드러난다. 이러한 변화는 교육과정 전체의 토대가 되는 철학과 맥을 같이 한다기보다는 국어과 교육과정만의 흐름을 형성하는 특징이라 할 수 있다.

3. 고전 정전 형성의 내적 조건

내적 조건이란 앞서 검토한 외적 조건이 전제된 상태에서 '국어' 교과

등 국어 교과서를 중심으로」에서 6개로 잘못 제시하여 단행본(민현식 외, 『미래를 여는 국어교육사』, 서울대학교 출판부, 2008)으로 출판하는 과정에서 잘못을 지적하고 내용을 수정하였다. <아기 장수 우투리>, <용소와 며느리 바위>, <우정의 길>, <지네 장터>가 7차 중등학교 교과서에 수록된 제재이다.

25) 자세한 내용은 졸고, 「교과서 수록 고전 제재 변천 연구—건국 과도기부터 제7차 교육과정기까지 중등 국어 교과서를 중심으로」(『문학교육학』 제17호, 한국문학교육학회, 2005)를 참조할 것.

서 내에서 구체적인 작품의 선정 과정에 개입하는 조건이라 할 수 있다. 이를 위해서는 먼저 해방 이후 '국어' 교과서에 빈번하게 수록되어 실제로 정전의 지위에 오른 고전 텍스트의 실상을 확인해야 한다. 이후 구체적인 텍스트의 선정 과정에 개입한 조건을 분석하기로 한다.

초등 '국어'과 교과서에 수록된 고전 제재 중 문헌 제재를 중심으로 구체적 양상을 제시한다.26) 구비 전승 제재의 경우 워낙 다양한 작품이 다양한 시기, 다양한 교과서에 분포되어 있는 만큼 특정한 작품이 고전 정전의 지위를 차지했다고 지정하기 어렵다.

시가 갈래는 고려속요와 시조에 국한되어 있다. 고려속요는 전 시기를 통틀어 <상저가>, <청산별곡> 오직 두 작품만이 실렸다. 반면 24명 작가의 시조 30종이 82차례에 걸쳐 교과서에 수록되어 고전 시가류 중에서 유독 시조만이 초등 교과서의 제재로서 독점적 지위를 누리고 있음을 확인할 수 있다. 정철의 훈민시조가 집중적으로 수록되고 있는 것은 교재 과정에서 시조의 주제를 고려했음을 짐작하게 하며, 이방원의 <하여가>와 정몽주의 <단심가>가 반복 채택된 것은 창작 배경과 작품의 성격 역시 시조 제재 선택의 기준으로 작용하였음을 추론하게 한다.

초등 교과서에 수록된 고전 서사 갈래는 설화와 소설로 나눌 수 있다. 5차 교육과정 이후 문헌설화 제재는 다양하게 채택되었지만 한 편의 텍스트가 전체적으로 수록된 경우는 드물고 부분적으로 실리거나 이미지로 변환되어 수록된 경우가 많다. 문헌 설화를 집중적으로 제공한 한국의 문헌으로는 『삼국유사』와 『삼국사기』가 대표적이며 중국의

---

26) 이하의 내용은 조희정·서명희, 「교과서 수록 고전 제재 변천 연구(1)−건국 과도기부터 제7차 교육과정기까지 문헌 제재를 중심으로」(『문학교육학』 제19호, 한국문학교육학회, 2006), 414~434면의 내용을 요약한 것임.

문헌에서는 주로 사자성어와 관련된 고사가 6차와 7차 교과서에 다수 채택되었다.

초등 국어과 교과서에 선택된 문헌 설화들은 인물 설화가 대세를 이루고 있다. 이는 초등 국어과 제재들에서 교훈성이 강조되고 있다는 점과 무관하지 않으며, 전체 제재 중 인물 전기가 중요한 비중을 차지하고 있다는 점과 관련되는 현상이다.

소설 중에서는 판소리계 소설이 단연 두각을 드러내며 그중에서도 <심청전>과 <흥부전>의 제재화 경향이 두드러진다. 특히 두 작품은 동일 교육과정 내 서로 다른 학년에서도 고르게 분포하는바, 이러한 현상은 6·7차 교과서가 학습자들에게 익숙한 서사를 채택하여 말하기, 듣기, 쓰기, 읽기 등의 다양한 언어활동의 자료로 삼는다는 특징과 밀접하게 관련된다.

교술 갈래는 7차 교과서에서 대폭 수용되었으며 조선 시대 문인들의 문집에서 뽑은 권학문(勸學文)과 편지, 상소문에 이르기까지 다양한 교술 갈래들이 선택되었다. 고전 극 갈래는 듣기 자료로 활용된 판소리를 제외하면 초등 교과서에 수록된 것이 없다.

다음으로 중등 '국어' 교과서에서 고전 정전의 지위에 오른 경우를 살펴본다. 고전 산문류와 고전 시가류로 나누어 도표로 제시한다.27) [표 2]와 [표 3]은 해방 이후 중등 '국어' 교과서 속에서 반복 수록된 횟수를 살펴 산문류의 경우 14위, 시가류의 경우 15위의 순위에 오른 텍스트 목록을 정리한 것이다.

---

27) 이하에 제시한 도표는 졸고, 「교과서 수록 고전 제재 변천 연구—건국 과도기부터 제7차 교육과정기까지 중등 국어 교과서를 중심으로」(『문학교육학』 제17호, 한국문학교육학회, 2005), 294~295면, 311~312면의 도표를 인용한 것임. 도표에 대한 설명 중 일부 역시 앞 논문의 일부를 요약한 것임. 지면 관계상 언해류는 따로 언급하지 않았음.

[표 2] 중등 '국어' 교과서 수록 고전 산문류 제재 대표 텍스트

(◎ : 중등국어, ○ : 중학교, ● : 고등학교, ◇ : 중학교 국문학사 단원)

번호	텍스트	교육과정	건국기	1차	2차	3차	4차	5차	6차	7차	수록 부분
1	세종어제훈민정음	서문	●	○ ●	●	●	●	●	●	●	전문 수록
		제자해	●	◇ ●	◇ ●	●	●		●	●	전문 수록
	춘향가 (열녀춘향수절가)		●	●	●	●	●	●	●	●	• 건국기~3차 이몽룡이 남원으로 내려오는 장면 • 4~7차 암행어사 출도 장면
	심청전		◎ ●	○	○	○	○	○	○	○	• 건국기 중등, 건국기 고등 1~6차 중학 : 심청이 공양미 삼백 석에 팔려가는 장면 • 7차 중학 심봉사 황성 올라가는 장면
4	홍길동전			●	●	●	●	○	○	○	길동이 집 떠나는 장면
	별주부전 (토끼전)			●	●	●					어전 회의 장면(별주부전)
						○	○	○	○	○	토끼가 육지로 살아 돌아온 장면(토끼전)
6	조침문		●	●	●	●	●			●	
	열하일기		◎			●	●	●	○ ●	●	• 건국기 중등 : 〈도강록〉 • 3, 4차, 고등 6차 중학 : 〈일야구도하기〉 • 5, 6, 7차 고등 : 〈허생전〉
8	동명일기			●	●	●	●			●	전문 수록
9	동국신속 삼강행실도			○	○				●	●	
10	규중칠우쟁론기			○	○	○					전문 수록
	구운몽						●		●	●	• 4차 : 팔선녀와의 조우 후 번뇌하는 장면 • 6~7차 : 각몽 장면
	봉산탈춤							●	●	●	• 5, 6, 7차 고등 : 〈양반과장〉
	삼국사기		◎			○ ○ ●				○ ● ●	• 건국기 중등 : 〈설씨녀〉 • 3차 중학 : 〈효녀 지은〉, 〈설씨녀〉 • 3차 고등 : 〈진삼국사표〉 • 7차 중학 : <온달> • 7차 고등 : <고유명사 표기>
14	삼국유사					○ ●				○	• 3차 중학 : <만파식적> • 3차 고등 : <김현감호>, • 7차 중학 : <고구려>(동명왕 신화)

고전 산문류 중에서는 <춘향가(열녀춘향수절가)>, <심청전>, <별주부전>, <구운몽>, <홍길동전>, 그 외 <훈민정음>, <조침문>, <규중칠우쟁론기>, <동명일기>, <삼국사기>, <삼국유사> 소재 설화, <봉산탈춤> 등이 교육 현장의 선택에 의해 정전의 반열에 오른 고전 산문 텍스트라 할 수 있다. 그중 건국 과도기부터 7차 교육과정기까지 단 한 번도 빠지지 않고 수록된 고전 산문 텍스트는 <훈민정음>과 <춘향가(열녀춘향수절가)>, <심청전>이다.

고전 산문류의 경우 출전이 정해져 있는 문헌 텍스트 이외의 구비 자료들은 적층성을 특징으로 하는 만큼 어떤 방식으로 기록된 자료를 가져다 교과서 제재로 삼느냐에 따라 그 제재의 성격이 달라질 것이다. [표 2]에서 구비 자료의 성격을 띠는 것이라면 판소리계 소설로 분류할 수 있는 <춘향가>, <심청전>, <별주부전(토끼전)>과 전통극의 대본인 <봉산탈춤>을 들 수 있다.

판소리계 소설 중 <심청전>과 <별주부전(토끼전)>은 제목에서도 드러나듯이 이미 소설로 정착된 자료를 제재로 활용한 반면, <춘향가>는 '판소리'라는 갈래의 특징을 드러내는 대표 자료로 활용되었다. 그렇기에 <춘향가>는 판소리계 소설로 정착된 자료가 아니라 판소리 자료가 제재로 선택되었으며, 다양한 <춘향가>의 이본 중에서도 오직 <열녀춘향수절가>만이 반복적으로 선택되어 정전의 지위를 획득하고 있다. <봉산탈춤>의 경우에도 특정 구술자와 채록자의 판본을 거듭 수록하여28) 다양한 이본 중 하나의 텍스트가 정전의 지위를 획득하고 있음을 확인할 수 있다.

---

28) 5·6·7차 교과서 모두 김진옥·민천식 구술, 이두현 채록본이 수록되어 있다.

수록한 제재의 이본이 무엇인지를 분명하게 명시한다는 점에서 교과서 제재 선정 과정에서는 구비 문학이 지닌 적층 문학적 성격이 고려되었음을 알 수 있다. 그럼에도 불구하고 교육과정의 변화에도 불구하고 특정 이본이 계속 반복 수록되었다는 점에서 적층 문학이 지닌, 다양한 이본의 구비성은 공교육 내 정전 형성 과정에서는 반영되지 않았다고 할 수 있다.

고전 산문류 제재 대표 텍스트를 정리한 [표 2]에서 수록 부분을 함께 밝힌 이유는 고전 산문의 경우 원문의 분량이 많기 때문에 원문 중 어떤 부분을 제재로 선택했느냐에 따라 제재를 활용한 교육의 목적과 교육 내용이 달라질 것이기 때문이다. 이에 수록 부분을 분명하게 함으로써 해당 제재 중 교육과정의 변화에 따라 어떤 부분에 초점을 두었는지를 드러내고자 하였다.

가령 <홍길동전>의 경우 수록 지면이 고등학교 교과서에서 중학교 교과서로 변화함에도 불구하고 수록 부분은 초지일관 '길동이 집 떠나는 장면'을 고집하고 있다. 이는 <홍길동전>을 제재로 선택하면서 '길동이 집 떠나는 장면'에서 압축적으로 드러나는 신분 갈등을 일관되게 교육 내용으로 선택하고 있음을 보여주는 것이다. 반면 <별주부전(토끼전)>의 경우 '어전 회의 장면'을 수록한 경우에는 <별주부전>이라고 명명하고, '토끼가 육지로 살아 돌아온 장면'을 수록한 경우에는 <토끼전>이라 명명함으로써 주목하는 캐릭터가 달라짐에 따라 텍스트의 제목과 수록 장면이 변화하는 양상을 잘 보여주고 있다.

[표 3] 중등 '국어' 교과서 수록 고전 시가류 제재 대표 텍스트

(◎ : 중등국어, ○ : 중학교, ● : 고등학교)

교육과정 / 텍스트		건국기	1차	2차	3차	4차	5차	6차	7차
1	관동별곡	●	●	●	●	●	●	●	●
2	오우가 1연	◎	○	○	○	○	○	○	
	용비어천가 제2장	●	●	●	○ ●	●	●	●	
	용비어천가 제125장	●	●	●	●	●	●	●	
5	오우가 2연	◎	○	○	○	○		○	
	오우가 3연	◎	○	○	○	○		○	
	오우가 4연	◎	○	○	○	○		○	
	오우가 5연	◎	○	○	○	○		○	
	오우가 6연	◎	○	○	○	○		○	
	어부사시사 동사 (간밤에 눈 갠 후에)	◎	●	●	●	●			●
	국화야 너는 어이 (이정보)		●	●	●	●	○	○	
	도산십이곡 11연		●	●	●	●	●	○	
	용비어천가 제1장		●	●	●	●	●	●	
	상춘곡	●	●	●	●	●	●		
15	사모곡	●	●	●	●	●			
	청산별곡				●	●	●	●	○ ●
	어부사시사 하사 (연잎에 밥 싸두고)		●	●	●	●			●
	이 몸이 죽고 죽어 (정몽주)	◎	●			●	●		●
	짚 방석 내지 마라 (한호)	◎	●	●	●	●			
	용비어천가 제4장	●	●			●	●	●	

정철의 <관동별곡>은 해방 이후 '국어' 교과서에 수록된 고전 시가류를 대표하는 텍스트였다. 그리고 <관동별곡>과 직결되는 가사, 윤선도로 집약되는 시조, 국어학적 가치가 중시되었던 <용비어천가>, <사

모곡>-<청산별곡>으로 이어지는 고려속요가 고전 시가를 대표하는
갈래로 간주되었다. [표 3]에 수록된 텍스트의 작가를 살펴보면, 작가를
알 수 없는 고려속요와 정인지, 안지, 권제 등의 집단 창작물인 <용비어
천가>를 제외할 때, 순위권에 오른 개인 작가는 정철, 윤선도, 이정보,
이황, 정극인, 정몽주, 한호 등이다. 이들은 모두 사대부 문인이라는 공
통점을 지니고 있다. 즉 교과서에 선택된 시가류에서는 사대부 출신 문
인들이 창작한 국문 시가에 대한 선호를 확인할 수 있다.

　[표 2]에서 제시된 중등학교에 수록된 고전 산문류 제재 대표 텍스트
들은 해방 이후 대부분의 교육과정기에 꾸준하게 반복 수록되었을 뿐
만 아니라 가장 최근의 교과서인 제7차 교과서에도 수록되었다는 특징
을 보인다. 이는 곧 [표 2]에 제시된 고전 산문류가 시대의 흐름 속에서
살아남은 동시에 현재까지도 정전의 성격을 인정받은 텍스트임을 보여
준다.

　반면 [표 3]에서 제시된 고전 시가류 제재 대표 텍스트는 차이를 보인
다. 건국기부터 6차 교육과정기까지 꾸준하게 '국어' 교과서에 수록되던
고전 시가류가 7차 교육과정기에 들어 사라진 경우가 많다는 사실을 확
인할 수 있다. 이는 서정 갈래에 비해 서사 갈래에서 특정 작품의 정전
화가 더욱 활발하게 진행되었음을 의미한다. 또한 7차 교육과정기에 진
입하여 서정 갈래에서는 정전 확대를 통해 기존 정전 목록을 해체하고
새로운 정전 목록을 재구축하려는 시도가 등장한 반면 서사 갈래에서는
이미 특정 작품들이 굳건한 권위를 획득하였음을 보여준다.

　이상의 사실에 의거하여 교과서에 선택된 고전 자료를 통해 자료의
취사선택에 작용한 몇 가지 기준들을 찾아낼 수 있다. 그런데 초기 교육
과정에 따른 교과서에서 특정 작품을 취사선택하는 기준과 후기 교육과

정 이후 작품을 취사선택하는 기준은 변화하였다. 그것은 새로운 작품의 선택으로 드러나기도 하고, 동일한 텍스트에 접근하는 접근 방식의 차이로 발현되기도 하였다. 필자는 <홍길동전>과 <관동별곡>을 대상으로 동일한 텍스트에 접근하는 접근 방식의 변화를 이미 살핀 적29)이 있으므로 본 논문에서는 교과서에 고전 정전을 선택할 때 작동하는 기준의 변화에 초점을 두어 논의를 진행하고자 한다.

무엇보다도 교과서에 고전 자료를 선택함에 있어 우선적 기준으로 작동한 것은 한국문학사적 의의이다. 특히 초기 교육과정기에 한국문학사적 의의는 고전 제재 선택의 절대적 기준이었다. 건국 과도기 교과서에서부터 고전 자료가 국문학사와 밀접하게 관련되어 제시된 사례들은 그러한 상관성을 잘 보여준다. 이는 고전 교육이 한국문학 특히 고전문학 연구에 절대적으로 의존하고 있음을 보여주며, 고전 정전의 형성 과정에 한국문학의 연구가 미친 영향력의 크기를 가늠하게 해준다.

한국문학사적 의의는 시가류의 경우 특정 갈래의 특징을 담지한 대표 텍스트를 선정하도록 유도하였다. 한국문학사의 전개가 특정 갈래의 출현·소멸과 긴밀한 관련을 맺고 있는 만큼 고전 정전 중 시가 정전의 형성 과정은 특정 갈래의 특성을 가장 잘 담고 있는 텍스트가 무엇인지를 찾는 과정이었다고 할 수 있다. 대표 작품이 교체되더라도 이러한 기준은 여전히 유효하게 작동하였다.

또한 고전 시가류의 경우 중세 한국문학사에서 중심적 역할을 담당하였던 사대부 문인들의 텍스트가 반복 채택되었다. 그로 인해 고전 정전

---

29) 시각의 변화를 고전으로서의 당위성 → 고전의 문학화 → 관계맺음의 부상으로 정리하였다. 자세한 내용은 졸고, 「고전 제재의 교과서 수용 시각 검토(1)」(『국어교육연구』 15, 서울대학교 국어교육연구소, 2005) 참조.

에 대한 진지하고 무거운 이미지가 형성되었다. 7차 교육과정 이후 고전시가 분야에서 활발하게 진행된 정전 해체 현상은 기존의 사대부 문인 중심의 정전 목록을 해체하는 현상에 다름 아니다. 그로 인해 7차 교과서에는 여성 문인, 중인 문인 등의 작품이 추가되었으며 구비 전승 자료가 적극 도입되어 사대부 문인들의 텍스트가 차지했던 정전의 지위를 대체하였다.

그러나 산문류에서는 조금 다른 양상이 드러났다. [표 2]의 대표 텍스트 목록을 보면 한국문학사적으로 의의가 있는 산문 갈래가 지속적이고 포괄적으로 다루어졌다고 보기 어렵다. 국어학적 의의를 지니는 <훈민정음>을 제외한다면 갈래로는 소설에 집중되는 현상이 확연하다. 다시 말해 <춘향가>, <심청전>, <별주부전(토끼전)>의 판소리 또는 판소리계소설, <홍길동전>, <구운몽> 등의 소설, 그리고 『열하일기』 내 <허생전> 등이 포함되어 고전 소설 분야로 분류되는 작품들이 우선적으로 선택되고 있음을 확인할 수 있다.

반면 중세에 중시되었던 다수의 고전 산문의 갈래들 중에서는 <동명일기>와 <일야구도하기>와 같은 '기(記)' 양식이 눈에 띄며, <조침문>이나 <규중칠우쟁론기>와 같은 희작적 성격을 지닌 글이 반복 선택되고 있다. 그 외 <동명왕 신화>와 같은 건국신화와 <설씨녀>, <온달>, <김현감호> 등의 설화가 포함되었다. 이는 고전 산문류를 선택함에 있어 중세의 수많은 문(文)들은 고전 산문류의 정전의 지위를 얻는 데 실패하였음을 의미한다.

이상의 관점은 해방 이후부터 7차 교육과정기까지 여전히 유효하게 작동하는 기준이지만 다른 한편으로 5차 교육과정기 이후 새롭게 추가된 관점이 있다. 대표적인 것이 언어활동과 연계되어 언어 자료로서 고전 자료를 바라보고 그러한 관점에서 고전 자료를 취사선택한다는 점이다. 초등 '국어'과 교과서에 수록된 고전 제재에서 이러한 특성은 극명하게 드러난다. 또한 7차 교과서에서는 생활사적 관점에 의거하여 고전 자료가 취사선택되기 시작했다. 그러나 언어활동과 연계되어 언어 자료로서 고전 자료를 선정하는 경우나 생활사적 관점에서 고전 자료를 선정하는 경우에는 반드시 '고전의 바로 그 자료'이어야 하는 필요성이 줄어든 만큼 그렇게 선정된 고전 자료 중에서 고전의 정전화 과정은 쉽게 드러나지 않는다.30)

정리하자면 고전 작품의 선정 과정에서 초기 교육과정기에는 한국문학의 이론, 특히 고전 연구의 발전에 의거하여 한국문학사가 강력한 영향력을 행사하였다면 후기 교육과정기로 가면서는 한국문학사의 영향력과 함께 국어교육과 고전 교육의 이론이 추가적으로 작동하기 시작한다. 한국문학사의 영향력에 의해 선택된 텍스트가 고전 정전의 지위에 오르는 모습이 역력한 반면 국어교육의 관점 속에서 선택된 고전 자료 중에서 고전 정전의 지위를 획득한 경우는 그다지 많지 않다.

한편 중등학교의 경우 고전 시가류와 고전 산문류 중 정전의 지위에 오른 텍스트들은 서로 다른 특징을 드러낸다. 고전 시가류의 경우 한국문학사적 의의, 특히 갈래의 특징을 잘 드러내는 텍스트들이 정전의 지위를 획득하였다면 산문류의 경우, 한국문학사에서 의의를 인정받은 텍스트가 포괄적으로 선택되고 있는 것은 아니었다. 그리하여 중세의 다양

---

30) 물론 이렇게 선택된 텍스트들은 교육과정의 후기에 등장한 것인 만큼 아직까지 정전의 지위에 오를 만큼 시간적 평가를 받지 않았다는 점도 고려해야 한다. 그러나 특정한 언어 기능이나 생활사적 측면에서 소용되는 목적에 부합하기만 한다면 다른 텍스트로 대체되어도 무방하다는 점에서 그렇게 선택된 고전 자료들이 정전의 지위에 오를 가능성은 상대적으로 적어 보인다.

한 갈래 체계에 포함된 작품들이 다양하게 선택되기보다는 특정 갈래, 특히 고전 소설 분야의 작품에 대한 선호가 두드러졌다. 이는 중세에 중시되었던 산문 갈래들이 '수필' 갈래로 구분되면서 중세 산문 갈래의 특수성이 교육 내용에서 배제된 현상과 긴밀하게 연관된다.

4. 향후 고전 정전 형성을 위해 고려할 요소

지금까지 해방 이후 공교육 내에서 형성된 고전 정전의 특성을 살폈다. 학습자들이 수많은 고전 자료들을 모두 접할 수 없기에 교육 현장에서는 고전 교육의 목표를 달성하는 데 적합한 텍스트들을 끊임없이 선택할 수밖에 없다. 향후 국정 교과서가 아닌 검인정 교과서 체제로 전환된다고 해도 특정한 고전 작품은 여전히 교집합으로 편성되어 정전의 지위를 획득할 가능성이 높다.

이러한 관점에서 본 논문은 정전의 필요성을 인정한다. 정전의 필요성을 인정한다고 할 때, 문제가 되는 지점은 정전의 해체보다는 정전의 성격과 정전의 목록으로 무엇을 어떻게 결정할까 하는 점이다. 이는 향후 고전 정전의 나아갈 방향을 제안한다는 점에서 차후 고전 교육의 나아갈 방향과 긴밀하게 연관될 수밖에 없다.

1차적으로 거론할 측면은 고전의 정전 목록을 선정하는 과정에 개입하는 학습자 조건이다. 앞서 검토한, 해방 이후 공교육 내에서 고전 정전이 형성되는 과정 속에서 학습자 조건은 그다지 고려되지 않았다. 물론 7차 교육과정기에 들어 기존의 사대부 남성 문인 중심의 고전 시가류가 해체되는 현상 속에서는 갈래의 특성을 담지하고 있되, 학습자들이 보다 쉽게 접근할 수 있는 텍스트들을 찾고자 한 의도가 반영되어 있다. 성리학적 세계관이 담긴 이황의 시조보다는 남녀의 사랑을 노래한 황진이의 시조가 현대의 학습자들과 만날 수 있는 동질적 요소를 더 많이 지니고 있기 때문이다.

그러나 고전의 정전 목록을 선정함에 있어 학습자 조건을 고려해야 한다는 것이 곧바로 학습자의 흥미만을 고려해야 한다거나 학습자들이 '쉽게' 이해할 수 있는 텍스트를 선정하는 문제로 한정되지 않는다. 차라리 본 논문에서 학습자 조건을 고려해야 한다는 주장은 학습자에게 필요한 텍스트가 제공되어야 한다는 것을 의미한다.

이를 위해서는 우선적으로 고전 자료에 대한 위계화가 필요하다. 해방 이후 고전 정전의 형성 과정을 살펴보면 고등학교에 있던 자료가 중학교로 교과서로 이동하는 모습을 확인할 수 있다. 4차 교육과정기까지 고등학교 교과서에 수록되다가 5차 이후 중학교 교과서에 수록된 <홍길동전>이 대표적 사례이다. 또한 3차까지 <별주부전>이라는 이름으로 어전 회의 장면이 수록되다가 4차 이후 <토끼전>이라는 이름으로 토끼가 육지로 살아 돌아온 장면이 수록된 <별주부전(토끼전)>의 경우도 유사한 경우이다. 그러나 두 작품 공히 무엇 때문에 고등학교 과정에서 중학교 과정으로 이동하였는지 충분히 설명되어 있지 않다. 다만 고등학교에서 지도된 경험을 통해 중학생들에게 가르쳐도 그다지 어려워하지 않으리라는 난이도에 대한 암묵적 합의가 그러한 변화를 유도한 것으로 보인다.

무엇에 초점을 두어 교육 내용을 설정하느냐는 점에서 이러한 위계화[31]는 결국 고전 자료를 필요로 하는 고전 교육의 목표 설정 과정과 긴밀하게 연결된다. 이를 위해서는 무엇보다도 고전 자료에 접근하는 관

점의 변화가 필요하다. 무엇보다도 '문학'이라는 관점하에서 고전 자료
에 접근하는 관점은 수정되어야 한다. 그로부터 문학적 성격에 부합하는
정전에서 보다 다양한 목표를 위한 고전 정전으로 변화해야 한다. 이를
위해서는 고전 교육의 목표에 대한 설계가 필요하다. 이에 본 논문은 고
전 리터러시 형성을 위한 정전을 제안한다.

필자는 고전 리터러시를 '고전을 활용한 국어 능력', '고전을 활용한
문학능력', '고전의 차이를 운용하는 능력'[32]으로 구분한 바 있다. 고전
리터러시에 대한 보다 세밀한 연구가 뒤따라야 하겠지만 가령 고전을
활용한 국어 능력을 달성하기 위해 고전 자료를 선정한다면 비단 읽기
자료로서뿐만 아니라 쓰기 자료로서의 고전 자료라는 측면이 고려되어
야 한다. 이는 고전 작품을 통해 쓰기 방법을 익히게 하는 등 글쓰기를
위한 언어 자료로서 고전 자료를 끌어오거나 변용하는 것과는 조금 구
별되어야 한다.

쓰기 자료로서 고전 자료를 활용하고자 할 때, 변화해버린 쓰기의 여
건이 문제 상황으로 떠오른다. 중세와는 다른 근대 이후의 글쓰기 상황,
즉 글쓰기의 주체, 글쓰기의 사회적 기능, 글쓰기를 둘러싼 맥락 등등을
고려할 때 중세의 자료들이 현재의 글쓰기 교육 속에서 어떠한 역할을
담당할 수 있는가에 대한 의문은 그래서 가능하다.

따라서 쓰기 자료로서 고전 자료를 끌어오기 위해서는 1차적으로 '쓰
기'에 대한 시각이 확장되어야 한다. 그것은 곧 '쓰기'를 텍스트 내 의미

---

31) 초등학교―중학교―고등학교의 국어 교육 내용을 수행 중심―분석 중심―평가 중심으
　　로 위계화한 김대행의 논의는 적극 참고할 만하다(김대행, 「국어교육의 위계화 방안」,
　　『2006년 연구보고대회』, 서울대학교 국어교육연구소, 2006, 60~65면).
32) 자세한 내용은 졸고, 「심화 과목으로서의 고전 교육과정 개정 방향」(『문학교육학』 제20
　　호, 한국문학교육학회, 2006), 155면 참조.

구성 행위로만 바라보아서는 안 된다는 점을 시사한다. 글쓰기를 위한 발상의 차원, 그리고 글쓰기의 과정에서 도입되는 전략, 그리고 글쓰기를 둘러싼 수사적 상황 등이 모두 글쓰기를 구성하는 요소들로 파악되어야 한다. 그렇기에 쓰기 자료로서 고전 자료를 활용하기 위해서는 글쓰기의 다양한 구성 요소들에 대한 근대 이후의 시각에 새로운 상상력을 제시할 수 있는 중세의 자료들이 필요하다. 가령 근대 이후의 글쓰기 상황과는 다른 중세의 수사적 상황, 가령 중세의 글쓰기 행위에서 전제되는 이중 독자의 설정 문제33)라거나 '나에 대한 글쓰기'의 접근 방법의 차이34) 등등이 하나의 사례가 될 수 있다.

이 경우 표현론적 지식을 획득하거나 글쓰기를 위한 자료로서 고전 자료를 참고하고자 할 때, 취사선택되는 자료는 한국문학사적 의의에 따라 선정되는 고전 자료와 구별될 수밖에 없다. 또한 고전의 차이를 운용하는 능력을 목표로 삼는 경우에는 현대의 학습자들이 일상적으로 지닌 인식, 그리고 근대 이후 문학이 보여주는 것과는 다른 상상력을 보여주는 고전 자료라는 관점에서 고전 목록이 설정될 수밖에 없을 것이다.

5. 결론

본 논문은 기존에 필자가 수행하였던 해방 이후 초등, 중등 '국어' 교과서에 수록된 고전 제재의 실상을 살핀 논의를 근간으로 삼아 해방

---

33) 졸고, 「중세 글쓰기의 수사적 상황에 대한 연구―이중 독자의 설정을 중심으로」, 『국어교육』 122, 한국어교육학회, 2007.
34) 졸고, 「중세의 '나에 대한 글쓰기' 연구」, 『고전문학과 교육』 제13집, 한국고전문학교육학회, 2007.

이후 국어교육 내에서 고전 정전의 형성 과정을 분석하는 데 초점을 두었다.

　이러한 관점에서 2장, 3장에서 고전 정전이 형성되는 외적 조건과 내적 조건을 각각 살폈다. 고전 정전 형성의 외적 측면은 특정한 고전 제재가 '국어' 교과서에 수록되도록 견인하는 제도적 측면을 가리키는 것으로 학교 급별 구분과 교육과정이 대표적이다. 내적 조건이란 앞서 검토한 외적 조건이 전제된 상태에서 '국어' 교과서 내에서 구체적인 작품의 선정 과정에 개입하는 조건이라 할 수 있다.

　먼저 학교 급별 차이를 살펴보면, 초등학교에서 고전이 정전화되는 모습은 고전의 원문 변용 유무로 드러난다. 초등학교 초기 학년에는 고전이 선택되더라도 학습자가 접근하기 쉬운 형태로 변용되는 것이 일반적인 반면 5·6학년 고학년에 이르면 고전의 원문 모습을 유지한 자료가 제시되었다. 반면 중등 '국어' 교과서에서 위계적 시선을 드러내는 단서는 원문의 변용 여부가 아니라 한 권의 '국어' 교과서 내에서 고전 제재를 포함한 단원의 비중에서 찾아볼 수 있다. 학년의 변화에 따라 고전 제재를 포함한 단원의 빈도가 변화하는 모습이 드러나는 것이다.

　이러한 실태는 국어교육 내부에서 고전의 정전화가 학교 급별에 따라 서로 다르게 진행된다는 점을 보여준다. 초등 교육의 단계에서는 '고전'이라는 특성보다는 '문학'이라는 특성이 강조되는 방식으로 정전화가 진행되고 있다면, 중등학교에서는 원문의 형태를 유지하고 고전이 지닌 '고전'의 성격을 강조하며 고전의 정전화가 진행되고 있다 할 수 있다. 그리고 '고전'의 성격이 강조될 때 고전 교육은 고학년에게 적합한 교육 내용이라는 관점을 드러내고 있다.

　교육과정별로 살펴보면 1차부터 4차 교육과정기까지 '국어' 교과서에 수록된 고전 제재들은 유사성을 띤다. 그리고 다시 그 시기를 세분하자면 건국기부터 2차 교육과정기까지가 하나의 흐름을, 3차와 4차 교육과정기가 하나의 흐름을 형성한다. 그리고 5차 교육과정기에 들어 4차까지 정전의 지위를 차지하던 고전 작품들이 새로운 작품으로 대체되는 현상을 보인다. 7차 교육과정기에 들어서는 5차 이후 새롭게 정전의 지위를 획득하는 작품을 유지하되 보다 다양한 갈래를 포함하는 정전 목록 확장 현상이 드러난다.

중등학교 교과서에 수록된 고전 산문류 제재 대표 텍스트들은 해방 이후 대부분의 교육과정기에 꾸준하게 반복 수록되었을 뿐만 아니라 가장 최근의 교과서인 제7차 교과서에도 수록되었다는 특징을 보인다. 이는 곧 교과서에 수록된 고전 산문류가 시대의 흐름 속에서 살아남은 동시에 현재까지도 정전의 성격을 인정받은 텍스트임을 보여준다.

반면 고전 시가류 제재 대표 텍스트는 차이를 보인다. 건국기부터 6차 교육과정기까지 꾸준하게 '국어' 교과서에 수록되던 고전 시가류가 7차 교육과정기에 들어 사라진 경우가 많다는 사실을 확인할 수 있다. 이는 서정 갈래에 비해 서사 갈래에서 특정 작품의 정전화가 더욱 활발하게 진행되었음을 의미한다. 또한 7차 교육과정기에 진입하여 서정 갈래에서는 정전 확대를 통해 기존 정전 목록을 해체하고 새로운 정전 목록을 재구축하려는 시도가 등장한 반면 서사 갈래에서는 이미 특정 작품들이 굳건한 권위를 획득하였음을 보여준다.

고전 작품의 선정 과정에서 초기 교육과정기에는 한국문학의 이론, 특히 고전 이론의 발전에 의거하여 한국문학사가 강력한 영향력을 행사하였다면 후기 교육과정기로 가면서는 한국문학사의 영향력과 함께 국어교육과 고전 교육의 이론이 추가적으로 작동하기 시작한다. 그러나 한국

문학사의 영향력에 의해 선택된 텍스트가 고전 정전의 지위에 오르는 모습이 역력한 반면 국어교육의 관점 속에서 선택된 고전 자료 중 고전 정전의 지위를 획득한 경우는 그다지 많지 않다.

이상의 검토를 토대로 할 때, 향후 고전 정전의 형성 과정에서 1차적으로 거론할 측면은 고전의 정전 목록을 선정하는 과정에 개입하는 학습자 조건이다. 본 논문에서 학습자 조건을 고려해야 한다는 주장은 학습자에게 필요한 텍스트가 제공되어야 한다는 것을 의미한다. 이를 위해서는 우선적으로 고전 자료에 대한 위계화가 필요하다. 또한 문학적 성격에 부합하는 정전에서 보다 다양한 목표를 위한 고전 정전으로 변화해야 한다. 이를 위해서는 고전 교육의 목표에 대한 설계가 필요하다. 이에 본 논문은 고전 리터러시 형성을 위한 정전을 제안하였다.

본 논문은 해방 이후 공교육 내에서 고전 정전이 형성되는 과정을 재검토하는 데 초점을 두었지만 그에 대한 검토를 통해 향후 국정 '국어' 교과서 체제가 검인정 체제로 변화하는 시점에서 국어교육 내 고전 정전에 접근하는 관점을 도출하기를 희망하였다. 그럼에도 불구하고 기존의 고전 정전의 형성 과정에 분석하는 작업에 비해 향후 고전 형성 과정에 대한 논의는 소략함을 면치 못 한 한계를 지닌다. 그러나 그 부분은 본문에서 논의한 것처럼 고전 교육의 목표 수립이라는 새로운 과제를 제시하는 것이라 할 수 있다. 후속 연구를 기약한다.

참고문헌

「학교방문기—중앙학교 편」, 『청춘』 제8호, 1917. 6. 16.

권순긍, 「교과서의 변천과 문학교육의 방향」, 『문학교육학』 제4호, 한국문학교육학회, 1999.

김대행, 「국어교육의 위계화 방안」, 『2006년 연구보고대회』, 서울대학교 국어교육연구소.

김동춘, 「한국의 근대성과 '과잉교육열'」, 『근대의 그늘』, 당대, 2000.

김성룡, 「전범 학습과 중세의 문학교육」, 『문학교육학』 창간호, 한국문학교육학회, 1997.

김창원, 「문학교육의 성격과 문학 교과서의 지향」, 『국교육학연구』 제27집, 국어교육학회, 2006.

류수열, 「<관동별곡>의 교재사적 맥락」, 『국어교육』 120, 한국어교육학회, 2006.

박기범, 「제7차 교육과정에 따른 문학 교과서의 내용 분석 연구—수록된 문학 작품을 중심으로」, 『문학교육학』 제11호, 한국문학교육학회, 2003.

서명희·조희정, 「초등 교과서 수록 고전 제재 변천 연구(2)—건국 과도기부터 제7차 교육과정기 구비 전승 제재를 중심으로」, 『한국초등국어교육』 제30집, 한국초등국어교육학회, 2006.

조희정, 「<도산십이곡>에 대한 교육 담론 속의 독해」, 『고전과 교육』 5집, 한국고전교육학회, 2003.

조희정, 「근대계몽기 어문 교과의 형성에 관한 연구」, 『국어교육학연구』 제16집, 2003.

조희정, 「1910년대 국어(조선어)교육의 식민지적 근대성」, 『국어교육학』 제18집, 국어교육학회, 2003.

조희정, 「고전 리터러시 교육을 위한 새로운 구도」, 『국어교육학연구』 제21집, 국어교육학회, 2004.

조희정, 「고전 리터러시의 '시공간적 거리감' 연구」, 『국어교육』 119호, 한국어교육학회, 2006.

조희정, 「고전 제재의 교과서 수용 시각 검토(1)」, 『국어교육연구』 15, 서울대학교 국어교육연구소, 2005.

조희정, 「교과서 수록 고전 제재 변천 연구-건국 과도기부터 제7차 교육과정기까지 중등 국어 교과서를 중심으로」, 『문학교육학』 제17호, 한국문학교육학회, 2005.

조희정, 「심화 과목으로서의 고전 교육과정 개정 방향」, 『문학교육학』 제20호, 한국문학교육학회, 2006.

조희정, 「중세의 '나에 대한 글쓰기' 연구」, 『고전문학과 교육』 제13집, 한국고전문학교육학회, 2007.

조희정, 「중세 글쓰기의 수사적 상황에 대한 연구-이중 독자의 설정을 중심으로」, 『국어교육』 122, 한국어교육학회, 2007.

조희정·서명희, 「교과서 수록 고전 제재 변천 연구(1)-건국 과도기부터 제7차 교육과정기까지 문헌 제재를 중심으로」, 『문학교육학』 제19호, 한국문학교육학회, 2006.

최지현, 「문학교육에서 정전과 학습자의 정서체험이 갖는 위계적 구조에 관한 연구」, 『문학교육학』 제5호, 한국문학교육학회, 2000.

제6장

현대문학 정전 재검토

김 혜 영

조선대학교 국어교육과

1. 서론

정전이라는 말은 측정의 도구로서 사용된 '갈대'나 '장대'의 의미를 갖는 고대 그리스어 'kanon'에서 유래, '규칙'이나 '법'의 의미로 쓰이다가 서기 4세기에는 텍스트나 작가의 목록, 특히 성서와 초기 기독교 신학자들의 책이라는 의미로 사용되었다고 한다. 초기 기독교에서는 진리가 무엇인가, 그리고 그것의 추종자들에게 무엇을 가르칠 것인가를 정하기 위한 최종 목록을 선택하는 과정에서, 텍스트가 얼마나 훌륭한가, 그 호소력이 얼마나 보편적인가 보다는 텍스트가 얼마나 그들의 종교 사회의 기준에 잘 들어맞는가 혹은 그들의 규칙에 부응하는가를 선택의 원칙으로 삼았는데, 이 과정에서 정전은 어떤 작가나 텍스트가 다른 것들보다 더 보존할 가치가 있다고 생각할 수 있는 선택의 원칙을 암시하는 용어로 자리잡는다.[1]

정전 개념의 역사적 전개 과정 속에서 오늘날 정전 논의의 핵심을 형성하는 문제점들을 읽어낼 수 있다. 정전의 어원이 측정 도구의 의미를 갖고 있지만 규칙이나 법이라는 의미로 사용되었다는 사실은 특정한 선택의 기준만 하고 나면 그 자체로 절대적인 권위를 갖게 되는 정전의 기능을 말해준다. 다시 말해 가치 평가의 기준으로 작용하는 도구적이고 물질적인 속성을 가치 담보적이며 정신적인 속성으로 표상하게 만드는 질적 변환의 계기가 정전 개념 속에 내재해 있다고 하겠다.

---

[1] J. 길로이, 박찬부 역, 「정전」, 『문학연구를 위한 비평 용어』, F. 렌트리키아 · T. 맥로린 공편, 정정호 외 공역, 한신문화사, 1994, 303면.

정전을 선택하는 데 있어 텍스트 자체의 조건보다는 해당 종교 사회의 기준이나 규칙에 합당한가의 여부가 중요하게 작용했다는 사실 역시 정전의 선택 원칙이 지배층의 이데올로기와 밀접하게 연관되어 있음을 보여주는 부분이다. 정전 선택의 과정에는 선택하는 주체의 입장이 반영되지 않을 수 없다는 점에서, 특정한 텍스트를 정전으로 선택한다는 상황 속에는 이미 가치에 대한 지향이 전제되어 있다고 말할 수 있다. 이처럼 정전을 형성하는 과정이, 가치 개입을 반영하고 있는 한, 정전의 선택에서 지배 이데올로기의 관여를 피하기는 어렵다.

문학교육과 관련하여, 문학 정전의 조건이 특정 시대나 사회 집단의 이익이나 관심을 반영하고 있다는 점이 지적되면서 문학작품은 그동안 누려왔던 자율적 미학의 위상에서 벗어나 특정 이데올로기에 연루된 존재로 자리매김되고 있는 상황이다. 이와 함께 정전이 되는 문학작품을 가르쳐야 할 작품의 공식적 실체로 바라보면서, 정전이란 과거와 현재 사이의 영속적이고 통일적인 연관을 자명한 것으로 만들 뿐만 아니라 전범적이고 규범적인 진술을 가능하게 한다는 점이 지적되고 있다.[2] 곧 문학 정전은 지배적 담론을 표상하고 있다는 점에서 정전의 수용 과정이 수용자의 순응적이고 종속적인 위치를 확인시켜주는 자리가 될 수 있다는 점이 그것이다.

이러한 정전 비판은, 정전이 주어진 시공간적 조건 안에서 특정한 가치를 효과적으로 교육할 수 있는 방법의 모색과 연결되어 있다고 하더라도 정전이 전제하는 바람직한 가치가 우수성, 불멸성, 모범성, 계승성[3] 등과 연계되기 때문에 교육의 내용과 방법은 물론 주체 형성에 영

---

2) 정재찬, 「현대시 교육의 지배적 담론에 관한 연구」, 서울대학교 박사학위논문, 1996.
3) 라영균은 정전을 ① 뛰어나고 우수하며 특별한 가치가 있는 작품, ② 불멸의 시대를 초

향을 미칠 수 있다는 점에서 출발하고 있다. 특히 문학교육에서 정전에 관한 논의는 주로 현대문학을 중심으로 진행되어 왔으며, 주로 교과서에 실린 문학 작품의 경향을 정권의 변화와 연관지어 분석하고 있다.4) 이처럼 현대문학을 중심으로 정전 논의가 전개된 데에는 현대문학 작품이 학습자와의 맥락 연관성이 커서 학습자의 비판적 거리감을 확보하기 어려울 뿐만 아니라 정전 작품이 담고 있다고 전제되는 가치도 안정되어 있는 것이 아니어서 부단히 점검이 필요하다는 인식이 작용했기 때문으로 보인다.

일반적으로 정전을 비판하는 입장에서는 정전 현상의 문제점 제시로부터 시작하여 그 해결 방안－현실적으로는 정전의 해체가 불가능하다는 입장을 공유하고 있는 상황에서 정전성을 희석시키는 방안－을 모색하고 있다. 이처럼 정전에 관한 논의의 대부분이 유사한 문제 제기와 그 해결 방안의 모색이라는 구도에서 벗어나지 못하고 있는 것은 선택／배제의 시스템 안에서 정전을 바라보고 있기 때문이다. 이 연구에서는 문학교육에서 이루어지는 정전 논의의 쟁점을 정리하여, 선택／배제의 시스템의 의미 작용 양상을 분석하고, 1차 교육과정기부터 시작하여 7차까지 '국어' 교과서에 실린 현대소설을 중심으로 정전을 형성하는 체계에 접근하여 문학교육에서 정전이 갖는 위상을 재검토해 보고자 한다.

월하며, 영원하고 기념비적이고 지속적인 작품, ③ 전형적, 모범적, 고전적 작품, ④ 반드시 계승될 가치가 있고 누구에게나 알려진, 그리고 계속 집중적으로 읽히는 작품으로 규정한다.
라영균, 「정전과 문학교육」, 『독어교육』 26, 한국독어독문학교육학회, 2003.
4) 차혜영, 「한국 현대소설의 정전화 과정 연구－중고등학교 국어 교과서와 지배 이데올로기의 관련성을 중심으로」, 『돈암어문학』 18, 돈암어문학회, 2005.

2. 정전 논의의 쟁점

문학교육에서 정전 논의는 정전의 개념을 어떻게 규정할 것인가의 문제부터 서로 다른 출발점을 갖고 있다. 교과서가 갖고 있는 권위적이고 규범적인 성격을 고려한다면 교과서에 실린 문학작품을 선정하는 작업이 정전을 선별하는 작업이고, 교과서는 정전의 목록이라고 부를 수 있다.[5] 이와는 달리 정전이란 실체라기보다 가상의 총체성을 만들어냄으로써 문화적 동질성을 구축한다는 입장에서는 오랜 기간 동안 교과서에 반복하여 수록된 문학작품만을 정전에 포함시킨다.[6] 후자의 경우 정전을 정전으로 만드는 것은 지속적인 시간 속에서 보편성을 획득해가는 과정이라고 하겠다.

어떠한 논의가 쟁점을 형성한다는 것은 의견들 사이에 첨예하게 대립하는 지점이 있어야 하는데, 문학교육에서의 정전 논의는 대립의 지점은 분명히 존재하지만 대립하고 있는 실체가 모호하다. 정전에 관한 논의의

---

5) 권순긍, 「교과서의 변천과 문학교육의 방향-고등학교 『국어』 교과서를 중심으로」, 『문학교육학』 제4호, 1999.
박용찬, 「한국전쟁 전후 현대시의 국어 교과서 정전화 과정 연구」, 『어문학』 91, 한국어문학회, 2006.
박용찬, 「문학 교과서와 정전의 문제」, 『국어교육연구』 38집, 국어교육학회, 2005
채호석, 「고등학교 문학 교과서의 문학관과 문학이론」, 『한국근대문학연구』 14, 한국근대문학회, 2006.
김혜정, 「국어교재의 문종 및 지은이 변천에 대한 통시적 검토-현대 교육과정기 전후 변화를 중심으로」, 『국어교육』 116, 한국어교육학회, 2005.
윤여탁, 「문학 교재 구성을 위한 현대시 정전 연구」, 『국어교육연구』 5, 서울대국어교육연구소, 1998.
차혜영, 앞의 논문.
6) 김창원, 「문학교육의 성격과 문학 교과서의 지향-제7차 고등학교 「문학」 교과서의 점검과 논의」, 『국어교육학연구』 27, 국어교육학회, 2006, 197면.
김신정, 「교과서 수록 시와 여성 재현 양상」, 『한국문학이론과 비평』 28, 한국문학이론과비평학회, 2005.

주도권은 정전을 비판하는 쪽에서 가지고 있지만 정전을 지지하는 입장이 구체적으로 드러나지 않은 이상, 비판의 대상이 되는 것은 언제나 정전이라는 현상인 셈이다.

문학교육 과정에서 제기되는 정전 논의는 크게 두 가지 경향을 갖는다. 첫째는 정전 형성의 동인과 관련된 문제로, 정전의 가치를 유지해주는 조건이 정전 그 자체의 속성에서 비롯되는가 아니면 정치적, 문화적 권력을 가진 집단이 그들의 헤게모니를 정당화하기 위한 이념적 형식으로 선택된 것인가에 초점이 맞춰져 있다.[7] 둘째는 정전의 기능과 연관된 문제로서, 여기에서는 정전이 문화 공동체가 보존해야 할 가치를 효과적으로 전수함으로써 수용자를 문화에 영입시키는 매개가 될 수 있다는 입장과 정전이 만들어내는 문화적 동질성이 수용자를 순응적 존재로 만드는 수단이 되거나 현실을 왜곡할 수 있다고 보는 시각이 대립하고 있다.

첫 번째, 정전 형성의 동인, 곧 무엇이 정전을 정전으로 만드는가에 대하여, 정전이 그 자체로 정전이 될 만한 속성을 갖추고 있다고 보는 입장에서는 내적 속성의 기원을 미적인 완결성에서 찾고 있다. 여기에서 문학적 이론 혹은 문학사적 평가의 결과는 미적 완결성을 보장하는 조건을 이론화하는 데 관여한다. 하지만 정전을 비판하는 측면에서 본다면, 이러한 접근은 어떠한 조건이 정전을 구성하는가에 대한 객관적인 기준이 없음에도 불구하고, 정전을 정전으로 만들어주는 정전성을, 마치 정전 내부에서 만들어진 자명한 질서인 것처럼 절대화한다는 점에서 비판의 대상이 된다. 특히 정전이 지배층의 이데올로기를 유지, 강화시키

---

7) 송무, 「문학교육의 '정전' 논의―영미의 정전 논쟁을 중심으로」, 『문학교육학』 제1호, 한국문학교육학회, 1997.

는 수단이 되어 왔다는 점을 들어, 정전의 자명한 질서 속에 감추어진 이데올로기의 흔적을 비판의 대상으로 삼는다.

정전 비판의 대상이 되는 지배 이데올로기는 정치적인 측면과 문화적인 측면으로 나누어 고찰할 수 있다. 정치적인 측면에서 국가는 자신의 체제를 유지하기 위한 수단으로, 정치적 이데올로기를 파급시키는 장치로, 정전을 활용한다고 본다. 이러한 주장의 근거를 주로 우리 국어교육의 역사 가운데 1차부터 3차, 4차에 이르는 교육과정기에서 찾는다. 문학 작품의 선정이 특정한 경향을 지닌 작품에 집중되어 그러한 작품의 정전화에 기여해 왔다는 고려할 때, 이러한 문제 제기의 타당한 측면이 있다. 문화적인 측면에서는 당대의 문단 헤게모니를 가진 집단의 이데올로기가 지속적으로 정전에 반영되고 있다는 점을 강조한다. 예를 들어, 오늘날의 정전 구성이 순수시와 민족시 중심으로 이루어진 것은 해방공간에서 시문학파, 문장파, 문협정통파가 문단의 헤게모니를 장악하게 되면서 순수 / 비순수, 민족 / 반민족 간의 이항대립적 구도가 설정되고 중심과 주변이 분리되며 타자의 배제를 통한 정전 형성이 이루어진 결과로 보는 시각이 그것이다.[8]

두 번째는 정전의 기능 문제이다. 문학교육에서 정전은 해당 사회가 전통적으로 추구하는 바를 담고 있으며, 사회 구성원이 지향하는 이념을 효과적으로 구현하고 있다고 전제해 왔다. 문화의 계승과 창조는 문학교육이 지향하는 중요한 목표 가운데 하나이고, 정전은 공동체의 문화를 가장 효과적으로 계승하는 역할을 담당해 온 셈이다. 정전의 기능과 연관된 문제 제기는 지금까지 정전이 우리의 민족 문화를 전승하고 유지

---

8) 정재찬, 앞의 논문, 21~58면.

하며 발전시키기 위한 매개적인 역할을 해 온 부분을 비판하면서 시작된다. 정전의 문화적 기능을 비판하는 입장에서 정전이 한 문화의 특정 국면들을 신성하고 구속성 있으며 모범적인 것으로 확정하는 작업·과정이며, 전체를 상징할 만한 부분을 상정하고 그것이 변하지 않도록 통제, 관리하는 문화 현상이라는 점을 지적한다.9) 동일한 전통과 문화를 가진 사람들이 공동체의 구성원들을 결속해내는 과정이란 다름 아닌 정전을 통해 개인의 정체성은 물론 집단적 정체성을 형성하는 과정이며, 이러한 정체성이 민족이나 국가라는 상상적 공동체의 효과를 만들어낼 수 있다는 점에서, 정전은 전통이나 문화의 이름으로 공동체의 구성원을 결속시키며 궁극적으로 그들을 통제의 대상으로 삼기도 한다.

우리의 정전 논의가 정전의 형성 과정 및 그 기능을 중심으로 전개된 점을 독일에서의 정전 비판 논의와 비교해 보면 시사하는 바가 크다. 라영균은 1960년대 이후 독일에서 이루어진 정전 비판의 원인을 네 가지 측면에서 찾는다. 정전 비판에는 첫째, 문학교육의 근간인 정전이 오랜 기간 정치적 목적에 봉사해 온 점에 대한 반성, 둘째는 고전성, 초시간적 미학에 바탕을 둔 전통적 문학 개념이 구속력을 상실했다는 점, 그 결과 문학의 정체성, 통일성을 부정하고 문학/비문학, 대중/고급 문학의 경계를 허물게 된다. 셋째, 학교와 일반 공공 영역 내의 문학과 정전 개념 사이의 간극이 커졌다는 사실, 넷째는 수용자의 독서 태도에 부응하는 문학교육 혹은 독서교육이 고려된 점, 특히 학생들의 삶과 열린 지평을 문화적 맥락과 의미지향과 어떻게 연결시킬 수 있는가의 문제가 전제되었다고 한다.10)

---

9) 라영균, 앞의 논문.
10) 라영균, 앞의 논문, 134면.

우리의 경우, 정전에 관한 논의가 주로 첫째 조건을 중심으로 이루어져 왔다는 점에 비하면 비교적 다양한 층위에서 정전에 대한 문제 제기가 이루어지고 있음을 알 수 있다. 정치적·문화적·교육적 조건이 갖고 있는 특수성을 고려한다고 하더라도 우리의 정전 논의는 정전 개념이 전제하고 있는 선택/배제의 시스템을 지배/피지배, 통제/억압이라는 대립 구도에 초점을 맞추어 바라본 것은 아닌가 생각한다. 정전을 바라보는 관점을 확장해 본다면, 정전은 우리 시대의 문화적 지형 전체를 성찰할 수 있는 지점이 될 수 있다. 곧 정전을, 문학의 경계를 사유할 수 있는 매개로, 제도화된 교육의 경계를 사유할 수 있는 매개로, 주체의 경계를 사유할 수 있는 매개로 그리고 수용자와 문학작품의 경계를 사유할 수 있는 매개로 바라볼 수 있는 가능성을 생각해 볼 수 있다.

3. 현대소설 정전 재검토

문학교육에서 정전 관련 논의의 축을 형성하고 있는 것은 정전 형성과 기능의 문제임을 확인해 보았다. 문학교육 차원에서의 정전은 교과서라는 제도를 통해 구현된다. 교과서는 공식적이면서 권위적인 제도라는 점에서 정전의 효과를 가장 효율적이면서도 강력하게 발휘할 수 있다. 교과서 정전의 접근이 주로 정전을 강제하거나 억압할 수 있는 다양한 변인들 혹은 정전이 통제할 수 있는 교육적 변인들에 맞춰져 있는 이유도 이 때문이다. 먼저 1차에서 7차 '국어' 교과서에 실린 소설작품을 대상으로 하여 이들 정전을 선별하는 기준이 무엇인가를 검토해 본다.

1차부터 7차 '국어' 교과서에 실린 소설작품[11)]

	중학교	고등학교
1차	이효석 〈사냥〉(1-2), 계용묵 〈심월〉(1-2), 최상덕 〈전선의 아침〉(1-1), 유진오 〈창랑정기〉(3-2)	심훈 〈뽕나무와 아이들〉(고등1)
2차	이효석〈사냥〉(1-2), 황순원〈소나기〉(2-1)	심훈 〈뽕나무와 아이들〉(고등1), 황순원 〈학〉*
3차	이효석 〈사냥〉(1-1), 이주홍 〈메아리〉(1-2), 김동인 〈조국〉(2-1), 오영수 〈요람기〉(2-2), 최찬식 〈외숙모님의 연설〉(3-1), 황순원 〈소나기〉(3-1), 김동인 〈무지개〉(3-2)	정한숙 〈금당벽화〉(고등1), 김동리 〈등신불〉(고등2), 현진건 〈빈처〉(고등3) 황순원 〈학〉*
4차	오영수 〈요람기〉(1-1), 이주홍 〈메아리〉(1-2), 김동인 〈조국〉(2-1), 전광용 〈고향의 꿈〉(3-1), 최찬식 〈추월색〉(3-1), 황순원 〈소나기〉(3-1), 이범선 〈학마을 사람들〉(3-2)	심훈 〈상록수〉(고등1), 정한숙 〈금당벽화〉(고등1), 황순원 〈학〉(고등2), 김동리 〈등신불〉(고등3)
5차	오영수 〈요람기〉(1-1), 황순원 〈소나기〉(1-2), 이범선 〈학마을 사람들〉(2-1), 주요섭 〈사랑손님과 어머니〉(3-1), 심훈 〈상록수〉(3-1)	염상섭 〈삼대〉(고등상)
6차	오영수 〈요람기〉(1-1), 채만식 〈왕치와 소새와 개미와〉(1-1), 황순원 〈소나기〉(1-2), 이범선〈학마을 사람들〉(2-1), 주요섭 〈사랑손님과 어머니〉(3-1), 심훈 〈상록수〉(3-1)	김동리 〈화랑의 후예〉(고등상), 하근찬〈수난이대〉(고등상), 박경리 〈토지〉(고등하), 염상섭 〈삼대〉(고등하), 이청준 〈선학동나그네〉(고등하), 이효석 〈메밀꽃 필 무렵〉(고등하), 김유정 〈동백꽃〉
7차	박완서 〈옥상의 민들레꽃〉(1-1), 이은성 〈소설동의보감〉(1-1), 황순원 〈소나기〉(1-2), 하근찬〈흰종이수염〉(1-2), 구인환 〈숨쉬는 영정〉(1-2), 주요섭 〈사랑손님과 어머니〉(2-1), 오정희 〈소음공해〉(2-1), 윤흥길 〈기옥속의 들꽃〉(2-1), 현진건 〈운수 좋은 날〉(3-1), 양귀자〈원미동 사람들〉(3-1)	김유정 〈봄봄〉(고등상), 염상섭 〈삼대〉(고등상), 윤흥길 〈장마〉(고등상), 박완서 〈그여자네 집〉(고등하), 이청준〈눈길〉(고등하)

교과서에 실린 현대소설 정전을 분석하기 위해서는 '국어' 교과서가 여러 차례의 개정 과정을 거쳐 오면서 시대적, 교육적, 학문적 조건에

---

11) 2차와 3차 교육과정기 고등학교 교과서에 실린 황순원의 〈학〉 옆에 * 표시는 실업계 고등학교에 실렸음을 표시하기 위한 것임.

따라 문학 작품의 추가 선택과 삭제가 반복되어 왔다는 점을 고려해야 한다. 이러한 맥락에서 정전을 선별의 원리로서의 정전과 지속의 결과로서의 정전으로 나누어 볼 수 있다. 선별의 원리로서의 정전이란 정전을 선별하는 데 작용하는 기준 혹은 이러한 기준에 의해 선별된 작품을 가리킨다. 1차에서부터 7차까지 교과서에 실린 문학 작품은 선별의 원리로서 정전인 셈이다. 선별 원리로서의 정전을 고찰하기 위해서는 이러한 정전을 형성하는 데 관여하고 있는 요소를 찾아야 한다. 예를 들어 기존 정전 논의의 핵심이 되었던 지배 이데올로기의 문제는 선별 원리로서의 정전의 형성에 매우 큰 영향력을 미치고 있다. 결과로서의 정전은 교과서에 수록된 문학작품 가운데 지속적으로 반복되어 온 작품으로, 또 다른 정전의 양상을 살펴볼 수 있게 한다. 그런 점에서 해당 교육과정기의 교과서에 실린 작품만이 아니라 여러 차례의 교육과정이 바뀌어 오는 동안 지속적으로 반복되어 실린 작품은 무엇인가, 그리고 동일한 교육과정기에 속해 있다고 하더라도 중학교와 고등학교 교과서에 지속적으로 반복되는 작품은 무엇인가까지 고려할 필요가 있다.

1) 선별의 원리로서의 정전

(1) 선별의 원리가 작용하는 양상

여기에서는 정전을 형성하는 과정에서 이데올로기가 어떠한 방식으로 개입하고 있으며 어떠한 효과를 유발하고 있는가의 문제를 중심으로 다루려고 한다. 그런데 정전 형성에 작용하는 이데올로기는 복합적으로 작용하기 때문에 어느 하나의 경향을 강조하기 어려운 측면이 있다. 기존의 논의에서는 정전 형성에 작용하는 이데올로기를 크게 문화적 국면과 정치적 국면으로 나누어 고찰하고 있다. 문화적 국면에서 이데올로기의 작용을 분석하는 때에는 순수주의적 경향에 초점이 맞춰지는 반면 정치적인 국면에서 접근할 경우 반공 이데올로기 혹은 민족주의적 경향의 작품 경향을 부각시키게 된다.

① 문화적 이데올로기의 개입 양상

문화적 이데올로기는 작가, 평론가, 문학비평가, 대학교수집단, 서점, 학술지, 잡지사, 출판사, 언론매체 등을 모두 포함하고 있으며, 이들은 주로 텍스트 보존 기능과 가치창출 기능을 수행한다고 한다. 지속적인 출간과 광고를 통해 특정 작가나 작품이 독자의 기억 속에서 사라지지 않도록 유통하게 하기도 하며, 특정 작품에 대한 끊임없는 학문적 논의, 사람들의 관심을 유발하게 만드는 새로운 작품 해석, 그리고 변화하는 시대 조류에 맞는 의미부여 등을 통해 정전이 계속해서 그 가치를 인정받게 만드는 교육적이고, 상업적 역할을 수행하게 된다.[12] 문화적 이데올로기의 개입 양상을 살펴보기 위해 문학사적 평가 및 당대 문학전집의 현황과 문단의 헤게모니를 중심으로 논의한다.

■ 문학사적 평가 및 문학전집 현황과 정전

문학교육 과정의 교과서 정전 선정에 있어 문학적인 평가 혹은 문학사적인 평가를 포함한 문학적인 요소가 중요하게 작용한다. 문학사적 평가를 받았다는 것은 오랜 시간을 두고 작가 혹은 작품에 대한 논의가 이루어졌으며, 그 결과 일정 수준의 문학적 / 문학사적 가치를 인정받게 되

---

12) 정연재, 「19세기 미국문학을 통해 본 정전 형성과정에 대한 고찰」, 『서지학연구』 28집, 서지학회, 2004.

었다는 점을 의미한다는 점에서 교과서 제재의 수준을 보장하는 기준으로 작용하고 있었던 것으로 보인다. 특히 문학사적 평가는 문학성이나 가치의 지속성 측면에서 어느 정도 검증된 평가 방식이 될 수 있기 때문에 정전 선정의 조건이 될 수 있었다고 본다.

교과서 제시된 작가 가운데 현대문학사에 제시된 작가와 작품13)

	언급한 작가와 작품
백 철	심훈 〈상록수〉, 유진오, 이효석, 채만식, 박태원, 김유정 〈동백꽃〉, 김동리 〈화랑의 후예〉, 황순원, 염상섭
박영희	최찬식 〈추월색〉, 김동인 〈붉은 산〉, 이효석, 현진건, 염상섭, 유진오
조연현	최찬식 〈추월색〉, 김동인 〈붉은 산〉, 〈무지개〉, 염상섭 〈삼대〉, 현진건 〈빈처〉, 주요섭 〈사랑손님과 어머니〉, 김동리
김윤식 김 현	염상섭〈삼대〉, 채만식, 박태원, 김동인, 김유정 〈동백꽃〉, 〈봄봄〉, 현진건 〈운수좋은 날〉, 〈빈처〉, 김동리, 하근찬, 황순원, 오영수, 이청준
김윤식 정호웅	유진오 〈창랑정기〉, 김동인, 황순원, 최찬식 〈추월색〉, 오영수, 전광용, 이범선, 심훈 〈상록수〉, 윤흥길 〈장마〉, 현진건 〈빈처〉, 〈운수좋은 날〉, 정한숙, 김동리, 염상섭 〈삼대〉, 하근찬 〈수난이대〉, 〈흰종이수염〉, 이청준 〈선학동나그네〉, 〈눈길〉, 이효석 〈메밀꽃 필 무렵〉, 김유정, 이문열, 박완서

위 자료를 보면, 1차부터 7차에 이르기까지 교과서에 제시된 작가는 7차 교과서에 제시된 몇몇 작가를 제외하고는 어느 정도 문학사적 인정을 받은 사람으로 구성되었음을 알 수 있다. 그런데 작품 선정에 있어서는 작가의 대표작과는 거리가 있는 작품이라는 점이 특징적이다. 최찬식의 〈추월색〉, 심훈의 〈상록수〉, 김동인 〈붉은 산〉, 염상섭 〈삼대〉,

---

13) 백철, 조선신문학사조사 현대편, 1949, 백양당.
　　박영희, 「한국현대문학사」, 『사상계』 57, 58, 62, 64, 66, 67, 68, 69, 1958~1959.
　　조연현, 『한국현대문학사』, 성문각, 1992(1969년 초판 발생).
　　김윤식 · 김현, 『한국문학사』, 민음사, 1973.
　　김윤식 · 정호웅, 『한국소설사』, 예하, 1994.

현진건 <빈처>, <운수좋은 날>, 하근찬 <수난이대>, <흰종이 수염>, 이청준 <선학동 나그네>, <눈길>, 이효석 <메밀꽃 필 무렵>, 김유정의 <봄봄>, <동백꽃> 등 작품 자체가 작가의 대표작이면서 문학사적인 측면에서도 검증을 받은 작품들이 있는가 하면, 이효석의 <사냥>, 오영수의 <유람기>, 김동인의 <무지개>, 채만식의 <왕치와 소새와 개미와>, 이범선의 <학마을 사람들>, 윤흥길 <기억 속의 들꽃>, 박완서의 <그 여자네 집>, 오정희 <소음공해>와 같이 정전 작가라고 볼 수 있지만 작품은 알려지지 않은 경우가 있다. 그런가 하면 이주홍, 구인환, 이은성, 양귀자처럼 문학사적 평가를 받지 못한 작가도 있는데, 이는 교과서에 실린 문학작품이 문학사에서 언급하고 있는 정전과는 다른 맥락에서 선정되고 있다는 점을 보여준다. 이러한 경향은 작품이 발표된 시기와 근접한 시기에 채택된 작품들이 상당수 있다는 점에서도 확인할 수 있다.

발표 연대별 분류

연대	중학교 교과서 게재 소설	고등학교 교과서 게재 소설
1910	〈추월색〉	
1920	〈운수좋은 날〉	
1930	〈붉은 산〉, 〈사랑손님과 어머니〉, 〈산〉, 〈메밀꽃〉, 〈창랑정기〉, 〈사냥〉	〈소설가 구보씨의 일일〉, 〈상록수〉, 〈봄봄〉, 〈메밀꽃 필 무렵〉, 〈화랑의 후예〉, 〈동백꽃〉, 〈삼대〉
1940	〈메아리〉, 〈왕치와 소새와 개미와〉	
1950	〈흰종이 수염〉, 〈오발탄〉, 〈소나기〉, 〈학마을 사람들〉	〈학〉, 〈금당벽화〉, 〈바비도〉, 〈수난이대〉
1960	〈요람기〉	〈등신불〉
1970	〈고향의 꿈〉, 〈옥상의 민들레꽃〉, 〈숨쉬는 영정〉	〈눈길〉, 〈선학동나그네〉, 〈토지〉, 〈장마〉
1980	〈원미동 사람들〉, 〈기억속의 들꽃〉	〈우리들의 일그러진 영웅〉
1990	〈소설 동의보감〉, 〈소음공해〉	〈그 여자네 집〉

<소나기>와 <요람기>, <고향의 꿈>, <학>, <등신불>, <그 여자 네 집>, <소설 동의보감>, <소음공해> 등의 작품은 발표 연대와 교과 서에 채택된 시기가 그리 멀지 않다. 이들 작품은 발표된 시기와 교과서 에 수록된 시기의 시간 차이가 크지 않기 때문에 문학사적 평가의 대상 이 되지 못하였을 뿐만 아니라 시기상으로 보면 문학적 검증도 이루어 지지 않은 작품이라고 할 수 있다. 교과서에 실린 소설 작품의 경우 문 학사적 평가로부터 비교적 자유롭다는 점은 문학교육의 정전 선정에 다 른 변인이 중요하게 작용할 수 있음을 암시한다.

한국 문학전집에 수록된 양상[14]

출판사(발행시기)	전집명	전집에 포함된 작가명
조광사(1938)	현대조선문학전집	김유정, 박태원, 이효석, 김동인, 염상섭, 주요섭, 현진건, 유진오, 채만식
서울타임스(1946)	조선대표작가선집	염상섭, 김동인, 유진오, 채만식, 이효석, 현진건, 김유정
한성도서(1948)	조선문학전집	심훈 〈상록수〉, 김동인, 염상섭, 박태원, 현진건 등
민중서관(1958)	한국문학전집	김동인, 염상섭, 현진건, 이효석, 유진오, 김유정, 계용묵, 주요섭, 황순원, 심훈, 김동리, 정한숙
삼중당문고(1978)	한국문학	김동리, 심훈 〈상록수〉, 염상섭, 이효석 〈메밀꽃필 무렵〉 외, 황순원, 주요섭 〈사랑손님과 어머니〉 외, 김유정 〈동백꽃〉 외, 박경리, 현진건
동아출판사(1995)	소설문학대계	김동인, 염상섭, 현진건, 심훈, 채만식, 유진오, 이효석, 김유정, 주요섭, 계용묵, 김동리, 황순원, 전광용, 정한숙, 이범선, 오영수, 하근찬, 이청준, 박경리, 윤흥길, 오정희, 박완서, 이문열, 양귀자

---

14) 이 표는 강진호의 「한국 문학전집의 흐름과 특성」에서 밝힌 자료를 정리한 것이다. 삼
중당문고에 관한 부분은 문영진의 논문을 참고하였다.
강진호, 「한국 문학전집의 흐름과 특성」, 『돈암어문학』 16, 돈암어문학회, 2003.
문영진, 「김동인 소설의 정전화에 관한 몇 가지 문제에 대하여─'회고'에서 교육장으로
의 진입까지」, 『대동문화연구』 53, 대동문화연구소, 1997, 182면.

전집에서 다루고 있는 작가 역시 문학사에서 살펴본 바와 크게 다르지 않다. 모든 전집에 빠지지 않고 이름이 올라오는 작가로 염상섭, 현진건이 있고, 김동인, 김유정, 이효석, 유진오 등도 안정된 평가를 받는 작가라고 할 수 있다. 동아출판사의 '소설문학대계'에는 거의 대부분의 작가를 섭렵하여 다루고 있음을 확인하게 된다. 작가를 중심으로 본다면, '국어' 교과서에서 다루고 있는 작가와 문학전집 사이의 밀접한 연관성을 확인해 볼 수 있다.

■ 문단의 헤게모니와 정전

정전은 하나의 작품이 권위 있는 텍스트들로 구성된 고도로 제한된 집합에 소속되면서 이루어진다기보다는 텍스트의 역사적 반향, 텍스트의 의미 증식, 비평적 대담에 등장하게 되는 기술, 텍스트의 가능한 의미와 비평가들의 최근 관심사 간의 일치, 이 모든 것이 하나의 텍스트가 얼마나 오랜 기간 동안 얼마나 많은 관심을 지속적으로 불러일으킬 수 있는가를 결정하는 데 상호 작용하는 요인들이라고 한다.[15] 이러한 경향의 원인을 정재찬은 해방 공간에 사회의 지배적 담론을 형성하게 된 시문학파, 문장파, 문협정통파로 이어지는 계보에서 찾고 있다. 문학교육의 정전 체제는 순수와 민족의 결합을 통해 미학과 정치가 서로 취약함을 보완하게 해 주는 효과를 획득하게 될 뿐만 아니라 정전 형성 과정에 문학적인 심급과 정치적인 심급이라는 중층적인 결정 심급이 작용하고 있다는 것을 보여준다고 한다.[16]

이러한 결과로 문학교육의 정전 구성이 순수 문학과 민족 문학 중심

15) 김양순, 「현대 미국시의 정전의 문제」, 『미국학논집』 36-2호, 2004년 가을, 75~76면.
16) 정재찬, 앞의 논문, 1996.

으로 이루어졌다는 부분에 대해서는 대부분 의견을 같이하고 있다. 나아가 순수주의가 역사적 진공 상태의 문학, 현실 대응력을 상실한 문학을 제공하기 때문에 학생들은 역사 인식 없이 기존 체제에 순응하는 주체로 길러진다고 보기도 한다.[17] 이와는 다른 차원에서 시교육에서 정전의 힘이 미치는 범위란 교과서 개발자와 교사를 넘지 못하며, 문학 쪽에서는 작가, 비평가, 출판인 등의 문학 기관만이 정전에 자장 안에 있다고 보면서 시교육과 문학의 존재 이유가 되는 학습자·독자는 이 권역에서 벗어나 있다고 보는 경우도 있다.[18]

그러나 문학교육의 정전 형성과정에는 교육이라는 제도와 관련된 다양한 변인이 작용하며, 특히 실제의 교육적 현실을 고려한 문제들이 직접적인 영향을 미칠 수 있다. 그러한 실질적인 문제 가운데 하나가 교과서에 실린 작품의 선정을 제한하는 조건에 관한 것이다. 교과서에 수록할 수 있는 작품이란 표면적으로는 문학사적 평가를 받은 작품이라고 되어 있지만 세부적으로 들어가면 성적인 측면이 부각된 작품, 비속어나 은어 등이 사용된 작품, 폭력적인 장면이 포함되어 있는 작품 등의 제약을 받지 않을 수 없기 때문이다.[19]

---

17) 조미숙, 「교육과정과 교과서 게재소설 변천 연구」, 『겨레어문학』 38, 겨레어문학회, 2007, 340면.
18) 김창원, 「시교육과 정전의 문제」, 『한국시학연구』 19, 한국시학회, 2007, 68면.
19) 이러한 제약은 '제재 선정의 유의점'에서 보다 구체화되어 나타난다. '제재 선정의 유의점'은 3차에서 시행되어 4차까지 이어지고 있는데 그 내용을 살펴보면, 크게는 ㉠ 형식상의 특징이 분명한 글, ㉡ 재미있고 감동적인 글, ㉢ 가치관이 스며 있는 글로 되어 있다. 7차 국어과 교육과정 고등학교 '문학' 과목에서는 교수학습을 위한 자료 선정시 유의사항으로 다음 항목을 제시하고 있다.
　－문학사적 기준과 비평적 안목에 비추어 타당하고 전이성 높은 작품을 선정한다.
　－내용과 형식, 표현 면에서 문학의 전형성을 보여주면서 창의성과 상상력을 자극할 수 있는 작품을 선정한다.
　－학습자의 관심과 생활 경험과 밀접하게 연관되는 작품을 선정한다.
　－한국문학과 세계문학의 다양한 하위 범주들을 보여줄 수 있는 작품들을 균형 있게

바르트는 프랑스 문학사를 검열의 역사로 조명하면서 문학의 검열 가운데 사회 계급의 검열, 성적 검열, 문학의 개념에 대한 검열, 언어 검열을 제시하고 있다. 사회 계급의 검열과 관련하여 문학의 기저에 깔려 있는 사회 구조를 '문학' 교과서에서는 찾아볼 수 없다고 한다. 교과서가 대립시키는 것은 계급적 분위기이지 계급의 현실은 아니라는 것이다. 교과서에는 우리 문학이 포함하고 있는 경제적·사회적 요소에 대한 자료가 부재한다. 성적 검열은 더 말할 것도 없이 자명하게 나타나고 개념적 검열은 문학의 개념을 일정하게 제한하면서 이루어진다. 그리고 언어 검열은 은어나 바로크의 노골적이 표현 등에 대한 규제를 포함하고 있다고 설명하고 있다.[20]

교과서의 제재를 선정하는 데 있어 제약이 되는 것을 제거하는 네가티브적 방식을 순화의 메커니즘이라고 부를 수 있다. 순화의 메커니즘은 학습자가 문학작품을 수용하는 과정에서 발생할 수 있는 위험 요소를 부각시키는 가상 시나리오를 매개로, 부정적인 요소를 하나씩 제거하는 방식으로 작용한다. 이런 의미에서 문학 정전작품이 보여주는 순수주의는 그 자체가 어떠한 이념을 지향하는 작품 경향이 아니라 이러한 순화 메커니즘을 통해 살아남은 작품들이 표상하는 가치라고 하겠다.

순수주의 계열의 작품에서는 현실에 대한 직접적인 대면을 피하고 감정이나 정서를 간접화하며, 학습자들과 비슷한 연령층의 생활이나 민족과 같은 당위의 이념적 대상을 소재로 삼아 추상화되고 이상화된 세계를 제시한다. 이러한 순화의 메커니즘은 순수주의 문학만이 아니고 교과

선정한다.
20) R. 바르트, 「교과서에 대한 고찰」, 『문학의 교육』, S. 듀브로브스키·T. 토도로프, 윤희원 역, 도서출판 하우, 1996.

서에 실린 다른 작품에도 동일하게 작용하고 있다. <상록수>와 같은 민족주의, 계몽주의적인 경향을 뚜렷하게 보이는 작품이 순수문학과 이질감 없이 공존할 수 있는 이유는 순수주의 자체가 어떠한 뚜렷한 주의를 내세울 수 있는 체계가 아니라 소재나 현실에 대한 태도, 정신을 나타내는 개념으로 작용하고 있다는 점과 연관된다.

② 정치적 이데올로기의 개입 양상

국가, 정권을 포함한 지배 계급은 문학교육의 정전을 선정하는 과정에 개입하여 정전을 국가의 권력을 유지하고 국민을 통제하기 위한 수단으로 삼게 된다. 우리의 경우 문학교육에서 정전 선택에 개입하는 정치적 이데올로기는 반공이나 민족 개념을 중심으로 전개되었다. 주로 교육과정기의 배후에 작용하는 정권의 성격에 비추어 해당 교육과정기의 경향을 설명해 오는 방식이 그것이다.[21] 교과서 소설 작품들을 중심으로 작품을 분석하는 경우, 작품의 성향이 어느 정도 지배 이데올로기의 성향을 드러내는가에 초점이 맞춰지게 된다. 특히 3차와 4차 교육과정기에 반공 혹은 민족 이데올로기가 국가 주도적인 담론을 형성해 가는 방식이 중점적 논의의 대상이 된 바 있다.

그런데 실제 교과서에 실린 작품의 경향을 살펴보면 대부분 이전 교육과정기의 연속이거나 새롭게 들어온 작품이라고 하더라도 순수주의를 표방하는 작품이 대부분이다. 이효석의 <사냥>, 이주홍의 <메아리>, 오영수의 <요람기>, 황순원의 <소나기>, 김동인의 <무지개>(이상 중학

---

21) 조미숙, 앞의 논문.
　　차혜영, 앞의 논문.
　　강진호, 「국가주의의 규율과 '국어' 교과서-1~3차 교육과정의 『국어』 교과서를 중심으로」, 『현대문학의 연구』 32, 현대문학연구학회, 2007.

교), 현진건의 <빈처>(고등학교) 등의 작품은 이전 작품 경향에서 벗어났다고 보기 어렵다. 중학교 '국어' 교과서에 실린 <조국>과 <외숙모님의 연설> 가운데 <조국>은 민족주의 경향이 두드러지고, <외숙모님의 연설>에서는 풍속을 계몽하려는 의식이 부각된다. <등신불>은 불교적인 소재를 활용하여 민족주의적인 측면에 뚜렷하게 드러나지 않은 반면 <금당벽화>은 개인과 조국의 관계를 직접 문제 삼고 있다. <조국>과 <금당벽화>가 어느 정도 민족주의, 국가주의의 이념을 드러낸다고 할 수 있고, 나머지 작품은 주제적인 측면을 강조하고 있지는 않다. 다시 말해 3차 교육과정기에 실린 소설 작품은 그 자체가 이데올로기적 속성을 뚜렷하게 드러내는 작품은 아니라는 것이다.

　정전 선정의 차원에서 작용한다고 전제되었던 이데올로기적 경향이 뚜렷하게 성격을 드러내는 것이 아니라면 다른 차원의 문제, 곧 정전을 바라보는 관점에 있어서 이데올로기가 작용한 것은 아닌가 하는 생각을 해 볼 수 있다. 정전을 바라보는 관점은 3차 교육과정기 '국어' 교과서의 경우에는 <공부할 문제>에 구체적으로 제시되어 있다. 3차 교육과정기 '국어' 교과서의 모든 소설작품의 <공부할 문제> 항목에는 뚜렷하게 이데올로기 주입의 경향을 드러내고 있다.

제재	공부할 문제	
	3차	4차
요람기	• 이 소설의 소재와 주제를 알아보자. • 이 소설을 읽고 독후감을 정리해 보자. • 글을 읽고 배운 새로운 말들을 글에 써보자. • 이 소설은 그 내용이 계절에 따라 전개되고 있다. 계절의 느낌이 잘 나타난 곳, 계절에 따라 달라지는 아이들의 놀이를 찾아보자.	• 이 소설을 내용과 분위기에 어울리는 목소리로 낭독해 보자. • 다음에 답해 보자. 　1) 나오는 인물은 누구인가 　2) 배경은 언제, 어디인가 　3) 몇 개의 사건으로 이루어졌나 　4) 서술자(말하는 이)는 어른인가 아이인가?

요람기	• 우리나라의 옛 마을 냄새가 물씬 나는 곳을 찾아보자. • 다음 인물의 성격을 알아보자. 춘돌, 누나, 이대롱 • 생활이 복잡해지면 정서가 메말라지기 쉽다. 우리는 우리의 고유한 아름다운 정서를 풍부히 해 나가도록 하자. • 한자쓰기	5) 계절이 몇 번 바뀌나? 6) 각 계절의 특징이 잘 나타난 곳을 찾아보자. 7) 어린이다운 천진성이 나타난 곳을 찾아보자. 8) 요람기의 뜻은 무엇인가 9) 제목을 요람기라고 한 이유는 무엇인가? • 소설의 세계와 현실 세계의 다른 점을 찾아보자 • 이 소설의 줄거리를 여러 사람 앞에서 음성과 몸짓으로 효과를 내면서 이야기해보자.
소나기	• 주제 • 짜임과 줄거리 • 빠르고 정확하게 묵독하는 습관과 기술을 가지도록 힘쓰자 • 상상한 이야기를 글(소설)로 써보자 • 소년의 마음을 말해보자 가) 소년은 조약돌을 집어 주머니에 넣었다. 나) 돌아오는 길에는 열이틀 달이 지우는 그늘만 골라 디뎠다. • 소년과 소녀 사이에 오고간 마음은 티 하나 없이 아름다운 것이다. 이런 아름다운 마음으로 사람과 자연을 사랑하도록 하자.	• 분위기를 살려 이 글을 읽어보고 다음을 말해보자 1) 줄거리 2) 소년과 소녀의 성격 3) 공간적 배경 • 다음을 말해보자. 1) 소녀의 모습을 나타나기 위해 사용한 말 2) 시골 정취를 나타내기 위해 사용한 소재 3) '개울물은 날로 여물어갔다.'의 의미 4) '바보'라는 말의 의미 5) 문장의 특성 • 소나기의 뜻, 작가가 소나기라는 제목을 붙인 이유 • 소설의 감동은 우리에게 어떤 영향을 주는가 • 한자공부
조국	• 각 대문의 요지, 대문의 상호간 관계, 대문과 글 전체와의 관계를 알아보자 • 소설의 짜임과 줄거리를 말해보자 • 소재와 주제를 말해보자 • 이 소설이 주는 감동을 늘 간직하고되 살려보자. • 다음을 조사해 보자 가) 익호의 성격 나) 소설의 배경 • 다음은 무엇을 나타내는 말인가 가) 붉은 산 나) 흰 옷 • 자기 나라의 보호를 받을 수 없는 사람들의 삶은 참혹한 것이다. 국력 배양의 필요성에 대해 다시 생각해 보자.	• 다음을 말해보자 1) 이 소설의 갈래를 내용별, 시대별, 길이별로 말해보자. 2) 이 소설의 전개방식은 어떠한가. • 다음을 말해보자 1) 누가, 언제, 어디서, 무엇을 한 이야기인가? 2) 작가와 여, 익호의 관계 3) 익호의 성격 4) 설명, 묘사, 대화로 된 부분을 찾아보자. 5) 중심사건을 말해보자. 6) 삵의 사전적 의미는 7) "보고 싶어요, 붉은 산이……"는 익호의 어떤 마음을 나타냈는가?

조국	• 정익호는 모든 사람들에게 미움을 받을 만큼 좋지 않은 사람이요, 쓸모 없는 사람이다. 그러나 그런 사람의 가슴 속에도 강렬한 민족의식과 조국에 대한 말할 수 없는 애정이 들어 있었다. 우리는 각자 어떤가 생각해 보자. • 한자공부	• '여'와 '익호'의 인생은 전연 다르면서도 같은 점이 있다. 인생의 같은 점은 • 이광수의 '할멈'을 읽고 '조국과 그 전개방식이 어떻게 다른지 알아보자. • 한자공부

먼저 3차 교육과정기를 4차 교육과정기와 비교해 볼 때 같은 소설 작품이라고 하더라도 3차 교육과정기의 내용에 소설의 가치를 부각시키려는 의도가 두드러진다. <요람기>를 통해 우리 고유의 정서를 풍부하게 해 나가자는 것이나 <소나기>를 읽고 자연과 인간을 사랑하자는 것은 작품을 특정 방향에서 읽도록 제한하는 활동이다. 특히 <조국>은 직접 국가와 민족의 중요성을 강조하는 방식으로 국가주의 이데올로기를 개입시키는 계기가 되고 있다. 이데올로기적 가치를 위해 선택되었다고 평가되는 제재나 순수주의를 표상하는 제재 모두 가치지향적인 성격을 지니게 되며, 이러한 가치지향성은 작품의 구성 방식을 이해하는 차원에서 이루어지기 때문에 자연스러운 내면화의 계기로 작용한다는 점이 문제적이라고 할 수 있다. 정전을 형성하는 요인이 정치적 이데올로기라고 할 때, 이러한 이데올로기는 정전 작품을 선별하는 기준보다는 정전의 해석, 다시 말해 정전을 해석하는 관점을 선택하는 데 작용하고 있다고 말할 수 있다.

(2) 선별한 작품을 구성하는 원칙

실제 교과서의 체제를 보면, 어떠한 작품이 선정되었는가보다는 어떻게 배치되는가가 작품의 위상을 자리매김하는 데 영향을 미치고 있음을 보게 된다. 대부분의 '국어' 교과서에서는 모든 대단원, 소단원에 동일한 체제를 적용하고 있으며, 문학작품은 일정한 방식으로 형식화된 체제 속에서 그 의미를 부여받는다. 대단원이나 소단원을 구성하는 체제는 물론이고 소단원 내에서 학습목표, 제재, 학습활동이 제시되는 방식 역시 동일한 형식을 갖추고 있기 때문에 각각의 문학작품이 고유의 의미를 드러내기 어렵다. 곧 문학작품은 학습목표, 학습활동과의 관계 속에서 기능적인 역할을 수행하게 된다.

특히 교과서의 학습활동은 학습목표와 제재를 연결하여 수행된 학습의 결과를 확인하는 부분이라는 점에서 문학교육에서 추구하는 교육내용의 방향을 짐작할 수 있다. 하지만 실제 문학교육의 과정에서 학습활동은 학습목표가 무엇이든 간에 대부분의 작품에서 획일적으로 구성된다. 교과서 작품은 일차적으로 문학사의 주류적 평가에 따라 결정되고 일단 선정된 작품은 독서와 강의, 시험의 대상으로 반복 학습됨으로써 정전으로서의 지위를 확고하게 한다[22]는 비판이 제기되는 이유도 이 때문이다.

4차 '국어' 교과서 소설 단원 학습활동

요람기	내용과 분위기에 어울리는 목소리로 낭독 / 인물 / 배경 / 사건 / 서술자 / 배경-계절이 몇 번 바뀌는지, 계절의 특징이 잘 나타난 곳 찾기 / 어린이다운 천진성이 드러난 곳 찾기 / 요람기의 의미 / 제목을 요람기라고 한 이유 / 소설과 현실세계의 다른 점 / 이 소설의 줄거리를 여러 사람 앞에서 음성과 몸짓으로 효과를 내면서 말하기
메아리	배경 / 소재 / 돌이의 가족 관계 / 돌이가 가장 안타까워 한 것 / 누나를 사랑하는 마음이 잘 나타난 곳 / 안타까운 마음이 편안하게 된 곳 / 돌이의 성격 / 주제 / 배경의 이동에 따라 사건이 진행되는 양상 / 향토색이 짙은 소설을 찾아 읽고 그곳에 나온 인물의 공통된 성격 발표하기

---

22) 김신정, 「교과서 수록 시와 여성 재현 양상」, 『한국문학이론과 비평』 28, 한국문학이론과비평학회, 2005, 239~240면.

조국	소설의 갈래를 내용별, 시대별, 길이별로 말하기 / 전개 방식 / 누가 어디에서 무엇을 한 이야기인가 / 작가, 여, 익호의 관계 / 호의 성격 / 설명, 묘사, 대화로 된 부분 찾기 / 중심 사건 / 삶의 사전적 의미 / "보고 싶어요, 붉은 산이"에 담긴 익호의 마음 / 여와 익호 인생의 같은 점 / 광수의 '할멈'을 읽고 '조국'과 전개 방식 비교 / 한자 공부
소나기	줄거리 / 소년과 소녀의 성격 / 공간적 배경 / 소녀의 모습을 나타내기 위해 사용한 말 / 시골 정취를 나타내기 위해 사용한 소재 / 바보라는 말의 의미 / "개울물은 날로 여물어갔다"의 의미 / 문장의 특성 / '소나기'의 뜻, 작가가 '소나기'라는 제목을 붙인 이유 / 소설의 감동이 우리에게 주는 영향 / 한자
고향의 꿈	시간적 배경 / 공간적 배경을 과거와 현재로 나누기 / 어머니, 주인공의 성격 / 소설의 절정 / 어머니의 지극한 사랑이 나타난 곳 / '피는 물보다 진하다던데' 뒤에 생략된 말 / "장작불에 이 밥 먹은 곳"에 숨은 뜻 / 주제 / '소나기'와 '고향의 꿈'의 이야기 전개 방식의 차이 / 6·25를 배경으로 한 다른 소설을 읽어보고 주제에 어떤 공통점이 있는가 찾아보기 / 한자
학마을 사람들	누구의 눈을 통해 진술 / 공간적 배경 / 시간적 배경/학의 영험함을 나타낸 곳 / 학이 새끼를 낳았을 때 무슨 일이 일어났는가 / 이장 영감이 갈등을 일으키게 된 원인 / 바우가 학을 죽인 이유 / 피난을 갔던 사람들이 돌아왔을 때 학이 살던 나무는 어떻게 변했나 / 주제 / 학의 상징성 / 김동리의 '무녀도', 주요섭 '사랑손님과 어머니'와 이 작품을 인물, 구성, 배경 비교 / 한자
추월색	이 소설의 성격 / 작가가 주장하는 바 / 시대적 배경 / 줄거리 / 소재와 주제 / 이시종 내외, 외숙모임의 신분, 성격의 차이 / 작가의 의도를 누구의 입을 통해 말하나 / 정임, 영창은 교육을 받은 사람인가 / 소설사에서 이 소설의 위치 / 신소설이 계몽적 성격을 갖게 된 이유를 시대적 관점에서 조사하기 / 다른 신소설 작품을 더 읽어보고 현대소설과 비교 / 한자

5차 교과서의 소설 단원 학습활동 내용

요람기	배경 / 말하는 이는 어른인가 아이인가 / 몇 개의 이야기인가 / "해가 서쪽으로 한 발쯤만 기울면"의 의미 / "꿈과 소망"의 의미 / '심청전'과 '요람기'의 꾸민 방법의 차이 / 제목이 '요람기'인 이유 / 누가의 대답 "박꽃이 부끄러워"를 우리에게 물어보았다면
소나기	소설의 분위기 / 시골 소년, 도시 소녀임을 알려주는 부분 / 바보의 의미 / "개울물이 날로 여물어갔다"의 의미 / 소년의 성격이 나타나는 행동 / 소녀의 유언 없이 소설이 끝났다면 / 이 소설의 다음 부분을 이어쓴다면
학마을 사람들	시간적, 공간적 배경 / 인물의 성격 / 중심 사건 / 바우가 학을 죽인 이유 / 학의 상징성 / 바우가 마을을 떠난 이유 / 구성 단계 나누기 / 사건과 사건의 인과 관계 / 다른 소설을 더 읽고 소설의 짜임을 구성 단계에 따라 나누어보기
사랑손님과 어머니	소설의 시점 / 등장인물과 성격 / 사건 전개 과정 / 서술방식상 특징 / '나'의 갈등 요인 / 주제 / 전편을 읽고 독후감 발표하기
상록수	이야기를 진행시켜 나가는 인물은 작품 속 인물인가 작품 밖 인물인가 / 누가 어느 관점에서 말하는가 / 소설의 배경은 사건 전개에 어떤 영향을 미치는가 / 주인공의 성격 / 주인공의 갈등 원인 / 주제 / 주요 사건은 무엇이고 전체 구성단계에서 어디에 속하는가 / 전편을 읽고 독후감 쓰기 / 다른 소설을 읽고 시점을 이해하기

학습활동만 보고는 무엇을 목표로 한 수업인가를 확인하기 어려운데, 그 이유는 학습활동의 내용이 거의 동일한 층위에서 구성되기 때문이다. 학습활동의 내용은 인물, 사건, 배경, 주제, 시점, 서술자의 특성과 함께 특정한 구절의 이해를 묻는 질문으로 이루어져 있다. 구절의 의미나 구체적인 사건에 대한 이해를 묻는 부분, 작품 읽기를 확장하는 부분 외에는 문학작품들 사이의 차이를 찾아보기 어려울 뿐만 아니라 교육과정이 변화함에 따른 차이 역시 분명하게 드러나지 않는다.

6차 교과서의 소설 단원 학습활동 내용

요람기	이 작품은 실제 있었던 이야기인가, 작가가 상상하여 꾸민 이야기인가 / 시간적 배경, 공간적 배경 / 말하는 이는 어른인가 아이인가 / 줄거리를 계절별로 간추리기 / 주제 / 소설의 세계와 현실 세계의 비슷한 점과 다른 점 / 느낌
왕치와 소새와 개미와	실제로 있었던 이야기인가, 작가가 상상해서 꾸민 이야기인가 / 왕치, 소새, 개미의 성격 / 배경 / 줄거리 / 주제 / 재미있게 표현한 부분 / 채만식은 나름대로의 생각을 특색있게 나타낸 작가이다. 이런 부분을 찾고 그렇게 표현한 이유 말하기 / 의인화 이야기 더 찾기
소나기	주요 인물과 주변 인물 / 소년과 소녀의 성격이 드러난 행동, 성격 / 줄거리 / 배경 / 소년과 소녀의 대조적 외모가 표현된 곳 / 소년이 소녀보다 성숙하게 행동하는 곳 / 주제 / 유언없이 끝났을 때 감동이 줄어드는 이유 / 소녀가 죽지 않고 이사가게 되었다고 할 때 이사가는 날 소년과 소녀의 대화 / 이어쓰기
학마을 사람들	사건의 순서 / 중심사건 / 사건과 사건의 인과관계 / 사건의 전개과정 / 줄거리 / 배경 / 인물의 성격 / 바우가 마을을 떠난 이유 / 주제 / 학이 신비롭게 영험한 대상으로 그려진 부분 찾고 느낌 말하기 / 민족의 수난사, 극복의지를 담은 작품 찾아 읽기
사랑손님과 어머니	이야기를 진행하는 사람은 소설 속 인물인가, 소설 밖 인물인가 / 주인공의 성격, 행동에 대해 누가 어떤 관점에서 말하며 그 효과는 / 인물의 성격 / 사건의 진행과정 / 인물의 갈등 / 주제 / 전편을 읽고 줄거리, 느낌 말하기 / 이 작품과 같은 시점의 소설 읽기
상록수	이 소설에서 이야기를 진행하는 사람은 소설 속 인물인가, 소설 밖 인물인가 / 인물의 성격, 행동에 대해 누가 어떤 관점에서 말하며 그 효과는 / 이 소설의 배경은 사건에 어떤 영향을 미치나 / 주인공의 갈등 원인 / 주요 사건은 무엇이고 전체 구성 단계에서 어디에 속하는가 / 주제 / 전편 읽고 줄거리와 느낌 말하기 / 다른 소설을 읽고 서술자를 확장하기

1차부터 7차까지 '국어' 교과서의 소설 학습활동

	학습활동
1, 2차	줄거리 요약, 성격 찾기, 어린이다운 생각이나 행동 찾기, 주제 찾기 등
3차	소재와 주제 찾기, 소설의 짜임과 줄거리 찾기, 인물의 성격(심리) 파악하기, 구절의 의미 찾기, 작품의 시대적 배경 알기, 가치관 기르기
4차	인물의 성격, 인물과 인물의 관계, 사건, 전개 방식, 배경, 서술자, 소재, 주제, 제목이나 구절의 의미, 갈래의 성격
5차	인물의 성격, 갈등, 사건, 구성, 배경(분위기), 주제, 서술방식, 서술자, 구절의 의미, 작품의 재구성 및 소설 읽기의 확장
6차	허구, 인물의 성격, 갈등, 사건, 배경, 서술자, 줄거리, 주제, 작품의 재구성 및 소설 읽기의 확장
7차	내용 학습, 목표 학습, 적용 학습으로 나누어 이해, 감상, 적용이 중심이 됨

문학작품에 대한 이해가 분석적 방법 중심이라는 점에 대해서는 지속적으로 문제를 제기해 왔다. 학생들로 하여금 폐쇄적이고 보수적인 독법으로 시를 대하게 하고 작가와 교사의 권위에 종속적인 주체로 형성하게 된다고 보기도 하고[23) 작품의 내용과 형식을 철저히 분리시킬 뿐만 아니라 문학의 매개인 언어의 특성을 편내용주의와 기능주의로 간편하게 나누는 발상에 기초하고 있다고 보기도 한다.[24) 이러한 경향은 정전 체험이 학습자의 자유로운 사고의 길을 열어두기보다는 규격화되고 일반화된 사유의 틀에 갇히게 만드는 일일 수 있다. 모든 정전 작품들이 동일한 위상에서 동일한 접근 방법을 다루어지기 때문에 학습자는 문학작품을 통해 삶의 다양한 국면을 내면화하기보다 몇 가지 기능을 능숙하게 활용하는 데 익숙해지게 된다. 각각의 문학작품이 교과서 정전이 되면서 체험의 범주는 제한되고 학습자는 중립적이면서 익명화된 문학

---

23) 정재찬, 앞의 논문.

24) 한수영, 「문학 교과서와 소설 교육의 이데올로기—민족주의와 계급 담론을 중심으로」, 『문학동네』 46, 2006년 봄.

효과를 체험하게 되는 것이다.

2) 결과로서의 정전

(1) 공시적 차원의 반복

교과서에 실린 작품이라고 해도 지속적으로 반복되어 실린 작품을 선별의 결과로서의 정전으로 보고, 이를 공시적 차원과 통시적 차원으로 나누어 고찰해 본다. 공시적 차원의 정전이란 학습자들의 수용 상황, 특히 학습 주기를 고려해 볼 때, 학습자가 일정 기간 동안 지속적으로 반복하여 학습하게 되는 작품이나 작가 혹은 정전의 생산과 관련하여 다수의 교과서에서 동시에 특정 작품을 선택하는 경우를 의미한다. 예를 들어 심화 과목 '문학'의 경우는 학습자들에게는 선택 가능성이 열려 있지만 교과서에 수록된 횟수가 많은 작품은 정전이 될 수 있다.

■ 학습 주기상 반복되는 작품

중학교-고등학교 1학년-심화 과목 '문학'

시기	작가	중학교	고등학교	심화 과목 '문학'
2차	황순원	〈소나기〉	〈학〉	
3차	황순원	〈소나기〉	〈학〉	
	김동인	〈조국〉, 〈무지개〉		
4차	황순원	〈소나기〉	〈학〉	
7차	박완서	〈옥상의 민들레꽃〉	〈그 여자네 집〉	〈나목〉, 〈엄마의 말뚝〉, 〈우황청심환〉, 〈세상에서 제일 무거운 틀니〉, 〈그해 겨울은 따뜻했네〉
	김유정	〈동백꽃〉, 〈동백꽃〉	〈봄봄〉	〈동백꽃〉, 〈만무방〉
	윤흥길	〈기억속의 들꽃〉	〈장마〉	〈장마〉

　　황순원은 중학교 교과서에 실린 <소나기>에 이어 고등학교 교과서에 <학>이 실리면서 작품으로서보다는 정전 작가의 이름을 갖게 된다. 중학교 2학년 교과서에 <조국>이, 3학년 교과서에 <무지개>가 실리면서 이례적으로 중학교 교육과정 안에서 두 번 다루어지는 작가인 김동인의 경우 역시 정전 작가로서의 위상을 가질 수 있다. 7차 교과서의 정전 작가는 박완서, 김유정, 윤흥길이다. 이들의 작품은 중학교 교과서에 이어 고등학교 교과서는 물론 심화 과목인 '문학' 교과서에도 실려 있다는 점에서 동시대에 반복하여 다루어지는 작가의 목록에 포함시킬 수 있다. 중학교에서 박완서, 윤흥길, 김유정의 작품을 읽은 학습자들은 고등학교에 들어가서도 이들의 작품을 다시 대하게 되는데, 이 과정에서 학습자들은 이들 작가의 작품이 문학적으로 가치가 있다는 생각을 갖기 쉽다.

■ 다수 교과서에 동시에 선택된 작품

심화 과목 '문학'에 나타난 작품 수록 경향[25]

작가	작품명	지(권)	지(박)	디딤	천재	금성	두산	문원	블랙	교(구)	교(김)	민중	중앙	한국	상문	대한	형설	청문	태성	
최인훈	광장	*	■	*	*	*		*	*	*	*	*	*	*			*	*	*	14
조세희	난장이가쏘아	*	*	*	*	*		*			*						*			8
김유정	동백꽃	*		*		*	*				*				*		*		*	8
안국선	금수회의록		*	*				*	*	*						*		*		7
황석영	삼포가는길		*					*			*	*	*		*			*		7
김승옥	서울,1964년	*	*		*			*	*		*									6

---

25) 18종 '문학' 교과서에 실린 작품의 유형은 매우 다양하다. 단원의 제재로 실린 경우가 있는가 하면 제재라고 하더라도 한 두 단락만 부분 발췌하여 실어 놓은 경우도 있었고 학습 활동에 제시된 문학작품의 수도 많았다. 이 연구가 문학교육의 정전 문제를 다루고 있다는 점을 고려하여 작품의 범위를 단원의 제재로 선택된 경우에 한정하여 수록의 여부를 작성하였다. 그러다보니 수록된 작품의 수가 적다.
가장 많이 수록된 <광장>의 경우만 '■' 표시로 보충학습의 제재로 제시된 경우를 따로 표시하였다.

저자	작품																		계
채만식	태평천하		*	*					*	*	*						*			6
이효석	메밀꽃필무렵	*				*									*	*		*		5
현진건	운수좋은날	*			*	*		*						*						5
이광수	무정			*		*	*			*				*						5
염상섭	만세전			*				*				*				*	*			5
이상	날개					*		*								*	*	*		5
박태원	소설가구보씨			*					*			*				*	*			5
손창섭	비오는날			*			*	*	*							*				5
김동리	역마		*			*			*							*	*			5
염상섭	두파산			*			*		*						*			*		5
박완서	엄마의말뚝	*					*				*						*			4
이인직	혈의누			*	*						*								*	4
김동리	무녀도	*		*														*		3
현진건	고향		*			*												*		3
채만식	치숙						*						*					*		3
김승옥	무진기행					*							*						*	3
황순원	학		*	*				*												3
이해조	은세계											*			*		*			3
오상원	유예			*				*												2
채만식	논이야기					*								*						2
이청준	병신과머저리			*						*										2
하근찬	수난이대		*							*										2
조세희	뫼비우스의띠					*			*											2
이미륵	압록강은흐른		*	*																2
박경리	토지							*										*		2
이효석	산						*										*			2
이태준	복덕방								*	*										2
김동인	배따라기														*		*			2
최명희	혼불								*									*		2
최서해	홍염	*													*					2
김유정	만무방			*								*								2
김정한	모래톱이야기		*						*											2
양귀자	한계령				*				*											2
김동인	감자		*								*									2
박완서	그해겨울은따													*						1
이범선	오발탄								*											1

		1	2	3	4	5	6	7	8	9	10	11	12	13	14	15	16	17	
박완서	나목						*												1
임철우	사평역											*							1
이문열	금시조														*				1
박경리	불신시대															*			1
이청준	서편제											*							1
이호철	탈향												*						1
전영택	화수분																	*	1
황순원	목넘이마을의				*														1
임철우	붉은방														*				1
이문구	관촌수필						*												1
강신재	젊은느티나무						*												1
양귀자	원미동시인													*					1
이청준	선학동나그네																*		1
전상국	우리들의날개									*									1
김원일	도요새에관한한									*									1
장용학	요한시집									*									1
김승옥	역사										*								1
현진건	할머니의죽음										*								1
홍명희	임꺽정					*													1
최일남	흐르는북					*													1
황순원	나무들비탈에					*													1
이인성	당신에대하여																	*	1
김정한	수라도																	*	1
윤영수	민사75다600																	*	1
윤홍길	장마															*			1
이문열	선택																	*	1
신채호	꿈하늘						*												1
김동인	광염소나타																	*	1
황순원	독짓는늙은이				*														1
이호철	닳아지는살들				*														1
전광용	꺼삐딴리	*																	1
박완서	황혼		*																1
이문열	젊은날의초상		*																1
박경리	김약국의딸들						*												1
정비석	성황당															*			1
오영수	갯마을															*			1

작가	작품																		
김승옥	환상수첩															*			1
최학송	탈출기															*			1
안수길	북간도															*			1
이태준	돌다리			*															1
김학철	종횡만리			*															1
박완서	우황청심환			*															1
김소진	자전거도둑										*								1
최윤	푸른기차										*								1
채만식	허생전								*										1
김동리	사반의십자가																*		1
신경숙	외딴방								*										1
채만식	미스터방				*														1
전광용	사수						*												1
이문구	유자소전						*												1
황순원	너와나만의시						*												1
강석경	숲속의방						*												1
박완서	그해겨울은따												*						1
이해조	자유종	*																	1
서정인	강																	*	1
조정인	가시고기														*				1
황석영	아우를위하여							*											1
이청준	줄													*					1

18종 '문학' 교과서에 가장 많이 수록된 작가와 그의 작품

작가	작품
박완서	〈세상에서 제일 무거운 틀니〉, 〈그해 겨울은 따뜻했네〉, 〈엄마의 말뚝〉, 〈우황청심환〉, 〈나목〉, 〈황혼〉
채만식	〈치숙〉, 〈태평천하〉, 〈논이야기〉, 〈허생전〉, 〈미스터방〉
황순원	〈학〉, 〈나무들 비탈에 서다〉, 〈목넘이 마을의 개〉, 〈너와 나만의 시간〉, 〈독짓는 늙은이〉
이청준	〈병신과 머저리〉, 〈줄〉, 〈서편제〉, 〈선학동 나그네〉
김승옥	〈역사〉, 〈무진기행〉, 〈환상수첩〉, 〈서울, 1964년 겨울〉
김동인	〈광염소나타〉, 〈감자〉, 〈배따라기〉
현진건	〈할머니의 죽음〉, 〈운수좋은 날〉, 〈고향〉
김동리	〈무녀도〉, 〈사반의 십자가〉, 〈역마〉
이문열	〈금시조〉, 〈젊은 날의 초상〉, 〈선택〉

심화 과목 '문학'의 경우 가장 많이 수록된 작품은 최인훈의 <광장>
이다. <광장>은 대부분의 '문학' 교과서에 실려 있다는 점에서 7차 교
육과정기에 '문학' 과목을 선택한 학습자라면 접할 가능성이 높은 작품
이 된다. 이는 '문학' 교과서의 집필진들이 직접 합의한 사안이 아니라
는 점에서 이러한 결과를 가져온 문화적 기반에 대한 고려가 필요한 부
분이라고 생각한다. 특히 <광장>의 수록 부분은 대부분 명준이 중립국
을 선택하는 부분 전후로 되어 있으며, 학습활동 역시 명준이 중립국을
선택한 이유, 갈매기나 사북자리의 상징적 의미, 시대적 배경과 연관하
여 이 작품이 갖는 의미를 파악하는 데 초점을 맞추고 있다. 예를 들어
이 작품이 제시하고 있는 중립국, 가족에의 귀환 의식 역시 바람직하다
고 볼 수만은 없는데 대부분의 교과서에서는 이를 비판적으로 인식하도
록 하기보다는 그러한 선택의 이유와 타당성을 찾게 하는데 초점을 맞
추고 있어서 다양한 사유의 가능성을 열어두지 못한 점이 지적되기도
한다.26)

---

26) 한수영은 관념과잉으로서의 한국전쟁 읽기가 최인훈의 <광장> 해석에도 그대로 나타
난다고 본다. 한국전쟁을 다룬 소설을 읽힐 때는 모든 텍스트가 다 그렇지만 누구의 시
선에서 어떻게 그려지고 있는가를 검토해야 한다. 모든 텍스트에는 쓴 사람의 사상과
감정이 투사되고 그것은 다시 텍스트 내부의 서술자에 의해 중개되거나 왜곡될 수 있
다는 것을 서사갈래의 특성에 적어놓고도 정작 광장과 같은 구체적인 텍스트를 가르칠
때에는 그러한 지침이 종적도 없이 사라진다(한수영, 앞의 논문, 51면). 강진호는 이 부
분이 분단 문학의 안이한 태도가 드러난다고 한다. 문제의 지문으로 인용한 광장의 한
대목은 이명준이 남한도 북한도 아닌 제 3국은 선택하는 과정을 그린 부분이다. 여기서
왜 제 3국을 선택했는지 드러나지 않고 있다. 이러한 점은 지문의 선정이 작품 내용에
대한 충분한 고려 없이 형식주의적인 구색 맞추기 식으로 이루어진 것은 아닌가하는
의문을 갖게 한다. 사실 광장의 문제성은 이데올로기 문제를 정면으로 다루면서 인간의
삶을 전쟁과 분단이라는 사회역사적 맥락 속에서 파악한 데 있다. 그러나 이러한 점은
교과서 수록된 부분에서는 파악하기 어렵다(강진호, 「교과서 · 문학 교육 · 교사—'분단
소설'을 중심으로」, 『문학교육학』 제9호, 한국문학교육학회, 2002).

(2) 통시적 차원의 반복

통시적 차원에서 정전을 구성한다면 지금까지 교과서에 수록된 작품 가운데서 지속적으로 반복된 작품이 중심이 될 수 있다. 문제는 지속적인 반복의 단위를 어떻게 설정하는 것인가의 문제인데 실제 교과서에 수록된 작품을 수록 횟수별로 분석해 보면 세 차례 정도 반복된 작품이 많지 않기 때문에 그 정도를 통시적 차원의 정전 범주에 포함시키는 것이 적절하다고 본다. 1차에서부터 7차까지 '국어' 교과서에 실린 소설 작품 가운데 세 차례 이상 실린 작품을 뽑아 보면 아래와 같다.

	작 품	1차	2차	3차	4차	5차	6차	7차
중학교	이효석, 〈사냥〉	○	○	○				
	이범선, 〈학마을 사람들〉				○	○	○	
	주요섭, 〈사랑손님과 어머니〉					○	○	○
	오영수, 〈요람기〉			○	○	○	○	
	심훈, 〈상록수〉					○	○	
	황순원, 〈소나기〉		○	○	○	○	○	○
고등학교	염상섭, 〈삼대〉					○	○	○
	황순원, 〈학〉		○	○	○			
	심훈, 〈상록수〉(뽕나무와 아이들)	○	○		○			

통시적 측면에서 정전이라고 할 수 있는 작품들은 <사냥>, <요람기>, <사랑손님과 어머니>, <소나기>, <학마을 사람들>, <상록수>, <학>, <삼대>이다. 중학교에서는 이효석의 <사냥>, 이범선의 <학마을 사람들>, 주요섭의 <사랑손님과 어머니>가 세 차례 실렸고, 오영수의 <요람기>가 네 차례(7차에서는 보충심화에 실려 있음), 황순원의 <소나기>가 여섯 차례 교과서 제재로 선택되었다는 사실을 확인할 수 있다.

심훈의 <상록수>는 처음에는 고등학교 교과서에 실렸다가 이후 중학교 교과서에 수록되었는데 중고등학교 과정을 합하면 다섯 차례 실린 작품이다. 황순원의 <학>은 2차와 3차에는 실업계 고등학교 교과서에, 4차는 인문계 고등학교 교과서에 실렸으며, 염상섭의 <삼대>는 5, 6, 7차에 걸쳐 고등학교 교과서에 수록되었다. 특징적인 것은 정전이라고 부를 수 있는 작품이 대부분 연속적으로 실리는 경우가 많다는 사실이다. 고등학교와 중학교를 넘나들며 실렸던 <상록수>가 3차에서 배제된 경우를 제외하고는 대부분의 작품들은 단절되는 경우 없이 지속성을 유지하고 있다.

이들 작품들은 대부분 순수주의 경향을 지닌다고 평가받고 있다. <상록수>는 민족, 계몽적인 작품이고, <삼대>가 현실에 대한 인식을 보여주는 작품이라는 것을 제외하면 나머지 작품은 거의 유사한 경향을 지니고 있다고 하겠다. 먼저 이들 작품의 경향을 정리하면 아래와 같다.

① 소년 / 소녀 주인공 : <사냥>, <요람기>, <사랑손님과 어머니>, <소나기>
② 고향, 혹은 농촌(시골) 생활 : <사냥>, <상록수>, <요람기>, <학마을 사람들>, <소나기>

이들 소설들은 시간적으로는 유년기, 공간적으로는 고향 혹은 농촌을 배경으로 하여 순수성, 원초성이 보존되는 시공간을 선택하고 있다. 그리고 인간과 인간의 관계를 다루면서도 현실적인 측면을 부각시켜 갈등을 첨예화시키지 않고 자연적 배경이나 자연의 상징에 기대어 관계에서 발생하는 갈등을 무화시키는 방법을 택한다. 자연이 인간의 삶을 설명하고 인간의 삶에 정당성을 부여하는 작용을 함으로 인해 일제의 강점이나 전쟁과 같은 현실적 사건들은 모두 운명적인 것으로 작용하게 된다.

인간이 자연의 한 부분이라고 하는 인간과 자연의 결속성이 강조되면서 부분과 전체의 구조가 유사한 계열체를 생성해 내게 된다. 개인, 가족, 친족, 고향, 민족, 국가 등은 계열체적 관계 속에서 위치를 바꿔가며 부분과 전체의 의미망을 형성한다. 전체 안에서 부분은 모두 동질적인 존재로서, 원초적으로는 인간과 인간, 인간과 자연이 미분화된 세계, 인류의 유년기라고 할 수 있는 이 원초적 무의식의 세계 속에 이 소설들이 자리잡고 있다. 순수하고 서정적인 세계란 이러한 원형적 공간의 재현과 연결되는데, 이러한 원형적 공간의 재현이 지속적으로 이루어진다는 것은 이러한 지향성을 유발하는 어떤 독특한 정서가 존재하고 있으며, 그러한 정서가 지속적으로 재생산되고 있다는 국면에서 다룰 필요가 있다.

알티어리는 정전들은 관리적, 규범적 기능의 결과 이상화를 제도화하는 역할을 한다고 보고, 정전이 이상화된 태도들의 영역으로서 일종의 문화적 문법이라고 할 영역에 사람을 접하게 하는 하나의 제도적 수단이라고 설명한다. 이상화란 현실의 구체적인 국면을 배제하고 현실의 문제를 추상화시키는 방식을 의미하는 것으로, 우리 자신의 현재의 욕망을 과거로부터 보전된 상상적 담론의 형식들에 연결시켜 주는, 개인의 이해관계를 초월하는 가치의 원리에 동화하는 과정에 작용한다.[27] 이러한 작품들이 지속적으로 문학교육의 정전이 될 수 있었던 이유는 현재의 문제를 상상적인 방식으로 해결하려는 이상화의 기제와 연결되어 있기 때문이며, 이를 문화적 무의식이라 부를 수 있다.

---

27) C. Altieri. "An Idea and Ideal of a Literary Canon", in Robert von Halberg, ed. Canons, The Univ. of Chicago, 1983, 45면. 송무, 『영문학교육의 정당성과 정전의 문제』, 320면에서 재인용.

4. 정전 논의의 확장 가능성

현대사회에서 정전이 갖는 의미는 무엇일까. 정전이 절대적인 권위를 가질 수 있었던 폐쇄된 사회와는 달리 다양한 소통, 선택의 가능성이 열려 있는 사회에서 정전은 무슨 의미를 가질 수 있을까. 정전은 그 자체로 이데올로기적 관여에서 자유로울 수 없다는 점에서 지속적인 비판의 대상이 되고 있지만 정전에 대한 논의는 정전을 해체하자는 쪽보다는 정전의 수를 늘리거나 주체의 수용 측면을 강조하는 방향으로 정전의 유형을 확장해 가고 있다. 제한된 시간 안에 작품을 가르치기 위해서는 선별할 수밖에 없으며, 완전한 하나의 정전이 더 이상 존재하지 않는다면, 그것은 결코 이전에도 그러한 정전은 존재하지 않았기 때문이며, 그 자리에는 목적을 가진 선별만이 있다고 보기 때문이다.28)

하지만 정전에 대한 논의가 활발하게 전개되고 있으면서도 정전을 어떻게 다루어야 하는가에 대한 명료한 해결점을 제시하지 못하고 있는 이유를 본 연구에서는 정전 개념 자체가 중층적인 구도 안에서 작용하고 있기 때문이라고 진단한다. 이 연구에서 제안하는 방안 역시 실천 가능한 해결 방법으로 구체화된 것은 아니지만, 다양한 대안들을 내어 놓고 모색의 가능성을 찾아보는 일이 필요하다는 점에서 몇 가지 방향을 제시해 보려고 한다.

---

28) 김양순, 「현대 미국시의 정전의 문제」, 『미국학논집』 36-2집, 2004년 가을, 90~91면.

1) 다양한 선별 기준으로서의 정전

　문학교육과 관련하여 정전은 교과서에 실릴 작품의 선별 원리로 작용하였지만 선별되지 않은 작품도 다른 조건하에서는 정전이 될 수 있다. 작품정전, 해석정전, 작가정전, 방법정전, 중심정전, 주변정전, 민족정전, 탈민족정전, 식민주의정전, 탈식민주의정전[29] 등의 분류가 존재하는 것도 선별의 방향에 따라 다양한 정전이 존재할 수 있다는 점을 보여준다. 달리 말한다면 문학교육 정전은 잠재적인 정전층—문학 정전, 작가정전, 작품정전 등—가운데 어떠한 것이 선별되는가에 따라 또 다른 층위의 정전이 구성된다고 하겠다. 해체주의를 통해 우리가 확인할 수 있었던 것은 인식의 전제조건, 행동의 규정, 가치의 정립 등으로 규정되는 정전의 전통적인 규범적 기능은 의미를 상실하게 되었다는 사실이다. 철학적 논의가 의미를 확정하는 정전의 가능성에 대하여 논증하고 있다면, 사회적 논의에서는 행동과 인지의 방향을 주도하는 심급으로서의 위대한 정전의 효력이 다원화를 특색으로 하는 현대사회에서도 유지될 수 있는지에 대한 의문을 제기하고 있다.[30]

　이러한 현상을 토대로 삼아 문학교육의 정전을 선별할 때에도 다양한 조건을 고려할 필요가 있다. 우리의 문학교육 정전은 그 선정 과정에 있어서 정치적·문화적 이데올로기가 개입할 가능성이 크다고 하더라도 실제 교과서에 선택된 작품은 순수주의, 민족주의 경향이며, 그것을 교육하는 방식은 분석주의에 기초하고 있다. 이러한 사실은 문학교육의 정전이 처해 있는 모호한 위상을 보여주는 부분이다. 정전이 서로 다른 공

---

29) 라영균, 앞의 논문, 138~139면.
30) 고규진, 「다문화시대의 문학 정전」, 『독일언어문학』 23집, 2004. 3, 86면.

정을 통해 만들어져 성격이 다른 일련의 교육적 과정 속에 존재하고 있다는 사실은 선정된 작품은 그 자체로 충분히 의미를 갖고 있다는 점, 그래서 실제의 교육 내용과는 별개로 존재한다는 점을 전제한다. 즉 문학교육의 과정 속에서 정전은 문학작품의 선별 원리로 독자적으로 존재하고 있으며, 문학을 통해 교육해야 할 내용을 정하는 작업은 별도의 원리에 의해 구조화되고 있다는 것이다.

지금처럼 순수주의 계열의 작품들과 분석주의적 이해가 공존하는 방식을 보완하려면 교육의 장에서 이루어지는 단계간의 연속성이 필요하다. 지금과 같이 정전이라면 그 자체로 읽을 만한 가치가 있다고 보는 관점에서 벗어나 교육의 방향에 따라 적절한 정전을 선택하는 일이 필요하다. 이를 위해 교육목표, 주제, 이론, 활동 측면에서의 다양성, 지식, 소통과정, 상상력, 감상방식 등의 다양성을 모색할 필요가 있다. 이러한 다양성은 다른 맥락에서 보면 다양한 정전의 가능성과 연관된다. 교과서에는 제한된 수의 작품 외에는 선별되기 어렵다는 점에서, 다양한 조건을 정전 선별의 조건으로 삼는다면 문학작품과 교육내용 간의 연관성은 물론 교육내용이 도식적으로 전개되는 양상을 극복할 수 있으리라 생각한다.

2) 감상 태도로서의 정전

이 연구에서는 문학교육 과정의 정전을 분석하기 위한 대상으로 '국어' 교과서에 실린 소설작품뿐만 아니라 18종 '문학' 과목에서 선정된 소설작품의 목록 가운데 정전 작품에 해당하는 목록을 작성하는 데 있어 소단원의 제재로서의 성격을 가진 것만 포함시켰다. 학습활동에 부분

인용된 소설, 소단원 안에 포함되어 있다고 하더라도 인물의 성격이나 배경, 문체와 같은 것을 설명하기 위해 한 두 단락을 부분 발췌한 것은 제외한 셈이다. 그 과정에서 고민을 한 부분은 어디까지를 정전의 대상으로 삼아야 하는가 하는 문제였다. 결과적으로 제재에 해당하는 부분, 그러니까 어느 정도 문학적인 감상이 가능한 부분을 발췌한 것을 정전으로 보았는데 이는 정전의 개념 속에 교과서에 선택된 작품, 곧 권위 있고 모범적인 작품이라는 조건 이상의 것이 포함된 것으로 간주하고 있는 셈이다.

그 '이상의 것'은 문학작품에 대한 태도와 관련된 것으로, 이를 감상 태도라고 부를 수 있다. 문학작품을 감상하는 태도는 작품 자체와의 관계에 있어 작품을 하나의 기능을 습득하기 위한 수단이 아닌 작품 그 자체를 주체의 실존을 투사시키는 실존적 태도여야 한다고 생각하며, 그러한 태도를 정전과 연관하여 볼 수 있다. 작품을 대할 때 작품의 목소리에 귀를 기울일 수 있는 태도, 나아가 작품 자체에 주체를 투사시키는 그러한 태도가 정전이라는 이름으로 문학교육의 제재를 명명할 때 전제되어야 하는 조건이라고 본다. 이러한 태도는 다른 한편으로 보면 학습자의 정전을 만들어가는 과정이 될 수 있다. 정전을 자기화하는 과정에서 전제되어야 할 부분이 감상의 태도이며, 이러한 감상의 태도가 정전을 정전으로 만들어주는 방법일 수 있다.

3) 문화 소통 체계의 분석 도구로서의 정전

정전은 특정한 문학작품이 독자에게 권위적인 의미를 갖게 되는 과정, 문학작품의 유통 과정 전체에 관여하는 시스템을 설명하는 틀을 제공할 수 있다. 문영진은 문학작품의 정전화 문제를 문학작품의 소통체계를 취향·출판과 관련된 것, 문학사·비평과 관련된 것, 교육과정의 작성과 재작성과 관련된 것, 교실 차원에서 학생이 정전과 구체적으로 만남으로써 이루어지는 소통체계로 나누어 고찰하고 있다.[31] 이처럼 정전에 주목하는 이유는 정전을 통해 문학작품과 그 수용 과정뿐만 아니라 이러한 과정에 관여하는 메타적인 작용들을 분석할 수 있기 있기 때문이다.

정전은 체계화된 문화적 지형도 안에서 선별되며 이러한 선별은 배제된 다른 작품과의 관계에서 의미를 발생시키는 국면이 있다. 이러한 배치의 구도를 읽어냄으로써 특정 시대에 문학교육에 영향을 미치는 지배적인 취향은 무엇인가, 그러한 취향은 어떠한 과정을 통해 형성된 것인가, 지배적인 취향은 교육의 장에 어떠한 영향을 미치는가를 고찰할 수 있다. 이 경우 정전은 텍스트의 층위와 문화적이고 정치적 층위를 연결할 수 있는 매개가 된다는 점에서 다양한 해석과 비판적 독해의 가능성을 갖고 있다.

이와 함께 정전은 자명하게 인정해 온 사실들의 세계와 그로부터 주변 세계의 경계를 성찰할 수 있는 매개가 될 수 있다. 위대한 작품을 읽는다는 것은 그 자체로 해방의 논리도 아니요 우리를 반드시 이데올로기의 환상에 빠지게 하는 것도 아니다. 문학작품은 상이한 사회 문제에 대해 서로 다르고 모순되는 많은 것을 말해 줄 수 있다고 한다.[32] 문학교육에서 정전은 문학과 비문학, 대중문학의 경계에 대한 메타적인 분석을 가능하게 하며, 정전은 학습자들이 좋아하는 작품과 실제 제도적 교육에서 가르치는 작품 사이의 차이를 좁힐 수 있는 구체적인 방법을 모

---

31) 문영진, 「김동인 소설의 정전화에 관한 몇 가지 문제에 대하여」, 171면.
32) 길로이, 앞의 논문.

색하는 데 작용할 수 있다.

4) 문화적 무의식 이해의 지표로서의 정전

지속적으로 반복되어 선택된 문학작품은 특정한 영향력에 의해 주도
되는 의도적인 과정으로 이해하기는 어렵다. 곧 정전의 선별 과정에는
의도를 가지고 선택하였다고는 말할 수 없는 부분이 존재한다. 이에 대
해 이석호는 선택이라는 개념 자체가 양자택일이냐 아니면 복수택일이
냐에 상관없이 선험적으로 내장하고 있는 정치적 무의식 때문이라고 하
면서 정전이 정치적 선택의 산물이며, 집단 무의식이 하나의 특수 공간
혹은 특수 시간과 결합하는 과정에서 무의식의 변종이 발생하고 그것이
개체발생적으로 진화를 거듭한다고 본다.[33] 이는 정전을 의식적 수준의
이데올로기의 작용이라는 국면이 아닌, 다른 시각으로 바라볼 수 있는
관점을 여는 계기로 작용할 수 있다. 다시 말해 오히려 정전을 통해 비
의도적 결과가 갖는 문화적 무의식에 대한 이해가 가능하며, 이를 극복
하는 조정의 실마리를 찾을 수 있기 때문이다.

문학교육에서의 정전은 한 문화 공동체의 정체성이 잠재적인 방식으
로 구현된 것으로 볼 수 있다. 다시 말해 문학교육에서 정전, 특히 지속
적으로 반복되어 온 작품의 경우, 우리가 지속적으로 공감해 온 것은 무
엇이고 왜 그러한 부분에 공감하고 있는가를 성찰할 수 있게 한다. 순수
주의 계열의 작품에서 인간, 동물, 자연이 혼연일체가 된 시원적 공동체
에 대한 지향을 읽어냈고 이를 문화적 무의식이라고 불렀다. 김윤식은

---

33) 이석호, 「다문화시대의 문학교육 : 포스트콜로니얼리즘의 관점으로 본 정전 다시 읽기
의 의의」, 『영미문학교육』 4, 한국영미문학교육학회, 2000, 38면.

우리 민족이 갖고 있는 독특한 핏줄 지향의 경향을 언급하고 있다. 다시 말해 합리적인 분석에 대한 선호보다는 동물과 인간의 경계가 해체된 것, 비합리적인 것에 공감하고 그러한 작품이 꾸준히 생산된다는 점에 대한 비판이다. 이를 '피의 엉겨붙음'이라고 표현하고 있다. 그가 연속적인 계보를 형성한다고 본 <무녀도>, <장마>, <소지> 계열은 주술적인 경향의 작품을 지속적으로 생산 / 수용하는 우리의 문화적 토양을 드러내고 있다.[34) 이들 소설들이 전근대적인 세계에 기반을 두고 있음에도 불구하고 여전히 이들 소설에 공감하는 데서 오는 자괴감을 김현은 다음과 같이 표현하고 있다.

> 윤흥길의 뛰어난 몇 편의 소설이—그 예로서 내가 항상 염두에 두고 있는 것은 <장마>이다—한국인인 우리를 감동시키는 것은 그가 항상 우리를 한국인의 그 전이해의 공간으로 몰고 가기 때문이다. 그 공간에 들어갈 때마다 나는 무한이 고통한다. 나 자신이 불행한, 다시 말해 운명의 장난에 거역하지 못하는 바보같은 한국인이라고 느끼기 때문이다. 진짜 치열한 역사의식이란 그 공간을 한국인의 내면 공간으로 인정하고 그것을 뛰어넘을 수 있는 새 회로를 만들어 내려고 노력하는 것일 것이다.[35)

시대가 변화하면서 이러한 공동체의 의식도 변화하고 교육에서는 이를 바람직한 방향으로 변화시킬 수 있는 방안을 모색해야 한다는 점에 동의한다. 그러나 합리적인 해결 방식보다는 비합리적인 해결에 여전히 기대어 있는 심성의 깊은 차원이 존재하고 있으며, 교과서에 실린 정전

---

34) 김윤식, 「우리 문학의 샤머니즘적 체질 비판—세 가지 도식과 관련하여」, 『운명과 형식』, 솔, 1993.
35) 김현, 『전체에 대한 통찰』, 나남, 1990, 196~197면.

역시 그러한 심성에 맞닿아 있다는 것이 무엇을 의미하는가도 생각해 보아야 한다고 본다. 우리가 갖고 있는 심성에 대한 인식이 이러한 문학 작품을 통해 가능하다는 점에서 정전은 문화적 무의식을 이해하고 변경 해 나갈 수 있는 계기가 될 수 있다.

참고문헌

강진호, 「교과서·문학 교육·교사-'분단 소설'을 중심으로」, 『문학교육학』 제9호, 한국문학교육학회, 2002.

강진호, 「한국 문학전집의 흐름과 특성」, 『돈암어문학』 16, 돈암어문학회, 2003.

강진호, 「국가주의의 규율과 '국어' 교과서-1~3차 교육과정의 '국어' 교과서를 중심으로」, 『현대문학의 연구』 32, 현대문학연구학회, 2007.

고규진, 「다문화시대의 문학 정전」, 『독일언어문학』 23, 2004

권순긍, 「교과서의 변천과 문학교육의 방향-고등학교『국어』교과서를 중심으로」, 『문학교육학』 제4호, 1999.

김신정, 「교과서 수록 시와 여성 재현 양상」, 『현대문학이론과 비평』 28, 현대문학이론과비평학회, 2005.

김양순, 「현대 미국시의 정전의 문제」, 『미국학논집』 36-2호, 2004년 가을.

김윤식·김현, 『한국문학사』, 민음사, 1973.

김윤식·정호웅, 『한국소설사』, 예하, 1994.

김창원, 「문학교육의 성격과 '문학' 교과서의 지향-제7차 고등학교 「문학」 교과서의 점검과 논의」, 『국어교육학연구』 27, 국어교육학회, 2006.

김창원, 「시교육과 정전의 문제」, 『한국시학연구』 19, 한국시학회, 2007.

김혜정, 「국어교재의 문종 및 지은이 변천에 대한 통시적 검토-현대 교육과정기 전후 변화를 중심으로」, 『국어교육』 116, 한국어교육학회, 2005.

라영균, 「정전과 문학교육」, 『독어교육』 26, 한국독어독문학교육학회, 2003.

문영진, 「김동인 소설의 정전화에 관한 몇 가지 문제에 대하여-'회고'에서 교육장으로의 진입까지」, 『대동문화연구』 53, 대동문화연구소, 1997.

박영희, 「한국현대문학사」, 『사상계』 57, 58, 62, 64, 66, 68, 69, 1958~1959.

박용찬, 「한국전쟁 직후 현대시의 국어 교과서 정전화 과정 연구」, 『어문학』 91, 한국어문학회, 2006.

박용찬, 「문학 교과서와 정전의 문제」, 『국어교육연구』 38집, 국어교육학회, 2005.

백 철, 『조선신문학사조사 현대편』, 1949, 백양당.

송 무, 「문학교육의 '정전' 논의-영미의 정전 논쟁을 중심으로」, 『문학교육학』 제1

호, 한국문학교육학회, 1997.

송　무, 『영문학교육의 정당성과 정전의 문제』, 고려대학교 박사학위논문, 1994.

윤여탁, 「문학 교재 구성을 위한 현대시 정전 연구」, 『국어교육연구』 5, 서울대학교 국어교육연구소, 1998.

이석호, 「다문화시대의 문학교육 : 포스트콜로니얼리즘의 관점으로 본 정전 다시 읽기의 의의」, 『영미문학교육』 4, 한국영미문학교육학회, 2000.

정연재, 「19세기 미국문학을 통해 본 정전형성에 대한 고찰」, 『서지학연구』 28, 서지학회, 2004.

정재찬, 「현대시 교육의 지배적 담론에 관한 연구」, 서울대학교 박사학위논문, 1996.

조미숙, 「교육과정과 교과서 게재소설 변천 연구」, 『겨레어문학』 38, 겨레어문학회, 2007.

차혜영, 「한국 현대소설의 정전화 과정 연구―중고등학교 국어 교과서와 지배 이데올로기의 관련성을 중심으로」, 『돈암어문학』 18, 돈암어문학회, 2005.

한수영, 「문학 교과서와 소설 교육의 이데올로기―민족주의와 계급 담론을 중심으로」, 『문학동네』 46, 2006년 봄.

바르트, R., 윤희원 역, 「교과서에 대한 고찰」, 『문학의 교육』(듀브로브스키, S. & 토도로프, T), 도서출판 하우, 1996.

길로이, J., 박찬부 역, 「정전」, 『문학을 위한 비평 용어』(렌트리키아, F. & 맥로린, T 공편), 한신문화사, 1994.

제 7 장

아동청소년 문학의 정전과 권정생의 '한국전쟁 3부작'

김 성 진

대구대학교 국어교육과

1. 머리말

한국 문학사의 대표 작품이 곧 정전으로 인식될 수 있는가, 그리고 무엇이 이들 작품을 정전으로 구성해 왔는가에 대한 논의의 역사도 점점 두터워지고 있다. 정전이란 학교 제도에서 이루어지는 문학교육을 통해 인위적으로 형성된다는 관점은 특히 문학교육 연구자와 교사들에게 설득력 있는 것으로 수용되었다. 작품 선정에 관여하는 제도적, 이데올로기적 요소가 무엇인지 커다란 틀을 점검해 보았으며,[1] 완고한 보편성을 가정하는 정전 논리의 문제점에 대한 인식도 점차 확산되었다. 이 과정에서 정전이라는 개념 자체의 폐기에 대해서는 동의하는 사람이 많지 않지만, 적어도 정전의 수정 혹은 개방에 대해서는 공감대가 확산되었다. 근대 초기 문학사 서술에서 그동안 외면당했던 초기 여성 작가들의 역할을 재인식한다거나, 문학교육의 현장에서 학습 독자의 기대와 수준을 고려하여 대중 문학이나 멀티미디어 서사물 등이 수용된 것도 이러한 맥락에서 나왔다고 보아도 좋을 듯하다.[2]

정전성의 요소 중의 하나로 언급되던 '시대를 초월한 감동과 가치'라

---

[1] 문학이 생산하는 효과들을 담론 제도, 학술 제도 그리고 특히 교육 제도라는 사회적 실천들의 총체 속에서 문학을 하나의 제도로 파악고자 하는 논의에 가장 큰 영향을 준 이론적 전통은 '알튀세리안'에 의해 형성되었다고 해도 지나치지 않다. 대표적으로는 Macherey & Balibar(1981), 'On Literature as an Ideological Form', *Untying the Text*, Routledge & Kegan Paul을 들 수 있다.

[2] 정채찬, 『문학교육의 사회학을 위하여』(도서출판 역락, 2003)가 대표적인 성과이다. 한편 서사 장르를 중심으로 한 문학교육에서의 대중문화 수용에 대에서는 김성진, 「인터넷 로맨스 서사물 읽기의 맥락과 문학교육」(『현대소설연구』 26집, 2005)과 문학과문학교육연구소 편, 『디지털 시대, 문학의 길』(푸른사상, 2007)을 참조할 수 있다.

는 식의 사고가 가진 문제점을 여기서 자세히 논할 겨를도 없고 그럴 필요도 없다.3) 그러나 정전의 폐기가 아닌 '개방' 혹은 '확장'에 주안점을 둔다면 역시 '감동과 가치'의 문제를 에둘러갈 수 없다. 이는 나름의 '보편성' 혹은 예술적 '진리'를 지향할 수밖에 없는 정전이라는 범주의 숙명이다.4) 다시 말해 독자가 존재의 밀도를 느낄 수 있는 '사건'의 체험 가능성이 배제된 정전이라면, 그러한 범주를 굳이 설정할 필요는 없다. 여기서 '진리'라는 부담스럽기 짝이 없는 말을 남겨 놓는 이유도 독자 개인에게 그러한 '사건'이 도래할 수 있는 가능성을 남겨 놓기 위해서이다. 여기서 보편성은 작품의 내용 혹은 형식에서 규정적인 무엇이 교리처럼 굳어져 그에 맞추어 생각하고 살 것을 요구하는 방식이 아니라, 독자 개개인이 개별 작품에서 의미 있는 '사건'을 경험하고 그것이 삶에 영향을 미치는 그런 효과의 가능성이 누구에게나 열려 있다는 차원에서 설정되는 것이다.5)

다른 작품 모두에서 찾을 수 있는 그런 일반적인 특징이 아니라 바로 그 작품의 '개별성'이 정전 논의에서 더 강조되어야 하는 이유도 이 때문이다. 예를 들어 한 인물이 혹은 작품 전체가 특정 현실을 '잘

---

3) 다음의 발언은 이에 대한 비판을 간명하게 보여준다. "기성 문학계가 그를 위대한 작가로 정했기 때문에 셰익스피어는 위대한 작가가 된 것이다. 이는, 그가 '참으로' 위대한 작가가 아니다, 즉 그런 판단은 사람들의 견해일 뿐이다라는 주장은 결코 아니다. 왜냐하면 사회적·제도적 삶의 특정 형식들 안에서 글이 취급되는 방식과 무관하게 '참으로' 위대하거나 '참으로' 수준급인 작가는 없기 때문이다."(이글턴, 김명환 외 역, 『문학이론 입문』, 창작과비평사, 1986, 249면).
4) 이론보다도 고도의 식견에서 오는 판단력에 근거한 정전의 판단을 강조한 리비스의 경우, 불변의 기준을 근거로 한 독단론의 소산이 아니라, 전통을 형성하는 공동체의 동의를 강조하였다. 이에 대해서는 송무, 『영문학에 대한 반성』(민음사, 1997)와 김영희, 『비평의 객관성과 실천적 지평』(창작과비평사, 1993)을 참조할 것.
5) 사건과 보편성 그리고 진리에 대한 다른 방식의 사고 가능성은 알랭 바디우의 논의를 참조하였다(바디우, 이종영 옮김, 『윤리학』, 2001, 동문선).

반영하고 있다'(여기에 '예술적으로'라는 말을 붙여도 사정은 크게 달라지지 않는다)는 서술을 넘어서 개별 작품의 자질 자체에 대한 엄밀한 검토는 아동청소년 문학에서도 마찬가지로 중요하다. 그러나 현재 아동청소년 문학에서 내부에서는 정전 논의 자체가 없다고 해도 지나친 발언은 아니다. 그렇다면 그 이유는 무엇이고, 이를 위해 어떤 과제가 선행되어야 할 것인가?

2. 아동청소년 문학 정전 논의의 토대

아동청소년 문학에서 정전 논의가 미흡한 이유로는 무엇보다도 본격적인 아동 문학사의 서술의 부재를 들 수 있다. 물론 본격적인 근대 아동문학사 서술로는 이재철[6]의 저서가 있다. 그러나 현재의 문학사적 지형에서 볼 때, 이 책은 다루는 시대와 시각에서 협소한 면이 적지 않다. 이를 넘어설 새로운 아동 문학사를 서술하려는 노력과 더불어 한국 아동문학에서 정전에 해당하는 작품은 과연 무엇이 될 수 있는가에 대한 논의도 본격적으로 진행될 수 있다. 문학사 서술 역시 연대기나 자료의 고증에 머무르는 것이 아니라, '의미를 구성하는 글쓰기'이기 때문이다.

그런데 현재 아동청소년 문학 연구의 지형에서는 새로운 문학사 서술만큼이나 중요한 것이 그것을 위한 기초 작업이다. 1980년대 후반 카프 관련 잡지들이 공간(公刊)되고, 이어 월북한 문인들의 전집이 대거 간행되면서 대중적 관심을 일깨운 상황을 떠올릴 수 있다. 연구와 보급을 통

---

6) 이재철, 『한국현대아동문학사』, 일지사, 1978.

해 문학사의 공백을 메우고 이를 바탕으로 문학사 서술 자체를 일정 부분 수정하고 이어서 학교 문학교육의 정전 목록이 수정되었던 과정은 아동문학사 서술 및 아동문학 정전 논의에 시사하는 바가 크다. 기왕에 나온 『겨레 아동문학 선집』과 같은 선집을 통해 대중적 접근의 통로가 마련되어야 함은 물론이요, 『어린이』, 『별나라』 같은 식민지 시대의 잡지 그리고 해방 이후 『학원』 같은 자료가 체계적으로 수집되고 영인본의 형태로 간행되어 연구자들이 손쉽게 접근할 수 있어야 한다. 사적인 네트워크를 거쳐 연구자들이 자료에 접근할 수 있는 상황에서는 다양한 시각의 연구가 어렵기 때문이다.

언급한 이 두 가지 사항이 문학을 둘러싼 제도적이고 물질적 요인에 관련된 것이라면, 문학 내적으로는 아동청소년 문학에 대한 도구론적 관점의 해소 역시 중요하다. 어렸을 때 잠시 그것도 '훌륭한 사람'이 되기 위한 도덕 교육의 수단 정도로 동화나 동시를 사고한다면, 문학사는 말할 것도 없고 정전에 대한 논의 자체가 불필요하다. 계몽의 수단으로서 아동청소년 문학을 바라보는 시각은 거의 극복된 편이지만 '미적 근대성'이라는 문지방을 확실히 넘어선 것은 아니다. 아동청소년 문학에서 계몽성 혹은 교육성이란 다른 문학과 구별되는 별종의 계몽성이 아닌, 좋은 문학과 예술이 가지게 되는 그만큼의 계몽성일 따름이라는 인식이 더 확산될 필요가 있다. 특히 저학년 동화의 경우 '교육성'을 주제나 인간관 같은 내용의 차원에 국한시키지 말고 색채, 이미지, 놀이 등을 포괄하는 '종합적 수행의 교육성'에 더 큰 관심을 가질 필요가 있다.

아동문학 정전 형성을 위하여 문학사 서술, 선집 및 자료집의 출판 그리고 아동청소년 문학관의 조정 등과 더불어 동시대의 중요한 작품에 대한 비평을 통해 여러 겹의 의미망을 분석하여 그 의의를 자리매김하는 노력도 빼놓을 수 없다. 초등학교 문학교육에서 가장 중요한 것은 교과서에 실린 작품의 질이라고 해도 지나친 표현이 아니다. 특히 초등학교 저학년의 경우 소리를 내어 작품을 함께 읽는 것보다 중요한 활동은 없다. 고학년 역시 중등학교 문학교육처럼 복잡한 인지적 능력을 필요로 하는 특별한 활동보다는 작품을 바탕으로 한 비교적 소박한 활동으로 책 읽는 즐거움을 느끼게 하는 편이 좋다. 그런 점에서 '물건'의 질을 좀 더 엄격하게 살피는 아동청소년 문학 비평의 중요성은 지금보다 더 강조되어야 한다. 이를 일종의 '교육 비평'이라 할 수 있을 것인데, 이를 통해 교사와 학습자가 좀 더 안심하고 수업 시간에 활용하거나 교재로 포함시킬 수 있는 작품의 목록을 확보할 수 있을 것이다.

이 논문은 그러 점에서 세 번째 차원의 작업이라 할 수 있다. 그런데 권정생의 작품이 아동청소년 문학에서 그러한 '현대의 고전'에 가깝다는 점에는 비교적 많은 이들이 동의하는 듯하다. 그러나 <몽실 언니>를 비롯한 권정생의 작품에 대한 본격적 논의와 자리매김은 몇몇 논문을 제외하고는 아직 출발 단계를 벗어나지 못하고 있다. 특히 대다수의 자료집에 실려 있는 글은 권정생이라는 이름과 그의 삶이 주는 벅찬 감동을 이야기하는 사적 감상의 표현물에 가깝다.[7] 사실 작가와 작품을 분리하여 사고할 것을 중요한 격률로 삼고 있는 신비평이 제시한 근대적인 '텍

---

[7] 이러한 모습을 꼭 부정적으로만 보자는 것은 아니다. 사실 권정생의 동화나 소년소설을 논하는 글에서 반드시 언급되는 것이 그의 모든 작품이 권정생 자신의 산물이라는 것이다. 1986년의 좌담회에서 이현주는 "이 작품은 바로 작가 자신이구나 하는 것이었죠" "<몽실 언니>는 권 선생님만이 쓸 수 있는 것"이라는 발언을 남겼다. 일반적인 '작가론'의 시각과는 다른 그 무엇이 있다는 의미로 받아들여질 수 있는, 이러한 평가는 이후 다른 논자들의 글에서도 반복되었다(이현주・권정생 외, 「좌담 : 아동문학의 나아갈 길」, 『새가정』 1986년 9월호 ; 이철지 엮음, 『오물덩이처럼 딩굴면서』, 종로서적, 1986, 332면에서 재인용함).

스트’ 개념으로는 권정생 작품의 진수를 제대로 평가할 수 없는 것처럼 보이기도 한다. 그러나 권정생 문학의 진정한 가치를 평가하기 위해서라도 이러한 ‘상찬과 존경의 시선’을 넘어 작품을 작품으로 바라보려는 시도가 필요하다. 그 과정에서 혹 오해와 그릇된 독해가 뒤따를 수 있지만 적어도 침묵하면서 긍정하는 것보다 권정생의 작품을 살아 있게 만드는 길에 가깝다. 정전은 ‘살아 있는 원리’에 가까운 것이며 정전화 역시 이런 비평 담론의 백가쟁명 속에서 형성되는 것이기 때문이다.[8]

3. 개인의 수난사와 보편자의 윤리 — 〈몽실 언니〉

한국 전쟁을 소재로 한 권정생의 소년소설 3부작 중에서 정전 논의의 중심에 서 있는 작품은 단연 〈몽실 언니〉이다. 여러 평자들 역시 이 작품을 『강아지똥』과 더불어 권정생의 대표작으로 꼽는 데 별다른 이견이 없어 보인다. 한국 전쟁 직전 직후라는 역사적 현실을 배경으로 ‘극심한 생의 고통 속에서도 희망을 놓치지 않는 낙관적 전망’을 보여준다[9]거나 몽실 언니라는 캐릭터를 ‘한국 아동문학이 나은 불멸의 주인공’으로 보는 평가[10]가 대표적이다. 이 작품의 중요성은 1984년 초반이 나온 이래

---

8) 권정생 자신도 “글이라는 게 내가 썼는데도 일단 나가고 나니까 내 소유가 아니더라고요.”라는 말을 남긴 바 있다(「인터뷰 : 저것도 그림이 돼가지고 꽃을 피우는데」, 『창비 어린이』 2005년 겨울호, 16면).
9) 김상욱, 『숲에서 어린이에게 길을 묻다』, 창작과비평사, 2002, 178면.
10) 이러한 고평은 시간의 풍화를 견딜 수 있을 정도의 캐릭터를 많이 보유하고 있지 못한 한국의 동화나 소년소설계를 감안한 가운데 나온 것이라고 해도 몽실 언니라는 캐릭터가 이 작품에서 차지하고 있는 비중을 잘 보여주는 언급이라 할 수 있다(원종찬, 『동화와 어린이』, 창작과비평사, 2004, 254면).

두 번의 개정판을 내면서 50만 부 이상이 팔리며 노소를 막론하고 폭넓은 인기를 누리고 드라마로 제작된 될 정도의 '대중성'으로 증명이 되는 듯하다. 한국의 아동청소년 문학 작품으로는 드물게 일본에도 번역되어 나름의 호평을 받았다는 점도 빼놓을 수 없다. 여기에 더하여 평생을 육체적 고통과 싸우면서 꾸준히 아이들을 위한 글을 썼고 세속의 물욕을 완전히 넘어선 삶이 실제로 가능함을 보여주었던 작가 개인에게서 느껴지는 숙연함은 작품에 성스러운 '후광'마저 부여한다고 해도 과장이 아니다. 한국의 아동청소년 문학사를 대표하는 정전이 무엇인가를 논의할 때, <몽실 언니>를 빼놓을 수 없는 이유는 충분해 보인다.

<몽실 언니>를 고평하는 논의는 모두 몽실의 살아 있는 캐릭터에 주목한다. 물론 여기서 말하는 '생생함'은 그저 실감을 뜻하는 것이 아니라, 당시 역사적 상황과 결부된 전형성, 다시 말해 시대를 대표하는 일반성을 가지면서도 동시에 특정한 개별인의 특징을 가지고 있다는 점을 중시한 평가 어휘이다. 그런데 이 전형성과 결부된 '생생함'이라는 평은 <몽실 언니>를 비롯한 여러 작품의 일반적인 특징은 될 수 있을지 몰라도 바로 이 작품의 정곡을 찔렀다고 보기는 어렵다. 동시에 일반성과 개별성이 통일된 살아 있는 형상을 지칭하기 위해 사용되는 전형성이라는 범주가 작품 전체에 대한 총괄적인 평가로 오용되곤 한다는 점도 고려하지 않을 수 없다. 독법에 따라서 시대의 일반적 특징을 어떻게 파악하느냐가 달라지기 쉬울 뿐만 아니라, 인물의 '개별적인 생생함'이란 '감'의 문제에 가깝기 때문이다. 그런 점에서 '전형'은 때로는 작품에 대한 자의적인 평가 용어로 적지 않게 오용될 여지를 태생적으로 가지고 있는 개념이다. 총괄적인 평가의 개념을 넘어선 개별적인 작품의 특징을 보다 세밀히 밝히려는 시도가 필요하나. 필자가 '몽실'에 대해서 기능론

적 차원과 내용—주제론적 접근을 병행한 이유도 그 때문이다.

먼저 몽실이 작품 전체의 서사 구조에서 차지하고 있는 위치와 역할에 대해서 검토해 보도록 하자. 이 작품 안에 등장하는 다양한 화소(話素)는 모두 몽실과 연결되어 전체 이야기의 구조를 형성한다. 징용에서 돌아오지 않은 아버지를 두고 재가를 한 친어머니, 일제시대의 징용과 한국 전쟁 기간의 징병이라는 이중의 고통 속에서 몸과 마음이 서서히 허물어 죽음에 이르는 친아버지, 병약한 몸 때문에 동생 난남이를 낳자마자 세상을 떠난 새어머니에서 친어머니가 낳은 이부(異父) 동생들인 영득이와 영순이 이야기까지, 과연 원종찬의 지적처럼 몽실은 이 모든 에피소드의 집결점이다.

그런데 몽실은 사건의 중심일 뿐만 아니라 사건 전달의 중심이기도 하다. 몽실 자신의 일은 물론이고 이들의 여러 가지 삶은 일단 몽실의 눈을 거쳐 독자들에게 전달된다. 비록 이야기의 전달은 3인칭 전지적 서술자에 의해 이루어지지만, 이야기 속의 사건들은 등장인물 몽실의 눈으로 관찰되고 몽실의 인식과 생각을 통과하고 있다. 그런 이유로 3인칭 전지적 작가로서의 서술자와 구별되는 작품의 초점 주체 몽실을 구별할 수 있다. 주지하다시피 '시점'은 대상을 향한 인식의 지향뿐만 아니라 그 관찰의 결과를 진술한다는 의미 역시 내포하고 있는 개념이다. 이를 보다 명확히 하기 위해 쥬네뜨 이후의 서사 이론은 텍스트 안에서 '서술의 주체'와 '인식의 주체'를 구별하려는 경향을 보이며, 후자를 '초점 주체'라는 용어를 사용하여 변별하려 한다. <몽실 언니>는 이야기 안에 등장하는 인물 몽실을 초점 주체로 설정하여 내적 초점화의 방식을 활용하고 있다.11) 물론 '소년소설'이라는 장르의 특징으로 인해 서술자의 눈을 거친 해설과 평가가 부분적으로 등장한다. 그러나 작품 전체에 걸쳐 사건을 인식하고 판단하는 의식의 중심은 몽실이라는 한 인물에 집중되어 있다. 사건의 결점점이자 사건이 모두 몽실의 눈을 거쳐 전달된다는 점에서 이 작품의 명실상부한 주인공은 몽실이다. '개별자'로서의 몽실의 생생함이 부각될 수밖에 없는 서사 구조를 취하고 있는 것이다.

이제 몽실이라는 캐릭터를 구성하고 있는 내용 차원의 자질을 살필 차례이다. 무엇보다도 몽실은 수난의 일생을 사는 인물로 그려진다. <몽실 언니> 전편에는 해방기에서부터 전쟁에 이르는 시기에 걸쳐 고통을 당하는 아이들의 모습이 가득하다. 전쟁으로 인해 가장 큰 고통을 당하는 이들은 말할 것도 없이 어린 아이들일 수밖에 없다. 다른 두 작품에서도 아이들을 비롯한 당시 농촌 사람들이 겪었던 육체적이고 정신적인 고통은 비교적 자세히 그려진다. 그런데 몽실의 경우 그 고통은 가히 '수난'이라고 해도 지나친 표현이 아니다. 몽실은 어머니와 양부가 다투는 와중에 왼쪽 무릎이 꺾여 절름발이가 되고 만다. 양부의 폭력을 견디지 못해 다시 찾아간 친아버지 역시 술에 취해 폭력을 휘두르기는 매한가지이다. 친아버지가 주위 사람들의 소개로 얻게 된 양어머니 역시 약한 몸을 이기지 못하고 죽음을 맞이하고 전쟁터에서 돌아온 친아버지는 부상의 상처를 이기지 못하고 결국 죽음에 이르게 되는 것까지, 어느 것 하나도 아이들이 감내하기에는 버거운 수난이다.

다른 작품들 역시 고통 받는 아이들이 여럿 등장하지만 몽실처럼 모든 고통을 자신의 어깨에 짊어지는 캐릭터는 찾아보기 힘들다. 아직 어린 나이에 동생을 키우고 전쟁터에서 입은 상처로 죽어가는 아버지를

---

11) 뒤에 살펴볼 <초가집이 있던 마을>과 <점득이네>는 작품 외부의 전지적 서술자의 눈으로 본 사건을 3인칭이 전달한다는 점에서 서술자=초점 주체인 외적 초점화에 가깝다고 말할 수 있다. 자세한 사항은 리먼 케넌, 『소설의 시학』(최상규 역, 문학과지성사, 1985), 109~116면을 참조할 것.

부양해야 하는 거지의 운명도 수용할 따름이다. 심지어 새아버지의 폭력에 의해 부러져 몸이 불편하게 된 상황마저도 '다리 다친 것 내 팔자.'라고 받아들인다. 이 작품에 특히 '마을 할머니들, 시장터 술장수, 공사판 노동자들'이 호평을 보인 이유 중의 하나도 몽실이 언제나 자신에게 주어진 혹독한 운명을 말없이 받아들이는 운명의 수용자로 등장하기 때문이다. 그러나 묵묵히 운명을 받아들인다고 해서 몽실을 수동적인 인물로 규정할 수는 없다. 몽실이 멜로드라마의 주인공과 구별되는 면모는 무엇인가? 운명의 수용자의 이면에는 스스로에게는 물론이고 남에게 진실이 무엇인가를 묻는 '구도자'의 모습이 함께 한다.

> "국군하고 인민군하고 누가 더 나쁜 거여요? 그리고 누가 더 착한 거여요?"
> "……"
> "왜 인민군은 국군을 죽이고, 국군은 인민군을 죽이는 거여요?"
> 인민군 여자가 누운 채 말했다.
> "몽실아, 정말은 다 나쁘고 다 착하다."
>
> ― 〈몽실 언니〉, 123~124[12]

이처럼 전쟁의 와중에 모두가 그냥 받아들이기만 하는 '사실'에 몽실은 의문을 제기한다. 그리고 물음은 때로는 자신의 삶에 대한 성찰 같은 소박한 차원에서, 이데올로기의 본질에 관한 것을 넘나든다. 몽실의 물음은 '착한 사람도 죽는 것은 마찬가지야. 새어머니는 너무 너무 착했는데도 죽었어.' 같은 독백처럼 죄와 죽음이라는 종교적인 문제에도 이어진다. 집을 나간 아들의 행방을 대지 않아 고초를 당하는 앵두나무집 할

---

12) 2004년에 나온 개정 2판을 인용하였다.

아버지에 대해 아버지와 대화를 나누다가, "빨갱이라도 아버지와 아들은 원수가 될 수 없어요. 나도 우리 아버지가 빨갱이가 되어 집을 나갔다면 역시 떡 해드리고 닭을 잡아 드릴 거여요."(68면)라고 말하는 것이 작위적이지 않은 이유도 운명의 수용자로서의 몽실의 형상이 이러한 말을 뒷받침하고 있기 때문이다.

구도자로서의 몽실은 '눈에 파랗게 불꽃을 튀며' 분노하는 모습으로 나타나기도 한다.

> 몽실은 의용군 아이한테 바짝 다가가 섰다.
> "왜 그런 걸 묻니?"
> "사람을 죽이는 건 인민을 위한 게 아니야."
> "인민을 못살게 하는 반동 분자는 죽여야 해!"
> 의용군 아이도 지지 않고 분명하게 말했다.
> "사람을 죽이는 인민군도 같은 반동이야!"
> "뭐야?"
> 의용군 아이가 어깨에 멘 총을 벗었다. 그리곤 돌아서서 총구멍을 겨누었다.
> "왜? 넌 나같은 아이도 죽일줄 아니?"
> "그래 죽일 줄 안다."
> 몽실의 눈에 파아랗게 불길이 올랐다.
> "죽여 봐! 어서 죽여 봐!"
>
> — 〈몽실 언니〉, 131~132

그런데 작가는 이 장면을 통해 무엇을 말하고자 한 것일까? 물론 몽실 개인의 선량함을 생각해야겠고, 작가 역시 모든 종류의 이데올로기에 선행하는 인간애를 말하기 위해 이 장면을 배치해 놓았을 것이다. 동족을 죽음으로 몰고 가는 사상은 어떤 사상이라도 이미 그 자체로 악이라는 생각은 이 작품의 다른 장면은 물론이고 <초가집이 있던 마을>이나 <점득이네> 같은 작품에서도 자주 등장한다. 인간은 그 무엇보다도 소중하다, 그리고 인간의 고통은 같은 인간으로 하여금 연민을 자아낸다. 그것은 그저 그가 '나와 동일한 인간' 혹은 기독교식으로 말하자면 '동일한 하느님의 창조물'이기 때문이라는 것이다.

여기서 '동일한'의 범위는 어디까지일까? 일단 같은 민족임을 들 수 있다. "어떻게 휴전선이라도 틔워져야만 최소한의 인간으로써 살 수 있지 않을까? 지금 우리가 모두 미친 상태야."[13]라는 작가의 생각이 한국전쟁 3부작 전체를 형성한 원동력과 같다는 점에서 '민족 공동체'로 생각이 이어짐은 당연한 일이다. 그런데 거리에 버려진 흑인 혼혈아기를 '화냥년의 새끼'라며 짓밟으려는 어른들로부터 아이를 보호하려는 몽실의 행동에서 '인간'은 모든 인간, 혹은 그냥 인간 일반으로 확장된다. 이 역시 연민에서 나온 행위임에는 틀림이 없다. 연민(pity)은 자신을 고통받는 자의 처지에 놓는 감정이다. 루소에 따르면, 이를 통해 인간은 맹목적인 자기 보존의 원리를 어느 정도 극복할 수 있다. 그러나 연민은 어떤 종류의 반성적 사고에 선행하는 것으로 동물에게서조차 그 징후를 엿볼 수 있는 자연적 미덕이기도 하다.[14] 다시 말해 종족 구성원의 고통에 대한 자연스러운 혐오의 감정으로서의 연민은 자연 상태의 자기애에 가깝다는 점에서 '잠재적인 도덕 감정'이지 적극적인 윤리에는 미치지 못하는 개념이다.[15]

---

13) 이는 1986년 권오삼에게 보낸 작가의 편지에 나오는 말이다(이철지 엮음, 앞의 책, 1986, 281면).
14) 장 자크 루소, 주경복 역, 『인간불평등 기원론』, 책세상, 2003, 78~81면.
15) 자연 상태에서 인간은 전(前)도덕적이며 그들은 선하게도 악하게도 될 수 있는 자연 속

자신과 피부가 다른 아이를 자신과 같은 인간으로 인정하지 않기 때문에 어른들은 버려진 갓난아기에게 동정심을 느끼지 못하는 것이다. 그들은 비도덕적인 것이 아니라 '잠재적인 도덕 감정'에 충실했을 뿐이다. 만일 연민이 작동하지 않는다면, 이 행동은 그다지 부자연스럽지 않다. 그러나 어른들과 달리 몽실은 아기를 감싸고 이 아기를 폭력으로부터 구해낸다. 몽실은 이 아이를 자신과 동일한 인간 다시 말해 같은 '종족 구성원'으로 보았기 때문이다. 인간의 범주를 자신과 유사한 외적 신체적 특징으로 국한시키지 않았다는 점에서 몽실의 행위는 연민의 최대치를 발휘한 것으로 불 수 있지만 동시에 동정심에 기초한 막연한 휴머니즘을 넘어서는 면모를 보이기도 한다. 몽실에게 인간은 어떤 규정성에 의해 제한되지 않는 모든 인간이다. 그리고 '인간을 그 자체 목적'으로 생각하지 않는다면, 아이를 향해 '화냥년의 새끼'라고 하는 누군가의 말에 "누구라도 배고프면 화냥년도 되고, 양공주도 되는 거여요."(190면)라고 부르짖을 수 없다. '화냥년'뿐만 아니라 배고프고 병든 자 그리고 때로는 '적'도 나와 동일한 인간으로 간주하는 것이 인간을 그 자체 목적으로 대하는 윤리이고, 몽실은 작품 여러 곳에서 이를 행동으로 보여주고 있고 있다. '너의 인격과 모든 타자의 인격에서 인간성을 단지 수단으로서만이 아니라 동시에 항상 목적으로 사용하도록 행위하라'로 요약되는 칸트의 윤리관은 '연민'에 기초하지만 자기 보존 원리를 내포하지 않는다는 점에서 '연민의 윤리' 이상의 것이기도 하다.[16] 나와 피부색이

───────────────

의 인간이라는 점에서 순진무구하다고 보아야 한다. 루소의 연민 개념에 내재한 모순에 대한 설명으로는 K. Ansell-Person, Nietzsche contra Rousseau(Cambridge UP, 1966, 61~62면)를 참조하였다.

16) 이 구절은 일반적인 칸트 윤리학에 대한 이해와 달리, 인간이 굶주림에서 벗어날 물적 토대를 바탕으로 할 때 윤리가 힘을 발휘할 수 있다는 식으로 해석될 수 있다(가라타니 고진, 송태욱 옮김, 『트랜스크리틱』, 한길사, 2005, 219~222면을 참조할 것).

같지 않다는 이유로 혹은 어떤 유보 사항을 통해서든 이 아이를 '인간의 타자'로 간주하는 것은 인간을 수단으로 대하는 것이다.

다른 장면에서도 몽실은 '제한 없는 연민'의 감정을 바탕으로 모든 인간을 그저 동등한 인간으로 대우하는 보편적 휴머니즘에 충실한 모습을 잃지 않는다. 인간을 나누는 여러 가지 경계에 대한 의문을 회피하지 않는 충실함에 의해 뒷받침되고 있기에 몽실의 형상은 성자적 엄숙함마저 획득하게 된다. 몽실에게서 '모든 것이 내 탓이오' 식의 운명의 수용자로서의 소극적인 도덕률을 넘어서 적극적인 윤리를 추구하는 모습을 발견할 수 있기 때문에 <몽실 언니>는 좋은 의미의 종교문학 특히 성자전에 가까워진다.17) 모든 사건을 한 인물 몽실에게 집중시킴으로써 구도자로서의 삶은 선명함을 잃지 않으면서도 작가가 말하려고 하는 바를 효과적으로 전달할 수 있었다.

4. 재앙을 재현하고자 하는 의지
－〈초가집이 있던 마을〉, 〈점득이네〉

<초가집이 있던 마을>과 <점득이네> 역시 한국 전쟁이라는 거대한 재앙을 묵묵히 견디며 생존을 위해 발버둥을 쳐야 했던 어린 아이들의

---

17) 한 개인의 수난사를 바탕으로 윤리적이고 종교적인 물음이 제시되며, '영웅의 일생'과 상통하는 '성자의 일생'을 통해 민중이 종교적 교리에 쉽게 접근할 수 있게 하는 것이 성자전의 기본적인 특징이다. 신약 성서에 등장하는 '사도행전'은 기독교 전통에서 나온 성자전의 대표격이라 할 수 있는데, 새로운 인물을 계속 추가해서 쓸 수 있다는 특징도 나타난다. 자세한 사항은 조동일, 「한국의 고승전에서 세계의 성자전으로」(『관악 어문연구 21집』, 1996)를 참조하였다.

비극을 소재로 하고 있다. <몽실 언니>를 포함해서 이 세 작품을 삼부 작으로 묶을 수 있는 이유도 이러한 유사성 때문이다. 그런데 표면상의 유사성과는 달리 <몽실 언니>와 나머지 두 작품은 서사 구성의 원리 면에서 확연히 구별된다. 앞에서 살펴본 것처럼 <몽실 언니>는 이야기 안에 등장하는 한 인물 몽실의 눈으로 사건을 보고 해석하고 있다. 그런데 이 두 작품에서는 몽실처럼 작품 전체에 걸쳐 주된 '초점 주체' 역할을 하는 이야기 안의 등장인물을 찾을 수 없다. 대신 이야기를 전달하는 전지적 서술자가 이야기 바깥에서 마을 아이들의 삶을 지켜보고 있다.

<초가집이 있던 마을>에 등장하는 등장인물은 수적으로도 적지 않다. 피난의 와중에서 아끼던 강아지와 송아지를 놓고 가야 하던 유준이와 유종이 형제, 혼인 직후 남편이 징집되어 결국은 과부가 되는 금아, 가난으로 인해 식모로 팔려가게 된 학순이 그리고 인민군을 따라 월북한 아버지로 인해 고통 받는 문식이 형제 등 주요 인물만 해도 열 손가락으로 꼽기 어렵다. 그리고 이들과 관련되어 등장하는 많은 마을 아이들만 해도 여럿이고 이들의 사연도 적지 않다. 이들의 모습이 전지적 서술자의 눈을 거쳐 골고루 포착된다. <초가집이 있던 마을>에 두드러진 주인공을 찾기 어려운 이유도 이처럼 초점 주체가 이야기 안에 없는 것과 연결된다. 굳이 꼽자면 마을 친구 유준과 복식이가 그나마 주인공에 가깝다. 둘도 없이 친한 사이였던 이 두 사람이 가족을 따라 피난을 갔느냐, 마을에 그냥 남아 있었는가에 따라 이후 처지가 갈라져 발생하는 갈등이 이 작품에서 중요한 비중을 차지하고 있기 때문이다.

유준은 놀라면서 어쩔 줄을 몰랐다. 복식은 왜 조그만 일에도 국군을 못마땅히 여기고 꼬치꼬치 따지는 걸까?

"복식인 인민군 편드나?"

유준이 자기도 모르게 튀어나온 말이었다. 복식은 끝내 유준을 무섭게 노려보았다.

"그래, 울 아부지가 인민군 편에 일하다가 인민군 따라갔이까네 나도 인민군 편드는 거다. 어얄래? 지서에 고발해서 잡아다 쥑일래? 쥑이고 싶 그덩 잡아다 쥑여라."

어느새 복식은 울고 있었다. 부릅뜬 굵다란 눈이 빨갛게 물들면서 눈물방울이 뚜뚝뚝 떨어져 흘러내렸다.

— 〈초가집이 있던 마을〉, 160

비극은 이외에도 여럿이다. 아버지가 징용으로 끌려간 뒤 가난한 조부모 밑에서 산나물죽으로 연명하고 가장 큰 소원이 맛난 음식을 듬뿍 먹는 것인 종갑이와 종갑이를 키우는 할아버지와 할머니의 형상이 차지하는 비중 역시 만만치 않다. 하지만 <초가집이 있던 마을>의 어두운 분위기를 이야기할 때 빼놓을 수 없는 것이 문식의 자살로 귀결되는 작품의 결말부이다. 여기서 '열사의 정치학'이 실재했던 7, 80년대의 시대적 파토스를 말하지 않을 수 없다. 그것은 분명 시대의 비참함이 강요한 것이고 가급적 회피되어야 할 삶의 방식이지만, '인간의 자연권'이라는 추상 명제를 앞세워 그것을 덮어놓고 부정하는 것도 무의미하다. 인간의 존엄함이란 다른 각도에서 보면, 죽음에 대항하는 생명의 권리나 비참함에 대립하는 생존의 권리에 국한되지 않고 지상에서 '불멸의 존재'가 되는 것에서 발견될 수도 있다. 그렇다면 문식의 자살은 '고통과 죽음의 우연성에 대해 지배권을 행사하는 무한성의 권리'를 주장한 주권자로서의 선택으로 볼 수도 있는 것이다.18) 아버지에게 총을 겨누는 군인이 되

---

18) 알렝 바디우, 이종영 옮김, 앞의 책, 2001, 19면.

느니 평화주의자로서 죽음을 택한 행동은 '스스로를 긍정하는 불사의 존재가 될 권리'를 보여주는 '진리의 윤리학'에서 나온 것일 수도 있다. 그저 죽지 않고 생존하는 것이 아니라 능동적 선택에 의해 불멸의 존재가 되는 것이 인간의 기본권에 더 부합할 수 있다는 '존재론적 윤리학'은 모두에게 권장할 덕목이라고 할 수는 없지만, 터무니없거나 반휴머니즘적인 것과도 무관하다.[19]

<몽실 언니>에 비해 나중에 나온 <점득이네> 역시 사건을 관찰하고 이를 인식하는 한 명의 인물을 설정하는 '내적 초점화' 방식보다는 전지적 서술자가 초점 주체의 역할을 겸하고 있다는 점에서 <초가집이 있던 마을>과 유사한 서사 구조를 가지고 있다. 물론 제목에서 알 수 있듯이 이 작품은 지역보다는 점득이네 가족이 겪는 고통을 작품의 중심에 놓고 있다는 점에서 초점의 폭은 조금 좁아지는 것처럼 보인다. 그러나 집단의 수난사라는 점에서는 이 두 작품의 거리는 그다지 멀지 않다.[20] 그런데 이 두 작품에서 뚜렷하게 '주인공'이라 할 수 있는 개인을 등장시키지 않고 집단적 주인공이라 할 수 있을 만큼 다양한 인물의 수난을 강조한 이유는 무엇일까? 1975년 3월 이현주 목사에게 보낸 편지에서 권정생은

---

19) 아렌트에 따르면, 플라톤 이전의 고대 그리스만 해도 내세가 아닌 지상에서의 불멸성 추구는 시민들의 정치적 삶에서 중요한 부분이었기 때문이다. "불멸적인 행위 업적과 사라지지 않을 흔적을 뒤에 남길 수 있는 자신의 능력에 의하여 인간은—개별적으로는 죽을 수밖에 없음에도 불구하고—자신의 불멸성을 획득하고 스스로를 '신적 본성'을 가진 존재로 확증한다." 사라질 것보다 불멸의 명예를 선호하는 것이 헤라이클레이토스가 말하는 '인간의 조건'이었으며 그러한 불멸은 공동체에 의해 기억되고 서술됨으로써 실현된다. 자세한 사항은 한나 아렌트, 『인간의 조건』(이정우 외 옮김, 한길사, 1996), 69~70면을 참조할 것.

20) 빨치산이 된 외사촌 승호가 죽음에 이른 과정이라든가 그 와중에서 갖은 고초를 겪는 외갓집 식구들, 천방지축 제멋대로인 점례의 친구 판순이, 종교적 신념과 현실의 모순 앞에서 방황하는 목사에게 이르기까지 이들은 점득이와 대등한 고통의 체험자로 형상화된다.

동화가 아닌 '소설'을 쓰려고 한다는 자신의 결심을 밝힌 바 있다.

> 이 이상 동화를 붙잡고 있다는 건 너무 무리한 것 같아. 당분간 소설을 쓰기로 맘 먹었다. 언젠가 다시 동화 쓸 수 있는 시절이 또 올 거야, 그걸 기다리기로 했다.[21]

여기서 동화가 아닌 '소설'이란 맥락상 '소년 소설'을 뜻하는 것이겠지만, 더 이상의 자세한 언급이 없기에 이전에 자신이 쓰던 동화와 구체적으로 어떻게 구별되는 작품을 쓰겠다는 것이지 알기 어렵다. 둘의 장르적 차이에 대해 명확한 견해를 밝히지 않았던 작가가 이처럼 '소설'을 강조한 이유는, 이 편지가 1975년 3월에 쓰인 것이라는 점을 고려하는 가운데 짐작할 수 있다.[22] 그리고 이 발언과 가장 가까운 곳에 놓이는 작품이 <초가집이 있던 마을>이다.[23] <초가집이 있던 마을>이 한 개인의 운명보다는 경상도 산골 마을이 전쟁의 소용돌이에 휩쓸리는 가운데 찢기고 부서지는 과정 전체를 그려내는 일에 초점을 맞추고 있는 이유를 여기서 말하는 '소설' 이라는 장르의 정신과 결부시켜 사고할 필요가 있다.

<초가집이 있던 마을>에 한정시켜 볼 때, 전쟁 중 마을에 들어온 군대가 인민군에서 다시 국군으로 바뀌는 과정에서 반복되는 학살과 그

---

21) 이철지 편, 앞의 책, 1986, 232면.
22) 이 편지 앞부분에는 국민투표에 대한 언급이 나오는데, 이는 2월 유신에 대한 찬반을 묻는 국민 투표를 뜻하는 듯하다. 이 투표에서 70%가 넘는 찬성이 나옴으로써 유신 체제가 강고해지는 기반이 마련된다.
23) <초가집이 있던 마을>은 1978년 1월부터 1980년 7월까지 잡지 <소년>에 연재되었다. 앞의 각주에서 언급한 좌담에서 권정생은 "'초가집이 있던 마을'을 썼는데, 거기서 하고 싶은 말을 잔뜩 한다고 했는데, 다 쓰고 보니 또 할 말이 남아 있어요. 그래서 또 몽실이를 썼지요."고 말한 바 있다(이철지 편, 앞의 책, 1986, 333면). 한편 『몽실언니』가 연재되기 시작한 것은 1981년이다.

과정에서 아이들이 부모와 형제를 잃고 사고로 목숨을 잃는 어둡기 짝
이 없는 모습이 강조되고 있다. 미군이 던져주는 통조림을 줍다가 트럭
에 목숨을 잃는 종갑과 손자를 잃은 슬픔으로 자살하는 종갑 할아버지
의 모습에서부터 월북한 아버지로 인해 심적 고통을 받다가 입대 직전
아버지를 향해 총을 겨눌 수 없다는 유서를 남기고 목숨을 끊은 문식의
모습이 등장하는 작품 말미까지 죽음의 에피소드는 유달리 강조된다. 자
신의 작품 세계에 대해서 슬픈 이야기이지만 절망에 빠지지는 않는다고
한 작가 자신의 발언을 감안하더라도, 이 작품은 어둠의 그늘이 너무나
짙어 보인다.

잘 알려져 있는 것처럼 근대의 소설 특히 장편소설에서 현실 재현이
란 장르의 DNA와 같다. 그냥 현실을 보여주는 것이 아니라 들춰내기를
한사코 꺼리는 어두운 현실에 대한 재현은 고발의 정신과 통한다. 그리
고 '자연주의의 고발정신' 다시 말해 어둡고 슬프기에 들춰내지 말았으
면 하는 현실이 그곳에 엄존하고 있었음을 사람들에게 알려주어야 한다
는 정신[24]이야말로 근대 장편 소설의 형성에 중요한 역할을 했음을 기
억한다면 이는 그다지 이상한 일은 아니다. 비이성적으로 굴러가던 당대
의 정치 현실과 그러한 현실과 결부된 과거를 복원하기 위한 재현을 위
해서라면 '동화'보다는 '소설'이 훨씬 잘 어울리는 장르이다.[25] 그리고

---

24) 자연주의의 고발정신은 리얼리즘과 등치될 수는 없지만 리얼리즘의 한 요소이기도 하
　　다. 단편 소설의 경우 자연주의와 리얼리즘을 쉽사리 구별하기 어렵다는 발언도 이와
　　관련된다(백락청, 「리얼리즘에 관하여」, 『민족문학과 세계문학』, 창작과비평사, 1979
　　참조).
25) 동화와 소설의 관계에 대해서는 원종찬, 「동화와 소설」(『동화와 어린이』, 창작과비평사,
　　2004)을, 특히 동화에서 리얼리즘 범주의 '불필요성'에 대해서는 김성진, 「길 잃은 리얼
　　리즘 동화를 위하여－황선미의 동화 두 편을 중심으로」(『크리티카』 2호, 황금가지,
　　2007)를 참조할 것.

여기서 어두운 에피소드란 것은 그다지 큰 문제가 되지 않는다. 재현하고자 하는 현실이 그러하기 때문이다.

그러나 이 두 작품이 당대적 효용을 넘어 훨씬 긴 시간에 걸쳐 독자에게 의미 있는 만남을 제공하기에는 부족해 보이는 면은 다른 곳에서 발견된다. 바로 수난의 당사자였던 아이들과 아이들의 가족 하나하나의 사연을 보다 깊이 있고 입체적으로 형상화하지 못한 점이 그것이다. 이들을 희생자로 만드는 공통적인 경험을 넘어선 그 무엇, 다시 말해 공동체의 일원으로서의 개인이 아닌 그것으로 완전히 환원될 수 없는 개별자 혹은 단독자로서의 잉여의 모습은 문식 한 사람 정도를 제외하고는 찾기 힘들다. 이를 두고 '전형성' 미달이라는 '진단'을 내리는 것은 어려운 일이 아니다. 그러나 문제는 전형성의 미달이 아닌 전형성의 과잉에서 찾을 수는 없는 것일까? 보편성은 갖추었으나, 개별자로서의 생생함에서 차이가 나며 그 점에서 작품의 질적 성취 여부를 판별할 수 있다고 말하는 것이 비교적 정석적인 접근이겠으나, 사실 전형성 획득과 미달을 가르는 지점을 찾기란 쉽지 않다. 게다가 순수한 전형성 논리에 의존하자면, 이 두 작품과 <몽실 언니>의 인물 형상이 질적으로 다르다고 보기 어렵다. '몽실'은 전형성을 획득하고 있다기보다는 전형성의 논리를 벗어나고 있기에 '불멸의 캐릭터'가 될 수 있는 것은 아닐까?

여기서 개별성과 보편성의 통일을 이야기하고 있으나, 소위 헤겔이 말한 '이 사람'은 어디까지나 '유적 존재'로 '지양'되기 위한 계기라는 점을 분명히 할 필요가 있다. 개별자의 특성은 언제나 일반자와의 관계 속에서만 의미를 갖는 것이라면, '여기에 있는 나'가 약화되고 '우리'가 보다 강조되는 것은 편향이라기보다는 필연적인 귀결에 가깝다. 헤겔이 '동일자의 논리학'이라 비판 받는 것도 그 때문이다. <초가집이 있던 마

을>과 <점득이네>에서 나타난 인물 형상이 바로 그런 '우리'의 모습이 아닐까?26) 그러나 인간 존재의 보편성은 단독자에 의해서만 실현될 수 있으며, 유일하게 현실적인 것은 '우리'가 아니라 '여기에 있는 나' 혹은 '고유 명사'이다.

필자는 두 작품의 한계를 전형성의 성취 여부가 아니라, 두 작품이 한 권의 짧은 '소년 소설'에 '본격 소설' 그것도 장편 소설이 감당할 수 있는 서사 구성을 택한 것에서 찾아야 한다고 생각한다. 물론 소년 소설에 걸맞은 서사 구성의 원리를 위해서는 '인물—초점 주체'를 사용하는 편이 더 낫다는 모종의 '도식'을 제시하자는 것은 아니다. 그러나 적어도 중요한 역사적 체험을 다루는 소년 소설에 있어 다수의 등장인물을 외적 초점화의 방식으로 포착할 경우 가져올 균열의 위험성은 분명하다. 그것은 소년 소설보다는 장편소설에 더 적합한 서술의 원리이기 때문이다. 결과적으로 이들 작품의 등장인물 모두가 평균적이라고까지는 할 수 없지만 이들이 각기 다른 수난의 당사자라는 공통 축, 다시 말해 '선량한 농촌 마을 아이들'이라는 일반적인 형상에 기울게 된다. 기생에서 빨치산으로 변모하는 탄실이, 인민군으로부터 죽음의 위협을 당하면서까지 교회를 지켰으나 결국 미군의 폭격으로 마을 사람이 죽어가는 것을 목격한 뒤 '모두가 사탄이야!'라고 절규하는 장목사, 여러 모로 몽실이의 거울상 같은 판순이에 이르기까지, <점득이네>만 해도 몇몇 에피소드

---

26) 슈티르너는 『유일자와 그의 소유』에서 같은 가족, 같은 국민, 같은 인류, 다시 말해 '고차의 존재'를 거쳐 개인을 인정하고 개인을 단지 개인으로서 이해하지 못하는 습관을 통렬하게 비판한 바 있다. 오해하지 말아야 할 것은 그가 그저 개인을 유일한 실재로 이해하는 것이 아니라는 점이다. 유일자에 대한 슈티르너의 강조에는 개체성—일반성이라는 회로에서 벗어나 단독성—보편성(사회성)을 추구하는 윤리가 담겨 있다고 보아야 한다. 자세한 사항은 가라타니 고진, 앞의 책(송태욱 옮김, 2005), 282~292면을 참조할 것.

만으로는 그 굴곡을 제대로 드러내기 힘든 인물이 여럿 등장한다. 어쩌면 이들 하나하나가 한 편의 작품으로 탄생할 수 있는 서사의 폭을 갖춘 인물일지도 모른다. 그러나 이 작품에서 이들은 공동체의 일원 다시 말해 고유 명사가 아닌 '우리'로 그려지는 경향이 강하다. 장편 소설이었다면 현재의 구성 방식이 각 개인의 '전형성'을 획득하면서 작품 전체로서 통일성을 갖추는 데 성공했을 수도 있지만, 한편의 소년소설에는 적합하지 않은 구성이다.

인물의 깊이 혹은 입체성의 부족이라는 한계는, 폭력의 원인은 공동체 바깥으로부터 온다는 숨은 전제에 의해 증폭된다. 이 두 작품의 인물 설정에서 두드러진 점은 농촌 공동체에 속한 사람들은 모두가 지극히 선량하다는 식으로 그려지는 것이다. 간단히 말해 농촌 공동체 외부에서 침입한 인민군, 국군, 토벌대 그리고 미군의 폭격이 아무 것도 모르는 착한 이들을 고통으로 내몬다.[27] 빨치산이 되기 위해 집을 떠난 승호 형처럼 민감한 이데올로기 선택의 문제가 결부된 인물을 그릴 때에도 작가는 이들의 고뇌를 착한 것에서 기인한 것으로 그리고 있다.

> "승호는 부지런하고 너무 착한 아이야. 승호는 아무 잘못한 일이 없어."
> "그래요. 승호는 절대 나쁜 짓을 할 애가 아니에요."
>
> ― 〈점득이네〉, 57

당대는 말할 것도 없고, 역사가 종착역을 잃어버린 현재의 시각으로

---

27) 〈몽실 언니〉에서도 이런 구분이 간혹 나타나는데, '모두가 가난하고 착한 사람들이 어쩌다가 짐승 같은 나쁜 사람들이 일으켜 놓은 전쟁으로 억울하게 죽어간 것이다.'라는 구절(172면)이 그러하다. 그러나 〈몽실 언니〉는 앞에서 설명한 에피소드를 통해 선악의 이분법을 내적으로 극복하고 있다.

이 대목을 평가하기란 쉽지 않다. 70년대에서 80년대 중반에 이르는 시대의 특수성도 고려해야 하겠고, 계급 적대 혹은 민족 모순이라는 역사적 소재도 정공법을 취할 수 없는 소년 소설 장르의 특징도 고려해야 하기 때문이다. 그러나 빈부 격차나 계급 적대 심지어 외세의 문제마저도 선악의 저편의 문제임을 자세히 논할 겨를은 없다.[28] 승호의 선택이 선에서 나온 것이라면, 그에 대립하는 세력은 자연스레 악이 된다. 이는 선택의 차원이니 그럴 수 있다고 하자. 더한 문제는 그에 따라 현실의 역사 역시 미카엘과 루시퍼가 대결하는 아마겟돈 비슷한 것으로 변해 버린다는 점이다. 그것이 비록 아직 도래하지는 않았지만 말이다.[29] 특히 '선한 공동체'와 이를 위협하는 '외부의 타자'라는 대립구도가 <점득이네>처럼 작품 전면에 나서게 될 때, 문제는 점점 더 커진다.[30] <점득이네>의 막판에 나타나는 '역사의 천사'에 대한 노골적인 형상화는 그려내지 말아야 할 것을 그리려 한 대가를 치르게 만드는데, 작가 스스로가 그토록 경계했던 '설교'의 차원으로 이 작품을 끌고 가기 때문이다.

---

28) '자본가'가 어떤 인격적 의미도 담지 않은 '자본의 담지자'임을, 즉 이것이 기능론적 개념임을 마르크스가 강조한 이유도 이 때문일 것이다.

29) 박명림은 양측 모두 해방, 도덕, 평화의 기치를 내건 한국 전쟁에서 실제로는 양자를 떠받드는 사람들의 완전 소멸을 기도하는 '절멸주의'가 나타났음을 통계와 문서 자료를 통해 설득력 있게 서술한 바 있다. 상대를 '적'을 넘어선 '악'으로 묘사하는 양극적 반대물의 구축 속에서 적에 대한 소멸 주장은 필연적으로 도출된다는 것이다. 이에 대해서 자세한 사항은 박명림(2002), 『한국 1950 : 전쟁과 평화』, 나남, 381~384면을 참조할 것.

30) 그저 함께 있기 때문에 나눔과 공존의 대상이 되는 공동체로서의 '무위의 공동체'라는 발상에 따르면, 민족 공동체가 만일 혈연적 의미가 실체화되고 그것이 배타성을 가지게 될 때 공동체는 왜곡된다. "어떤 공동체가 가시적인 '무엇'(재산, 국적, 인종, 종교)의 공유를 최고의 가치로 삼을 때, 그 공동체는 필연적으로 왜곡될 수밖에 없다. 우리가 함께 있어야 하는 이유는 궁극적으로 무엇 때문이 아니며, 무엇을 나누기 위해서도 아니다. 그저 함께 있다는 이유만으로 '우리'는 함께 있게 된다."(장―뤽 낭시, 박준상 옮김, 「마주한 공동체」, 『밝힐 수 없는 공동체 / 마주한 공동체』, 문학과지성사, 2005, 140면).

5. 맺음말

지금까지 이 논문은 권정생의 <몽실 언니>, <초가집이 있던 마을>, <점득이네>가 한국의 아동청소년 문학사에서 정전(canon)으로서의 지위를 가지기에 적당한 작품인가를 검토하고 있다. 반면 <초가집이 있던 마을>과 <점득이네>는 전지적 서술자를 활용해서 농촌 아이들의 삶을 전달한다.

이들 작품에 등장하는 인물은 모두 해방 직후에서 한국 전쟁에 이르는 시기 고통 받는 아이들의 삶을 소재로 했다는 공통점을 가진다. 그러나 세 작품의 서사 구성 및 형상화 원리는 적지 않은 차이를 보인다. <몽실 언니>는 작품 안에서 초점 주체로 등장하는 몽실을 적극적으로 활용하는 내적 초점화를 주로 활용하고 있다. 몽실은 수난을 통해 깨달음에 이르는 성자의 형상으로 그려진다. 작가는 주인공 몽실을 통해 모든 인간을 수단이 아닌 목적으로 대하는 '보편적 휴머니즘'이라는 윤리를 제시하고 있다. 그에 비해 <초가집이 있던 마을>과 <점득이네>는 전지적 서술자가 사건의 바깥에서 마을 아이들의 삶을 지켜보고 전달하는 외적 초점화의 방식을 취한다. 이 작품 역시 비극을 중심으로 사건이 전개된다. 하지만 여러 등장인물이 공통점에 초점을 맞춤으로써 '몽실 언니'에 비해 상대적으로 공동체의 비극을 강조하게 된다. 그런 점에서 이들은 일종의 집단적 주인공이다. 이 두 작품은 전쟁의 참상과 비극을 공유한 공동체의 체험을 형상화하는 데에는 비교적 성공을 거두었으나, 개인으로서의 인물이 가지는 입체성을 포괄하지 못했다. 또한 역사를 선과 악의 대립으로 치환함으로써 결과적으로 선한 공동체 대 악한 외부의 폭력이라는 도식에 이르게 된다.

　이러한 두 경향은 장르론적 접근과 연결될 여지가 있다. <점득이네>와 <초가집이 있던 마을>의 경우 '소년소설'이라기보다는 '소설'에 가까운 문제의식과 그것을 뒷받침하는 구성을 보여주고 있다. 그 가능성을 끝까지 추구할 경우 장편소설 어쩌면 대하소설이 가능할 수 있을 정도의 다양한 인물군이 등장한다. 이를 한편의 소년소설에 담기에는 무리가 따랐다고 볼 수 있다. <몽실 언니>의 경우 등장인물 몽실을 초점 주체로 삼아 구성의 통일성을 획득한 것이 작품에 담긴 주제의식과 잘 연결되었다.

　아동청소년 문학에서 정전 논의는 문학사 서술이나 자료 조사와 같은 외적 토대의 확립과 더불어 작품 자체의 질적 성취에 대한 점검을 통해 시작될 수 있다. 내용과 형식에 대한 총체적 점검 및 기존의 작품에 대한 평가의 공과를 따져보는 작업이 모두 이에 포함된다. 이 논문에서 한국 전쟁을 배경으로 한 권정생의 소년소설 삼부작의 성취와 한계가 무엇인지를 인물이 서사 구성에서 차지하는 역할과 작품에 담긴 윤리를 문제를 중심으로 살펴본 것도 그러한 비평 작업의 일환이라 할 수 있다.

참고문헌

김상욱, 『숲에서 어린이에게 길을 묻다』, 창작과비평사, 2002.

김성진, 「인터넷 로맨스 서사물 읽기의 맥락과 문학교육」, 『현대소설연구』 26집, 2005.

김성진, 「길 잃은 리얼리즘 동화를 위하여-황선미의 동화 두 편을 중심으로」, 『크리티카』 2호, 황금가지, 2007.

김영희, 『비평의 객관성과 실천적 지평』, 창작과 비평사, 1993.

문학과문학교육연구소 편, 『디지털 시대, 문학의 길』, 푸른사상, 2007.

박명림, 『한국 1950 : 전쟁과 평화』, 나남, 2002.

백락청, 「리얼리즘에 관하여」, 『민족문학과 세계문학』, 창작과비평사, 1979.

송　무, 『영문학에 대한 반성』, 민음사, 1997.

원종찬, 『동화와 어린이』, 창작과비평사, 2004.

이재철, 『한국현대아동문학사』, 일지사, 1978.

이철지 엮음, 『오물덩이처럼 딩굴면서』, 종로서적, 1986.

정채찬, 『문학교육의 사회학을 위하여』, 도서출판 역락, 2003.

가라타니 고진, 송태욱 옮김, 『트랜스크리틱』, 한길사, 2005.

리먼 케넌, 최상규 역, 『소설의 시학』, 문학과지성사, 1985.

바디우, 이종영 옮김, 『윤리학』, 동문선, 2001.

이글턴, 김명환 외 역, 『문학이론 입문』, 창작과비평사, 1986.

장-뤽 낭시, 박준상 옮김, 『밝힐 수 없는 공동체 / 마주한 공동체』, 문학과지성사, 2005.

장 자크 루소, 주경복 역, 『인간불평등 기원론』, 책세상, 2003.

한나 아렌트, 이정우 외 옮김, 『인간의 조건』, 한길사, 1996.

K. Ansell-Person, *Nietzsche contra Rousseau*, Cambridge UP, 1966.

Macherey & Balibar, On Literature as an Ideological Form, *Untying the Text*, Routledge & Kegan Paul, 1981.

제 8 장

문화콘텐츠 정전 구성을 위한 시론

박 기 수

한양대학교 문화콘텐츠학과

1. 문화콘텐츠, 정전 논의의 필요성

본고는 문화콘텐츠 정전 구성의 문제를 다루기 위한 것이다. 문화콘텐츠 정전의 의미, 논의의 필요성, 문화콘텐츠 정전과 문학 정전의 차이점, 정전 구성을 통한 문화콘텐츠 생산은 물론 교육 등에 미칠 영향과 전략 등을 논의하게 될 것이다.

문화콘텐츠는 사회적 수요와 기대에도 불구하고 세계적으로 두루 통용되는 보편적인 용어는 아니며,[1] 그 각각의 실체는 확인할 수 있지만 조형적이며 생성적인 현재 진행형 정의와 범주의 자기증식으로 인하여 개념적으로는 매우 모호한 상태다. 이와 같은 문화콘텐츠를 둘러싼 모순적인 양상의 원인을 논자는 그 출발에서 찾은 바 있다. "문화콘텐츠에 대한 우리의 관심은 사회적 흐름의 자연스러운 결과라기보다는 매우 돌발적인 것이었고, 민간이 주도하는 것이 아니라 관(官)이 앞에서 선도하는 형국이었고, 문화적 역량이 결집된 결과가 아니라 경제적 부가가치에 편향된 기대에서 기인한 것이었다."(박기수, 2006D : 8)

그러나 이러한 모순과 혼란에도 불구하고 우리가 주목해야 할 것은 문화콘텐츠를 둘러싼 담론들은 보다 생산적이고 실천적인 양상으로 구

---

[1] 미국에서는 엔터테인먼트 산업으로 영국에서는 창조산업 등으로 불리며, 대부분의 나라에서는 개별적인 영역, 즉 영화, 드라마, 애니메이션, 만화, 게임, 캐릭터 등으로 불리고 있다. 우리나라의 경우 이것들을 '문화콘텐츠'라는 말을 만들어가면서 하나로 묶은 것은 뉴밀레니엄을 앞두고 새로운 정책적 비전 제시가 필요했던 정부의 주도에 의한 것이다. 문화콘텐츠 분야에서 정책적으로나 학문적으로 노력에 비하여 뚜렷한 성과가 나오지 않는 것은 그것을 구성하고 있는 개개의 것이 공통점보다는 차이점을 더 많이 가지고 있음에도 불구하고 하나의 개념과 범주로 묶으려는 무리한 시도 때문이다.

체화되고 있다는 점이다. 이러한 양상은 ① 국가적인 차원에서 문화콘텐츠를 미래의 성장 동력으로 파악하고 문화관광부 등을 중심으로 한 다양한 지원책을 마련하는 과정과, ② 문화콘텐츠에 대한 투자의 리스크를 줄이고 보다 효과적인 생산과 마케팅을 수행하기 위한 전략을 모색하는 과정에서 본격화 되었고, ③ 문화콘텐츠 교육이 대학을 중심으로 수용되면서 이것을 체계화시키려는 다양한 시도들을 통하여 드러나고 있다. 거칠게 말하자면 문화콘텐츠에 대한 탐구가 본격화 되었으며, 그것은 매우 실천적이고 생산적인 차원에서 전략적으로 전개되고 있음을 알 수 있다. 문화콘텐츠 정전에 대한 논의도 이러한 맥락 위에 있다.

문화콘텐츠 정전에 대한 논의를 시작하게 되었다는 사실은 문화콘텐츠 연구자로서 반가운 일이 아닐 수 없다. 어떤 분야의 정전에 대한 논의를 시작했다는 것은 해당 영역이 논의할만한 가치와 사회적 영향력을 확보했다는 의미다. 즉, 문화콘텐츠 정전 구성의 문제가 부상했다는 말은 그것이 이미 일정한 사회적 영향력과 논의의 실체성을 가지게 되었고, 정전의 가치와 권위에 대한 사회적 수요가 발생하고 있다는 뜻이다. 이러한 맥락에서 본다면 문화콘텐츠 정전에 대한 논의는 그것의 실체화를 전제로 한 공론화, 제도화, 규범화의 본격적인 논의라고 할 수 있다.

문화콘텐츠에 대한 관심과 투자 그리고 기대에 비해 그것과 상관한 체계적이고 이론적인 탐구가 부족하고, 그러한 까닭에 체계적이고 안정적인 교육과 생산을 기대할만한 산학간 공동 연구개발이 효과적으로 이루어지지 못하는 실정이다. 물론 그 이유야 교육과 연구개발의 기반이 될 만한 변변한 연구 성과가 없기 때문이며, 다시 그것은 역사의 일천함에서 그 원인을 찾을 수 있다. 하지만 이 문제를 좀 더 천착해보면 연구 목표, 연구 방법론, 연구 범주, 활용 등에 대한 납득하고 지향할만한 합의를 갖지 못했기 때문이다. 지향할만한 가치와 규범의 선택적 지지와 보존이라는 정전의 특성을 고려할 때, 문화콘텐츠 정전에 대한 논의의 필요는 더욱 증대 될 수밖에 없다. 문제는 이와 같은 문화콘텐츠 정전에 대한 논의가 문화콘텐츠의 생산이나 제도화 과정에서 얼마나 효과적으로 기여할 것인가에 있다.

2. 문화콘텐츠의 변별적 특성[2]

문화콘텐츠의 정의는 생성적이다. 뉴미디어와 다양한 콘텐츠의 결합으로 인하여 문화콘텐츠의 영역은 개방적 폭식성(暴食性)을 보이고 있다는 점을 고려할 때, 규범론적인 정의든 범주론적인 정의든 간에 끊임없는 수정을 요구당하고 있기 때문이다. 그럼에도 불구하고 문화콘텐츠에 대한 논의를 위해서는 잠정적인 형태의 정의라도 필요하다. 따라서 본고에서는 충분하지는 않으나 지금 이곳에서 논의의 준거가 되고 있는 문화콘텐츠의 정의를 준거로 논의를 전개할 것이다.

문화콘텐츠는 "문화, 예술, 학술적 내용의 창작 또는 제작물 뿐 아니라, 창작물을 이용하여 재생산된 모든 가공물, 그리고 창작물의 수집, 가공을 통해서 상품화된 결과물들을 모두 포함하는 포괄적 개념"(한국문화콘텐츠진흥원, 2003 : 7)이다. '콘텐츠'는 "문자·영상·소리 등의 정보를

---

2) 이 장에서 개진되는 문화콘텐츠의 변별적 특성에 대한 부분은 논자(박기수, 2006D : 11~18)의 것을 부분적으로 수정하여 다시 싣는다. 가장 큰 이유는 문화콘텐츠의 변별성에 대한 언급이 본고의 논의에 필수적이기 때문이며, 이 테마에 대한 논의는 그동안 논자가 발의하고 지속적으로 수정 보완한 것인 까닭에 별다른 수정을 크게 요하지 않기 때문이기도 하다.

제작하고 가공해서 소비자에게 전달하는 정보 상품"(콘텐츠비즈니스연구소, 2000 : 17)이라고 일반적으로 정의한다. 심상민(2002 : 19)은 원작자가 누구인지, 어떤 가공 프로세스를 거쳐 만들어졌는지가 명확해서 저작권을 주장할 수 있어야 한다는 '콘텐츠 재화(contents good)'적 인식을 강조한다. 이러한 주장들이 비교적 신뢰할만한 것이라고 할 때, 문화콘텐츠는 '문화'와 '콘텐츠'의 합성어로서, 문화적 특성과 콘텐츠적 특성을 모두 가지고 있다고 볼 수 있다. 아울러 이 둘은 동시에 구현되어야 하는 특성을 지닌다. 즉 문화가 콘텐츠에 종속되거나 콘텐츠가 문화에 종속되는 식의 종속관계가 아닌 문화와 콘텐츠가 적절한 긴장관계를 유지하며 상보적인 관계를 유지할 때, 비로소 제대로 된 문화콘텐츠의 출현을 기대할 수 있는 것이다.

문화콘텐츠의 복합성으로 인하여 문화콘텐츠는 뚜렷한 변별성을 갖는다. 문화콘텐츠 정전 구성의 체계적인 논의를 위해서 문화콘텐츠의 변별성을 파악하는 것을 필수적이다.

첫째, 문화콘텐츠는 문화와 콘텐츠의 특성을 동시적으로 구현되어야만 그 가치를 극대화할 수 있다는 점이다. 문화가 콘텐츠에 종속되거나 콘텐츠가 문화에 종속되는 식의 종속관계가 아닌 문화와 콘텐츠가 적절한 긴장관계를 유지하며 상보적인 관계를 유지할 때, 비로소 제대로 된 문화콘텐츠의 출현을 기대할 수 있는 것이다(박기수, 2006A : 4). 문화적 가치와 재화적 가치를 동시에 구현함으로써 텍스트의 미적 가치를 확보하고, 이러한 세 가치의 통합적인 가치 구현 과정을 통하여 사회적 가치나 역사적 가치를 보유하게 되는 것이 문화콘텐츠의 가치 구현 사슬이라고 할 수 있다. 하지만 그동안 문화콘텐츠에 대한 관심은 경제적 부가가치 창출에 대한 기대에 편중됨으로써 오히려 부가가치 창출에 실패하는 아이러니한 결과를 가져왔다. 문화콘텐츠가 지닌 문화의 자본화 가능성은 경제적 가치만을 지향함으로써 높아지는 것이 아니라 문화적 가치의 기반이 되는 다양한 역량이 유기적으로 잘 구현될 때 비로소 가능해지는 것이다. 물론 이러한 통합적 가치의 구현 과정에서 경제적 가치를 창출할 수 있는 다양한 요소를 얼마나 전략적으로 결합시킬 수 있느냐는 문제도 반드시 고려해야 할 사항임에는 틀림이 없다. 따라서 경제적 가치에 편향되어 문화를 도구화하거나 효율성을 앞세워 창의성을 매몰시키는 일은 문화적 가치에 압도되어 경제적 가치를 배려하지 않는 일만큼이나 참담한 결과를 가져올 것이고, 문화콘텐츠를 통한 지속 가능한 성장엔진의 모색은 기대하기 어려워질 것이다(박기수, 2006A : 4).

둘째, 문화콘텐츠 분야가 매우 광범위하다는 점이다. 라캉의 어투를 흉내 낸다면 문화콘텐츠 아닌 것도 없고 문화콘텐츠인 것도 없다. 장르의 다양성과 매체의 다양성 그리고 대상의 다양성을 문화콘텐츠라는 말은 모두 포괄하고 있기 때문이다. 문화콘텐츠가 광범위하다는 말은 그만큼 상호 연동 가능성과 이를 기반으로 한 생산성이 높다는 말이며, 바로 이러한 특성으로 인해 지식기반 사회에서 경쟁력을 갖는 것 또한 사실이다. 만화, 영화, 애니메이션, 음반, 캐릭터, 게임, 드라마, 공연, 뮤지컬 등의 장르와 웹, 모바일, TV, DVD, CD, DMB 등과 같은 매체 그리고 기획, 시나리오, 창작기술, 비즈니스·마케팅 등의 분야를 고려할 때, 문화콘텐츠가 포괄해야 하는 영역이 얼마나 광범위한지 알 수 있다. 더구나 이것들이 교차적으로 조합하여 만들어내는 경우의 수까지 따진다면 통합적인 접근이 필요한 문화콘텐츠에서 정작 그러한 접근은 지극히 어렵게 된다. 이러한 까닭에 한 명의 연구자가 이 모든 장르, 매체, 분야 등을 통합적으로 연구하는 일은 결코 쉽지 않다. 연구의 어려움은 학문으로서의 위상 정립과 구체적인 성과의 생산성 등에서 많은 문제를 야기하며 특히 교육의 구체적 내용을 마련할 수 없다는 치명적인 결함을 낳는다. 문제는 문화콘텐츠 분야가 광범위하다는 것은 모든 것을 해야 한다는 요구가 아니라 모든 분야가 상호 협력 체제를 구축하고 공통의 지향을 마련하여 협업 시스템을 지향해야 한다는 것이다. 따라서 문화콘텐츠가 온전한 모습을 갖추기 위해서는 각기 전문 분야를 가지고 있는 전문가들(연구자, 산업체 현장 실무자, 교수 등)이 전체의 목표를 향해 자신의 역할을 분명히 인식하고 상호 협력할 수 있는 인식과 시스템의 마련이 필수적이다. 또한 각 분야의 전문가들이 상호 협력하여 연구를 수행할 수 있기 위해서는 학제 간 교육 인프라, 산학협력의 체계적인 시스템, 공동 R&D 등이 시스템화 되어 체계적으로 지속성을 가지고 수행되어야 한다. 분야별 협업시스템은 물론 장르별 전환(adaptation) 전략도 문화콘텐츠의 포괄성을 긍정적인 동력으로 바꾸기 위한 필수적인 요소다.

셋째, 문화콘텐츠는 One Source Multi Use[3]를 통해 부가가치 생산을 극대화한다. One Source Multi Use(이하 OSMU)란 하나의 원천콘텐츠를 중심으로 부가가치를 창출할 수 있는 다양한 파생상품을 개발함으로써 수익을 극대화하는 방안이다. OSMU는 수직적 Multi Use와 수평적 Multi Use로 나눌 수 있다. 수직적 Multi Use는 장르 간 계열화(만화, 애니메이션, 영화, 음반, 게임 등)를 시도하기 때문에 장르 변화비용(Conversion Cost)이 높고 따라서 risk도 크지만 신규시장을 개척할 수 있다는 점에서 수익의 극대화를 도모할 수 있는 방식이다. 반면 수평적 Multi Use는 시간의 계열화를 통해 수익을 창출하는 방식, 즉 동일한 콘텐츠를 매체별

---

3) One Source Multi Use에 대한 내용은 논의의 편의를 위하여 박기수(2006C : 9~10)를 재구성한 것이다.

로 노출시키는 시기를 달리하는 방식으로 수직적 Multi Use에 비해 변환 비용이 적게 들어 risk도 줄일 수 있지만 신규시장 창출 효과를 기대할 수 없기 때문에 기대 수익이 작은 수익 창출 방식이다. 이와 같은 수평적 Multi Use를 일반적으로 Window Effects라고도 하는데 시간적·지리적 노출의 차별화를 통하여 배급효과를 높이고, 개별 Window 간의 충돌을 전략적으로 피하면서 기대 수익을 극대화하는 방식으로 콘텐츠의 수익 창출 기간을 확장하는 효과가 있다.

원천콘텐츠는 독립된 콘텐츠로서 대중성을 검증 받아 이미 브랜드 가치를 확보한 콘텐츠를 말하는데, 수직적 Multi Use를 활성화시킬 수 있는 요소들을 콘텐츠 내부에 포함하고 있어야만 한다. 일반적으로 원천콘텐츠로서 활용되는 만화, 소설, 신화 등의 경우에서 확인할 수 있듯이 상대적으로 적은 비용으로 대중성 검증이 가능해야하기 때문에, 그 자체 콘텐츠로서의 완성도를 확보하고 있어야만 한다. 반면, 거점콘텐츠는 원천콘텐츠를 기반으로 대중적인 호응을 기대할 수 있는 콘텐츠로 전환한 것을 말한다. 즉 거점콘텐츠는 매체와 장르의 확대를 통하여 Target의 확장을 도모하기 위하여 전환을 시도한 콘텐츠로 대중적인 호응과 지지가 필수적이다. 대중적인 호응을 기대하기 위해서는 대중들의 접근이 손쉬운 매체와 장르를 택해야 하기 때문에 이에 따른 많은 변환비용(Conversion Cost)이 필요하며 동시에 그만큼의 위험도 증대되는 것이다. 따라서 거점 콘텐츠의 경우 Target의 규모와 범위, 수평적/수직적 Multi Use의 활성화 기대 정도, 콘텐츠 자체의 대중성 확보 방안 등이 성패를 좌우하는 중심 요소가 되는 것이다. 거점콘텐츠는 기획단계에서 메인수익 window 선정, 수평적 Multi Use의 노출 시기와 빈도, 수직적 Multi Use의 다양성, 콘텐츠 브랜드 관리 방안 등에 대한 섬세한 고려가 요구되는 것이다. 원천콘텐츠를 거점콘텐츠로 변화하는 과정에서 가장 중요한 것은 전환의 목적에 부응하는 전략이다. 일반적으로는 콘텐츠의 다변화에 따른 부가가치의 창출을 통한 수익의 극대화가 목적이 되지만, 경우에 따라서는 원천콘텐츠의 가치를 제고하거나 원천콘텐츠와 상관된 지자체, 국가, 단체 등의 이해와 상관되기도 한다. 목적의 설정이 결과를 담보하지는 않기 때문에 콘텐츠의 변환 과정, 특히 높은 변화 비용(Conversion Cost)을 요구하기에 높은 위험(high-risk)을 극복해야 하는 거점콘텐츠의 경우에는 더욱 더 전략적 탐색이 필요한 것이다(박기수, 2005 : 47~48).

넷째, 문화콘텐츠는 반드시 유기적인 산학협력을 통하여 연구 성과를 보장 받을 수 있는 분야다. 문화콘텐츠는 응용학문이며 동시에 복합학으로서 이론적 연구와 학습뿐만 아니라 현장중심의 전문성과 생산성을 갖추어야만 하는 특성을 가졌다. 따라서 산업체와 현장의 협력을 바탕으로 교육, 연구, 개발 등의 유기적인 산관 시스템이 구축되고 지속적으로 실천될 때에만 생산적인 성과를 기대할 수 있다. 교육과정에서 산업체와 학교의 경계가 분명하고 원활한 소통이 이루어지지 않고 있는 우리의 현실을 고려할 때, 가장 우선적으로 해결해야 할 문제다. 이 문제는 문화콘텐츠 업체와의 협약 등을 통하여 긴밀한 산학협력체계를 구축하고, 이를 기반으로 현장 전문가의 강의 인력 활용, 현장실습, 산학협력 공동 R&D 과정 등을 필수화함으로써 반드시 해결해야 한다. 특히 실천적 생산물을 통하여 연구의 유효성을 검증받는다는 점에서 긴밀한 산학협력을 통한 연구의 생산성 확보는 문화콘텐츠학 정립을 위해서 가장 먼저 수행해야 할 과정이다.

다섯째, 문화콘텐츠의 양적 / 질적 수준을 확보하기 위해서는 반드시 규모의 경제(economy of scale)를 구축해야 한다는 점이다. 문화콘텐츠는 무형의 가치를 기반으로 부가가치를 창출하기 때문에 양질의 콘텐츠를 누가 선점할 수 있느냐가 매우 중요한 관건이 된다. 결국 시장의 트렌드를 파악하여 기민하게 대응하거나 트렌드를 선도할 수 있도록 양질의 콘텐츠를 선점할 수 있어야 한다. 그러기 위해서는 안정적인 대규모 자본이 지속적으로 공급되어야 하는데, 국내 시장규모로는 그러한 공급 유도가 쉽지 않은 까닭에 해외시장을 염두에 둔 기획, 투자, 창작, 마케팅이 전개되어야만 한다. 해외 시장을 염두에 둔 콘텐츠 제작에는 보편성과 특수성의 상관관계를 탄력적으로 적용하는 전략이 필요하다.

이상에서 살펴본 바와 같이 문화콘텐츠는 생성적인 개념이며 꾸준히 스스로의 영역을 확장하고 있다. 따라서 문화콘텐츠의 변별성도 여기서 지적한 것 외에도 또 다른 것들이 등장할 수 있다. 문제는 지금 변별해 놓은 특성들을 문화콘텐츠 생산 전략은 물론 가치 평가나 이론화 과정을 수반하는 정전의 논의에서 얼마나 효과적으로 활용할 수 있느냐에 달렸다. 그러기 위해서는 지극히 포괄적이고 광범위한 문화콘텐츠의 범주와 관련 분야를 선택하고 구분하여 집중적인 탐구를 구체적으로 수행해야 할 것이다.

3. 문화콘텐츠 정전 구성의 의미

정전은 '규칙' 혹은 '법'과 같은 축자적인 의미(literal meaning)를 바탕으로 "다른 것들보다 더 보존할 가치가 있다고 생각할 수 있는 선택의 원칙"(프랭크 랜트리키아 외 편, 1994 : 303)과 같은 의미로 확장된 개념이다.

　　정전은 하나의 사회나 그룹이 가치 있다고 여기는 텍스트 자료를 일컫는데, 이 집단이 이 텍스트 자료들의 전승에 관심을 보이고 실행하면 그 텍스트는 정전화된다. 정전은 이러한 자료들의 목록이다. 요컨대 정전은 하나의 문화 전체에 대한 허구적 정체성을 상징화한 것이다.

—고규진, 2004 : 83

　　고규진의 주장에 의지해 보면, 정전은 '사회나 그룹'이 '가치 있다'고 여기는 '텍스트 자료'를 의미하는 말이다. 좀 더 세분화해서 논의해 보면, '사회나 그룹'은 정전을 승인하는 합의된 단위로 볼 수 있고, '가치'는 정전의 규범론적 기준이며, '텍스트 자료'는 그것의 구체적인 모습이고, '허구적 정체성'은 정전의 한 기능이라고 볼 수 있다. 최지현(2000 : 56)은 정전 구성의 요인을 외인적 / 내인적 요인으로 나누어, 정전은 "외인적 요인에 의해 수립된 일종의 가치 체계"이며 동시에 "자기충족성에 의해 정당화하는 것들, 말하자면 진리성, 근원성, 규범성 같은" 내인적 요인을 갖는다고 했다. 최지현의 주장에서 주목해야 할 것은 다소 원칙론적인 수준에서지만 정전성(canonicity)에 대한 관심이 드러나고 있다는 점이다. 정전을 구성하는 것은 ① 가치 있는 작품의 선별과, ② 그것에 시대를 초월하는 권위를 부여함으로써 전승의 가치를 창출하고, ③ 제도화된 교육을 통하여 향유의 지속성과 준거성을 부여하는 일련의 과정이다. 이 세 단계는 지속적인 연쇄과정 속에서 서로가 서로의 근거가 되고 토대가 되는 구성 과정을 갖는다. 이러한 견고한 연쇄적 과정에도 불구하고 정전 논의에서 거론되는 '진리성, 근원성, 규범성'은 절대적인 개념이라기보다는 대상, 시기, 목적 등에 따라서 달라질 수 있는 상대적이고 가변적인 개념들이다. 정전의 핵심을 이루고 있는 이 개념들은 오히려 대상, 시기, 목적 등의 제한 조건을 전제로 합의된 가치와 규범을 만들어내는 과정에서 유효한 개념들인 것이다.

> 정전의 불변성과 지속성을 유지하려는 부단한 노력에도 불구하고 정전은 사회적 이해와 관심에 따라 항상 특정 가치를 준거의 틀로 삼기 때문에 정전을 결정하는 가치기준은 항상 동일하지 않으며 시대와 장소에 따라 변할 수밖에 없다. (…중략…) 정전은 영원히 확정된 것이 아니라 언제나 변할 수 있다는 점에서 항상 역동적인 긴장관계 속에 있다. 또한 정전은 한편으로는 영속성을 주장하며 일체의 변화를 거부하지만 다른 한편으로는 가변적일 수밖에 없는 점에서 역설적인 개념이기도 하다.
>
> — 라영균, 2003 : 137~138

이러한 맥락에서 볼 때, 정전을 '상호텍스트적으로 연계된 구조'와 '동사로서의 정전 행위'로 파악하고 있는 김창원의 주장은 매우 흥미롭다. 김창원의 관점이 흥미로운 것은 정전을 결정하는 기준의 가변성을 인정하면서 정전성을 실체적인 개념으로 확정하기보다는 '상호텍스트적인 연계구조'로서 파악하며 '동사로서의 정전 행위'에 주목하고 있다는 점이다.

> 미학과 윤리학의 외장을 쓴 절대주의적 관점조차 여러 정전관 중 하나에 불과하며, 진정한 정전현상은 절대주의와 상대주의에 기초한 다양한 정전들의 대비 그 자체가 된다. 그 결과 정전은 하나의 집합명사가 아니라 군집명사로서의 정전군(正典群)이 되고, 명사로서의 정전이 아니라 동사로서의 정전행위가 되며, 평면적인 나열이 아니라 상호텍스트적으로 연계된 구조가 된다.
>
> — 김창원, 2007 : 74~75

이러한 논리를 따라보면, 정전을 체득한다는 것은 ① 그것이 합의된 사회의 기대와 규범을 학습하는 것이고, ② 이를 토대로 향유의 상대적 자율성 안에서 정전성을 구성하는 가치를 내면화하는 것이며, ③ 전유 (appropriation)[4]와 배제(marginalization)[5]의 기제를 활용하여 차이 내기와 구분 짓기를 시도하는 것이며, ④ 끊임없이 변화하는 세계의 보편성을 지속적으로 추구한다는 의미다. 물론 정전은 대상, 목적, 시기를 전제로 하며, 그것의 상호텍스트적 구조를 기반으로 정전 행위를 통하여 조형적으로 생성되는 개념이다. 이와 같은 정전 의 의미와 그것의 체득 과정을 고려할 때, 정전 논의에서 중요한 것은 '무엇의' 정전이냐 하는 대상의 문제와 그에 따른 정전 구성의 목적이 될 것이고, 이것에 부합하는 정전성을 구성하는 구체적인 요소들이 될 것이다.

정전을 "제도적인 합의에 근거하여 문학 활동이 이루어지는 논의의 틀"(유명숙, 1996 : 111)이라고 할 수 있다면, 정전에 대한 논의가 본격화된다는 것은 이러한 제도적 합의가 무너지거나 새로운 제도적 합의를 이루려는 시도가 빈번해지고 있다는 의미에 다름 아니다. 바로 이것이 지금 이곳에서 정전 논의가 필요한 까닭이다. 물론 본고의 관심은 제도적 합의의 붕괴로 인하여 새로운 합의 도출을 기다리는 문학 정전과 상관된 것이 아니라 대상과 목적이 확장됨으로써 정전을 구성하는 단계에

---

4) 최지현(2000 : 58)에 따르면, "전유라는 기제는, 이렇듯이 담론 주체들의 자발적 합의를 이끌어내고 동일한 상상 체계를 공유하며 그것들의 중심에 놓인 정전을 끊임없이 지향" 하게 한다.

5) 정전은 개인의 정체성뿐만 아니라 전체 사회나 일부 사회집단의 자기이해와 정체성을 확립시키기도 한다. 정전은 규범적인 것을 설정하여 그것을 모든 가치판단의 기준으로 삼는 것을 목표로 하기 때문에 이 기준에 부합하지 않거나 일탈된 타자, 즉 주변적인 것 (das Marginale)이나 다른 것(das Andere)들을 배제시키거나 아니면 기존 규범에 동화시킨다. 이런 점에서 정전은 사회를 통합하거나 동질화 혹은 획일화하는 기능을 수행한다(라영균, 2003, 143면).

있는 문화콘텐츠이다. 이처럼 문학의 위기와 함께 본격화된 정전에 대한 논란은 그 대상을 문화콘텐츠로 확장할 경우 새로운 국면을 맞게 된다. 논의 대상이 문화콘텐츠로 확장되고, 그 논의 목적이 문화콘텐츠와 관련한 가치의 발굴, 부가가치 재생산의 효율성, 기획－창작－마케팅을 위한 합의된 준거 등을 지향할 때는 보다 적극적이고 생산적인 의미의 정전 논의가 가능해지기 때문이다.

문화콘텐츠 정전 구성의 논의가 시작되었다는 것은 문화콘텐츠의 사회문화적 영향력이 강화되고 경제적 비중의 더욱 커졌다는 표면적인 의미를 넘어서 그것이 체계적인 공론의 장으로 진입했다는 심층적인 의미를 갖는다. 이 말은 문화의 민주화 과정에서 대중성을 강화하고, 이를 기반으로 상업적인 메커니즘과 결합하여 폭발적인 수익을 창출하는 기형적이고 자본주의의 산물 정도로 치부되었던 문화산업(cultural industry)의 현재적 이름 정도로 치부되었던 문화콘텐츠에 대한 진지한 접근이 시작되었다는 뜻이다. 문화콘텐츠에 대한 보다 체계적인 평가, 이론화된 가치 규준, 일과적인 소비를 넘어서는 주체적인 향유, 안정적이고 지속적인 교육 등에 대한 관심이 정전 구성의 논의로 드러난 것이다. 위에서 살펴본 바와 같이, 정전은 보존할만한 가치와 규범에 대한 탐구와 합의가 전제가 되어야 하며, 이를 기반으로 준거의 권위를 부여하고 이것을 제도화된 교육으로 확대재생산하는 향유의 내면화 과정을 연쇄적으로 수반하기 때문이다.

문화콘텐츠의 정전 구성 논의는 문학 정전과 관련된 연구 성과에 상당 부분 의지하고 있지만 뚜렷한 차이를 드러내고 있는 것도 사실이다. 정전의 개념이나 활용 등에 대한 논의의 토대는 문학 정전의 기왕의 성과를 바탕으로 하고 있지만, 논의의 원인과 지향 목표 등에서는 뚜렷한

차이를 보인다. 문학 정전 논란이 문학의 위기와 일정 부분 상관된 것6)
이라면, 문화콘텐츠의 경우는 그것의 부상과 상관된 것이라는 점에서 지
극히 대조적인 양상이다. 보다 구체적으로 문화콘텐츠 정전 구성의 의미
를 문학과의 대타성(對他性)을 전제로 살펴보자.

첫째, 문학 정전이 정전의 확정 및 그로부터 창출되는 정전성(canonicity)
과 권위에 대한 가치 합의의 수렴적인 논의라면, 문화콘텐츠 정전은 콘
텐츠 확장 과정에서 요구되는 대중성 검증 및 응용을 위한 전략적 차원
의 확산적인 논의라는 점이다. 문학 정전은 유일성과 확정성을 기반으로
권위를 확보하는데, 그 권위의 근거이며 동시에 결과가 되는 것이 합의
된 지향 가치라고 할 수 있다. 이 과정에서 정전의 확정은 필수적일 수
밖에 없게 되는데 문화콘텐츠 정전의 경우에는 구조적으로 그것이 불가
능한 구조라는 점이다. 우리가 window effects라고 부르는 수평적 OSMU
의 경우에는 비교적 동일한 콘텐츠7)라고 인식되지만 향유 방식의 차이
에 따른 텍스트의 부분적 변화이 이루어지고 이것을 독립된 텍스트로
보려는 시도들도 있는 실정이다. 더구나 수직적 OSMU의 경우에는 일정
부분의 정체성만을 공유한 채 장르나 구현 매체 등은 물론 텍스트 자체

---

6) 문학의 위기는 다른 매체와의 경쟁에서 더욱 확연하게 감지되는데, 영화, 컴퓨터를 포함
한 이 매체들은 문학에 비해 한결같이 "긴장감 있고" "매혹적인" 자질에 의해 존속 및
진화되는 특성을 지니고 있다. 이렇게 보면 문제는 전통적인 문학제도의 내부 시각에서
"문학 정전의 위기"에 대해 불평하는 것이 아니라 문학 정전을 지탱해온 거대담론의 위
기를 인정하고 문학소비자의 기대를 수용할 수 있는 "흥미로운" 가치가 동시대의 문학
을 지배하는 기준이 아닌지 재고할 수 있는 개방적 태도이다(고규진, 2004 : 91).
7) 여기서 비교적 동일한 콘텐츠라고 굳이 표현하는 것은 그동안 windowing 과정에서 텍스트
의 변화는 거의 없었지만 최근에는 windowing의 활성화에 따라서 보다 적극적으로 콘텐츠
를 변화시키는 예들이 등장하고 있기 때문이다. 예를 들어 영화의 경우 멀티플렉스 등의
급부상으로 인한 상영시간의 제약에 시달리는데, DVD의 경우 이러한 제약에서 자유롭고
검열에서 상대적으로 자유로운 감독편집본 등이 등장한다. 따라서 동일한 텍스트임에도
불구하고 길이는 물론 첨가 / 삭제되는 텍스트의 일정 부분들과 향유 장소와 방식 등의 차
이에 의해 상당한 차이를 보이는 콘텐츠로 인식되고 있다는 점에 주목하기 위한 것이다.

가 완전히 상이한 콘텐츠로 전환된다는 점이다. 이러한 수평적／수직적 OSMU 과정에서 파생되는 다양한 텍스트들은 모두 제 각각의 독립성을 유지하고 있다는 특성을 갖는다.

둘째, 문학 정전이 텍스트 중심의 자족적인 가치 평가에 상대적으로 비중을 두고 있다면 문화콘텐츠 정전은 텍스트를 통해 창출할 수 있는 사회문화적 가치는 물론 경제적 가치 등에 그 평가의 중심을 두고 있다는 점이다. 즉, 문화콘텐츠는 그 자체의 자족적이 가치 구현이 아니라 자신을 매개로 한 다양한 가치 창출을 원심적으로 지향하고 있다는 점이다. 표면적으로 문화콘텐츠는 문화적 가치의 구현을 통한 재화적 가치의 창출이라는 선형적 진행을 보이는 것 같지만 실제로는 문화적 가치와 재화적 가치의 통합적 지향이 기획―창작―마케팅 과정을 통하여 상호 효과를 발휘하는 특성을 지닌다. 더구나 문화콘텐츠가 뚜렷한 재화적 성격을 지니고 있다는 점에서 지향 가치는 문화적 요소를 지니고 있음에도 불구하고 재화적 가치 창출에 상당부분을 할애할 수밖에 없다. 따라서 문화콘텐츠 정전 구성이 논의에서 재화적 가치 창출을 위한 대중성 검증, 효과적인 구현 전략 등의 요소가 정전성의 일부로 포함되어야 하는 것이다. 따라서 정전성을 구성하는 요소에 이러한 특성이 노골적으로 드러날 수밖에 없는 것이다.

> 이렇게 "문학 정전"(Literaturkanon)을 문학이라는 제도 안에서 일어나는 사회현상으로 파악할 경우 정전은 문학이라는 제도 내에 (특정 기호나 이해관계에 의해 결정되지만 구체적으로 규정할 수 없는 기준에 따라) 장기적으로 유통되고 문학을 전달하는 매체에 의해 지속적으로 관리되며 전승되는 문학작품이나 작가들의 총합이라고 정의할 수 있다.
>
> ― 라영균, 2003 : 141

셋째, 문학 정전이 문학이라는 "제도 안에서 일어나는 사회현상"인 반면 문화콘텐츠는 그 광범위성으로 인하여 제 각각의 독립적인 규범을 가지고 있다는 점이다. 여기서 말하는 광범위성은 장르, 매체, 분야의 다양성이 생산적으로 결합하는 양상을 말하는 것이다. 예를 들어, <원더플데이즈>는 장르상으로는 2D와 3D가 결합된 애니메이션으로, 중심매체는 극장이며, 분야는 애니메이션 기획－창작－마케팅 등으로 세분화할 수 있다. 반면 <마시마로>는 장르상으로는 크게 애니메이션이라고 하지만 제작 방식이나 길이 및 스토리텔링에서 뚜렷하게 분별되는 플래시 애니메이션이고, 중심매체는 웹이며, 분야는 캐릭터 프로모션 툴로서의 기획－창작－마케팅의 관점을 세분화시킬 수 있는 것이다. 비슷한 것 같지만 장르, 구현 매체, 구현 목적, 분야 등의 차이에 따라 전혀 다른 양상으로 구현되는 것이 문화콘텐츠의 특성인 것이다. 따라서 문화콘텐츠 정전의 경우에는 광범위성이 적극 반영된 독립적인 규범을 가지고 있다고 보아야 한다. 이것은 정전 구성에서 매우 중요한 변별적 특성이 된다.

넷째, 문학 정전에서는 작가의 창작 역량에 대한 인정과 평가가 상당히 중시 되지만 문화콘텐츠 정전에서는 텍스트를 작가의 그것만이 아니라 기획－창작－유통의 통합적인 공동작품으로 여긴다. 이것은 창작자의 권한이나 권리를 무시하는 것이 아니라 오히려 텍스트 개발 과정에서 참여한 각각의 지분을 명확히 하기 위한 것이다. 이러한 인식을 전제로 하기 때문에 문화콘텐츠와 상관된 논의에서는 텍스트를 이루는 각각의 부분들을 나누어 평가하는 것도 이러한 이유에서다.

이와 같은 문화콘텐츠 정전의 변별성을 구성하려는 것은 그것이 지향하는 가치와 규범을 수렴하고 이것을 준거로 활용하기 위한 것이다. 특히 문화콘텐츠의 경우 대규모 자본이 투입되기 때문에 리스크를 줄이고 성공 가능성을 높이기 위한 보다 객관적이고 설득력 있는 다양한 검증들을 시도하고 있다는 점을 고려할 때, 문화콘텐츠 정전은 그러한 시도의 일환으로도 충분한 가치를 지닌다. 뿐만 아니라 문화콘텐츠의 잠재적 생산자이기도 한 향유자들의 향유에 대한 규범을 합의하고 지향 가치를 모색하는 시도로서도 충분한 의미를 확보할 수 있다.

정전은 "가치 판단의 준거를 마련하는 것과 관련되고, 그 가치 판단의 정당성을 입증하고 실제로 그것에 맞추어 교육을 실행하는 것과 관련"(문영진, 2001 : 61)된 것이라고 할 때, 정전을 구성할 수 있는 '가치 판단의 준거'와 그것의 '정당성을 입증'하고 '교육에 실천'할 수 있는 근거는 문화콘텐츠의 변별성에서 찾아야 한다. 문화콘텐츠가 '문화'와 '콘텐츠'의 특성을 동시적으로 구현한다는 점, 매우 광범위한 속성을 지녔다는 점, OSMU를 통해 부가가치 생산을 극대화한다는 점, 양적 / 질적 수준을 확보하기 위한 규모의 경제를 요구한다는 점 등이 그것이다. 즉, 문화콘텐츠는 문화적 특성과 재화적 특성의 동시적 구현을 지향하며, 보다 성공가능성 높고 부가가치 창출을 활성화시킬 수 있는 전략에 대한 지향을 문화콘텐츠 정전의 중심 특성으로 주장할 수 있다.

하지만 정전을 송무(1997 : 293)의 주장처럼 교육과 상관된 "권위적인 교재의 목록", "확립되어야 할 바람직한 교재의 목록"(송무, 1997 : 293)으로 파악한다면, 문화콘텐츠 성공사례 목록에서 그 특성을 찾아야 할 것이다. 문화콘텐츠는 대중적인 지지를 동반하지 않고서는 권위를 확보하기 지극히 어렵고, 콘텐츠적 가치를 실현할 수 없기 때문이다. 다만, 문화콘텐츠에 대한 연구가 일천한 상황에서 권위나 지향해야 할 가치에 대한 합의를 도출하는 하는 일은 기대하기 어렵다. 따라서 문화콘텐츠 정전 구성에서 문화콘텐츠의 변별성을 전제로 한 성공 사례 분석이나 기왕의 정전성에 대한 비교 연구를 통하여 문화콘텐츠의 정전성에 대한 탐구가 반드시 수행되어야만 한다.

문화콘텐츠 정전 구성의 논의에서는 그것의 실체만큼이나 정전 구성 과정에 주목해야만 한다. 원천콘텐츠로서의 가치, 거점콘텐츠로의 확장 가능성 내지는 용이성, 대중성 소구 또는 프로모션 툴로써의 전략적 가치, 미시콘텐츠와 거시콘텐츠의 유기적인 결합 가능성과 적합성, 콘텐츠를 통해서 구현하려는 가치의 문화적·경제적 적합성, 문화적 성취나 문화 정체성 등의 전략적 가능성 등이 문화콘텐츠 정전 구성 과정에서 필수적으로 고려되어야 할 요소들이다.

아울러 이미 문화콘텐츠의 영역에서 합의된 사항들, 즉 ① 각각의 독립성을 훼손하지 않으면서 필요한 만큼의 정체성을 공유하는 전략적 상관관계의 용인, ② 각 장르, 매체별, 분야별 조합에 따른 변별성이 만들어내는 독자적인 콘텐츠 어법에 대한 변별적 인식, ③ 텍스트와 구현 미디어의 통합적 구현 양상, ④ 리터러시를 기반으로 하는 주체적인 향유[8]와 향유자 집단의 중요성에 대한 인식, ⑤ 문화적 권위를 적극 활용한 콘텐츠화 과정의 폭발력,[9] ⑥ 콘텐츠 전환(adaptation) 전략[10]의 중요성과

---

8) 향유는 참여적 수행 과정을 통해서 텍스트를 주체적으로 즐기는 것을 말한다. 이것은 텍스트와의 적극적인 대화과정을 의미하며, 동시에 텍스트를 직접 참여함으로써 텍스트 의미 지평을 확장하고, 취향에 따라 텍스트에 내재하거나 혹은 텍스트가 생산해내는 다양한 구성요소를 참여적 수행을 통하여 즐기는 과정이다. 이러한 맥락에서 향유는 '텍스트에 참여적으로 개입한다'는 의미에서 수용과 다르고, '참여적 수행을 통해 텍스트의 의미지평을 확장한다'는 점에서 소비와 차이 나는 개념이다(박기수, 2006E : 47).
9) 조셉 캠벨이나 이윤기에 의한 국내에서의 신화 신드롬에 힘입어 『만화로 보는 그리스 로마 신화』, <올림푸스 가디언>과 같은 콘텐츠들이 엄청난 판매량을 보인 것이 그 단적인 예가 될 것이다.
10) 가이낙스 그룹의 <신세기 에반게리온>은 이전 작품들의 오타쿠적인 오마주의 요소들이 향유자의 참여를 통해 텍스트를 완성시키는 다양한 신비주의 전략과 맞물려 향유의

필요성 등에 대한 미시적 차원의 섬세한 연구와 이러한 항목들에 대한 통합적인 관점의 거시적인 연구가 본격적으로 전개되어야만 한다.

이상에서 살펴본 바와 같이 문화콘텐츠 정전 구성의 문제는 문화콘텐츠에 대한 체계적인 연구가 미미한 것과 비례하여 시작단계라고 볼 수 있다. 흥미로운 것은 문화콘텐츠 정전이 기왕의 그것들과는 달리 정전의 실체보다는 과정이, 정전의 확정보다는 변화 가능성 내지는 전환 가능성이, 교조적인 원칙보다는 전략적 가변성 등이 강조되고 있음을 알 수 있었다. 이러한 특성은 보다 역동적이고, 상호소통적이며, 향유중심적인 정전성을 문화콘텐츠에서 발견할 수 있지 않을까 하는 섣부른 예견을 부르기도 한다. 중요한 것은 문화콘텐츠의 변별성을 고려할 때, 정전 구성 과정에서 콘텐츠적 속성이 매우 강하게 작용할 것이라는 점이다.

극대화에 성공한 대표적인 작품이다. 미야자키 하야오의 <바람계곡의 나우시카>는 아니마주에 13년간 연재되었던 총 7편의 만화 원작을 과감하게 재구성하면서 주제를 보다 명료하게 드러냄으로써 원작에 비해 보다 폭넓은 대중적 지지를 확보할 수 있었던 작품이다. 방학기의 원작 만화를 바탕으로 한 영화 <바람의 파이터>는 원작의 훼손을 최소한으로 하면서 만화의 장르적 한계로 인해 구현해내지 못했던 역동적인 화면과 액션의 구현을 통해 성공적으로 대중적 지지를 획득했던 작품이다. 특히 이 작품의 경우에는 원천콘텐츠에서 거점콘텐츠로 전환하는 과정에서 전략적으로 계승해야 할 부분과 극복해야 할 부분을 분명하게 인식함으로써 거점콘텐츠에서 특화시켜야 할 부분을 스토리텔링 전략으로 적극 활용했다는 점에서 탁월하다. 『만화로 보는 그리스 로마신화』와 <올림포스 가디언>은 『그리스 로마 신화』를 원작으로 하여 매우 전략적으로 전환과정을 전개시킨 예이다. 『만화로 보는 그리스 로마 신화』는 폭넓은 대중적 지지에도 불구하고 난해하다고 평가되던 신화를 만화라는 대중적 접근이 용이하고 리터러시가 비교적 수월한 장르의 스토리텔링 특성을 적극 반영하여 성공적으로 전환시킨 작품이다. 이것을 다시 애니메이션으로 전환하면서 새로운 브랜드 네임으로 만든 것이 <올림포스 가디언>인데, 원작과의 관련성을 최소로 유지하면서(원작이나 원천콘텐츠의 충성스런 독자들을 대중적 지지를 확보하면서) 애니메이션 향유자층의 특성과 향유방식 등을 고려한 스토리텔링 전략을 구사했고 두렷한 성과를 거두고 있다 점에서 주목할 만한 하다. <해리포터>나 <반지의 제왕>은 문자적 판타지를 영상적 판타지로 구체화함으로써 telling의 상당한 요소들이 지배적인 향유요소가 될 수 있음을 보여준 대표적인 사례라고 할 수 있다(박기수, 2007, 18).

4. 남은 문제와 전망

본고에서는 문화콘텐츠의 변별적 특성을 중심으로 문화콘텐츠 정전의 변별성을 탐색해보았다. 그 과정에서 본고의 논의가 문화콘텐츠의 콘텐츠적 속성에 편향되어 있고, 지나치게 목적중심적인 지향을 강조함으로써 전략중심주의로 흘렀다는 한계를 뚜렷하게 드러내고 있음을 안다. 그럼에도 불구하고 문화콘텐츠의 변별적 특성에 대한 강조와 그것을 기반으로 하는 정전의 변별성 확보와 이를 토대로 한 전략 탐색은 문화콘텐츠에 대한 연구 현실을 고려할 때, 포기하기 어려운 부분이다.

문화콘텐츠 정전 구성의 논의에서는 그것의 실체만큼이나 정전 구성의 과정에 주목해야만 한다. 문화콘텐츠의 정전 구성 과정에서 원천콘텐츠로서의 가치, 거점콘텐츠로의 확장 가능성 내지는 용이성, 대중성 소구 또는 프로모션 툴로서의 전략적 가치, 콘텐츠를 통해서 구현하려는 가치의 문화적·경제적 적합성, 문화적 성취나 문화 정체성 등의 전략적 가능성 등이 정전의 구성 과정에서 정치하게 살펴야 할 것이라면, 문화콘텐츠 정전에 대한 연구는 이제 막 시작한 것이다. 문화콘텐츠의 정의와 범주가 생성적인 것처럼 정전 구성에 대한 논의도 그러한 지속적인 생성 단계로 들어서기 위한 아직 첫 단계일 뿐이다.

문제는 정전의 전제인 가치에 대한 합의를 이루기 위한 다양한 관점의 다양한 담론들이 생산되어야 한다는 것이며, 그러한 다양성 안에서 거침없는 토론으로 이어짐으로써 문화콘텐츠에 대한 보다 체계화된 이론과 규범을 확보하고, 이를 기반으로 정전의 미덕을 살필 수 있어야 한다는 점이다. 좀 더 구체적으로 말하자면, 문화콘텐츠와 문화콘텐츠 정전에 대한 다양한 관점과 층위의 지속적인 연구는 이론적인 체계화를 시도하면서 지금 이곳의 문화콘텐츠에 대한 다양한 접근과 섬세한 분석을 시도해야지만 보다 생산적인 결과를 얻을 수 있을 것이다.

참고문헌

고규진, 「다문화시대의 문학 정전」, 『독일언어문학』, 독일언어문학회, 2004.

김창원, 「시교육과 정전의 문제」, 『한국시학연구』, 한국시학회, 2007.

라영균, 「정전과 문학교육」, 『독어교육』 26집, 한국독어독문학교육학회, 2003.

롤랑 바르트, 김명복 역, 『텍스트의 즐거움』, 연세대학교 출판부, 1990.

문영진, 「정전논의에 관련된 몇 가지 문제에 대하여」, 『민족문학사연구』, 민족문학사
　　　학회, 2001.

박기수, 『애니메이션 서사 구조와 전략』, 논형, 2004.

박기수, 「<소나기>의 애니메이션화 전략」, 『소나기 One Source Multi Use 포럼』, 경
　　　희대, 양평군, 중앙일보, 2005.

박기수, 「문화콘텐츠 교육의 현황과 전망」, 『국제어문』 37집, 국제어문학회, 2006A.

박기수, 「대중문화콘텐츠 서사 연구」, 『한국언어문화』 30집, 한국언어문화학회, 2006B.

박기수, 「신화의 문화콘텐츠화 전환 연구」, 『한국문예비평연구』 20집, 한국현대문예비
　　　평학회, 2006C.

박기수, 「한국 문화콘텐츠학의 현황과 전망」, 『대중서사 연구』 16호, 대중서사학회,
　　　2006D.

박기수, 「애니메이션 리터러시, 향유의 전략화」, 『한국학연구』 25호, 고려대학교 한국
　　　학연구소, 2006E.

박기수, 「문화콘텐츠 스토리텔링의 생산적 논의를 위한 네 가지 접근법」, 『한국언어문
　　　화』 32집, 한국언어문화학회, 2007.

볼프강 가스트, 조길예 역, 『영화』, 문학과지성사, 1999.

송 무, 「문학교육의 '정전' 논의」, 『문학교육학』 1호, 한국문학교육학회, 1997.

심상민, 『미디어는 콘텐츠다』, 김영사, 2002.

안정임·전경란, 『미디어교육의 이해』, 한나래, 1999.

유명숙, 「정전논쟁 : 그 허와 실」, 『영미문학연구』 1호, 영미문학연구회, 1996.

최지현, 「문학교육에서 정전과 학습자의 정서 체험이 갖는 위계적 구조에 관한 연구」,
　　　『문학교육학』 제5호, 한국문학교육학회, 2000.

콘텐츠 비즈니스 연구소, 조선일보 출판부 역, 『콘텐츠 비즈니스 아는 만큼 돈이 보인

다』, 조선일보사, 2000.

프랭크 랜트리키아·토마스 맥로린 공편, 정정호 외 공역, 『문학연구를 위한 비평 용어』, 한신문화사, 1994.

한국문화콘텐츠진흥원, 『문화콘텐츠산업 학과 커리큘럼 가이드북』, 한국문화콘텐츠진흥원, 2003.

제3부
문학 정전 교육의 실제

제 9 장

문학교육과 정전 구성

유 성 호
한양대학교 국어국문학과

1. 문학교육과 정전 논의

그동안 제기된 문학교육의 문제 가운데 일종의 순환론적 논법에 빠져 있는 것이 아마도 이른바 '정전'에 관련된 담론들일 것이다. 경험적으로만 보면, 교육적 자료로서 일종의 구심적 정전 목록을 구체화해놓으면, 일정한 시간이 지난 후 그 목록은 자연스럽게 새로운 갱신의 대상이 되게 마련이다. 또한 정전 개념 자체를 해체하고 무력화하려는 담론이 있는가 하면, '교육'이라는 행위가 불가피하게 가치 선택의 문제와 결부될 수밖에 없기 때문에 어떤 일정한 기준에 의해 선택되고 집중된 정전들이 반드시 필요하다는 견해가 그에 맞서 있기도 하다. 그 점에서 '정전'의 확정과 유보, 구성과 해체의 반복적 역동성은 '정전'이라는 개념을 둘러싼 다양한 논의와 함께 부단한 순환론적 긴장 안에서 진척되어갈 것으로 보인다.

우리가 잘 알듯이, '정전(正典, Canon)'은 처음에 가톨릭 교회에서 공인된 경전을 '위경(僞經, Pseudepigrapha)'과 대비하여 지칭한 제한적 명칭이었다. 말하자면 '정전'은 신(神)의 말씀이 기록된 신성불가침의 영역으로서 절대적 권위를 지닌 종교적 경전에 국한된 개념이었다. 하지만 시간이 갈수록 읽을 만한 가치가 있는 고전(古典)으로 그 뜻이 넓혀졌고, 최근에는 보편적 가치가 인정된 작품들을 총체적으로 지칭하게 될 정도로 '정전' 개념은 부단한 의미 확장 과정을 겪었다. 하지만 교회 정전과 문학 정전은 그 사이에 현저한 차이가 있을 수밖에 없다. 가령 교회 정전은 지금도 수정 불가능한 권위를 지니고 있는 데 비해, 문학 정전은 사

후 논의를 통해 얼마든지 수정과 첨삭이 가능한 '텍스트'로 존재하기 때문이다.[1]

문학교육 정전 역시 문학 정전과 마찬가지로 여러 차례의 개념적 변화를 겪어왔다. 특히 초·중등교육에 한정할 때, 그것은 '교육'이라는 국가 주도의 프로그램 안에서 취사선택된 가치 체계에 의해 편제된 역사를 갖고 있다. 그래서 문학교육 정전은 여러 면에서 국가주의적 관점에서의 선택과 배제 과정을 겪을 수밖에 없었다. 가령 분단 이후 대한민국 문학교육은, 교육을 통해 지배 이념을 전달하려는 정치적 의도와 긴밀하게 결합하면서 펼쳐졌다. 그 결과 일종의 순수문학 전통에 의한 정전 구성이 주류화되었고, 이러한 순수문학 주류의 정전 구성 원리는 신비평 교육 담론을 적극 생산하면서 분석주의와 민족주의를 그때그때 편의적으로 결합하는 경향을 낳게 되었다.

이러한 문제점에 대해 일찍이 정재찬은, 정전의 부가(附加)를 통해 기존의 중심부성이 도전받지 않은 한 문학교육의 진정한 다원주의 실현은 멀어지게 된다고 말한 바 있다.[2] 조희정 역시 교육과정 변화에 따라 여러 변화가 수반되기는 했지만, 교육과정 전체를 관통하여 주요 작가로 등장하는 목록은 그리 큰 변화가 없다고 지적한 바 있다.[3] 말할 것도 없이, 이러한 정전 체계의 고정성은, 미적 관점과 경험의 편향을 불러오고, 국가주의적 이념을 투사하는 기제로 작용했다고 할 수 있을 것이다. 그러므로 우리는 이러한 문제 의식 아래에서, 정전 구성 원리에 대한 비판

---

1) 이러한 과정에 대해서는 송무, 「문학교육의 '정전' 논의」, 『문학교육학』 1집, 한국문학교육학회, 1997 참조.
2) 정재찬, 「현대시 교육의 지배적 담론에 관한 연구」, 서울대학교 박사학위논문, 1996, 156면.
3) 조희정, 「교과서 수록 현대문학 제재 변천 연구」, 『국어교육학연구』 24집, 국어교육학회, 2005.

적 검토와 대안 마련 작업이 절실하게 요청된다고 말할 수 있을 것이다.

우리가 잘 알거니와, 문학교육 논의에서 '정전' 담론은, 매우 거시적인 측면에서 그 물꼬가 트이기 시작되었다. 먼저 정재찬은 문학교육을 지배하고 있는 특정 담론들의 역사적 발생 조건 과정을 계보학적으로 탐구하였다.4) 서정 장르를 중심으로 한 이 연구에서 그는 당대의 정전 구성이 '순수시'와 '민족시'를 중심으로 이루어졌음을 밝히고 있다. 특히 은폐되어왔던 정전 체계의 원리를 계보학적 탐구를 통해 밝힌 것은 매우 커다란 방법론적 진척이었다고 할 수 있다. 이 연구를 시작으로 문학교육의 정전 논의가 매우 왕성해졌다. 영문학 쪽에서는 송무의 연구가 선구적이었는데,5) 그는 정전에 관한 해외 연구 성과를 정리하면서 그쪽에서의 '정전' 논의에 대한 개황(槪況)을 잘 전달해주었다. 그러나 대상 자체가 영문학 쪽이었으므로 현재 우리 문학교육으로서는 간접적인 시사점을 얻을 수 있을 뿐이다.

그런가 하면 '문학' 교과서 속의 이데올로기 분석을 통해 정전 구성 원리를 비판적으로 가시화한 연구들도 속속 나타났다.6) 가령 조미숙은 제1차 교육과정기의 교과서를 분석하여 '반공주의'가 어떻게 문학교육의 장(場)에 편입되고 주류화되는가를 고찰하였다. 그는 이른바 '반공주의'가 텍스트의 선택과 배제를 가르는 주요 기준이 된 과정과, 이러한

---

4) 정재찬, 앞의 논문.
5) 송무, 「영문학 교육의 정당성과 정전의 문제」, 고려대학교 박사학위논문, 1994.
6) 대표적인 논문은 다음과 같다.
조미숙, 「지배 이데올로기의 교과서 전유 양상」, 『한국문예비평연구』 21집, 한국현대문예비평학회, 2006.
조미숙, 「반공주의와 국어 교과서」, 『새국어교육』 74호, 한국국어교육학회, 2006.
한수영, 「문학 교과서와 소설교육의 이데올로기」, 『한국근대문학연구』 14호, 한국근대문학회, 2006.

권력 작동 현상이 초기 교과서 편제 방식을 어떻게 규율했는지를 분석하고 있다. 한수영은 제7차 교육과정 '문학' 교과서를 검토하면서 그 속의 이데올로기적 작동 원리를 탐색하였는데, 텍스트의 사회 역사적 맥락에 개입하는 '민족주의'가 여전히 교육과정에 영향을 미치고 있다고 분석하였다. 이러한 연구들은 한결같이 현재에도 '민족주의' 이념이 과잉되어 있고, 그 반대로 '계급 담론'은 결핍되어 있다는 점을 지적하고 있다. 이는 현재의 정전 체계가 어떤 것에 과잉과 결핍을 보여주는지를 잘 적시(摘示)해준다. 우리의 정전 논의는 이러한 관점의 토대 위에서 좀 더 심층적이고 철학적인 논의를 요구한다고 할 수 있을 것이다.[7]

2. 가치 상충과 통합의 문학교육

우리가 제대로 된 문학교육의 목표를 성취하려면 몇 가지의 관문을 거쳐야 한다. 가령 일종의 언어 사용의 장(場)으로서 텍스트를 경험시키는 것이 우선 중요할 수밖에 없고, 그 안에 실현되고 은폐된 이념이나 내용을 인지하게끔 방향을 잡는 것도 중요하고, 그 밖에도 학습자로 하여금 자기 인식, 정서적 경험 축적, 상상력 개발, 위대한 정신에 대한 동

---

[7] 물론 이러한 논의는 심도 있는 실증적 검증을 필요로 한다. 교과서에 선정된 텍스트들을 통해 추상적 층위의 논의를 구체화시켜야 하는 까닭도 여기서 비롯된다. 우선 교육과정의 진행에 따른 교과서 수록 텍스트들의 변화를 검토해보는 것과 동시에, 사라진 텍스트와 새로 등장한 텍스트의 상관관계를 비교할 필요가 있다. 그리고 이를 통해 정전 구성의 중심부를 차지하고 있는 텍스트들을 분석하고, 정전적 위치에서 내려온 텍스트나 새로이 정전적 위치를 점한 텍스트들도 분석할 필요가 있다. 이 밖에도 정전 구성 원리를 형성하는 데 영향을 미치는 여러 요인, 곧 검정 체제나 교과서 개발의 시간적 한계 그리고 물적·인적 자원 등의 현실적 문제도 고려해야 할 것이다. 이러한 복합적 논의를 통해 '정전'을 둘러싼 문학교육 논의의 진전을 꾀할 수 있을 것이다.

경, 미적 형식과 양식에 대한 특수한 경험 등을 치르게끔 유도하는 것의 중요성을 부가할 수 있을 것이다. 물론 이들은 확연하게 구분되는 것이 아니라, 하나로 통합될 수 있는 상호 연관적인 기능들이다. 이러한 제대로 된 목표를 높은 수준에서 성취하려면, 우리로서는 삶의 여러 국면을 형상화한 우수한 문학 정전들이 교육 자료로서 망라되어야 한다는 요청에 무심할 수가 없는 것이다. 하지만 우리가 경험적으로 잘 알고 있듯이, 우리는 특정 작가나 작품을 교육 자료로 선정하는 일에서 이른바 '교육적 가치'8)와 '문학적 가치'가 일정하게 상충하는 과정을 어렵지 않게 목도해왔다. 그렇다면 그동안 학교 교육에서 수행적 가치가 떨어져서 배제되어왔던 범주에는 어떤 것이 있을까.

첫째, 근대사에서 불가피하게 치러진 이념이나 체제의 선택 과정에서 국가주의적 프로젝트에 합치될 수 없었던 경우이다. 일정하게 사회주의적 전망에 우호적인 문학 행위를 했던 카프계의 문인들이나 해방 후 월북한 작가들이 그 한 경우라면, 다른 하나는 '제국주의 협력'으로 명명되는 문학적 실천들 곧 '친일문학'의 자장이다. 이들의 경우는, 문학이 미적 실천의 문제가 아니라 작가들의 정치적 실천과 긴밀하게 연관되는 것임을 실증하는 사례들일 것이다.

둘째는 이른바 미적 난해성의 영역이다. 소위 '아방가르드'로 명명될 수 있는 형식 실험에 매진한 문학 전통이 이에 해당한다. 예컨대 이상(李箱)의 여러 난해 시편들은 학습자들의 지적·문화적 수용의 어려움 때문에 대부분 교육 과정에서 배제될 수밖에 없다. 더불어 불가피한 난

---

8) 이때 '교육적 가치'란, 국가 주도의 프로그램이 입안되고 관철되는 과정에서 예상되는 역기능을 최대한 배제하여, 성장기의 학습자들에게 효율적으로 교육과정을 수행하게끔 고려된 일종의 '수행적 가치'라고 할 것이다.

해성의 시편들이나 실험적 서사 역시 교육 자료로서는 배제되기 십상이었다. 이른바 소통의 문제가 가장 중요한 교육적 가치임을 일러주는 실례들이다.

셋째는 성적 기표가 드러난다든지 성적 불온성이 작품의 내전 근간을 이룬 경우이다. 그 밖에도 성적 활달함이나 윤리적 불온성 등 근대문학이 추구해온 인간의 근원적 속성들은, 교육적 효율성이라는 기준에 의해 교육 정전 바깥으로 추방되었다. 그 밖에도 물리적인 분량 문제로 단편이 선호된다든지, 서정시 편향으로 구성된다든지 하는 현상이 나타나게 되었다.

그와 반대로 교육 현장에서 과대평가되어 정전 구성 원리의 적자(嫡子)가 되어왔던 경향도 있다. 순수문학의 전통, 저항문학의 전통, 전통 그 자체를 신비화하는 전통, 성장소설적 전통이 바로 그것이다. 이는 문학적 가치와 문학사적 가치 그리고 문학적 가치와 교육적 가치의 괴리를 그 안에 내장하는 핵심적 편향 사례들이다. 또한 그것은 교육 수용자의 연령이나 문화적 경험의 정도에 따라 혹은 특수한 근대사의 경험에 따라 교육 자료가 취사선택될 수밖에 없는 한계를 말해주는 것이기도 하다.

이처럼 교육적 가치는 이런저런 교육적 비효율성 혹은 불온성을 배제하고 나서 성립되는, 문학적 가치보다 철저하게 사후적(事後的)인 어떤 것이다. 다시 강조하지만, 여기서 선호되는 작품들이란, 청소년기의 감수성과 잘 융화될 수 있는 작품들, 소통 지향의 작품들, 민족주의적 열정이 짙게 반영된 작품들, 특정 이념에 편향되지 않은 순수 서정의 작품들, 인생론적 계몽 의지를 담은 작품들이다. 물론 이들의 문학적 가치야 존중되어야 마땅하겠지만, 앞의 것들이 배제되는 논리와 이들이 선택되는 논리가 동전의 양면을 이루는 것이라면, 이들 역시 온전한 문학적 가치의 결과로 선정된 것이라고 단언하기는 어려울 것이다. 요컨대 교육적 가치와 문학적 가치가 정확하게 일치되지 않는다는 데 문학교육의 또 하나의 딜레마가 숨어 있는 셈이다. 그 점에서 일종의 보편성과 항구성을 부여받은 문학적 정전의 교육적 속성에 대한 논의는 불가피하지만 여러 난제(難題)들을 내장하고 있는 것이다.

우리가 잘 아는 사실이지만, 지난 한 세기 동안 펼쳐진 한국의 근대문학은 몇 세기에 걸쳐 서서히 진행된 서구의 문학적 경향과 흐름을 압축적으로 경험하고 구현한 바 있다. 이는 우리 근대문학에 깊이 있는 성숙보다는 숨가쁜 변화와 대체의 움직임을 가져다주었고, 느긋하고 점진적인 축적보다는 새로움에 대한 미학적 조급증을 부여하기도 하였다. 또한 미학적 논의보다는 진영 개념을 매개로 하는 논쟁적 비평 의식이 승했던 것도 자연스러운 현상이었다. 또 그것이 '식민지'와 '분단'이라는 가혹한 조건 속에서 진행되었기 때문에, 우리 근대문학의 역정은 순탄한 선조적 진행이 아니라 무수한 갈등과 착종으로 얼룩진 소용돌이의 역사였다고 할 수 있다. 이러한 궁핍하고도 혹독했던 외적 여건이 오히려 우리 근대문학의 내용을 풍요롭고 다양하게 가꾼 토양이었음은 우리가 잘 아는 바이다. 이러한 상처와 굴곡 투성이의 역사를 토양으로 하는 한국 근대문학이 목표로 삼은 것은 자연스럽게 근대적 '국민국가(nation state)'의 완성과 인간다운 삶의 탈환이었다. 새롭고 오롯한 정신의 구현과 단단하고도 탄력 있는 형상적 성취라는 이중적 작업을 그 궁극의 목표로 삼은 우리 근대문학의 역사는, 그래서 상처도 많았지만 아름다운 문양도 많이 남겼다.9) 우리 교육 현장에서 이 같은 근대문학의 구체적인 역사적 육체를 온전하게 경험케 하는 것은, 물리적 한계와 입시 교육의 엄정한 제약에도 불구하고, 양도할 수 없는 교육적 표지(標識)로 요청되는 것이다. 우리가 정전 논의를 우수한 문학텍스트와의 접촉을 늘리는 쪽으로 정향(定向)해야 하는 까닭도 여기에 있다.

결국 우리는 "문학교육의 첫걸음은 매력 있는 작품을 접하게 함으로써 피교육자가 자연스레 그 매력의 포로가 되도록 하는 데서 시작"10)해야 한다는 유종호 교수의 주장을 경청한다. 그리고 "기존의 문학사나 소설사에서 언급된 작품들을 위주로 한 문학교육 논의가 아닌 목표가 우선시되고 그에 따라 작품이 선별되는 논의가 이루어져야 할 것"11)이라는 견해를 부분적으로 수용한다. 이러한 논의들을 균형 있게 수습하고 치밀하게 조직함으로써, 우리는 문학교육의 고유한 난제인 정전 문제의 격을 높여갈 수 있을 것이다.

3. 정전 구성 원리의 변화와 지향

제7차 교육과정에 채택된 18종 '문학' 교과서에 수록된 작품만을 대상으로 하면 이전 교과서에 비해 여러 모로 변화된 정전 구성의 원리를 보여준다. 참조할 만한 지형 변화라고 생각된다. 그 양상을 조감(鳥瞰)해 보면 다음과 같다.

첫째, 거의 최근의 작품까지 망라함으로써 정전이 갖는 관행적인 시기적 제한을 풀려고 하였다. 지난 교육과정에는 교육과정에 명시된 "문학

---

9) 유성호, 「한국 근대시의 경향과 흐름」, 『문학사상』, 2003. 12. 참조.
10) 유종호, 「왕도는 없다」, 『서정적 진실을 찾아서』, 민음사, 2001, 267면.
11) 김동환, 『문학연구와 문학교육』, 한성대학교 출판부, 2004, 195면.

작품의 선정은 문학사의 평가를 받은 것들로 한다."라는 항목을 충실히 지켜 1970년대로 하한선을 유지했는데, 제7차 교육과정에서는 이러한 제한이 거의 무력화되면서 생존 문인들의 작품이 대거 입성하게 되었다. 그야말로 근대(modern)의 문제를 동시대(contemporary)의 영역으로 확장한 것이다. 둘째, 월북 작가들의 작품도 많이 수록되었다. 냉전 이념에서 벗어나 진보적 문인들의 작품을 해석하고 평가하려는 의지가 대거 수용된 것이다. 특정 이념의 배제를 반성적으로 성찰하면서 균형 감각을 촉구하게 된 것도 이 시기 교과서가 내보인 확연한 진경(進境)이다. 셋째, 외국 문학 중에서 제3세계의 작품 비중이 높아졌다는 사실을 들 수 있다. 이전 교과서까지는 외국문학 작품의 경우 거의 유럽과 미국 중심으로 짜여왔다. 그러던 것이 아프리카나 남미, 구소련 등 이른바 제3세계의 문학 쪽으로 확연한 배려를 하게 된 것이다. 조선족이나 북한 작가의 작품도 등장하였다. 넷째, 친일문학 작품도 나타났다. 물론 일부이기는 하지만, 김기진과 김용제의 친일 시편들이 직접 인용되어, 우리 문학사의 어두운 음영(陰影)을 통한 반성적 수행을 시도하였다. 그 밖에 달라진 매체 환경을 반영하듯, 다양한 장르의 문학이 소개된 것도 이 시기의 눈에 띄는 변화라 할 것이다.

이처럼 이전 교과서에서 배제되어왔던 텍스트들의 귀환이 광범위하게 이루어짐으로써, 정전 구성의 실제는 여러 모로 변화된 관점을 내보이게 되었다. 특히 그동안 우리 교과서가 보여주었던 이념적 편향에 대한 반성적 재구성의 의지는 높이 평가해 마땅하다. 외국 작품의 경우는 영미 위주에서 벗어나 제3세계나 소수 민족의 작품을 선보이는 차원이 나타났는데, 이 또한 그동안 우리의 '문학' 관념을 지배했던 '서구문학=세계문학'이라는 도식에 대한 문제 제기적 재구성의 의지라 할 만하다.

　이러한 긍정적 변모에도 불구하고 제7차 교육과정 교과서는 미해결된 문제점 역시 적지 않게 남겨주었다. 첫째, 수록된 작품 수가 지나치게 많고 교과서마다 분량의 편차가 심하게 만들어졌다. 또한 교과서에 실린 문학 작품을 경험하는 것보다 그것을 자료로 하여 교육 내용을 배우는 것을 더 중요하게 생각하였다. 그래서 작품 전문보다는 일부분만을 인용하는 경우가 더욱 심해졌고, 심지어는 짧은 시편에서조차 일부분만을 인용하는 일이 점증(漸增)하였다. 제6차 교과서에 비해 수록 작품의 수는 많이 증가하였지만 교육 현장에서의 물리적 실감은 약화된 것이다. 둘째, 외국문학 작품의 전체 비중이 제6차 때보다 낮아졌다. 제7차 교육과정에서도 세계화 시대에 발맞춰 세계문학에 대한 이해를 비록 강조하기는 했지만, 교과서에는 정반대로 외국문학 작품이 크게 줄었다. 셋째, 수록 작품의 장르별 불균형이 심화되었다. 특히 서정시 편중이 심한데, 이는 짧은 형식으로 문학의 언어적 특질을 가르칠 수 있고, 물리적 시간을 효율적으로 활용할 수 있다는 이유 때문일 것이다. 하지만 현재와 같이 복합성의 삶을 살아가는 현실에서 보다 더 다양한 문학 경험을 수행하기 위해서는 여러 장르의 균형을 도모해야 할 것이다.

　또한 '문학사(文學史)'와 관련하여 정전의 문제를 생각해보는 일도 중요할 것이다. 문학사 교육의 총론적 목표는 "문학에 관한 체계적 지식을 바탕으로 우리 문학의 역사적 전개 과정을 이해하고, 문학 작품을 역사적 시각에서 접근할 수 있는 능력을 가지게 한다."라고 설정되어 있다. 그리고 세부 목표로 "문학 양식의 변화를 당대 사회와의 관계 속에서 파악하고, 우리 문학의 특성과 전통성을 이해하며, 민족문화의 계승과 발전을 도모하는" 것을 설정해놓고 있다. 하지만 우리는 개별 작품과의 연관성이 배제된 문학사 교육이 불가능할 뿐만 아니라, 그 효과도 거의 기대할 수 없다는 점을 잘 알고 있다. 그러므로 최대한 개별 작품에 대한 실증적 이해를 바탕으로 문학사 교육의 학습 내용과 방법이 연구되어야 한다는 점에서, 각각의 문학 작품에 대하여 다른 교육 영역에서 학습한 결과를 문학사 교육에 가져와서 그것들을 관련성에 따라 설명해내는 것이 문학사 교육의 내용과 방법이 될 것이라고 생각한다. 그 점에서 '문학사' 교육을 위해서도 균형 있는 정전 구성 원리가 요청된다는 점은 의심의 여지가 없다. 그 점에서 문학교육 정전 논의는 문학사적 관점과 긴밀하게 결부되어 펼쳐져야 한다.

4. 학교 교육과 정전 논의

일반적으로 사람들은 '학교 교육'에 한정하여 교육 현상을 이해하려고 한다. 물론 '가정교육'이나 '사회 교육'의 중요성이 전적으로 배제되는 것은 아니지만, 사람들의 마음속에 각인된 교육 현장은 단연 '학교(學校)'라는 제도적 표상으로 집중되어 있다. 우리나라 교육부가 담당하고 있는 영역 역시 대개 '학교 교육' 과정에 집중되어 있는 것을 감안하면, 공적·사적 영역에서 학교 교육이 차지하는 비중은 매우 크다고 할 수 있다. 일례로 서구의 계몽주의자 가운데 어떤 이는 학교 하나를 짓는 것이 감옥 하나를 부수는 것과 같다고 말한 적이 있다. 이는 한 사회의 야만 상태를 문명 상태로 이끌어 올리는 학교의 계도적 기능에 대한 전폭적 신뢰를 근거로 한 발언일 것이다. 하지만 근대의 전개 과정은 학교 하나를 늘리면 고스란히 감옥 하나가 늘어나는 아이러니를 보이는 방향으로 진행되었다. 학교가 곧 창살 없는 감옥이 되어버렸으니까 말이다.

우리 기억 속의 학교 역시 대개는 자발적으로 가고 싶었던 곳이 아니라, 제도적 강제로 주어진 타율적 집합소 같은 곳이었지 않은가. 그래서인지 교육학자 이반 일리치(Ivan Illich) 같은 이는 『탈(脫)학교화 사회(*Deschooling Society*)』라는 책에서 아예 급진적인 학교 비판에 나서기도 하였다. 근대 학교 교육에 대한 이러한 전폭적 신뢰와 비판의 공존 현상은, 그곳이 사회 체제에 의해 견고하게 결속된 억압적 기구이면서 동시에 그 견고함을 깨뜨릴 수 있는 창조적 균열들이 다양하게 존재하는 장소임을 알려 준다.12)

우리나라의 교육 경험에서도 '학교'는, 전(前)근대적 야만 상태에서 근대적 문명 상태로 수직 상승할 수 있는 유일한 제도적 통로로 기능하였다. 근대 초기의 학교에서는 근대 교육의 도구로서 일어, 수학, 역사, 지리 등을 가르쳤다. 이러한 과목 편성은 학습자의 이른바 '자기 형성적 주체(self formative subject)'로서의 성장 가능성보다는 '민족'과 '국가'에 유용한 인재를 길러내려는 기능 중심의 사고를 저변에 깔고 있었다고 할 수 있다. 그래서 식민지 시대의 작가 이태준은 한 산문에서 "다른 공부를 제대로 하면서 읽는 소설은 물론 좋다. 나아가서는 그렇게 하기를 권려(勸勵)해야 할 것이다. 세상이라거나, 인정이라거나를 모르는 것만이 천진(天眞)은 아니다. 그것은 백치(白痴)요 천진은 아니다. 백치와 천진을 구별하지 못하는 교육자들이 많아, '소설'이라면 공연히 백안시한다."13)라고 토로하면서, 당시 문학교육의 영성함을 질타한 바 있다. '민족'과 '국가'를 짊어지고 나아갈 인재에게 소설과 같은 가항(街巷)의 이야기들은

---

12) 이승원, 『학교의 탄생』, 휴머니스트, 2005, 9면.
13) 이태준, 「小說」, 『무서록(無序錄)』, 박문서관, 1941. 여기서는 이태준 문학 전집 『無序錄』, 서음출판사, 1988, 253면.

그다지 유용하지 못했던 것이다.

그런데 해방 이후의 교육 과정에서 '문학'은 매우 중요한 대상으로 부상하게 되었다. 물론 문학을 통해 '민족'과 '국가'를 절대화하는 이데올로기를 주입하고 그에 반하는 내용들은 철저히 배제해왔던 역사를 돌이켜볼 때, 문학은 그 자체로 숭앙되었다기보다는 '국민국가(nation state)'의 일원을 재생산하는 도구로 이용된 측면이 강하기는 했다. 하지만 최근 급속하게 진행된 사회의 민주화를 바탕으로 다양하기 그지없는 문학적 내용과 형식이 가르쳐지고 있고, 작품의 주제를 국민국가 중심의 알레고리로 환원하려는 지향은 많이 약화되거나 사라졌다. 그래서 이제 정말 학교 교육에서 문학교육의 가능성은 그 어느 때보다 증폭된 상태라고 할 수 있을 것이다.

말할 것도 없이 '교육'이란 본질적으로 가치 지향적 활동이다. 그것은 제도적·비제도적 교육 과정을 통해 학습자에게 가치 있는 어떤 특성을 길러주는 교육적 가치의 실현 과정이다. 이때 교육적 가치는 학습자에게 실현되어 학습자의 삶의 지향을 안내하는 교양의 기반이 된다. 곧 다양한 문화의 장(場) 안에서 학습자가 자신의 교육적 경험을 바탕으로 바람직한 자신의 삶의 지향을 위한 교양을 형성하게 된다. 특히 삶과의 총체적 연관을 가지는 문학을 교육하는 데서는 더욱 그러하다. 문학이 본질적으로 삶의 문제를 규명하려는 노력이며 교육 또한 그러하다면, 이 둘이 맺는 상호 작용 속에서 학습자가 가져야 할 교양이나 삶의 지향성은 매우 중요한 것이다.

우리가 논의한 문학교육과 정전 구성에 관한 이야기는, 교육과정의 목표에 합당한 정전 방향이 기존 교과서가 어떤 정전들을 포괄하고 배제하는지를 밝히고, 문학교육이 문학에 대한 지식을 통해 문학을 감상하려는 목적과 문학을 통해 언어 능력을 향상시키고 인간과 사회에 대한 이해를 증진시키려는 목적을 두루 충족해야 한다는 점으로 모아진다고 할 수 있다.

그 점에서 문학텍스트를 객관적 지식으로 간주하여 그 지식을 전달하는 주해식 교육 방법은 여전히 문제점으로 지적될 수 있다. 이 경우에는 이른바 객관주의적 교육 담론이 그 밑바탕에 존재한다. 이는 문학 작품을 신비화하여 그것에 대한 재해석의 여지를 막아왔고, 작품이 가지는 항구적 신비성으로 인하여 현실적 접촉점을 마련하기 힘들게 하였다. 비평 방법론으로서의 신비평 영향 때문이기도 하겠지만, 주해식으로 교육하기 비교적 용이한 텍스트들이 주류를 이루면서, 가치 있는 대상이 객관적으로 존재하고 있고 교육은 그것을 재생산해야 한다는 논리로 이어져왔다. 전통 수사학과 신비평 담론이 이런 방식의 교육에 이론적 배경을 제공한 것은 우리가 잘 알고 있는 일이다.

결국 우리로서는 우수한 문학 정전을 역사적 지평 위에서 경험시키면서도 그것을 유일무이한 해답 수렴의 과정으로 몰아가는 방법을 자계(自戒)하는 균형 감각을 정전 논의와 그것의 수행 과정에서 충실하게 고려해야 한다. 그 점에서 다음 지적은 매우 경청할 만한 것이다.

> 학교 현장에서는 정전을 고식적으로 가르치는 방안과 과도하게 혁신적인 텍스트에 의존하는 두 방향이 공존하고 있다. 교육 정전에 대한 자기 성찰을 할 수 있도록 하고, 문학 교사가 비정전 작품을 유연성 있게 문학교육에 이끌어 들이는 것이 바람직하다. 이미 정전으로 성립된 작품에 대해서만 교육용으로 고려할 것이 아니라, 다른 정전과 마찬가지로 교육 정전은 형성된다는 점을 염두에 둘 일이다. 교육 정전의 구성과 변형 과정에서 문학교육과 문학 바깥의 교섭과 소통은 이루어진다.14)

교육 정전의 확장 가능성을 염두에 두면서, 비정전 작품을 유연성 있게 문학교육에 이끌어 들이면서, 교육 정전의 구성과 변형 과정에서 문학교육과 문학 바깥의 교섭과 소통을 촉구하는 내용이다. 정전의 구심력과 원심력 사이의 균형을 강조한 언급이라 할 만하다.

물론 '정전'의 어원이 신성한 말씀(Words)이라는 뜻에서 유래한 것이기 때문에, 모범적이며 가치가 인정된 작품들이 실체론적으로 존재한다는 것을 무시할 수는 없다. 그만큼 문학교육의 가장 근원적 문제점인 편향된 정전 구성을 극복하고, 정전들의 역동적 변화를 받아들이려는 의욕이 탈(脫)정전의 움직임으로 비약할 수는 없는 노릇이다. 왜냐하면, 말할 것도 없이 '교육'이란 본질적으로 가치 지향적 활동이기 때문이다. 그것은 제도적·비제도적 교육 과정을 통해 학습자에게 가치 있는 어떤 특성을 길러주는 교육적 가치의 실현 과정이지 않은가. 그 점에서 학습 공동체에서 인준하고 검증한 정전 텍스트의 계열화는 불가피한 것이 사실이다. 이때 교육적 가치는 학습자에게 실현되어 학습자의 삶의 지향을 안내하는 교양의 기반이 되는 것이다.

물론 문학교육의 정전 역시 문학 작품의 정전과 마찬가지로 변화를 겪는다. 이는 그것들이 그 안에 역사성의 원리를 가지고 있기 때문이다. 그 가운데 하나가 교육 정전의 이데올로기 분석에 따른 것이다. 분단 이후 '교육' 행위를 통해 확산된 지배 이데올로기는 정전 검토에서 빠질 수 없는 항목이다. 이른바 순수문학 경향이 주도적인 위치를 점하고 교과서 편성에도 거대한 권력을 행사하였다는 점은 주지의 사실이다. 그리고 순수문학적 지향을 정당화하기 위한 방법으로 전통 수사학이나 신비

---

14) 우한용, 「문학 교육과정 개정의 방향 탐색」, 『문학교육학』 20호, 한국문학교육학회, 2006, 24~25면.

평 담론이 적극 활용된 것도 우리가 다 아는 사실이다. 그 점에서 우리
는 그동안 실체론적으로 존재한다고 믿었던 순수문학 전통의 정전 구성
원리를 다양한 중심들로 확산하면서, 그동안 여러 모로 억압되었던 문학
적 가치들 예컨대 민족 간의 대결 구도에서 저항의 문제는 긍정적으로
취급되지만, 국민국가 내부에서의 대결 구도랄 수밖에 없는 성, 계급, 지
역 같은 내적 변수는 도외시된다는 것 등을 추슬러 새로운 교육적 가치
의 계열화를 구상해야 한다. 그러한 탄력이 새로운 정전 구성 원리의 탄
력으로 이어져 풀을 넓히면서, 우리는 문학이 인간 삶의 여러 국면을 유
비적으로 보여주고 경험케 하는 언어적 자료라는 점을 암시할 수 있을
것이다.

참고문헌

권순긍, 「교과서의 변천과 문학교육의 방향」, 『반교어문교육』 10호, 반교어문학회, 1999.

구인환 외, 『문학교육론』, 삼지원, 1988.

김대행, 「문학의 개념과 문학교육론」, 『국어교육』 59-60호, 한국국어교육연구회, 1987.

김대행 외, 『문학교육원론』, 서울대학교 출판부, 2000.

김동환, 『문학연구와 문학교육』, 한성대학교 출판부, 2004.

김상욱, 『문학교육의 길찾기』, 나라말, 2003.

나병철, 『소설의 이해』, 문예출판사, 1998.

문영진, 「정전 논의에 관련된 몇 가지 문제에 관하여」, 『민족문학사연구』 18호, 민족문학사학회, 2001.

서울대학교 교육연구소 편, 『교육학대백과사전』, 하우동설, 1998.

송 무, 「영문학 교육의 정당성과 정전의 문제」, 고려대학교 박사학위논문, 1994.

송 무, 「문학교육의 '정전' 논의」, 『문학교육학』 1집, 한국문학교육학회, 1997.

우한용, 「문학 교육과정 개정의 방향 탐색」, 『문학교육학』 20호, 한국문학교육학회, 2006.

유성호, 「한국 근대시의 경향과 흐름」, 『문학사상』, 2003. 12.

유성호, 『현대시 교육론』, 도서출판 역락, 2006.

유종호, 『서정적 진실을 찾아서』, 민음사, 2001.

윤여탁, 『리얼리즘 시정신과 시교육』, 소명출판, 2003.

이승원, 『학교의 탄생』, 휴머니스트, 2005.

이재기, 「문식성 교육 담론과 주체 형성에 관한 연구」, 한국교원대학교 박사학위논문, 2005.

정재찬, 「현대시 교육의 지배적 담론에 관한 연구」, 서울대학교 박사학위논문, 1996.

조미숙, 「지배 이데올로기의 교과서 전유 양상」, 『한국문예비평연구』 21집, 한국현대문예비평학회, 2006.

조미숙, 「반공주의와 국어 교과서」, 『새국어교육』 74호, 한국국어교육학회, 2006.

조성면, 『대중문학과 정전에 대한 반역』, 소명출판, 2002.

조희정, 「교과서 수록 현대문학 제재 변천 연구」, 『국어교육학연구』 24집, 국어교육학회, 2005.

최지현, 「한국 근대시 정서 체험의 텍스트 구조 연구」, 서울대학교 박사학위논문, 1997.

제레미 M. 호손, 정정호 외 역, 「Canon」, 『현대문학이론 용어사전』, 동인, 2003.

파울로 프레이리, 성찬성 역, 『페다고지』, 한마당, 1995.

한수영, 「문학 교과서와 소설교육의 이데올로기」, 『한국근대문학연구』 14호, 한국근대문학회, 2006.

현대시 정전의 교육내용에 관한 고찰

— 〈님의 침묵〉의 교과서의 학습활동을 중심으로 —

김 현 수
포항 두호고등학교

1. 머리말

교육과정의 개정과 맞물려 정전에 대한 학계의 논의가 활발하다. 학습자에게 교육적으로 적정한 작품을 선정하여 이를 제공하는 일은 문학교육계가 맡은 중대한 임무다. 연구자들은 기존의 문학교육의 정전을 검토하고, 교육적 효과를 드러낼 수 있는 텍스트를 선별하는 데에 심혈을 기울인다. 정전의 연구는 궁극적으로 어떤 작품을 어떤 이유로 교과서에 수록할 것인지 대해 답변을 얻고자 한다. 실효성이 있는 논의를 위해서는, 학습자와 소통의 폭을 넓힐 수 있는 작품을 찾고, 문학교육의 정전으로 공인된 작품을 현재적 관점에서 검토하는 작업이 요구된다.

공시적 차원에서의 작품 검토는 두 측면에서 접근 가능하다. 우선 정전으로 승인된 작품이 현재의 학생들에게 의미가 있는 교육 자료가 되고 있는지를 점검할 수 있다. 기성세대가 불멸의 고전처럼 여기는 작품이 오늘의 학생에게도 그대로 고전이 되는 것은 아니다. 과거의 고전은 현재의 수용자에게 재평가의 대상이 된다. 정전에 대한 검토는 작품 자체의 선정을 문제 삼기도 하지만, 개별 작품에 한정하여 그것의 교육내용에 중점을 두기도 한다. 주어진 작품이 무엇을 학습내용으로 하는지 살핌으로써 교과서가 학습자에게 가치 있는 교육내용을 제공하는지를 확인할 수 있다.

교과서는 교육과정의 추상적 내용을 자료화하여 학생들에게 구체적인 학습내용을 제공한다. '문학' 교과서의 경우, 작품의 원문을 제외하면 교과서의 실질적 내용은 '학습활동'이 된다. 질문의 형식으로 제시되는 학

습활동은 배운 내용을 점검하는 평가의 성격을 지니면서도 학생들이 학
습해야 할 내용을 안내하는 구실을 한다. 곧 학습활동은 시 교실에서 학
습자가 배우는 교육내용이 된다. 교과서의 학습활동은 단원의 목표와 작
품의 특성에 따라 설정되며, 작품에서 학습자가 익힐 교육내용을 집약적
으로 보여준다. 하지만 학습활동은 상이한 시각에서의 비판에 직면하기
쉬운 약점이 있다. 이런 약점은 근거 있는 비판과 실현 가능한 대안으로
보완할 수 있다.

  본고는 고등학교 '문학' 교과서에서 제시된 학습활동을 중심으로 한
용운의 <님의 침묵>의 교육내용을 비판적으로 검토한다. 한용운은 김
소월과 함께 1920년대를 대표하는 시인으로서 한국 근대시에서 서정시
의 원천을 형성하였다.[1] 이 시기의 시들이 대부분 이민족에게 나라를
빼앗긴 슬픔과 울분에 젖어 있을 때, 만해는 당대의 시류에 흡수되지 않
고 불교적 상상력을 바탕으로 한 연가풍의 노래로 독자적인 시세계를
구축하였다. <님의 침묵>은 1926년에 발간된 『님의 침묵』(1926)에 수록
된 88편의 작품 중 하나로 <알 수 없어요>, <나룻배와 행인> 등과 그
의 대표작으로 인정받고 있다.

  님은 갔습니다. 아아, 사랑하는 나의 님은 갔습니다.
  푸른 산빛을 깨치고 단풍나무 숲을 향하야 난 작은 길을 걸어서, 차마
떨치고 갔습니다.
  황금의 꽃같이 굳고 빛나든 옛 맹서(盟誓)는 차디찬 티끌이 되어서, 한
숨의 미풍(微風)에 날아갔습니다.
  날카로운 첫 키스의 추억(追憶)은 나의 운명(運命)의 지침(指針)을 돌려

---

1) 최동호, 「근대시의 전개(1919~1931년)」, 오세영 외, 『한국 현대시사』, 민음사, 2007, 25
   면 참조.

놓고, 뒷걸음쳐서 사라졌습니다.

나는 향기로운 님의 말소리에 귀먹고, 꽃다운 님의 얼굴에 눈멀었습니다.

사랑도 사람의 일이라, 만날 때에 미리 떠날 것을 염려하고 경계하지 아니한 것은 아니지만, 이별은 뜻밖의 일이 되고 놀란 가슴은 새로운 슬픔에 터집니다.

그러나, 이별을 쓸데없는 눈물의 원천(源泉)을 만들고 마는 것은 스스로 사랑을 깨치는 것인 줄 아는 까닭에, 걷잡을 수 없는 슬픔의 힘을 옮겨서 새 희망(希望)의 정수박이에 들어부었습니다.

우리는 만날 때에 떠날 것을 염려하는 것과 같이, 떠날 때에 다시 만날 것을 믿습니다.

아아, 님은 갔지마는 나는 님을 보내지 아니하였습니다.

제 곡조를 못 이기는 사랑의 노래는 님의 침묵(沈默)을 휩싸고 돕니다.

―〈님의 침묵〉 전문

이 시는 문학적인 면에서뿐만 아니라 교육적으로도 가치가 있다. <님의 침묵>은 사랑의 감정을 거침없이 표현하지만 경어법을 통한 진심어린 고백으로 진실성을 확보하고, 부정적 현실을 긍정하는 역설적 인식과 돌려 말하는 비유의 기법으로 예술성을 성취한다. 시인이 독립운동가로서 일제의 만행에 적극적으로 대응했다는 점, 시의 내용이 국권 회복의 의지를 담고 있다는 점 등은 학생들의 가치관 교육에 좋은 제재가 된다. 또 이 시는 문학의 접근 방식에서 작가의 삶과 현실에 비추어 문학 작품을 바라볼 수 있다는 사실을 학습자에게 일러준다.

그러나 교육 현장은 작품의 내적 가치를 발현하는 데에 어려워하고 있다. 교사와 학생은 작품 감상에 앞서 임의 다양한 의미, 역설의 수사, 승려와 독립 운동가로서의 시인의 행적, 불교적 사상관 등의 외적 정보에 휘둘린다.[2] 작품 이해에 앞선 지식의 과도한 주입은, 문학 감상에서 독자가 가지는 사유의 과정을 앗아 간다. 결과적 지식에 몰두하여 학습자의 감상 과정을 방관하는 시 교육은, 학습자에게 시가 어렵다는 고정 관념을 부추기고 문학에서 얻을 수 있는 즐거움을 차단한다. 필자는 이러한 교육 현실을 직시하고 <님의 침묵>을 대상으로 시 교육내용의 문제점을 짚어보며, 이 작품에서 학생들이 학습할 내용이 무엇인지를 살피려 한다.

2. <님의 침묵>의 교육내용

교과서는 개별 교과의 교수·학습 과정을 이끌어가는 교육내용과 방법의 상징체로서, 교육과정의 목표와 내용을 구체화시켜 놓은 공식적인 자료다.[3] 그래서 교과서의 전반적인 내용은 교육과정의 문서에 따라 계획된다. 7차 문학교육 과정은 ① 문학의 본질, ② 문학의 수용과 창작, ③ 문학과 문화, ④ 문학의 가치화와 태도 등의 네 영역으로 내용 체계를 갖춘다. '문학' 교과서는 상권과 하권으로 분책되어 있는데, 상권은 ①과 ②, 그리고 하권은 ③과 ④의 내용 범주로 되어 있다. 이에 따라 '문학' 교과서는 문학에 대한 일반 이론을 습득하며, 문학의 수용과 창작 원리를 이해하고, 문화의 관점에서 작품을 살피고, 문학에 대한 바른

---

2) 윤여탁은 교육의 장에서 한용운 시가 어려운 이유에 대해 ① 학습 이전에 제공되어야 할 교육적 전제가 압도한다는 점, ② 비유, 상징체계에 대한 설명이 낯설고 어렵다는 점, ③ 불교라는 종교적 내용을 강요한다는 점 등을 들고 있다. 윤여탁, 「시 감상의 어려움에 대하여-한용운 시를 중심으로」, 『시 교육론』, 태학사, 1996, 116~125면.
3) 한국교육과정평가원, 『교과서 모형 개발 연구』, 아름문화사, 1998, 33면.

태도를 지니는 데에 중점을 둔다.

한용운의 <님의 침묵>은 상권과 하권에 고르게 수록되어 있으며, 18종의 '문학' 교과서 중 12종의 교과서에 실려 있다.4) 상권에서 이 시는 갈래 별로 작품을 소개하는 '문학의 수용과 창작'의 영역에서 다루어진다. 교과서별로 주요 학습내용을 정리하면 다음과 같다.

상권	대단원명	중단원명	주요 학습내용	총 문항수
A	문학의 수용과 창작	비유와 상징	비유와 상징의 표현 님의 상징적 의미	3
B	문학작품의 수용과 창작	언어와 표현	시행의 함축적 의미 역설적 표현, 님의 의미	9
C	문학의 수용과 창작	사랑과 그리움	화자의 태도 역설적 표현	3
D	시의 수용과 창작	시의 본질과 갈래	작품의 구성, 산문시 특성 시 구절의 의미, 님의 의미	10

네 교과서는 중단원명은 달라도 시의 표현 기법, 시상 전개, 시 구절의 함축적 의미 등을 내용으로 한다. 그런데 작품의 표현 면에서 보면, 교과서의 세부 내용에는 차이가 있다.

[A] • '님의 침묵'에서 '님'의 상징적 의미를 다음과 같이 가정할 경우, 시의 전체적 의미가 어떻게 달라질지 정리하며 발표해 보자.
　　　• 다음 시에서 '황금'이 의미하는 바가 무엇인지 밝히고, 이를 '님의

---

4) 출판사를 나열하면 상권은, 디딤돌(김윤식 외), 두산동아(우한용 외), 한국교육미디어(김병국 외), 태성(김상태 외), 청문각(최웅 외), 문원각(한철우 외) 등의 교과서가 있다. 하권에는 천재교육(홍신선 외), 민중서림(김창원 외), 교학사(구인환 외), 지학사(권영민 저), 지학사(박갑수 외), 금성출판사(박경신 외) 등의 출판사가 <님의 침묵>을 수록하고 있다. 12종 중에서 청문각, 문원각, 금성출판사 등은 이론에 관한 예시문이나 학습활동의 지문으로 제시하여 이들 세 교과서는 본 글의 분석의 대상에서 제외한다.

침묵'에 나타난 '황금'의 비유적 의미와 비교하여 토론해 보자.

[B] 다음에 제시된 경구와 속담은 일상생활에서 널리 사용되는 역설적
　　표현이다. 살아오면서 이와 같은 표현을 적용할 만한 경험이 있었는
　　지 생각해 보고, 그 경험을 이야기해 보자.

[C] 이 시에서 역설적 표현이 사용된 곳을 찾아 그 의미를 생각해 보자.

[D] 이 시는 사설조의 산문체로 씌어졌다. 정서를 함축으로 표현하고 있
　　는 일반적 서정시와의 차이점을 생각해 보자.

　[A]는 시의 비유와 상징이라는 기법에 관심을 갖는데, 나머지 세 교과
서는 역설적 표현이나 서술상의 특징에 관심을 둔다. 후자의 교과서들도
'임'의 다양한 의미를 묻는 학습활동을 제시한다는 점에서 상징을 다루
고 있다고 볼 수 있으나, 전자의 교과서처럼 "비유와 상징의 표현을 살
피면서 감상해보자."는 식으로 비유와 상징을 명시적으로 언급하지는 않
는다. 임의 의미를 묻는 학습활동을 상징과 관련된 문제로 인정하더라도
세 교과서는 모두 이 시의 비유적 표현을 등한시한다. 물론 이는 설정된
단원이 달성하고자 하는 학습목표가 다른 데에서 그 이유를 찾을 수 있
다. 냉정히 말해, 작품의 교육내용은 교과서 집필자의 관심과 비평적 안
목에 따라 달라진 것이다. 교육내용의 차이는 문학사를 다루는 하권에서
도 나타난다.5)

---

5) '문학' 교과서의 내용은 큰 틀에서는 문학교육 과정의 계획에 따르고 있다. 그러나 교육
　과정의 영향력은 학습활동의 구체적인 내용에까지는 미치지 못한다. 따라서 교육과정을
　절대시하는 관점에서는 개별 작품의 학습내용을 제대로 살피지 못한다. 교육과정과 교과
　서 사이의 상관성 검토는, 교육과정의 완벽함을 전제하고 교과서의 세부 내용이 교육과정
　의 치밀한 설계에 의해 마련될 때 타당성을 인정받을 수 있다. 이에 본고에서는 작품에서
　학습자가 알아야 할 실질적인 학습내용의 탐색을 위해 교육과정의 요인은 논외로 한다.

하권	대단원명	중단원명	주요 학습내용	총 문항수
E	한국문학의 특질과 흐름	근대 전환기의 문학	님의 의미, 시상 전개 표현상 특징(비유, 역설)	11
F	한국문학의 흐름	일제 강점기의 문학	작품의 구조, 님의 의미 시 구절의 의미	6
G	한국문학의 흐름과 특질	일제강점기의 문학	시행의 의미, 님의 의미 표현 기법(역설, 상징)	9
H	한국문학의 특질과 흐름	일제 감정기의 문학	님의 의미, 시행의 의미 역설의 효과	7

하권은 상권의 교과서와 마찬가지로 시의 표현 기법이나 님의 의미, 시 구절의 의미 등을 교육내용으로 한다. 하지만, 하권은 <님의 침묵>을 일제 강점기를 대표하는 문학으로 선정하여 그 작품의 특질과 위상에 초점을 둔다. 하권의 학습활동은 상권에 비해 문항 수가 많은 편이며,6) 작품에 대한 심층적 이해를 요구한다.

[E] 1. 이 시에 쓰인 다음과 같은 비유적 표현의 속뜻을 파악해 보자.
2. 이 시에서 역설적인 표현을 찾아 그 의미를 생각해 보고, 이런 표현들이 이 시의 주제 형성에 어떤 역할을 하는지 분석해 보자.
3. 이 시의 시적 상황을 바탕으로 '임'이 침묵한다고 했는지 그 이유를 다양하게 추리해 보자.
4. 이 시를 내용상 전개상 4개의 단락으로 구분해 보고, 각각의 단계에 드러난 화자의 심리 및 태도의 변화의 과정을 살펴보자.

---

6) 여기서 문항은, 상위 질문 항에서 세부적으로 제시된 하위 질문 항까지 포함한 것이다. '문학' 교과서에서 <님의 침묵>의 학습활동은 적게는 3문항, 많게는 15문항까지 있다. 평균적 문항 수로 보면 상권에 비해 하권이 많다. 학습활동은 문항 수보다 문항이 담고 있는 내용이 더 중요하기 때문에 문항 수가 많은 것이 크게 문제될 것은 없다. 다만 학생들이 주어진 시간 내에 학습할 수 있는 것이 아니라면 그 학습활동은 조정할 필요가 있다. 교과서의 집필자는 학습자의 수행 능력, 주어진 시간, 문제의 질 및 배열 등을 고려하여 학생들이 작품에서 꼭 알아야 할 것이나 간과하기 쉬운 것을 학습활동으로 제시해야 할 것이다.

[F] 1. 이 시의 구조를 다음과 같이 도식화할 때 빈 칸에 들어갈 내용을 정리해 보자.

  2. 다음의 보기는 시집 '님의 침묵'에 나오는 '군말'이라는 글이다. 이를 참고로 하여 이 시에 나오는 '님'의 다양한 의미에 대해 토론해 보자.

  3. 앞의 문제에서 생각한 '님'의 의미를 바탕으로 다음 구절을 풀이해 보자.

인용한 학습활동은 비유적 표현의 속뜻, 역설적 표현의 효과, 시 구절의 의미, 작품의 구조, 화자의 심리와 태도, 님의 의미 등에 대해 묻는다. 교육내용에서 하권 또한 교과서마다 차이가 있다. 가령 [E]가 비유이나 역설의 수사에 대해 언급하는 반면, [F]는 이 같은 표현 기법보다는 님의 의미를 바탕으로 한 작품의 의미에 관심을 둔다. 후자의 경우, 시집의 서두에 나와 있는 <군말>을 근거로 하여 님의 의미를 찾는 학습활동을 제시하는데, 이는 [I]를 제외한 하권의 교과서에서 공통적으로 나타난다. 이 학습활동은 만해의 시가 심오한 사상을 담고 있으며, 국권 회복을 염원한다는 사실을 학습자에게 은연중에 알려 준다.

다음은 <님의 침묵>를 제재로 하고 있는 교과서를 대상으로 수록 빈도가 높은 학습내용을 정리한 것이다. 본 장에서는 각 교육내용에 대해 세심히 살펴보고, 보완되어야 할 문제점을 짚어본다.7)

---

7) 교육내용 중 '4. 시 구절의 의미'는 역설적 표현, 비유적 표현과 겹친다는 점에서 본 글은, 이를 제외한 네 항목에 대해서만 언급하고자 한다.

작품의 교육내용	수록 횟수	수록 교과서
1. '님'의 의미	6	천재교육, 디딤돌, 한국교육미디어, 지학사, 교학사, 태성
2. 시상전개	6	두산, 천재교육, 디딤돌, 민중서림, 지학사, 태성
3. 역설적 표현	5	두산, 천재교육, 디딤돌, 교학사, 민중서림
4. 시 구절의 의미	5	두산, 디딤돌, 교학사, 민중서림, 지학사
5. 비유적 표현	3	천재, 민중서림, 한국교육미디어

1) '님'의 의미

<님의 침묵>의 시적 대상은 나의 운명을 바꾸어 놓고 떠나 가버린 '님'이다. 이 시는 이 임을 어떻게 해석하느냐에 따라 작품의 내용과 주제가 달라진다. 작품 내적 문맥8)에서 보면 임은 사랑하는 연인이지만, 시인의 삶의 행적은 임을 이성적 대상으로 묶어 두지 않는다. 만해는 불교의 개혁에 앞장선 승려이면서 3·1 운동 당시 민족 대표의 한 사람으로 독립 운동에 헌신하였다. 이러한 전기적 사실에 비춰 보면, 시인이 사랑한 임은 종교적 절대자, 일제에 빼앗긴 조국, 일제 치하의 우리 민족 등으로 그 범위가 넓어진다. 교과서는 역사적 맥락에서 작품 접근이 필요하다는 점에서 임의 상징적 의미를 학습내용으로 한다.

[A] ① 한용운 시에 빈번히 나타나는 '님'의 상징적 의미는 그의 생애와
관련해 세 가지로 해석된다. 그의 신분인 승려와 관련해 종교적
인 절대자, 곧 부처로 볼 수 있고, 일생을 독립 운동에 헌신한 애

---

8) 여기서 '문맥'은 시의 말뜻이 분명하게 밝혀지는 전후 관계다. 김준오는 문맥을 문학 내적 문맥과 문학 외적 문맥으로 나눈다. 전자는 작품 내에서 배열된 언어들의 전후 관계고, 후자는 작품 밖에 있는 상황 곧 현실적이고 역사적 상황이다. 김준오, 『시론』 제4판, 삼지원, 2003, 87면.

국 투사라는 측면에서는 일제에 빼앗긴 조국, 그리고 인간적인 측면에서는 사랑하는 여인으로 해석할 수 있다. 이 시에서 '님'은 조국으로 해석할 수 있는데, 이러한 측면에서 이 시는 조국 광복에 대한 불굴의 의지와 신념을 노래하고 있다고 볼 수 있다.

② '님의 침묵'에서 '님'의 상징적 의미를 다음과 같이 가정할 경우, 시의 전체적 의미가 어떻게 달라질지 정리하여 발표해 보자.

'님'의 상징적 의미	시의 전체적 의미
종교적 절대자(부처)	
일제에 빼앗긴 조국	
사랑하는 여인	

[B] ③ 「님의 침묵」에 나타난 '님'의 의미를 '조국'이라고 할 때, 이 작품이 씌어진 시대 상황과 관련하여 '이별 → 이별 후의 슬픔 → 희망의 전이 → 만남'의 의미를 설명해 보자.

④ 「님의 침묵」은 일제 시대인 1926년의 작품이다. 그리고 작가인 한용운은 독립 운동가이기도 하였다. 따라서 '님의 이별'은 '빼앗긴 조국'으로 해석할 수 있다. 이런 해석을 '이별 → 이별 후의 슬픔 → 희망의 전이 → 만남'에 적용시켜 보면, '국권의 상실 → 국권 상실 뒤의 슬픔 → 국권 회복에 대한 믿음 → 국권 회복'으로 해석할 수 있다.

위에서 [A]의 ①은 교과서에 언급된 작품 해설이고, ②는 이와 관련한 학습활동(②)이다. [B]는 교과서의 학습활동(③)과 이에 대한 지도서의 풀이(④)다. 교과서는 임에 대한 여러 상징적 의미를 바탕으로 다양한 해석을 보이고 있다. 시는 그 속성상 일의적 의미에 충족되지 않기 때문에 하나의 절대적 해석으로 고정되지 않는다. 이에 시 교육의 장에서는 작품에 대해 다양한 해석이 양산되고 이를 허용한다.

인용 글은, 시인의 전기적 사실에 기대어 '임'의 상징적 의미를 부여하고, 이를 토대로 작품의 여러 의미를 추출하고 있다. 최소한 이것은 문학교육에서 말하는 다양한 이해나 감상과는 거리가 있다. 이른바 반영론이나 표현론의 관점에서의 작품 접근은 그 의미가 몇 가지로 한정된다. 정해진 틀에 내용을 끼워 넣는 식이어서 학습자는 작품을 주체적으로 감상하지 못한다. 외적 정보는 작품의 의미를 고정시켜 학습자의 창의적인 사고를 방해한다. 빈자리에 맞는 의미를 발견했다고 해도 그것은 허술한 해석이 된다. 독자가 얻은 정보는 작품에 대한 개괄적인 설명을 가능하게 하지만, 시 구절을 하나하나 투명하게 해명하지 못한다.

> [G] 이 작품에서 '님'이 가지는 의미는 여러 가지로 해석될 수 있다. 시인 자신도 시집 <님의 침묵>의 서문에서 '님'이 단순히 연인을 의미하는 것이 아님을 시사한 바 있다. 승려라는 시인의 신분에 따라 '님'은 부처 혹은 진리를 의미한다고 볼 수도 있고, 시인의 투철한 독립정신을 근거로 하여 '님'을 조국으로 해석하기도 한다. 이 두 가지 해석에 각각 기반할 때, 다음 시구는 어떻게 해석될 수 있는지 설명해 보자.
> ① 날카로운 첫 키스의 추억
> ② 우리는 만날 때에 떠날 것을 염려하는 것과 같이, 떠날 때에 다시 만날 것을 믿습니다.

"날카로운 첫 키스의 추억"과 관련해 지도서는, 님을 부처나 진리로 보면 "불법 또는 진리를 처음 깨달은 순간"이 되고, 님을 조국으로 보면 "조국애를 처음으로 마음 깊이 간직한 순간"이라 된다고 간략히 답한다. 그러나 전자의 설명은 화자가 진리를 깨달은 순간 절대자가 사라졌다는 것에 대해서는 명쾌한 답을 주지 못한다. 후자는, 진정으로 조국애를 느꼈을 때 일제가 강제적으로 나라를 강탈했다는 의미로 볼 수 있지만, 이런 뜻으로는) "만날 때 떠날 것을 염려한다"는 구절을 타당하게 설명하지 못한다. ②에 대해 교과서 집필자는 "조국애를 느꼈을 때 조국의 국운을 염려하게 되었던 것처럼 국권을 상실한 현재에도 언젠가는 국권 회복을 이룰 수 있다고 믿는다는 뜻"으로 풀이한다. 하지만 이 해석 또한 작품의 문맥보다는 작가의 이력에 치중하여 작품의 의미를 추려냈다는 인상을 준다.

인용한 학습활동은 문학 작품을 작가나 현실에 비추어 해석할 수 있다는 교육적 시사점을 주지만, 학생의 사고를 활성화하는 데에는 분명히 한계가 있다. 시 해석에는 정해진 답이 따로 있는 것이 아니기 때문에 독자는 여러 관점과 방법에서 작품을 다양하게 해석할 수 있다. 그러나 어떤 경우든 근거가 부족한 해석은 작품의 의미로 인정받기 어렵다. 창의적으로 문제에 접근했다고 하더라도 부분과 부분을 합당하게 규명하지 못할 때는 자의적이거나 편협한 해석이 되고 만다.

[F] 다음의 보기는 시집 '님의 침묵'에 나오는 '군말'이라는 글이다. 이를 참조하여 이 시에 나오는 '님'의 다양한 의미에 대해 토론해 보자.

[H] 다음 글은 시집 <님의 침묵>의 서문 격인 '군말'이다. 다음 글을 참고로 하여 이 시의 대상인 '님'을 무엇으로 해석하는 것이 좋을지 각자의 견해를 논리적으로 말해보자.

위의 학습활동은, 시집의 서두에 나와 있는 <군말>을 자료로 해서 학습자로 하여금 '님'의 의미를 다양한 관점에서 접근하게 하는 데에 그 취가 있다. <군말>은 시인이 시를 쓰게 된 동기를 밝히고 있어 그가 생각하는 임이 어떤 존재인지를 파악하는 데에 중요한 단서가 된다.

님만 님이 아니라 기른 것은 다 님이다 衆生이 釋迦의 님이라면 哲學
은 칸트의 님이다 薔薇花의 님이 봄비라면 마치니의 님은 伊太利다. 님은
내가 사랑할 뿐 아니라 나를 사랑하나니라.

戀愛가 自由라면 님도 자유일 것이다. 그러나 너희는 이름 좋은 自由
에 알뜰한 拘束을 받지 않느냐 너에게도 님이 있느냐 있다면 님이 아니
라 너의 그림자니라.

나는 해 저문 벌판에서 돌아가는 길을 잃고 헤매는 어린 양이 기루어
서 이 詩를 쓴다.

—〈군말〉 전문

연구자들은 "님만 님이 아니라 기른 것은 다 님이다"라는 첫 구절을
근거로 하여 한용운의 시에 나오는 임이 이성적 대상으로서의 연인이
아님을 지적한다. 최동호는 "마치니의 님은 이태리다"라는 말에 주목하
여 이를 '나의 님의 조선이다'이라 언명으로 보고 '우리 민족의 님은 조
선의 독립이다'라는 대의를 살핀다.9) 김선학은 "해 저문 벌판에서 돌아
가는 길을 잃고 헤매는 어린 양"을 일제 치하에서 억압받고 착취당하는
민중으로 받아들이고, 한용운이 민중에 대한 그리움으로 충동으로 시를
쓰게 된 것으로 파악한다.10) 두 연구자는 시인이 궁극적으로 기른 '님'
이 강탈당한 당시의 조국이라는 데에 의견을 같이 한다. 하지만 이들의
견해는 통일된 의미망 속에서 부분적 의미를 조목조목 규명하지 못한다
는 데에 맹점이 있다.

사실 〈군말〉은 단어와 문장을 모호하게 사용하고 있어 하나의 일관

---

9) 최동호, 「시집 『님의 침묵』과 현대시사의 갈림길」, 『시학시학』 22, 시와시학사, 1996,
221~222면.
10) 김선학, 「시인 한용운론—『님의 침묵』 재조명」, 『우리말글』 24, 우리말글학회, 2002,
187~194면.

된 논리를 찾기 어렵다. 이를 테면 '기룬'이라는 단어는 원형이 '기룹다'로 '그립다', '그리워하다'는 뜻을 지닌다. <달을 보며>에 나오는 "달은 밝고 당신이 하도 기루었습니다."가 그 예다. 그런데 한용운 시에서 '그루다'는 '그립다', '그리워하다'는 뜻 이외에 '사랑하다', '기리다(찬양하다)', '불쌍히 여기다', '안타까워하다' 등 여러 의미의 층을 내포한다.[11] <군말>에서 '기루어서'는 문맥상 '안타까워해서', '측은해서', '불쌍해서' 등의 뜻으로 볼 수 있다.

이 글에서 문장의 모호함은 "戀愛가 自由라면 님도 자유일 것이다"라는 구절이 그 예가 된다. '연애'에서 자유를 논할 수 있겠지만 '님'에서 자유를 발견하는 것은 쉽지 않다. "너에게도 님이 있느냐"라는 뒤 구절과 대응시켜 볼 때 "님도 자유"에서 '자유'는, 연애의 대상으로 임을 선택할 때의 자유로 읽을 수 있다.

<군말>은 '~니라'나 '~일 것이다'라는 종결어미에서 보듯 윗사람이 아랫사람에서 이르는 것처럼 고압적이고 단정적인 태도를 보인다. '나는 어린 양이 기루어서 이 시를 쓴다'는 마지막 문장은 자신을 부각하면서 나와 의식이 다른 이를 질타하는 듯한 자세를 취한다. '나와 의식이 다른 이'는 시인이 염두에 두고 있는 실질적 독자다. 작가의 서술 태도나 어조에 비춰볼 때, 이 글의 내포독자는 '어린 양'이 아닌 '너희'로 볼 수 있다.

만해는 이 글에서 자신이 추구하는 임과 너희가 추종하는 임이 다르다는 것을 강조한다. 3문단의 '나는'의 '는'이 대조의 뜻을 지닌 보조사의 기능을 하여 화자인 '나'는 2문단의 '너희'와는 명확히 대비된다.[12]

---

11) 김재홍, 「한글의 쓰임새와 시적 가능성」, 『세종학연구』 6, 1991, 52면.
12) 이 같은 대비적 진술은 "남들은 자유를 사랑한다고 하지만, 나는 복종을 좋아해요."라

너희는 임을 이성으로 생각하며 자유롭게 연애하는데, 이 연애에는 구속이 따르고 헛된 욕망의 그림자가 드리워져 있다. 하지만 나의 사랑은 이런 속세적 사랑과는 멀다. 석가가 중생을, 마치니가 이탈리아를 임으로 여기듯 나는 중생과 조국이 나의 임이라 생각한다. 내가 사랑할 뿐만 아니라 나를 사랑해주는 절대자 또한 나의 임인 것이다.

시인은 글의 말미에서 자신의 임을 드러낸다. 그는 암담한 현실에서 살 길을 잃고 헤매는 민중을 '어린 양'으로 표현하며, "어린 양이 기루어서" 말하자면 민중이 측은해서 이 시를 쓴다고 고한다. 결국 <군말>은 '정(正)－반(反)－합(合)'의 논리적 질서에 따라 '나의 임'(1문단)과 '너의 임'(2문단)이 대비된 후 '임에 대한 나의 사랑'(3문단)으로 갈무리된다고 볼 수 있다.

이 글의 전언에 밀착하여 『님의 침묵』을 바라보면 시집에 수록된 시들은, 시인이 조국을 잃고 절망에 빠져있는 중생들에게 위로와 희망을 주기 위해 썼다고 추측할 수 있다. 한용운은 불타와 중생을 위하는 길이 조국과 민족을 위하는 길이라고 생각하였다.[13) 그에게 시는 그 자체로 절대의 가치를 지닌 예술이라기보다 중생 구제를 위한 하나의 방편이었던 것이다.[14) 그러나 시인의 이러한 창작 의도가 그대로 <님의 침묵>의 의미로 직결되지는 않는다. 작품에는 임을 향한 사랑의 마음이 충만하고 있기 때문이다. 따라서 이 시는 일차적으로 떠나는 임에게 변함없는 사랑을 다짐하는 사랑의 노래라는 점에서 작품의 내용과 표현을 살펴야 한다.

는 <복종>의 시 구절에서도 찾아 볼 수 있다.

13) 김인환, 『한용운의 『님의 침묵』을 읽는다』, 열림원, 2003, 32면.

14) 류양선, 「만해의 시집 『님의 침묵』의 창작동기」, 『한국현대문학연구』 21, 한국현대문학회, 2007, 75면.

연구자들이 관심을 갖는 <군말>은 그 텍스트가 갖는 모호함으로 해석에 어려움이 있다. 한정된 시간 내에 작품을 감상하고, 난해한 진술로 이루어진 글을 해독해야 한다면 학습자에게는 정신적 부담이 될 수밖에 없다. 이 글의 언급은, 작품의 자연스런 감상에 해가 될 수 있으며, 무엇보다 시 읽기의 즐거움을 앗아갈 수 있다는 점에서 신중히 다루어야 한다.

2) 시상 전개

시 읽기에서 시상 전개의 파악은, 작품의 구조는 물론 시적 대상을 대하는 화자의 마음과 태도를 이해하는 데에 중요한 구실을 한다. 시상의 흐름은 시의 내용을 관통하는 내적 질서를 추적할 수 있는 핵심적 단서가 된다는 점에서 시 교육의 요소가 된다.

<님의 침묵>은 '이별의 슬픔과 절망'과 '이별의 극복과 희망'으로 그 의미가 분명히 갈리는데, 7행의 '그러나'라는 접속어가 시상을 전반부와 후반부로 양분 짓는 표지의 역할을 한다. 그래서 이 시는 7행을 기점으로 크게 두 부분으로 나뉘며, 이별의 상황이 반전되는 후반부의 내용이 부각된다. 교과서는 이러한 시상의 흐름을 학습활동으로 제시한다.

[C] 이 작품에 나타난 서정적 화자의 태도나 정서를 파악하여 다음 빈칸을 채워보자.

구분	행	서정적 화자의 핵심정서	정서가 반전된 이유
전반부	1행 ~ ( )행		
후반부	( )행 ~ 10행		

[E] 이 시를 내용상 4개의 단락의 구분해보고, 각각의 단계에 드러나 화자의 심리 및 태도의 변화 과정을 살펴보자.

[F] 이 시의 구조를 다음과 같이 도식화할 때 빈칸에 들어갈 내용을 정리해 보자.

구 조	내 용
현재의 처지　〔기(起)〕	
문제점의 인식〔승(承)〕	
해결의 방안　〔전(轉)〕	

[I] 이 작품을 몇 개의 부분으로 나누고, 시상의 전개 과정을 말해보자.

시상 전개와 관련하여 교과서는 서술형의 방식으로 질문하거나 표로 간략히 도식화하여 묻는다.[15) 그런데 시상의 구분에서, [C]를 제외하고는 모두 <님의 침묵>이 기승전결(起承轉結)의 4단계 구성으로 되어 있다고 본다. 기승전결은 문장을 구성하는 한 방식으로서 특히 한시 절구체(絶句體)에서 많이 사용된다. 기구에서 시상을 일으키고, 승구에서 그것을 이어받아 발전시키며, 전구에서는 시상을 전환하고, 결구에서 중심 생각이 잘 드러나도록 끝맺는다. 이 시는 1행에서 6행까지의 전반부가 기와 승으로 되어 있고, 7행에서 10행까지의 후반부가 전과 결로 이루어진다.

---

15) 다음은 이 시의 시상 전개를 서술형 방식으로 묻는 또 다른 사례다.
　　[B] 이 시에서 이별의 슬픔을 희망으로 전이시키면서 시상의 전환이 이루어지는 행을 지적해보자.
　　[D] '님의 침묵'은 시상의 전개상 크게 두 부분으로 나눌 수 있다. 전환이 이루어지는 곳을 찾아 그 첫 단어를 쓰고 각각 두 부분이 의미하는 내용을 정리해 보자.

〔E〕의 지도서	〔F〕의 지도서	〔I〕의 지도서
기〔1~4행〕 이별의 상황으로 인한 슬픔과 안타까움	현재의 처지(기) : 임과의 이별	기〔1~4행〕 이별의 자각
승〔5, 6행〕이별 후의 견디기 힘든 고통과 슬픔	문제점의 인식(승) : 이별 후의 슬픔	승〔5, 6행〕 현실 인식
전〔7, 8행〕 고통과 슬픔을 극복한 새로운 희망	해결의 방안(전) : 새 희망의 의지	전〔7, 8행〕 만남에 대한 희망
결〔9, 10행〕 임을 다시 만나리라는 확신과 임에 대한 영원한 사랑의 다짐	문제의 해결(결) : 불굴의 의지의 사랑	결〔9, 10행〕 임에 대한 의지와 사랑

지도서의 분석에 따르면, 이 작품은 1~4행, 5·6행, 7·8행, 9·10행으로 기, 승, 전, 결이 구분된다. 여기서 문제되는 것은 기와 승의 구별이다. 교과서 집필진은 1행에서 4행까지 기의 도입부로, 5행과 6행을 승의 전개부로 본다. 하지만 화자의 심리적 상태를 고려한다면 시의 전반부는 1행과 2행, 3~6행으로 나눌 수 있다. 승의 내용이 되는 "이별 후의 슬픔"은 3행에서부터 두드러진다.

시에서 1~2행은 임이 자신의 곁을 떠나갔음을 말해준다. 1행이 이별에 대한 직접적 서술이라면, 2행은 임이 떠나가는 장면이다. 지난날 행복했던 시간을 뒤로 하고 임은 숲의 작은 길로 쓸쓸히 사라진다. 이 행에서 쓰인 '차마'는 어쩔 수 없는 상황에서 임이 떠났다는 것을 나타낸다. 이 시어는 1행의 '아아'와 마찬가지로 화자의 상실감과 안타까움을 강조한다.

3~6행은 사랑의 추억과 이별의 슬픔을 보여준다. 임이 떠나간 상황에서 화자는 임과 함께 했던 시간을 떠올린다. 우리의 사랑 변치 말자는 맹세는 먼지가 되어 미풍에 날아가고, 너무나 강렬했던 첫 키스의 추억은 나의 운명까지 바꿔놓고 사라진다. 3, 4행은, 지난날의 추억을 상기하

면서 화자가 임을 얼마나 사랑했는지를 일러준다. 임에 대한 화자의 절대적 사랑은 5행에서 강조된다. 그는 임의 말소리에 귀먹고, 임의 얼굴에 눈멀 정도로 임에게 빠져 있다. 그래서 임의 갑작스런 이별은 화자에게 감당할지 못할 엄청난 충격으로 와 닿는다. 곧 이 시는 1행과 2행에서 이별의 상황을 제시하고, 3~6행에서 이별 후의 상념과 슬픔을 드러낸다고 볼 수 있다.

[I]의 지도서는 "이별의 자각"과 "현실 인식"으로 기와 승의 내용을 정리하는데, 앞말과 뒷말은 그 의미가 서로 중첩된다. 기승전결의 경계를 생략하고 있는 [F]의 경우, 이별의 상황을 문제 상황으로 보고, 이를 해결하는 방식에 관심을 둔다. 흔히 삶을 문제의 연속으로 보지만, 이별의 상황과 감정이 '문제'와 '해결'로 갈릴 때 이 시가 보여주는 사랑은 가식적이고 위선적인 사랑으로 변질될 수 있다. 또한 작품의 내용을 문제점과 해결 방안으로 구획될 때 독자는 화자의 내밀한 심정을 놓치게 된다.

이 시의 화자는 실연의 아픔으로 눈물만 흘리는 있는 것이 도리어 사랑을 깨뜨린다는 것을 인식하고는, 슬픔의 힘을 새 희망의 정수리에 들어붓는다. 깨달음으로 희망을 얻은 그는, 헤어진 뒤에 임을 다시 만날 것을 믿으며 슬픔을 떨쳐 낸다. 임은 갔지만 자신은 임을 보내지 않았다는 표현은 우리의 사랑이 아직 끝나지 않았다는 것을 나타낸다. 마지막 행은 임은 말없이 발길을 돌렸지만, 나는 변함없이 임을 사랑한다는 마음을 전한다.

<님의 침묵>은 이렇게 이별의 슬픔이 희망의 의지로 전이되면서 시상이 전환된다. 따라서 시상 전개의 문제는, 내용을 세분화하여 나누기보다는 [C]의 학습활동과 같이 화자의 정서나 태도와 관련하여 묻는 것

이 작품을 이해하는 데에 효과적일 것이다.

3) 역설적 표현

역설(逆說, paradox)은 논리상 모순되는 의미를 갖는 진술이다. 'paradox'
는 'para(초월)+doxa(의견, 견해)'의 합성어다. 영어의 어원에 보듯 역설은
상식을 넘어선다. 하지만 이 비상식, 비논리 속에서 깊은 의미나 진실이
숨어 있다. 한용운 시인이 불교의 진리와 관련한 역설적 표현을 많이 구
사한다는 점에서 교과서는 특히 역설을 강조한다.

> [B] ① 「님의 침묵」에는 시대 상황과 시인의 사상적 배경이 함축적 시어
> 속에 담겨 있으며, 시인이 자주 사용하는 역설법을 통해 시적 진
> 실을 담고자 했다. 따라서 시어의 함축적 의미와 역설에 특히 유
> 의하여 지도하도록 한다.
> ② 다음에 제시된 경구와 속담은 일상생활에서 널리 사용되는 역설
> 적 표현이다. 살아오면서 이와 같은 표현을 적용할 만한 경험이
> 있었는지 생각해 보고, 그 경험을 이야기해 보자.

> [H] ① 한용운의 시는 '역설'이라는 시적 장치를 자주 사용하고 있기 때
> 문에 이것을 파악하는 것이 그의 시를 이해하는 첩경임을 알아야
> 한다. 현실적으로 극복 불가능한 '님(조국) 상실'의 상황을 시적으
> 로 극복하고자 하는 상상력의 활동이 '역설'로 드러남을 설명해
> 주는 것도 시에 대한 이해에 있어 특히 중요하다고 할 것이다.
> ② '님은 갔지마는 나는 님을 보내지 아니하였습니다.'라는 구절에
> 대한 다음 물음에 답해 보자.
> (1) 이 구절의 뜻을 풀이해 보자.
> (2) 이 구절과 같은 방식의 표현을 사용한 예를 일상생활의 언어에서

　　　찾아보자.

　(3) 이와 같은 방식의 표현을 함으로써 얻을 수 있는 효과가 무엇인
　　　지 설명해보자.

　위에서 ①은 교수·학습의 길잡이로 제시된 지도서의 내용이고, ②는 이와 관련한 교과서의 학습활동이다. 지도서에서 두 진술은 시인이 역설을 자주 사용하기 때문에 <님의 침묵>도 역설이 사용되었다고 가정한다. 교과서에서 역설이 사용되었다고 지적하는 구절은 5행과 9행이다.16)

　(5행) 나는 향기로운 님의 말소리에 귀먹고, 꽃다운 님의 얼굴에 눈멀
　　　　었습니다.
　(9행) 아아, 님은 갔지마는 나는 님을 보내지 아니하였습니다.

　얼핏 보아도 두 문장은 우리의 상식에서 벗어난다. 사람의 목소리가 아무리 좋아도 그 목소리에 귀먹을 수는 없는 법이며, 그 얼굴이 아무리 예뻐도 눈멀 수는 없다. 임이 이미 떠나갔는데, 자신은 임을 보내지 않았다니 이 또한 얼토당토않다. 이렇게 모순된 상황은 5행과 9행이 역설임을 말해준다. 두 행은 상식적인 말은 아니지만, 의미 파악은 그렇게 어렵지 않다. 상대에게 귀먹고 눈멀었다는 것, 임은 내 곁을 떠났지만

---

16) <님의 침묵>에서 역설을 문제 삼고 있는 교과서는 다섯 종이고, 이들 교과서는 5행 또는 9행을 역설적 표현으로 본다. 다음은 5행을 학습활동으로 제시한 사례([G])다. 다음에서 ①은 학습활동이고, ②는 지도서의 풀이 내용 중 일부다.
　① 다음 표현은 역설적인 것이라 할 수 있다. 왜 그런지 설명하고 그 심층의 의미는 무엇인지 말해보자.
　　<나는 향기로운 님의 말소리에 귀먹고 꽃다운 님의 얼굴에 눈멀었습니다>
　② 이 표현은 이렇게 표면적 차원에서 의미의 모순을 이루면서, 심층의 보다 깊은 의미를 나타내어 준다. '님의 말소리'와 '님의 얼굴'이 나를 귀먹고 눈멀게 했다는 것은 화자에게 '님'이 그만큼 절대적인 가치를 가진다는 뜻이다.

임을 보내지 않는다는 것 이 모두는 사랑의 절절한 표현이다.

5행에 대해 [H] 지도서는 사리에 맞지 않는 표현이 주는 시적인 함축성은 시적인 감동을 자아내기에 충분하고, 절대자에 대한 형언할 수 없는 신비감을 형상화하고 있다고 지적한다. 그러나 이 행은 시적 감동을 줄 만큼 높이 평가할 만한 표현이라고 단정하기 어렵다. 먼저 의미가 단순하기 때문이다. 독자는 이 부분에서 두 가지의 정보를 쉽게 얻을 수 있다. 5행은 화자가 임에게 깊이 빠져 있다는 것을 말하며, 그에게 임의 존재가 얼마나 대단한지를 보여준다. 기법의 측면에서 이 구절은 진부하여 참신함이 떨어진다. 발표 당시에는 어떠했는지 모르지만, 5행과 같이 간접적 방식으로 사랑을 고백하는 표현은 오늘날 젊은 연인들의 사이에서 흔하게 오간다. 따져 보면, '향기로운 님의 말소리에 귀먹고, 꽃다운 님의 얼굴에 눈멀었다'는 것은 역설이 아닌 미화된 애정 표현으로 볼 수 있다.

역설은 표면적으로 모순된 것처럼 보이지만 진실의 요소를 내포하고 있어 면밀히 살피면 타당성이 입증되는 진술이다.[17] 모순 속에서 그럴듯한 의미를 담고 있어 역설은 '극과 극은 서로 통한다.', '지는 것이 이기는 것', '사랑하기 때문에 헤어진다.' 등과 같이 일상에서도 흔히 사용된다. 그러나 이런 일상의 역설이 그대로 문학적 표현이 되는 것은 아니다. 역설이 시에서 예술적 기법으로 인정받으려면 독자에게 경이감을 줄 수 있는 매력적인 표현이어야 한다. 좋은 시는 상식적 인식에 대한 경이적인 수정을 가져오는 통찰력에서 가능한데, 바로 이러한 통찰력이 역설이다.[18] 역설적 표현은 세계에 대한 진지한 인식을 바탕으로 하며, 궁극적

---

17) Alex Preminger, *Encyclopedia of Poetry and Poetics*, Princeton University Press, 1965, 598면 참조.

으로는 숨겨진 진실이나 진리를 추구한다.

9행은 겉보기에는 대수롭지 않지만 삶에 대한 깊은 통찰의 결과라는 점에서 역설이 인정된다.19) 이 시의 화자는, 임이 떠나감으로 걷잡을 수 없는 슬픔에 빠지지만 인생에 대한 각성과 사랑에 대한 확신으로 아픔을 극복한다. 그는 눈물을 흘리며 슬퍼하는 것이 도리어 사랑을 깨뜨리는 일이라고 인식하며 새 희망을 갖는다. 깨달음으로 희망을 찾은 화자는, 만남이 있으면 헤어짐이 있듯 헤어짐 뒤에 다시 만남이 있을 것이라고 믿으며 임에 대한 변함없는 사랑을 다짐한다. '님은 갔지만 나는 님을 보내지 않는다'는 진술은 부정을 긍정하는 역설적 인식을 바탕으로 이루어진 것이다. 따라서 9행은 그 한 구절만 따로 떼어 놓고 역설의 수사적 개념을 익히기보다는 현실 인식의 측면에서 삶의 태도를 헤아리는 것이 중요하다.

시에서 역설은 모순을 정당화하는 강력한 힘을 지닌다. 불가능한 것을 가능하게 하고, 부정적 상황을 긍정적 상황으로 바꾸어 놓는다. 이러한

---

18) 김영철, 『현대시론』, 건국대학교 출판부, 1993, 239면 참조.

19) <님의 침묵>에서 9행은 시론서에서 심층적 역설의 대표적인 예로 곧잘 인용된다. 휠라이트의 견해에 따르면, 역설은 표층적 역설과 심층적 역설로 구분된다(Philip Wheelwright, *The Burning Fountain*, Indiana University Press, 1968, 99면). 전자는 '소리 없는 아우성', '찬란한 슬픔의 봄' 등과 같이 언어 표면에서 모순이 발견되는 역설이다. 후자는 단어의 수식관계가 아닌 문장의 진술 형태로 제시되는데, 종교적 진리와 같이 신비스럽고 초월적 진리를 나타낸다. 김준오는 『시론』에서 9행을 불교의 선사상과 관련된 심층적 역설로 강조한다(김준오, 앞의 책, 321면). 오세영은 "그것이 지닌 모순의 의미가 일상적 논리로서는 충분히 설명될 수 없는 역설"을 심층적 역설로 보고, <님의 침묵> 등이 "불교의 역설적 세계관 즉 불일불이(不一不二) 혹은 색즉시공(色卽是空)의 진리나 윤회전생(輪回轉生) 혹은 연기론적 존재관을 표현하고 있다"고 설명한다(오세영, 『문학과 그 이해』, 국학자료원, 2003, 547면). 이 같이 불교적 세계관은 한용운의 미학을 이루는 중요한 기반이 된다. 그러나 이 시의 9행은 군이 심층적 역설이나 불교사상과 관련짓지 않더라도 자연스럽게 이해된다. 만남은 이별이고, 이별은 만남을 기약한다는 말은 우리 삶의 현장 가까이에 있다.

역설의 효능은 현실의 상황을 변모시키겠다는 주체자의 의지와 깨달음
이 있을 때 발휘된다. 엄밀히 말해 역설은 의식의 문제이지 형식적 기법
의 문제가 아니다. 그러므로 시 교실에서 역설이라는 용어의 개념이나
효과를 익히는 것보다 역설에 깃든 사유 방식을 이해하는 것이 더 중요
하다. 시에 나타난 사유 방식은, 특정 구절에서 나타나기도 하지만 부분
들의 유기적 관련성을 조망하지 않고서는 그 속뜻을 분명히 알 수 없다.
따라서 학습활동은 부분적 의미에 매몰되지 않고 전체의 통일적 의미
속에서 역설을 살필 수 있는 것이어야 한다.

4) 비유적 표현

한용운의 <님의 침묵>은 역설 못지않게 비유가 뛰어난 작품이다. 산
문형의 문장으로 길게 서술하고 있지만 뛰어난 언어 구사로 산문이 아
닌 시가 창조된다. 이 작품에서 애정 표현은 거침없고 당당하다. 누구나
경험할 수 있는 이별의 순간과 감정을 여성적이면서도 강한 어조로 솔
직하게 호소한다. 화자는 '─ㅂ니다'로 끝나는 높임 표현의 문장을 사용
하면서 상황이나 감정을 직설적으로 표현하기도 하고, 비유의 방식으로
돌려 말하기도 한다. 이 같은 능숙한 화법은 시의 예술성을 높이고, 독
자의 눈과 마음을 사로잡는다.

> 황금의 꽃같이 굳고 빛나든 옛 맹서(盟誓)는 차디찬 티끌이 되어서, 한
> 숨의 미풍(微風)에 날아갔습니다.

이 행은 예전의 맹세가 한 순간에 깨졌다는 것을 돌려 말한다. "황금

의 꽃같이 굳고 빛나든 옛 맹서(盟誓)”, “차디찬 티끌”, “한숨의 미풍(微風)” 등은 비유가 쓰인 표현이다. “황금의 꽃같이 굳고 빛나든 옛 맹서(盟誓)”에서 ‘맹서’는 이별 전 두 사람이 약속했던 사랑의 다짐일 것이다. 화자는 이 맹세를 황금의 꽃과 같이 고귀하고 아름다운 것으로 여긴다. 황금의 꽃은 상상의 꽃일 수 있지만, 실제 금으로 만든 꽃으로도 볼 수 있다. “굳고 빛나든”과 “차디찬”이라는 수식어가 이를 뒷받침한다. 화자는 굳고 빛나던 맹세가 차디찬 티끌이 되어 한숨의 미풍에 날아갔다고 말한다. 이때 ‘차디찬’은 금의 차가운 이미지와 관련된다. 금을 담금질할 때의 뜨거움이 식었다는 의미로 보면 “차디찬 티끌”은 서로 약속을 할 때의 뜨거움이 급속도로 냉각되었다는 것을 암시한다. 그래서 그 맹세가 존재의 의미조차 없는 먼지가 되고, 숨을 내쉴 때의 약한 바람에도 사라진다. 3행은, 영원히 변치 않을 줄 믿었던 사랑의 약속이 너무 쉽게 깨진 것에 대한 상실감의 표현이다.

> 날카로운 첫 키스의 추억은 나의 운명의 지침(指針)을 돌려 놓고, 뒷걸음쳐서 사라졌습니다.

이 행의 의미를 간추리면, 임과의 황홀한 첫 키스의 추억이 나의 운명의 방향을 바꾸어 놓고 사라졌다는 것이다. 화자는 첫 키스의 추억을 날카롭다고 하고, 그리고 임이 그냥 떠나갔다고 하면 될 것을 ‘뒷걸음쳐서 사라졌다’고 말한다. 그 누구도 첫 키스의 느낌을 날카롭다고 말하지 않는다. 그런데 화자는 왜 첫 키스를 날카롭다고 말할까? 여기서 날카로움은 진한 입맞춤에서 느끼는 황홀감과는 거리가 있다. 그에게 첫 키스는 나침반의 바늘이 길의 방향을 돌려놓듯 자신의 운명의 방향을 돌려놓는다. 화자는 자신의 삶을 뒤바꾸게 한 정신적 충격과 깨달음을 "날카로운 첫 키스"로 나타내고 있다. 이 구절은, 임이 자신에게 얼마나 대단하고 절대적인 존재인지를 보여준다.

"뒷걸음쳐서 사라졌습니다."에서도 임에 대한 화자의 이 같은 감정과 태도를 엿볼 수 있다. 표면적으로 보면 사라진 대상은 첫 키스의 추억이다. 키스가 뒷걸음질할 수 없다는 점, 각인된 추억일수록 오랫동안 사라지지 않는다는 점 등을 주시하면 뒷걸음의 행위자는 임이 된다. 말하자면 4행은, "뒷걸음쳐서"라는 어휘 앞에 '임이'라는 주어가 생략된 것이다. 그래도 이 문장은 납득되지 않는다. 왜 임이 뒷걸음쳐서 사라졌다는 것일까? 이것은 임이 떠나간 것에 대한 화자의 심리적 상태를 내포한다. 임은 자신에게 삶의 방향을 한 쪽으로 돌려놓고, 자신에게서 멀어져간다. 느닷없이 찾아온 이별은 화자에게 심한 충격과 깊은 상처를 준다.

걷잡을 수 없는 슬픔의 힘을 옮겨서 새 희망의 정수박이에 들어부었습니다.

이 행은 기발한 상상력을 발휘하여 슬픔, 희망의 추상적 관념을 구체적인 사물로 변용한다. '들어붓다'는 어휘는 관념을 가시화하는 데에 결정적 역할을 한다. 7행은 무엇을 어디에 들어붓는 장면을 보여준다. 이때의 무엇은 "슬픔의 힘"이다. 화자는 이별의 슬픔이 자신의 가슴을 놀라게 하고, 눈물의 원천이 된다는 것을 경험한다. 이 슬픔의 힘을 "새 희망의 정수박이"에 들어붓는다. 화자는 많은 곳 중 신체의 한 부분인 정수리를 택한다. 머리 곧 두뇌는 신체에서 생각의 근원지다. 슬픔이고 희망이고 모든 감정과 생각은 머리에서 나온다. 화자는 머리의 숨구멍이 있는 자리에서 '희망'을 발견한다. 7행에는, 슬픔이 희망이 되고, 희망은 정수리에서 자라는 머리카락처럼 새롭게 일어날 것이라는 화자의 믿음이 깔려 있다.

제 곡조를 못 이기는 사랑의 노래는 님의 침묵을 휩싸고 돕니다.

여기서 "님의 침묵"은 여러 의미로 해석된다. 이 구절은 임이 이별에 대해 아무런 말을 못하는 상태 혹은 임이 말없이 떠나갔다는 정황을 암시한다. 화자의 입장에서 보면, "님의 침묵"에는 임은 침묵할 뿐이지 내 곁에 있다는 뜻이 담겨 있다. 어떤 관점에서든 임의 부재가 강조된다. 하지만 임의 부재에도 나의 사랑의 노래는 제 곡조를 이기지 못한다. "제 곡조를 못 이기는 사랑의 노래"는 넘쳐흐르는 사랑의 열정이다. 10행은, 임은 떠나고 침묵하지만 나의 사랑은 변함없이 임을 향한다는 의미다.

인용된 문장들은 하나같이 비유를 구사하고 있다. "황금의 꽃같이 굳고 빛나든 옛 맹서(盟誓)", "한숨의 미풍", "운명의 지침", "새 희망의 정수박이" 등은 명사형의 단어와 단어가 만나 한 무리의 의미를 생성한다. 또한 주어와 술어 관계가 은유의 형태로 상호 조응한다. 이 시에서는 맹서가 바람에 날아가고, 추억이 뒷걸음쳐 사라지고, 사랑의 노래가 임의 침묵을 휩싸고 돈다. <님의 침묵>은 문장을 이루는 시어 하나하나를 섬세한 은유의 고리로 엮고 있다. 그래서 이 시는 이질적인 한 쌍의 언어가 한 자리에 드는 것을 엿보는 즐거움을 준다. 그러나 지금의 시 교육은 작가의 전기적 사실이나 5행과 9행의 역설에 몰입할 뿐, 이런 시적 표현은 눈여겨보지 않는다. 비유적 표현을 교육내용으로 하고 있는 교과서는 다음의 세 교과서뿐이다. 교과서는 비유가 사용된 시 구절을 예로 들며 그것의 의미와 표현상 특징을 묻는다.

[A] 다음 시에서 '황금'이 의미하는 바가 무엇인지 밝히고, 이를 '님의 침묵'에 나타난 '황금'의 비유적 의미와 비교하여 토론해 보자. (*필자 주─인용된 보기의 시는 한용운의 <당신을 보았습니다>임)

[E] 이 시에 쓰인 다음과 같은 비유적 표현의 속뜻을 파악해 보자.
(1) 황금의 꽃 같이 굳고 빛나던 옛 맹서
(2) 나의 운명의 지침을 돌려 놓고
(3) 눈물의 원천을 만들고 마는 것은
(4) 제 곡조를 못 이기는 사랑의 노래

[I] 아래 시구들의 의미와 표현상 특징에 대하여 말하여 보자.
황금의 꽃같이 굳고 빛나던 옛 맹서 / 한숨의 미풍 / 운명의 지침 /
새 희망의 정수 박이 / 제 곡조를 못이기는 사랑의 노래

시의 교육내용은 그 작품의 개별적 특징을 잘 드러낼 수 있는 것이어야 한다. <님의 침묵>에서 학습자는 삶에 대한 시인의 역설적 사유 방식뿐만 아니라 시 언어의 기반이 되는 비유를 배울 수 있다. 비유적 표현은 작품의 격조를 높여 주는 시의 중요한 자질이다. 교과서의 학습활동은 비유가 사용된 구절을 잘 지적하고 있으나, 비유의 원리나 그 효과에까지 나아가지 못한 아쉬움이 있다.[20]

---

20) '비유와 상징'을 단원명으로 하고 있는 [A] 교과서의 경우, 비유와 상징의 개념, 원리, 유형, 효과 등을 이해하는 것을 학습목표로 내세우나, 학습활동은 하나의 시어를 들어 그것의 비유적 의미를 파악하는 것으로 그친다. 피상적인 교육내용은 [I]의 교사용 지도서에서도 엿볼 수 있다. "A=B라는 비유적 구절을 활용하고 있다는 공통점이 있는데, 한용운의 시에서는 특히 'A의 B'식의 속격 은유가 자주 사용되고 있다." 이것은 학습활

3. 시 교육내용에 관한 제언

문학교육이 학습자가 작품을 바르게 감상하는 데에 일차적 목적이 있다면, 시의 교육내용은 학습자가 작품의 세계를 내면화하는 데에 도움을 줄 수 있는 것이어야 한다. 만해가 독립투사였다는 사실과 승려라는 신분, 그리고 시집의 서언에 해당하는 <군말> 등은 시적 대상이 되는 임을 조국이나 부처로 바라보게 한다. 다양한 관점에서 작품 해석은 교육적으로 의미 있는 일이지만, 여기에는 작품에 대한 충실한 이해가 선행되어야 한다. 시 교육은 기본적으로 작품 그 자체를 대상으로 하는 시 해석 교육이다. 따라서 작품의 내적 문맥을 무시한 채 작품의 의미를 무작정 시인의 삶과 대응시키는 일은 재고되어야 한다.

시인은 작품을 통해 독자에게 자신의 의사를 전달한다. '작가―작품―독자'라는 작품의 소통 구조를 고려해볼 때, 시의 의미는 ① 시인이 원래 작품 속에 전달하고자 하는 의도적 의미(intentional meaning), ② 작품 속에 실제로 표현된 의미(actual meaning), ③ 독자가 해석한 의의(significance) 등의 세 측면에서 살필 수 있다.[21] ①은 작품에는 작가가 의도하는 고유한 의미가 있다는 관점에서 작가의 삶과 사상과 관련지어 시인의 의도를 파악한 것이다. ②는 작가나 독자를 배제한 채 객관적 실체로 존재하는 작품에서 그 의미를 살핀 것이다. ③은 작품의 의미를 작가의 것이 아닌 독자의 것으로 여기며, 독자의 판단과 반응에 따라 그 의미가 달라질 수 있다는 상대적 관점을 취한다. 이렇게 세 의미의 층위는 서로 다른 관점에서 바라보기 때문에 서로 일치하기 어렵다.

─────────

동에 대한 "활동 예시의 자료"로 제시된 것이다.

21) 김준오, 앞의 책, 161면 참조.

　그런데 교과서는 ①과 ②가 같다는 전제에서 '님'의 의미를 찾고 나아가 이를 바탕으로 작품의 전체적 의미까지 추려낸다. 교과서의 학습활동에서 묻는 것은 작품에 표현된 의미가 아니라 작가의 의도다. 이러한 학습내용은 애써 윔세트와 버어즐리가 제안한 '의도의 오류(intentional fallacy)'22)를 거론하지 않더라도 위험성을 안고 있다. 문학적 식견 있는 독자가 작품에서 시인의 의도를 간파하더라도 그것이 시 구절의 부분적 의미까지 수렴하지 못할 때에는 작품 내 유기적 의미는 무시된다. 문학 교육이 추구하는 바가 학습자의 문학 감상 능력을 신장하는 것이라면, 해석의 혼란을 줄이기 위해서라도 ①의 의도적 의미와 ②의 실제적 의미가 서로 다를 수 있음을 분명히 할 필요가 있다. 이런 점에서 아래의 학습활동은 의미가 있다.

- 독립운동에 헌신한 시인의 삶을 비춰 볼 때, 이 작품에 나타난 '이별의 슬픔'은 나라를 잃은 슬픔으로도 볼 수 있다. 이러한 관점에서 아래의 구절들을 해석하면, 그 의미가 어떻게 달라지는지 말해 보자. 그리고 해석상 어려움이 있다면 그 이유를 함께 지적해 보자.
  (1) 푸른 산빛을 깨치고 단풍나무 숲을 향하야 난 적은 길을 걸어서, 차마 떨치고 갔습니다.
  (2) 날카로운 첫 키스의 추억(追憶)은 나의 운명(運命)의 지침(指針)을 돌려놓고, 뒷걸음쳐서 사라졌습니다.

　학생들은 이 학습활동을 접하면서 작품의 시적 대상이 사랑하는 임에

---

22) 이 용어는 윔세트와 버어즐리가 제안하였다. 이들은 공동 논문인 『언어적 도상』라는 글에서 작가의 본래 의도와 작품에서 성취되는 의미 사이에는 근본적 차이가 있음을 밝히고, 작가의 의도에 비추어 작품을 해석하고 평가하는 것은 '의도의 오류'에 빠질 수 있음을 지적하였다. W.K. Wimsatt & M.C. Beardsley, *The Verbal Icon : Studies in the Meaning of Poetry*, University of Kentucky Press, 1954, 5면 참조.

국한되지 않는다는 것을 알게 된다. 떠나간 임을 빼앗긴 조국으로 보면, (1)은 자연의 계절적 이미지로 사용하여 일제에 나라를 빼앗긴 슬픔을 돌려 말한 것이 된다. 하지만 (2)는 그 의미를 조국 상실의 아픔으로 해석하기에는 무리가 있다. 학습자는 의미 간의 틈에서 시인이 의도한 바를 진지하게 생각해 볼 수 있다. 다음은 위의 학습활동에 이어 시인의 창작 의도를 문제 삼는다.

- 한용운은 스님이라는 신분임에도 불구하고 남녀 간의 사랑을 노래하였다. 일제 식민지라는 당시의 시대적 상황과 불도에 정진한 만해의 삶을 고려하여 시인이 이런 시를 짓게 된 이유를 생각해 보자.

시 교육은 시어의 말뜻을 정확히 파악하는 데에서 시작된다. 시는 시어 하나가 의미의 파장을 일으키며 시적 기능을 수행한다. 작품의 부분과 부분은 서로 긴밀하게 연결되어 통일된 의미망을 형성된다. 따라서 시의 독자는 시어 및 시 구절의 말뜻을 논리적으로 규명하는 데에 소홀히 해서는 안 된다. 다음은 말뜻의 파악을 중시하며 제기한 학습활동이다.

- 4행의 "날카로운 첫 키스"에서 '날카로운'은 '키스'를 꾸미는 적절한 말이라 보기 어렵다. '날카로운' 대신 쓸 수 있는 말들을 찾아 서로 비교해 보고, 이 시어에 담긴 의미를 말해 보자.
- 시인은 "슬픔의 힘"을 옮기는 자리로 "새 희망의 정수박이"를 선택했다. "슬픔의 힘"이란 무엇인지 생각해 보고, 시인이 희망의 보조 관념으로 '정수박이(정수리)'를 택한 이유에 대해 말해 보자.
- 이 시에는 임이 떠난 이유가 제시되어 있지 않다. 10행의 "님의 침묵"의 의미를 "차마 떨치고 갔습니다."라는 2행의 구절과 관련지어 해석해 보자.

　교과서는 이 시가 기승전결의 4단 구성으로 되어 있다고 보고, 1~4행과 5, 6행을 기와 승의 경계로 둔다. 하지만 이 시는 시상 전개상 1, 2행과 3~6행의 구분이 가능하다. 시 읽기에서 시상전개의 파악은, 작품의 구조를 이해하는 것은 물론 화자의 심정과 그 변화를 헤아리는 데에도 일조한다. 따라서 학습자는 피상적으로 단락을 나누기보다는 화자의 정서, 태도와의 관련 속에서 시상을 살펴야 한다.

　이 시의 경우, 시상 전개를 역설에 깃든 사유방식과 연계하여 물을 수 있다. 역설은 모순된 진술을 통해 삶의 진실들을 보여준다. 따라서 <님의 침묵>과 같이 역설을 구사하는 시는 삶을 바라보는 인식 태도가 교육내용이 되어야 한다. 아래는 이에 대한 예다.

- 이별의 아픔이 잘 드러나 있는 행을 찾아보고, 이를 택한 이유를 이야기해 보자.
- 이별의 슬픔을 어떻게 극복하고 있는지 제시된 시 구절을 근거로 하여 말해 보자.
- 9행은 이별의 상황에 비춰보면 모순되어 있다. 이 행에 담긴 의미를 살펴보고, 화자의 생각을 변하게 만든 것이 무엇인지 제시된 구절을 중심으로 설명해 보자.

　삶에 대한 진지한 응시를 보여주고 있는 이 시는 언어를 구사하는 방식에서도 나름의 성과를 거두고 있다. 사설조의 산문체, 대상에 대한 미화, 과다한 수식어의 사용 등은 이 시의 결점이 될 수 있는데, 이것은 비유의 기법으로 보완된다. 비유는 간접적으로 돌려 말하며 사물이나 감정을 보다 생생하고 구체적으로 나타낸다. 이러한 시의 대표적인 표현 기법을 작품 감상을 통해 이해함으로써 학생들은 시의 특질을 이해하고 우리말의 다채로운 쓰임을 경험하게 된다.

- 이별의 슬픔을 비유의 방식으로 돌려 말하고 있는 행을 스스로 찾아보고, 그렇게 판단한 이유에 대해 말해 보자.
- 다음의 구절들은 어떤 말을 돌려 표현한 것인지 서술해보고, 본래의 말이 비유된 문장과는 어떤 차이가 있는지 표현의 효과 면에서 살펴보자.

  (1) 황금의 꽃같이 굳고 빛나던 옛 맹서는 차디찬 티끌이 되어서 한숨의 미풍에 날아갔습니다.

  (본래의 말) 변치 않을 옛 맹세가 깨지고 말았습니다.

  → ____

  (2) 걷잡을 수 없는 슬픔의 힘을 옮겨서 새 희망의 정수박이에 들어부었습니다.

  (본래의 말) 슬프지만 새 희망을 가집니다.

  → ____

- 비유적 표현과 높임 표현을 사용하여 사랑을 고백하는 5줄 이내의 짧은 시를 창작해보자.

이러한 비유의 학습을 통해 학생들은 비유적 표현에 담긴 화자의 마음을 이해하고 또 그 비유의 매력을 즐길 수 있을 것이다.[23]

---

23) 이남호, 『교과서에 실린 문학작품을 어떻게 가르칠 것인가』, 현대문학, 2001, 57면 참조.

4. 맺음말

　한용운의 <님의 침묵>은 김소월의 <진달래꽃>과 함께 이별의 아픔과 사랑의 곡진한 마음을 진실한 언어로 표현하고 있다. 소월의 시가 간결한 말과 운율을 잘 살려 썼다면, 만해의 시는 경어체의 말과 비유를 잘 구사하였다. 한용운은 한국시사에서 보기 드문 시인이었다. 불교 사상을 신봉하는 승려로서 식민지하에서 핍박받는 민중에게 희망과 위안을 주고자 하였고, 몸소 일제에 대항하며 구국의 의지를 보여 주었다. <님의 침묵>은 사상과 말과 행동이 일치된 삶 속에서 창작된 커다란 '사랑의 시'다.

　훌륭한 시인의 작품일수록 교육내용의 선정은 더욱 세심한 주의를 기울여야 한다. 자칫 작품의 예술적 우수성보다는 관습적인 해석이나 위인으로서의 삶에 경도될 수 있기 때문이다. 시인의 삶의 토대에서 작품을 볼 경우, 시인의 전기적 사실이 선입견으로 작용하여 독자는 작품을 객관적으로 관조할 기회를 놓치게 된다. <님의 침묵>은 애절한 사랑을 내용으로 하여 절망적 현실을 희망의 의지로 극복하려는, 고결한 삶의 자세가 감동의 요체가 된다.

　정전은 작품이 지닌 가치로 오랫동안 많은 사람들에게 읽힌다. 비록 십대의 어린 독자일지라도 작품이 주는 감동이 없을 땐 정전의 가치는 사라진다. 이 때문에 문학교육의 장에서는 학습자와 작품 간의 소통을 중시한다. 시 교육은 범박하게 말해 시가 지닌 아름다움을 학습자로 하여금 느끼도록 해주는 것이다. 따라서 시 교육의 내용은 학습자의 지적 수준을 고려한 것이면서 동시에 작품의 특성을 잘 드러낼 수 있는 것이어야 한다. 학습자의 사고력을 길러주지 못하거나 학습자가 해결하기 어려운 학습내용, 그리고 작품의 측면에서 특정 수사에 치우치거나 명확하지 못한 학습내용은 원활한 소통에 걸림돌이 된다.

시 교재에서 중요한 교육 내용이 되는 학습활동은 학습자의 반응을 이끄는 데 중추적 역할을 한다. 따라서 학습활동은 작품의 세계를 이해하는 데에 도움을 주며, 학습자의 의식과 감각을 일깨워 줄 수 있는 것이어야 한다. 학습활동은 의문점을 유발하는 질문 형식으로 되어 있어 학습자의 사고력을 활성화한다. 학습활동이 적정한 난이도를 갖출 때 학생들은 그 학습활동을 해결하려 작품을 반복적으로 읽고, 그 과정에서 깊이 사고하며 자신의 사유 과정을 조정해 간다. 그러므로 학습활동은 단편적이고 획일적인 답을 요구하기보다는 사고하는 과정을 중시하는 문제이어야 한다.

본 논문은, 교과서 상의 특정 작품에 한정하여 그것의 교육내용에 대해 고찰하고 있어 일반화할 수 있는 어떤 이론을 도출하는 데에는 한계가 있다. 무엇이 시 교육내용이 되어야 하는 것은 작품에 따라 혹은 접근하는 시각에 따라 그 해법이 다를 수 있다. 하지만 어떤 경우든 감상의 주체가 되는 '학습자'와 감상의 대상이 되는 '작품'이 시 교육의 중심에 있어야 한다. 현장의 교사인 필자는 이러한 관점에서 교육내용을 재구성하여 수업을 진행하였다. 아래는 그 결과의 일부다.24)

---

24) 고등학교 3학년 남학생들에게 문학을 가르치고 있는 필자는, 이 논문의 집필과 관계없이 교과서의 진도상 한용운의 <님의 침묵>을 제재로 수업을 하였다. 그리고 작품을 읽고 느낀 점을 5줄 내외로 자유롭게 쓰는 것을 수행평가의 하나로 제시하였는데, 인용문은 이때 작성된 학생들의 글이다.

<님의 침묵>이라는 시를 겉으로만 읽게 되면 자신이 사랑을 이루지 못한 애절함이 담긴 시라고 생각된다. 하지만 이 시 안에는 일제에 나라를 빼앗긴 아픔이라든지 당시 사람들에 대한 애정이 담겨 있다는 사실에 놀랐고, 한용운이라는 분이 참으로 대단하다고 생각된다. 나중에 기회가 된다면 한용운의 시를 꼭 한번 읽어 보고 싶다.

— 3-1, 윤정후

이 시를 지은 사람은 스님인데도 사랑에 대한 시를 썼다. 본래 스님은 남녀의 사랑을 멀리한다고 알고 있는데 이 시를 읽어보면 사랑의 감정을 느낄 수 있었다. 창작 년도를 보면 작품의 시대가 일제 강점기라는 것을 알 수 있는데, 여기에 비춰보면 떠난 임은 잃어버린 조국으로 볼 수 있을 것 같다. 사람들 사이에 흔하고 가장 친밀감이 있는 사랑이라는 주제로 당시의 시대의 아픔을 잘 얘기하는 것 같다.

— 3-2, 김보현

감동적인 시이다. 황금의 꽃, 날카로운 첫키스 등의 말들을 사용하여 자신의 사랑의 감정을 잘 표현한 것 같다. 4행에서 사랑하는 사람에 대한 깊이를 알 수 있었고, 9행에서 사랑하는 사람을 보내지 못하는 것이 슬프게 느껴진다.

— 3-2, 김영준

어쩔 수 없이 임을 떠나보내야 하는 안타까운 마음을, 임은 말없이 떠나갔지만 잊지 못하는 마음을, 그리고 꼭 돌아올 것이라는 믿음에서 임에 대한 화자의 깊은 사랑을 느낄 수 있었다. 보고 싶어도 보지 못하는 마음은 찢어질 듯한 마음이 아닐까? 아니 이보다도 더할 수도……

— 3-3, 박재성

참고문헌

구인환 외 5인, 『고등학교 문학(하)』, 교학사, 2003.

구인환 외 5인, 『고등학교 문학(하) 교사용 지도서』, 교학사, 2003.

권영민, 『고등학교 문학(하)』, 지학사, 2003.

권영민, 『고등학교 문학(하) 교사용 지도서』, 지학사, 2003.

김병국 외 4인, 『고등학교 문학(상)』, 한국교육미디어, 2003.

김병국 외 4인, 『고등학교 문학(상) 교사용 지도서』, 한국교육미디어, 2003.

김상태 외 5인, 『고등학교 문학(상)』, 도서출판 태성, 2003.

김선학, 「시인 한용운론-『님의 침묵』 재조명」, 『우리말글』 24, 우리말글학회, 2002.

김영철, 『현대시론』, 건국대학교 출판부, 1993.

김윤식 외 4인, 『고등학교 문학(상)』, 도서출판 디딤돌, 2003.

김윤식 외 4인, 『고등학교 문학(상) 교사용 지도서』, 도서출판 디딤돌, 2003.

김인환, 『한용운의 『님의 침묵』을 읽는다』, 열림원, 2003.

김종태, 「한용운 시의 역설적 세계관 연구」, 『한국문예비평연구』 14, 한국현대문예비
　　　평학회, 2004.

김준오, 『시론』 제 4판, 삼지원, 2003.

김재홍, 「한글의 쓰임새와 시적 가능성」, 『세종학연구』 제 6호, 1991.

김창원 외 3인, 『고등학교 문학(하)』, 민중서림, 2003.

김창원 외 3인, 『고등학교 문학(하) 교사용 지도서』, 민중서림, 2003.

류양선, 「만해의 시집 『님의 침묵』의 창작동기」, 『한국현대문학연구』 21, 한국현대문
　　　학회, 2007.

박갑수 외 5인, 『고등학교 문학(하)』, 지학사, 2003.

박갑수 외 5인, 『고등학교 문학(하) 교사용 지도서』, 천재교육, 2003.

박경신 외 3인, 『고등학교 문학(하)』, 금성출판사, 2003.

오세영, 『문학과 그 이해』, 국학자료원, 2003.

오세영 외, 『한국 현대시사』, 민음사, 2007.

우한용 외 5인, 『고등학교 문학(상)』, 두산동아, 2003.

우한용 외 5인, 『고등학교 문학(상) 교사용 지도서』, 두산동아, 2003.

윤여탁, 『시 교육론』, 태학사, 1996.

이경교, 「『님의 침묵』의 이미지 분석」, 『동악어문논집』 20, 동악어문학회, 1985.

이남호, 『교과서에 실린 문학작품을 어떻게 가르칠 것인가』, 현대문학, 2001.

이숭원, 『한국 현대시 감상론』, 집문당, 1996.

최동호, 「시집 『님의 침묵』과 현대시사의 갈림길」, 『시학시학』 22, 시와시학사, 1996.

최 웅 외 3인, 『고등학교 문학(상)』, 청문각, 2003.

한철우 외 7인, 『고등학교 문학(상)』, 문원각, 2003.

홍신선 외 2인, 『고등학교 문학(하)』, 천재교육, 2003.

홍신선 외 2인, 『고등학교 문학(하) 교사용 지도서』, 천재교육, 2003.

Alex Preminger, *Encyclopedia of Poetry and Poetics*, Princeton University Press, 1965.

Philip Wheelwright, *The Burning Fountain*, Indiana University Press, 1968.

W.K. Wimsatt & M.C. Beardsley, *The Verbal Icon : Studies in the Meaning of Poetry*, University of Kentucky Press. 1954.

제 11 장

典範 학습과 중세의 문학교육

김 성 룡

호서대학교 한국어문화학부

1. 기능과 학문

지금 이 자리에서 문학교육의 학문적 속성을 새삼스럽게 의논해야 할 만큼 문학교육학의 정체성이 의심스럽다거나, 또는 그 논란의 역사가 짧다거나, 연구 성과가 기대했던 바와 다르다거나 한 것은 아니다. 오히려 그 반대이다. 문학교육학은 문학교육의 학적체계를 분명히 갖고 있으며, 또 풍성한 연구 성과를 낼 정도로 그 탐구의 연륜도 깊다. 그래서 문학교육학의 학문적 속성에 관한 한 어느 정도 합의가 이루어진 것처럼 보인다.

그러나, 그런 점을 다 인정하면서도 과연 그 학문적 속성이라는 것은 어떤 것인지 아주 소박하게 검토해두려고 한다. 이는 지금까지 합의된 내용을 통째로 무시하고자 해서가 아니라, 앞으로의 논의의 가닥을 잡아두고자 해서 그렇다. 사실 지금까지 문학교육학의 학적 속성에 대해 우리들이 암묵리에 동의했던 내용들 중에 혹은 우리의 체로써는 걸러지지 않았던 것이 있지는 않았을까 반성해야겠기 때문이다.

어떤 것이 학적 속성을 갖기 위해서는 두 가지 접근 방향에서 검토되어야 할 것이다. 하나는 이론적 검토이며 다른 하나는 역사적 검토이다. 이를 학문의 공시성과 통시성이라는 말로 바꾸어 말할 수 있을 것이다. 문학교육은 실천적 경험적 기능을 중시하므로 이를 보편적 일반적인 학문의 수준으로 고양하기 위해서는 그것에 대한 이론적 성격과 역사적 변천을 두루 살펴야 앞으로의 논의가 풍성하고 만족스럽게 전개될 것이라 생각된다.

이론적 검토와 역사적 검토, 이 둘을 놓고 보면, 그 동안 이론적 검토
는 매우 풍성하게 이루어졌다고 생각된다. 수업모델에 관한 일련의 연구
(박인기, 1994가 대표적일 것이다), 수업과정에 관한 연구(최순열, 1987 ; 권오현,
1992 ; 경규진, 1993 등의 논의가 이어졌다), 각 개별 장르에 관한 연구(소설의
박대호, 1989 ; 김중신, 1994 ; 김상욱, 1996. 시의 경우 김창원, 1994 ; 정재찬,
1996 등이 대표적인 연구일 것이다) 등등 이룩된 연구 성과는 일일이 거명하
기조차 벅차다.[1]

그런데 이렇게 풍성하게 이룩된 연구 성과도 그 이론적인 가능성을
뒷받침하고 있는 基調低흡을 살펴보면 의외로 단순한 것을 알 수 있다.
첫째는 이들 연구가 문학 텍스트의 전달 과정에 관한 논란을 바탕으로
한 성과라는 것, 둘째 이들이 텍스트의 구조에 관한 논란을 바탕으로
그 의미화 과정이나 구조화 과정을 주목하고 있다는 것이다. 이렇게 보
면 지금까지 이룩된 연구 성과는 텍스트의 의미화, 구조화, 전달체계라
는 이론의 바탕에서 성립된 것이라 하겠는데 이는 마치 기호의 의미화,
구조화, 전달체계라는 것으로 표현되는 기호학의 학문체계와 매우 흡사
하다.

이론적 검토가 주로 기호학의 영역과 일치하는 것에 대해 놀랄 이유
는 없다. 왜냐하면, 문학교육이 문학의 생산, 전달 / 유통, 소비의 과정에
서 볼 때, 전달 / 유통과 소비의 과정이라는 문제에 집중하는, 대단히 기
능 중심적인 속성을 갖고 있기 때문이다. 그러나 관점이 제한되어 있다
면 보이는 것도 그 관점의 영향을 받지 않을 수 없다. 관점이 편협하다

---

1) 그 외의 연구 성과들에 대해서는 윤여탁(1996)의 요령 있는 정리에 미루어둔다. 그러나
   윤여탁(1996)의 정리는 지금까지 이룩된 문학교육의 연구 성과의 편향성을 분석하지 않
   은 채 풍성한 연구 성과만 눈에 띄는 대로 정리해 두었다.

면 대상이 갖고 있는 성격 또한 편협한 내용만을 포착할 수밖에 없는 것이다. 그래서 이쯤해서는 이론을 반성해야 할 이유가 충분하다고 생각되는 것이다.

다 알다시피 기호학은 대단히 共時的 지향성이 강한 학문이다. 그래서 공시적으로 전개되어 있는 사건들을 분석하는 데는 강한 반면에 通時的 전개 과정을 추적하는 데는 곤란하다는 혐의를 받는다. 더욱이 고전문학교육이란 그 제목이 암시하고 있듯 역사성을 띠지 않을 수 없는 터이므로 고전문학교육의 학적 속성을 공시성의 체계 위에서만 건립하기에는 곤란한 면이 있다.

고전문학교육은 고전문학에 대한 교육이라는 측면과, 고전시대에서의 문학교육이라는 측면을 갖는다. 이 둘을 분리하는 것이 마땅한데도 불구하고 지금까지 이 둘의 차이를 제대로 이해하지 않거나 무시하는 경향이 있었다. 특히 문학교육에서는 고전문학교육을 고전문학에 대한 교육이라는 측면에 한정시켜 논의를 전개해 왔으므로 문제가 복잡하게 전개되었던 것으로 보인다.[2]

대상을 편협하게 한 것은 이론의 책임이 크다. 공시적 구조와 공시적인 과정 속의 흐름만을 중시하였으므로 기능의 학적 특성을 증명하는 데 그치고 결국은 통시성 역사적 변천에 대한 고찰을 할 여지를 남기지 않았다. 지금 고전문학교육에 관한 결과물들을 보면 고전문학작품의 텍스트를 분석하거나, 현대 독자에게 전달할 방법을 모색하거나, 전달 내용은 어떠한 것인지를 모색하는 연구들이 전부라고 할 수 있다. 이런 연

---

2) 염은열(1996)은 고전시 교육은 현대인에게 전통을 교육하는 것, 보편적인 것을 교육하는 것으로 규정한다. 이는 고전문학교육이란 고전문학 작품을 교육하는 것으로 규정하는 단적인 사례이다.

구들은 문학교육의 주체나 대상은 바로 현대인 자신이라고 전제하고 있다. 문학교육이란 전달해야 할 물건의 내용을 잘 파악해 그것을 소비자로 하여금 잘 소비할 수 있게 하는 방법을 모색하는 것, 그 전달/유통-소비의 메커니즘을 조작하는 기술적 조작방법에 관한 것이라는 가정이 여전히 유지되어 있는 것이다.

그러므로 고전시대의 독자들은 문학작품을 어떻게 접하였으며, 왜 문학을 공부해야 했던가 하는 문제를 천착함으로써, 고전문학교육이 갖는 개념의 이중성을 만족시킬 수 있다. 그리고 고전시대에서의 문학교육이라는 문제로 관심을 확대하면서 문학교육의 학적체계도 보다 굳건히 다져질 것으로 생각한다. 서두에서 거론했던 대로 학적체계는 이론적 검토와 역사적 검토가 둘 다 잘 갖추어져 있을 때 보다 튼튼해 보이기 때문이다.

고전 시대라고 하지만, 일률적으로 고전 시대라고 부를 것이 아니다. 우리가 그 교육의 양상을 추론할 수 있는 한계는 중세시대 정도에 불과하다. 그래서 이 논문에서는 중세시대에 한정하여 논의를 전개하기로 한다. 그런데 이 중세시대에서의 문학교육이 가정하고 있는 틀은 현대가 가정하고 있는 바와 달라 주의를 요한다.

먼저 용어의 차이를 감지해야 한다. 현재 우리가 교육-학습의 모델을 통칭하는 용어로써 敎育이라는 용어를 사용하는 것과 반대로 중세시대에서는 學習이라는 용어를 보편적으로 사용했다. 교육과 학습은 동시적으로 이루어지는 것이어서 분리해 생각하기는 어렵지만, 學而時習이라는 어원을 갖고 있는 이 말은 중세시대 문학교육의 무게중심이 다분히 학습자에게 실려 있는 것이라는 추정을 하게 한다.3) 이는 교육의 무게중심이 교육자에 있는 현대의 문학교육의 양상과는 다른 점이다.

또 하나 있다. 문학교육이 이루어야 할 목표가 현대와는 다르다는 것이다. 현대의 문학교육 과정에서 학습자가 도달해야 할 목표는 '시민으로서 갖추어야 할 건전한 상식과 감수성의 획득'이라는 것으로 요약될 것이다. 이렇게 현대의 문학교육은 문학의 수용자로서 감수성을 획득하는 것을 도달해야 할 목표로 설정하고 있으므로 당연한 결과이지만 문학창작교육이라는 장은 문학교육의 장에서 별도로 분리되어 있다. 이렇게 현대의 문학교육이 창작과의 관련은 적고 수용/소비에만 집중되어 있는 반면 중세의 문학교육은 전연 달라서 창작과 깊은 연관을 맺고 있었던 것이다. 대개 알고 있듯이 중세 시대에는 문학 창작의 소양이 있어야 관료로서 선발될 수 있었다.[4] 그러므로 문학을 배워 관료로서 성장할 수 있는 소양과 능력을 갖추는 것이 문학교육-문학학습의 목표였다고 보이는 것이다.

이 점은 매우 중요하다. 현대의 문학교육은 수용일변에만 치우쳐져 있어 문학교육의 내용이 창작으로 고양될 수 있는 통로를 마련하는 데에는 매우 인색하다. 이는 생산-유통/전달-소비의 메커니즘이 일방적인 과정으로만 고착된다는 결과를 낳는다. 그러니 현대의 문학교육은 소비자 길들이기의 교육이지 생산메커니즘에 대한 반성으로서의 교육이 될 수 없게 된 것이다.[5]

---

3) 이 말이 논어의 첫 장에 실려 있다는 것은 의미심장하다. 그리고 예를 들어 소학, 대학, 동몽선습, 성학집요, 시학대성 등 교육과 관련된 서적이 모두 學, 習을 표제어로 갖는다는 점을 주목해야겠다.

4) 문학적 소양을 검증하는 진사과의 급제자가 경전의 지식을 검증하는 생원과의 급제자보다 월등 많았다는 것, 그리고 진사과를 끝내 폐치하지 못했던 사실 등을 그 예로 들 수 있을 것이다. 이에 대해서는 박연호(1995) 참조.

5) 문학교육이 여전히 기능중심의 수용과정을 문제 삼는 문학교육으로 협소화하는 것은 자본주의 체제로부터 영향을 받은 결과 때문이라고 생각하지 않을 수 없다. 자본주의의 상품 생산과 유통, 전달과정과 소비의 패턴이 교육의 장에서도 그대로 유지되어 반복되는

　요약하자면 현대의 문학교육이 교육중심, 수용중심의 과정이라면, 중세의 문학교육은 학습중심, 생산중심의 과정이라고 대비할 수 있다. 그래서 이 둘은 서로 다른 이야기를 하고 있는 것처럼 보이며 둘 사이의 연결점은 전연 찾아보기 어려울 것 같기도 하다. 그러나 이렇게 이질적인 것처럼 보여도 이 둘이 공유하고 있는 것, 양쪽의 관심이 교차하는 곳은 찾아낼 수 있다. 그것은 텍스트이다. 텍스트의 수용과 텍스트의 생산은 텍스트를 매개로 해서 이어질 수 있을 것이다. 그래서 텍스트의 생산이 선행 텍스트의 수용에 얼마나 간섭되어 있는가를 살펴보고자 한다. 먼저, 선행 텍스트가 새로운 텍스트를 만들어내는 메커니즘에서 그 텍스트의 시학을 살펴보고 이것이 문학학습과 어떤 관련을 맺고 있는가를 살펴볼 것이다.

2. 선행 텍스트의 생산력

　텍스트 생산의 주체는 과연 누구인가. 생산의 주체는 텍스트를 고안하고 창안하는 인간인가 아니면, 텍스트가 스스로 갖고 있는 변화와 전개의 원리인가 하는 문제는 여전히 시원스럽게 해명되지 않고 있다. 인간이 텍스트를 고안하며 창안한다는 입장은 그렇게 많은 텍스트들이 왜 유사성을 띠는지, 그리고 왜 텍스트의 이른바 문법이라고 하는 것이 상

것이다. 기호학이라는 매우 정태적인 학문이 분석의 도구로서 사용되고 있는 이유도 바로 여기서 기인한다고 보인다. 앞서의 수용중심의 문학교육은 물론 표방하고 있는 바는 수용자를 중심에 놓는다고는 하지만, 이 또한 체계 전체에 대한 안목은 상실하고 있어 오히려 수용자/소비자로 하여금 전체성 포착이라든가 거시적 안목의 확보라든가 하는 문제로부터 멀어지게 한다.

당히 제한적이어서 무수히 많은 텍스트도 몇 가지 문법으로 환원되는지 하는 데 대한 이유를 설명하기 어렵게 된다. 텍스트의 문법을 가정하는 입장에 서는 경우 실제로 텍스트를 생산하고 다채로운 텍스트를 구성하는 천재들이 존재하고 있다는 엄연한 사실을 경험적으로 받아들이지 않을 수 없는데 이를 무시해야 하는 결과가 생긴다.

우선 잠정적으로 다음과 같은 타협점을 가정해 볼 수 있다. 선행 텍스트는 전연 새로운 텍스트거나 또는 유사한 아류의 텍스트를 생산할 수 있는 텍스트 생성의 문법을 갖고 있다. 텍스트를 생산하는 사람들은 이 텍스트 생성의 문법을 터득하여 이를 토대로 새로운 텍스트를 생산한다. 문법은 학습을 통해 습득되며 학습된 문법은 후행 텍스트를 만들어낼 수 있는 변형의 규칙으로서 작용하는 것이다.

인간은 텍스트의 문법을 학습함으로써 후행의 텍스트를 만들어낼 수 있게 된다. 또 텍스트의 문법은 선행의 텍스트로부터 후행의 텍스트에 끊임없이 이어지고 있는 이른바 텍스트 생성문법으로서의 구실을 여전히 갖고 있다. 그러므로 텍스트의 학습이란 곧 텍스트 생성문법의 학습이며 이를 토대로 해서 창작이 이루어진다. 그렇게 해서 텍스트의 학습이 창작으로 이어진다.

우리는 텍스트의 시학을 살펴보고 나서 다음 장에서 그 학습의 과정을 생각해 본다.

먼저 이 장에서 검토할 텍스트의 시학은 텍스트 조성의 순위에 따라 어구의 층위, 시편 내의 조직의 층위, 시편 자체의 순위로 구성된다. 이를 전통적인 한시학에서 확인하여 보기로 한다. 이때 다음과 같은 텍스트 생성의 문법을 상정해 볼 수 있다.

첫째, 선행 텍스트는 어구나 어휘로서 남아 새로운 텍스트에 사용되는 방법이다.

둘째, 선행 텍스트의 시구에서 글자를 추가하여 새로운 텍스트를 구성하는 방법이다.

셋째, 선행 텍스트의 시구에서 글자를 보충하여 새로운 텍스트를 구성하는 방법이다.

넷째, 선행 텍스트의 시구에서 글자를 바꾸어서 새로운 텍스트를 구성하는 방법이다.

다섯째, 선행 텍스트의 시구에 새로운 시구를 보충하여 새로운 텍스트를 구성하는 방법이다.

여섯째, 선행 텍스트의 의격을 그대로 이용하여 새로운 텍스트를 구성하는 방법이다.

이 중에서 첫 번째는 어구 구성에 해당되며, 둘째 이하 넷째까지는 시구 구성에 해당되고 다섯째 및 여섯째는 시편 구성에 해당된다. 이제 이에 대해서 차례로 검토할 텐데 앞으로의 논의는 어구의 의미보다는 의미화의 과정, 해석의 과정, 변형의 과정을 중시하므로 번역하지 않고 원문을 그대로 인용한다.

1) 어구 구성의 기능

선행 텍스트는 후행 텍스트에서 사용할 수 있는 어휘를 생성한다. 또 작자는 선행 텍스트를 학습하여 이를 바탕으로 후행의 텍스트에서 사용할 어휘를 만들 수 있다. 이제 그 과정을 살펴보기로 한다.

다음은 고려 시대 趙沖이 崔洪胤, 琴儀에게 바친 시의 시구이다. 최자는 보한집에서 이것을 同姓名故事의 전형적인 예라고 평했던 바 있다.

원문은 다음과 같다.

A. 貴系題鷹後
仙源駕鯉孫[6]

    이 시구를 축자적으로 해석하면, "귀한 계통은 매를 제목한 이의 후손이고 신선 같은 근원은 잉어를 맨 이의 후손이다."라는 뜻이어서 무엇을 의미하는지 알 수 없다. 이렇게 그 의미를 알 수 없게 된 것은 이 시구의 題鷹後·駕鯉孫라는 어구 때문이다. 이런 어구에 직면할 때면 누구나 이 어구는 축자적으로 이해할 수 없고 이 어구가 유래한 어떤 고사의 배경적인 지식이 필요하다는 것을 알게 된다.

    題鷹後, 즉 축자적으로 '매에 응제한 (이의) 후손'이라는 말은, 당나라 사람 崔鉉이 매를 제목으로 작품을 써서 일약 유명해진 데서 왔다. 그러니까 이 어구는 최현의 후손이라는 의미를 담고 있어, 최현처럼 문학적 재능이 훌륭하면서 최씨 성을 가진 이를 뜻하고 있다는 것을 알게 된다. 駕鯉孫 역시 주나라 때 趙의 琴高라는 이가 용을 잡으러 涿水에 들어갔다가 기약한 날 잉어를 타고 올라 왔다는 데서 온 어구로 금고처럼 신선과 같은 풍모가 있으며 琴씨의 후손인 이를 뜻하고 있다는 것을 알게 된다. 그런데 이 시는 최홍윤과 금의에게 바쳐진 시이므로, 위의 시에서 궁극적으로 의도하고자 하는 인물은 결국 최홍윤, 금의임을 알게 된다. 그래서 위 시구는 '귀한 계통은 최현의 후손이며(최홍윤의 경우), 신선의 근원은 금고의 자손이다(금의의 경우)'라는 의미로써 각각 최홍윤과 금의

---

6) 崔滋, 『補閑集』 하, 제6화. 유재영 역주, 『보한집』, 원광대학교 출판부, 1989, 370~371면. 원문의 의미 및 어구의 유래는 대체로 이 역서의 주석에 의존하였다.

를 미화한 표현임을 알 수 있게 되는 것이다.

이를 토대로 해서 어구로부터 작자가 의도하고 있는 의미에 이르기까지 해석의 과정을 도시하면 다음과 같다.

①　　　　②　　　　　③　　　　④　　　　⑤

題鷹後 → 매를 시제로 쓴 사람 → 唐 崔鉉 → 崔鉉 같은 인물 → 崔洪胤

駕鯉孫 → 잉어를 탄 사람　　 → 趙 琴高 → 琴高 같은 인물 → 琴儀

① 시에서 쓴 표현
② 어구의 축자적 의미
③ 어구의 원래의 뜻
④ 어구가 표현하는 의미
⑤ 작자가 의도한 의미

이 과정의 역이 바로 창작의 과정일 것임은 말할 것도 없다. 단순화하자면, 창작자는 최홍윤과 금의를 말하기 위해서 자기가 알고 있는 선행의 지식인 최현과 금고를 떠올리게 되고 이를 바탕으로 해서 자기의 의도를 나타낼 수 있었다. 그러므로 작자는 題鷹後라는 어구를 쓸 수 있으려면 唐書 列傳 崔鉉 條의 기사를 알고 있었어야 하고 駕鯉孫이라는 어구를 쓸 수 있으려면 列仙傳에 실린 금고의 이야기를 알고 있었어야 한다.

텍스트의 측면에서 보면 題鷹後, 駕鯉孫라는 어구는 당서와 열선전에 있는 해당부분의 길다란 텍스트를 압축하고 있다. 이렇게 간단한 어구가 풍부한 배경사실을 압축적으로 담고 있으므로 이는 '초점화하기'라고 할 수 있을 텐데7) 이렇게 초점화된 핵심어구는 배경 사건의 긴 텍스트를 압축하여 갖고 있으므로 항상 잉여의 의미를 담고 있게 된다.

---

7) 이에 대해서는 최미정(1979)에서 다룬 바 있으며 김성룡(1996)도 이를 거론하였으므로 생략한다.

  이런 과정에서 주목해야 할 것은 이 핵심어구는 텍스트를 압축하였으므로 그 의미는 텍스트에 의존할 수밖에 없다는 사실이다. 그러므로 핵심어구를 사용할 수 있는 능력은 곧 텍스트를 해득할 수 있는 능력과 직결된다. 얼마나 많은 텍스트를 알고 있느냐 하는 여부는 잉여의미를 갖는 어휘를 얼마나 많이 사용할 수 있느냐는 여부를 결정하게 된다. 그러므로 잉여의미를 갖는 어휘를 사용하여 시문을 풍부하게 갖추고자 한다면 반드시 많은 텍스트를 알고 있어야 한다. 이렇게 되면, 博覽强記는 창작자가 갖추어야 할 기초적인 덕목이 된다.

2) 시구 생산기능

  선행 텍스트는 너무도 다양하므로 어구로써 차용될 수 있는 것은 매우 많다. 따라서 어구는 훨씬 다양하게 선행 텍스트로부터 차용될 수 있으므로 창작자가 부지런하면 보다 풍부한 어휘력을 갖고 시 창작에 임할 수 있었다. 그러나 단어의 수준을 넘어서서 선행 텍스트는 보다 적극적인 의미로써 새로 만들어질 텍스트를 제한한다.

  한시는 구를 단위로 하여 시상이 전개되므로 기발한 표현을 나타낸 구를 특히 警句라고 지칭하며, 따로 모아 시학습을 위한 지침으로 삼았다. 이런 경구들은 모음집으로 엮어져서 시학습을 편리하게 만들었는데 학습된 경구들이 어떻게 새로운 시구를 만들어내는지가 이 절의 요점이다. 그런데 시에서 어떤 경구는 작품 미학의 핵심으로 자리잡는 것이니만큼 이것을 가져다 쓰는 것은 표절행위라고 보아야 마땅한 일이다. 그러나 전통적인 시학에서는 이런 수법을 단지 표절이라고 비난하기보다는 오히려 중요한 창작 수단이라고 여겼다.

(1) 어구 추가

다음은 洪萬宗이 『詩評補遺』에서 든 예인데, 5언구인 원작시에 2자를 추가하여 7언구인 새로운 시를 만들어낸 것이다. 李嘉祐의 시를 王維가 [B'], 謝靈運의 시를 李白이[C'], 원래 賈島의 시를 金時習이[D'] 각각 이용하여 시를 지었다.

作詩

B. 水田飛白鷺
　　夏木囀黃鸝

C. 林壑欲冥色
　　雲霞收夕霏

D. 獨行潭底影
　　數息水邊身

述詩

B'. 漠漠水田飛白鷺
　　陰陰夏木囀黃鸝

C'. 衿前林壑欲冥色
　　袖上雲霞收夕霏

D'. 飛錫獨行潭底影
　　敷床數息水邊身8)

洪萬宗은 B'는 精神이 저절로 배가되었고, C'는 도리어 광채를 더했으나 D'는 도리어 斧鑿의 흔적이 생겨서 못하다고 평가했다. 그런데 원작시의 흔적을 그대로 가지고 있는 B', C'를 斧鑿의 흔적이 없다고 평하는 것은 아무래도 수긍하기 어렵다. 이런 수법 역시 그 미적 성과야 어찌되었건 원작시의 형태를 그대로 가져다가 시구를 만들어 자기 것으로 만드는 행위, 즉 표절이라고 불러 마땅한 것이 아닌가 한다.9)

---

8) 洪萬宗, 『詩評補遺』, 上 4면(조종업 편, 『한국시화총편』, 3권 617~618면. 이하 『총편』 3-617~618의 형식으로 인용한다.) 단, 이 인용문에서 作詩, 述詩라는 개념은 김성룡 (1996)에서 언급하였으므로 개념 풀이를 생략한다.
9) 예컨대 南羲采의 『龜磵詩話』에는 李義甫의 5언시를 가지고 張懷慶이 2자씩 더하여 7언시를 만든 것을 예로써 들고 活泉張昌齡生吞郭正一이라 칭하였다. 요는 이런 수법이 남

표절이냐의 여부와 미적으로 승화되었느냐의 여부는 나누어 이해해야 한다. 앞서의 것은 텍스트의 변형에 관한 문제를 다룬다면 뒤의 것은 생산/생성된 텍스트에 대한 미적 판단을 뜻하고 있다. 그러므로 위와 같이 홍만종이 정신배가, 광채배가 등의 미적 판단을 규정한 것과 여전히 표절이라고 부르는 것은 같은 사실에 대한 두 가지 판단이다. 이렇게 보면 그 미적 성취야 어찌되었건 간에 위의 세 가지 사례는 새로운 어구를 추가함으로써 원작시와는 다른 새로운 시구를 형성하게 되는 원작시의 변형 규칙을 보여주고 있다.

(2) 어구 변환

李瀷은 잘 알려진 顧愷之의 시로써 글자를 바꾸어 새로운 시를 만들어 내는 방법을 실험했었다. 이익이 '奪胎換骨'이라 명명한 이 변형규칙도 시구 내에서 어구를 변환함으로써 새로운 시구를 만들어내는 규칙이다. 다음은 그 원작시이다.

作詩
E. 春水滿四澤
　　夏雲多奇峰

먼저 이익은 이 시구에서 각각의 어휘를 실자와 허자로 나눈다. 이익은 水, 澤, 雲, 峰은 實字이고 春, 滿, 四, 夏, 多, 奇 등은 모두 虛字라고 했다. 그리고 실자를 다른 말로 바꾸어 보기도 하고[E'], 또 허자를 바꾸기도 해서[E''] 시구를 만들었는데, 이렇게 해서 다음과 같은 述詩를 만

의 시를 훔쳐가는 것이며 活剝生吞이라는 것이다(『총편』 8-303).

들었다는 것이다.

述詩	述詩
E'. 春陰滿四野	E". 流水歸成澤
夏樹多奇花	晴雲逗作峰[10]

이 수법은 앞서의 홍만종이 제시했던 수법과는 다른 방법으로 새로운 시구를 만들어내는 방법을 보여주고 있다. 어느 경우든 원작시의 구성은 굳건한 뼈대가 되어 있으며 시상의 전개에도 깊이 참여하고 있다는 점을 유의해야 할 것이다.

여기서 이익이 실자와 허자라고 나눈 것을 주목하면, 주로 시상의 전개에서 사물로서 중요한 대상이 되는 것을 실자라고 부르고 그것을 형용하거나 실사에 어떤 동작을 부가하는 것 등을 모두 허자라고 부르고 있는 것을 볼 수 있다. 요컨대 이익은 작시의 대상이 되고 있는 物을 실자라고 부르고 그 物에 부가적으로 더해지는 일체의 술어들을 허자라고 부르고 있는 것이다. 이런 규칙에 의해서 실자와 허자를 나누어 놓고 실자만을 일률적으로 바꾸거나 허자만을 일률적으로 바꿈으로써 새로운 시구를 얻을 수 있다는 것을 보여주고 있다.

(3) 어구 압축 / 확대

시구의 층위에서 동원되는 용사법 중에서 보다 복잡한 것으로는 작시의 시구를 술시의 시구로 재조직해내는 방법이다.

權應仁은 杜甫의 시를 가지고 술시를 만들어낸 李達의 수법을 지적하

---

10) 李瀷, 『星湖僿說』 권29. <奪胎換骨>(『총편』 5-766 上a~下b). 물론 이런 換骨奪胎란 李仁老가 『破閑集』에서 말했던 그 환골탈태를 가리키는 것은 아니다.

고 이를 시 작법 중 묘법이라 평했다. 작시와 술시를 나란히 비교해보면
술시가 어떻게 조직되었는지 알 수 있다.

<table>
<tr><td align="center">作詩</td><td align="center">述詩</td></tr>
<tr><td>F. 石欄斜點筆</td><td>F'. 弄荷閑摘葉</td></tr>
<tr><td>桐葉坐題詩</td><td>臨水獨題詩[11]</td></tr>
</table>

이 변형규칙은 보다 까다로우므로 원작시구의 의미를 검토할 필요가
있다. 원작시구는, "돌 난간에서 붓 기울여 오동잎에 시를 쓰도다."라는
의미이며 술시구는, "연꽃을 희롱하며 한가로이 잎을 따, 물가에서 홀로
시를 짓도다."라는 의미이다. 시를 짓는 곳에 있어서는 돌난간과 물가라
는 차이가 있고 시를 적는 곳은 각각 오동잎과 연잎이라는 차이가 있다.
그런데 술시를 평한 권응인은 "한가로이 연잎을 따서 그 위에 시를 짓는
것을 말하고 있는데 하나의 말을 가지고 양구를 이루었다."고 평했다.
말하자면, '시를 쓴다'는 작시의 한 구절이 '물가에서 연잎을 따 시를 쓴
다'는 두 구절로 확대되었다는 것이다.

이와 정반대로 선행시구를 압축함으로써 새로운 시구를 만들어내는
방법도 있다. 역시 위의 책에서 예를 들어본다.

<table>
<tr><td>述詩</td></tr>
<tr><td>G. 鉤沈剩怯潛蛟窟</td></tr>
<tr><td>弓掛偏驚睡鶴枝</td></tr>
</table>

이 시구는 李安訥이 金玄成이 지은 시에 차운하여 지은 시의 시구이

---

11) 梁慶遇, 『霽湖詩話』, 49번(이월영 역, 『국역 제호시화』, 한국문화사, 1995, 81~82면).

다. 그런데 梁慶遇는 이 시구가 杜甫의 <對月詩>와 王元之의 <中秋月
詩>라는 시의 시구 두 시구로부터 유래한 것이라고 말했다. 양경우가
원작시의 시구라고 든 두 시구는 다음과 같다. G'가 두보의 시이고 G"가
왕원지의 시이다.

作詩

G'. 光射潛虯動
　　明飜宿鳥頻

作詩

G". 冷濕流螢草
　　光凝睡鶴枝[12]

　양경우는 술시의 첫구는 원작시 G'의 첫구에 있는 潛虯를 대상으로
삼아 시구를 전개했다면, 두 번째 구는 원작시 G"의 두 번째 구에 있는
睡鶴枝를 대상으로 삼아 시구를 전개했다고 주장했던 것일 게다. 양경우
의 생각을 제대로 이해했다면 이 시구의 원작시로부터 술시가 만들어지
는 과정은 다음과 같을 것으로 보인다. 즉, 작시에서 달빛이 물 속 깊이
이르렀다는 뜻으로 '깊이 잠겨 있는 용[潛虯]'을 들었을 것을 술시에서는
낚시를 깊이 드리웠다는 뜻으로 '깊이 잠겨 있는 용의 굴[潛蛟]'을 들었
을 것이다. 또 작시는 달이 학이 잠든 가지를 비취는 모습을 형용하였던
것일 텐데 술시는 초승달이 나뭇가지 사이로 초승달이 비춰어 학이 잠
든 가지를 놀랬다고 표현했었을 것이다.
　이런 방법은 두 편의 원작시를 가져와서 한편으로 구성하는 것이어서
앞서 원작시의 한구를 통해 두 개의 구를 구성하는 것과는 사례가 다르
다. 앞서 든 예가 작시를 확대하는 변형규칙을 적용하였다면 뒤에 든 예
는 작시를 압축하는 변형규칙을 적용하였다고 할 것이다. 그리고 확대와

---

12) 앞의 책, 제53화.

압축은 동일한 힘이 방향만 서로 다른 것뿐이라고 여겨지므로 동일한 변형규칙의 서로 다른 방향이라고 정의하기로 한다.

그러나 이런 변형규칙은 원작시와 상통하는 부분을 과연 어디까지 인정해야 하는가 하는 문제를 야기하게 된다. 그래서 원작시로부터 물려받았다고 하는 유산이 과연 원작시만이 갖고 있었던 특수한 것이라고 할 수 있겠는가 하는 의문이 들지 않을 수 없다. 문제는 이런 모범이 되는 장면이 과연 장면에 의의가 있는 것인지 시화한 데 의의가 있는 것인지 구별해야 해명된다.

장면에 의의가 있어서 후대의 모범이 되었다고 보기는 어렵다. 그러기에는 너무도 평범한 사건이기 때문이다. 그럼에도 불구하고 권응인이 이를 술시라고 파악하게 되었다면 그것은 아마도 원작시의 한 구가 다음과 같이 나뉘어 술시의 두 구를 구성하였다고 판단하게 되었기 때문일 것이다.

桐葉　　→　　～ 摘葉

坐題詩　→　　～ 獨題詩

이런 과정은 원작시의 한 시구가 다른 의미가 부가되어 새로운 시구로 만들어진 예와 같은 예일 텐데 원작시의 시구를 그대로 남겼거나(어구 추가의 기능), 또는 원작시에 일정한 근간구조를 남기고 변형시켰거나(어구 변환의 기능) 하는 기능과는 다른 변형규칙의 기능을 보여주고 있다. 원작시의 형태를 어느 정도 유지하면서 확대하거나 축소하는 변형규칙이 바로 그것이다.

3) 시편 생산기능

시 F처럼 잎을 따서 시를 쓴다는 의식이 작시와 술시에 공통된 내용이라면 또 이것으로써 원작시가 술시로 변형되는 규칙이 적용된 것이라고 주장하게 된다면 과연 변형규칙은 어구의 수준에 그칠 수는 없지 않겠는가 한다. 이쯤 되면 변형규칙은 필연적으로 시구를 생성하는 글자의 布置 원리, 조직 방법, 구성의 형식 등의 방식을 넘어서게 된다.

한시는 句의 조합이라는 요소와 意格의 구성이라는 요소를 갖는다. 대략 구의 조합이 바로 시편의 텍스트라고 한다면 의격은 텍스트가 보여야 할 의미와 격조라고 말할 수 있다. 그러므로 하나의 시편을 구성하고 있는 구의 구성원리가 무엇인지, 또 그 시편의 의미와 격조를 형성하고 있는 구성원리가 무엇인지 선행 텍스트는 이런 두 가지 구성 요소에 어떤 방식으로 영향을 미치는지 알아본다.

(1) 시구 보충

형식상 근체시는 고시보다 시구의 조성력이 훨씬 크다. 특히 근체시는 對偶를 기초로 하여 구의 조성이 이루어지는 터라 警發한 대구를 먼저 생각해내고 나서 시 전편을 창작하는 것이 관례였던 모양으로 이를 뒷받침하는 사례가 여러 시화서에 실려 있다. 이런 경발한 대구들은 따로 만들어져 시학습을 돕는 데 사용되기도 했으며 비평의 대상 역시 전편보다는 경발한 시구에 놓여 있었다.

이렇게 경발한 대구를 핵으로 삼아 다른 시구를 보충함으로써 전편을 구성하는 경우를 가정할 수 있다. 이런 예는 여럿 찾아볼 수 있는데 徐渭가 든 다음과 같은 예는 특기할 만하다.

<table>
<tr><td align="center">作詩</td><td align="center">述詩</td></tr>
</table>

H.　日照香爐生紫煙
　　遙看瀑布挂前川
　　飛流直下三千尺
　　疑是銀河落九天

H'.　飛流直下三千尺
　　疑是銀河落九天
　　謫仙此句今方驗
　　未必廬山勝朴淵[13]

一見으로도 작시의 제 3, 4구는 이백의 기상을 잘 엿볼 수 있는 구라는 것을 알 수 있다. 술시는 바로 이 두개의 구를 중심으로 구성되었다. 이렇게 될 경우 과연 미학적으로 얼마나 승화되었느냐의 여부를 떠나서 일단 표절이라고 의심받지 않을 수 없다. 이 시 역시 그런 소동을 불러 일으켰던 모양인데 이 시와 관련된 일화를 보면 이 시의 조성 원리에 대한 당대인의 인식을 엿볼 수 있다. 그 일화는 다음과 같다.

이 시의 작자 鄭民秀가 박연폭포를 구경갔는데 그곳에 다른 사람들이 와서 사람들이 문인회를 열었다. 정민수 역시 말석에 앉아 시를 짓게 되었는데 바로 그 자리에서 정민수는 李白의 시구로써 우선 1, 2구를 지었다는 것이다. 이때 그가 시를 짓는 것을 보고 있었던 사람들은 제 1, 2구를 보고 조롱하기 시작했는데 제 3, 4구에 이르러서는 그의 절묘한 수법에 경탄했다고 한다. 정민수의 수법을 조롱하다가 경탄했다는 것은 이 수법에 대한 당대인의 착잡한 심경을 그대로 드러낸다. 이는 선행 시편의 명구를 갖고 새로운 시편으로 전환하는 수법에 대하여 얽히고설킨 당대 문인들의 복잡한 감정이었다고 보이는 것이다. 어쩌면 그의 작품은 기껏해야 단 두 구에 지나지 않을 수도 있지 않겠는가?[14]

---

13) 徐湄, 『靑邱詩話拾遺稿』, 제46화(『총편』, 11-54).

14) 『於于野談』에 李誠中이라는 이와 관련된 기사가 있다. 이성중이 讀書堂에 선발될 때 그의 詩才를 두고 말이 많았던 모양이다. 그래서 그를 추천한 이가 이성중의 작품 한 편을 들고 그의 시재가 출중하다고 설득하였으며, 그 설득이 주효했는지 그는 독서당에

그러나 이런 과정에서도 우리는 선행 텍스트의 경구를 중심으로 해서 다른 시구가 보충됨으로써 새로운 텍스트를 만들어내는 텍스트의 생성 원리를 확인할 수 있다. 물론 어구를 만들어낼 때 새로운 어구를 보충하는 것과는 동일한 차원은 아니지만, 시구를 만들기 위해 어구를 보충하는 것이거나, 시편을 조성하기 위해 시구를 보충하는 것이거나 선행 텍스트를 중심으로 새로운 텍스트가 생성된다는 점에 있어서는 동일한 조작인 것으로 보인다.

물론 새로운 시편을 생성하는 변형규칙이 시구의 변형을 통해서, 위에서 본 것처럼 핵심시구를 두고 다른 시구를 보충하여 새로운 시편을 생성한다면, 그 미적 가치를 선뜻 인정하기 어려운 바가 있다. 왜냐하면 시구가 시편에서 차지하는 비중은 매우 크고 더욱이 한시는 경발한 시구가 미적 판단의 대상이 되지 다른 시구는 미학적으로 그다지 중시되지 않는 것이 보통이기 때문이다. 그래서 이런 시편에 대해서는 그 미적 가치를 인정하기보다는 남의 시구를 그대로 活剝生吞했다는 시비를 하고 싶은 유혹이 더 커지는 것이 사실이다. 앞서 정민수의 예에서 보이는 착잡한 반응들은 텍스트 생성규칙을 인정하면서도 선뜻 받아들이기 어려운 당대인의 고민을 드러내고 있는 것이다.

(2) 의격 변환

이처럼 남의 경발한 시구를 가져다가 자기의 시구로 삼아 텍스트를

선발되었다. 그런데 이성중의 시재를 증명하기 위해 든 시가 문제였다. 그 시 4구 중에서 한 구는 李白의 시구였던 것이다. 그러니 이성중의 실력은 4구중 3구에 불과하다는 기롱을 면키 어렵게 됐다. 三句書堂이라는 말은 이런 사정을 나타내기 위해 누군가 퍼뜨린 말일 것이다. 柳夢寅, 『於于野談』, 제24화(허권수·윤호진 역, 『역주시화총림』 하, 까치, 1993, 87면). 같은 내용이 『海東詩話』, 제37화(『총편』, 8-454~5)에 '三句湖堂'이라는 표제로 실려 있다.

생산하는 것은 시구가 차지하는 미적가치가 너무 크기 때문에 남의 것
으로 빚을 냈다는 혐의를 벗기 어렵다. 그런데 선행 텍스트의 내용을 받
아들여 새로운 텍스트를 생산했다면 어떤가? 다음은 曺伸이 "그 뜻만 훔
쳤을 뿐만 아니라 그 어구도 훔쳤다.(非徒竊意 仍竊其語也)"라고 평한 林椿
의 작품인데 원작시인 歐陽修의 작품과 함께 싣는다. 조신이 무엇을 겨
냥하여 의격이라고 하였으며 또 그 어구를 훔쳤다고 평했는지 알아본다.

作詩

I. 四月田家麥穗稠
　　桑枝生椹鳥啁喉
　　鳳城綠樹知多少
　　何處飛來黃栗留

述詩

I'. 田家椹熟麥初稠
　　綠樹初聞黃栗留
　　似識洛陽花下客
　　殷勤百囀未曾休15)

　이 두 편의 시는 둘 다 객지에서 꾀꼬리가 우는 녹음이 짙은 나무 밑
에서 꾀꼬리를 쳐다보며 떠오르는 생각을 나타낸 것인데 그런 면에서
보면 의격이 같다. 뿐만 아니라 田家, 麥穗稠, 綠樹, 黃栗留 등 시를 구성
하고 있는 주요 어휘도 같다. 이렇게 시작품의 의격과 거기 사용된 어휘
도 같아서 조신의 말대로 의격도 가지고 왔고 그 어휘도 가지고 와서 자
기 시를 만들었다고 할 만하다.

　조신이 들고 있는 동일한 의격이라는 것은 이 시에서 서정적 자아 및
화자가 처하고 있는 상황과 관련된 것으로 보인다. 서정적 자아는 객지
를 떠돌다가 문득 짙푸른 나무 밑에서 꾀꼬리의 울음소리를 듣고 있다.
물론 그 소리에 반응하는 방향이야 다기하겠지만 꾀꼬리 울음소리에 밀
려드는 향수라든가 하는 것은 같을 것이다. 이렇게 보면 의격이란 서정

15) 曺伸, 『謏聞瑣錄』 제35화(허권수, 윤호진 역, 『역주시화총림』 제35화, 상권 163면).

적 자아가 처한 작중 세계의 상황, 서정적 자아의 내면 상황 등등이라고 칭할 만하다.

이런 의격은 과연 I에서 I'로 변형되는 규칙을 갖는 것일까? 의격이 작중 상황 내지 서정적 자아의 감정적 상태라고 경우 이는 눈에 띄는 표현의 형태들, 즉 시어라든가 시구라든가, 시편의 구성이라든가 하는 것 따위와는 상대적으로 모호하며 또 모호한 만큼 우리가 그것을 규정할 방법이 적어서 제한된 범주로써 말할 수밖에 없지 않은가 한다. 그렇다면 시 구성의 변형과는 달리 의격의 변형이란 변형의 규칙으로 생각하기 어려울 만큼 변형의 원 대상은 모호하기 짝이 없다. 그러므로 변형되었다고 보기도 어렵고 그렇지 않다고 부정하기도 어렵다. 설령 두 작품이 서로 같은 상황을 다루고 있다 손쳐도 그 시구나 어구가 유사한 면을 찾지 못하는 한 단정적으로 선행 텍스트를 계승한 것이라고 규정하기는 어려워진다.

여기서 우리는 중세인들이 의격과 같이 가장 모호하고 그 경계가 애매한 수준의 것까지도 典範을 통한 선행 텍스트 변환원리의 대상 속에 넣어보려고 했던 것을 알 수 있다. 그러나 이는 우리가 보았던 대로 대단히 모순된 내용을 담고 있을 수밖에 없는데, 이는 아마도 중세인들이 갖고 있던 述而不作의 강박관념, 즉 "천하에 새로운 것은 없다."는 생각이 끝내 도달하는 자기모순일 것이다. 이렇게 해서 중세 시학은 붕괴된다. 그러나 우선은 다만 의격의 변형이라는 규칙도 또한 중세 시학의 생성규칙이라는 점, 중세인들은 이를 시작법의 하나로서 인정하는 데 주저하지 않았다는 점만을 지적해두는 것으로 그치고자 한다.

3. 典範의 범위와 학습원리

지금까지 우리는 선행 텍스트가 다양한 변형, 즉 압축·확대, 추가·보충, 변환 등의 규칙에 따라 새로운 텍스트를 생산하는 과정을 살펴보았다. 그래서 선행 텍스트는 뒤이어 발생하게 될 잠재적인 텍스트들의 형태를 거의 절대적으로 규정한다는 사실도 알았다. 잠재적인 텍스트의 형태를 규정하고 있는 선행 텍스트를 시학의 전범이라고 불러야 할 것이다. 우리가 본 것처럼 수많은 텍스트들이 이러한 전범을 매개로 해서 생성되므로 중세 시학에서 전범을 인용한다는 것은 단순히 수사학 차원의 것이 아니라는 것도 또한 알게 되었다.

이렇게 전범은 시 창작에서 절대적인 위치를 갖고 있으므로 중세 문인으로서는 반드시 전범을 학습해야 했다. 사실, 이런 시학의 원리로서 보면 전범을 계승해 이어간다는 의미가 더 강하지 창안하여 만들어낸다는 의미는 상대적으로 약하다. 이런 입장에서 보자면, 문인들은 새로운 것을 만들어내기보다는 옛전범을 계승하는 것이 바로 문학의 생산이라고 생각했을 것이다. 그래서 중세의 시학에서 왜 그토록 '述而不作'을 강조했는지 알 수 있을 것이다. 이것은 철학 저작이나 정치 제도에서 일상어로서 겸사로서 한 것이 아니라 문학에도 해당되는 미학적 개념이었던 것이다.

술이부작의 원리로써 형성된 텍스트는 전범이 되는 선행 텍스트를 환기하게 된다. 만약 술이부작의 원리, 전범 학습의 원리가 보편적인 상황이었다고 한다면 모든 텍스트는 나름대로의 전범을 갖고 있는 것이 된다. 그러니 전범을 환기한다는 것16) 또한 단순한 박학취미의 문제가 아니라 어떤 텍스트의 미적 가치를 보다 풍요롭게 이해할 수 있는 근거가 된다. 이렇게 해서 새로 만들어진 텍스트는 적어도 한 가지 이상의 선행 텍스트와 관련을 맺는 상호텍스트성을 유지한다.

이렇게 상호텍스트성을 유지하면서 텍스트를 생산할 수 있으므로 작자는 전범이 되는 선행 텍스트를 정확하게 그리고 풍부하게 알고 있어야 한다. 작자가 얼마나 많은 작품을 짓느냐 하는 여부는 어쩌면 얼마나 많은 선행 텍스트를 전범으로서 갖추고 있느냐와 직결될 수도 있을 것이다. 그런데 변형수법은 단순하므로 변형의 자료가 문제가 된다. 이제 문제는 얼마나 많은 전범 자료를 습득하느냐로 바뀐다. 선행 문학유산에 대한 교육이 문학 창작으로 나아갈 통로를 마련하는 것이다.

1) 典範의 범위

상호텍스트성을 유지하는 텍스트를 생산하기 위해서 작자는 선행 텍스트에 대해 풍부하고 정확한 지식을 쌓아두어야 할 것이다. 그렇다면 박식한 작자가 풍성하게 작품을 생산할 수 있을 것 같다. 선행 텍스트의 변형에 의해 새로운 텍스트를 만들어내는 경우 백과사전적 지식이 풍성한 작품을 보장한다는 생각도 가능할 것이다.[17] 그러나 중세의 문인들이 그렇게 많은 지식을 필요로 했던 것 같지는 않다. 다음 세 자료를 연속

---

16) 대치 / 대체하는 것이 아니다. 그래서 선행 텍스트는 후행 텍스트 속에서 연속된다. 거꾸로 후행 텍스트는 선행 텍스트의 연관 속의 일부분이다. 그래서 단순히 선행 텍스트와 비슷하다는 대치효과를 낳는 것이 아니라 선행텍스트를 필연적으로 환기한다는 환기효과를 낳는다. 전범은 새로운 텍스트 속에서 그 존재의 자취를 여전히 남기게 된다.

17) 패러디와 전범을 통한 생산의 시학은 전범의 변형을 통해서 새로운 텍스트를 만들어낸다는 점에서 서로 유사한 점이 많다. 그래서 패러디도 전범의 시학과 마찬가지로 많은 학식을 갖출수록 훌륭한 패러디스트가 된다고 생각할 수 있다. 린다 허천은 이런 경우를 가리켜 패러디의 정예주의라고 일컬었다. 김준오(1996) 34면.

하여 살펴보기로 한다.

> (가) 전고를 인용할 때는 산문일 때 육경삼사, 시일 때 문선, 이백, 두보,
> 한유, 유종원의 시문에서 인용한다.[18]
>
> (나) 唐漢書 莊老子 韓柳文集
> 李杜集 蘭臺集 白樂天集
> 毛詩尙書 周易春秋 周戴禮記
> 위 註조차 내 외온 景 긔엇더ᄒ니잇고
> 葉 太平廣記 四百餘卷 太平廣記 四百餘卷
> 위 歷覽ㅅ景 긔엇더ᄒ니잇고[19]
>
> (다) 산문으로서는 先秦, 前漢, 시로는 詩經, 曹植, 劉楨, 鮑照, 謝朓, 陶淵
> 明, 韋應物, 그리고 盛唐의 제가들의 작품만을 읽고 외어야 하고 송
> 시는 욀 필요가 없다.[20]

(가)와 (나)는 고려 중기의 거의 비슷한 시기에 기록된 것이고 다는 조
선중기에 기록된 것이어서 시대의 차이가 있는 것은 사실이다. 이렇게
세 가지 자료를 통해서 중세의 문인들이 반드시 학습해야 했던 선행 텍
스트의 목록을 만들어볼 수 있다.

역사서로 한서, 당서, 제자백가서로 노자, 장자, 그리고 모시, 상서, 주
역, 춘추, 주대례기 등 유가의 경전이 있다. 여기에 한유, 유종원, 이백,
두보, 구양수, 백낙천 등 당송 문인들의 문집이 눈에 띈다. 문인들은 이
들 텍스트들을 그 주석에 이르기까지 낱낱이 외웠다는 것인데 이를 자
랑스럽게 여기고 있다. 태평광기 같은 장편의 거작은 역람했다고 해서
외웠다고는 하지 않았으니 백과사전적 지식을 이로써 습득해 교양을 형

---

18) 崔滋, 앞의 책, 상.
19) <翰林別曲>, 제2장.
20) 洪萬宗, 『旬五志』, 「附 東溟詩說」.

성했던 것으로 보인다.

다 아는 사실이지만, 한림별곡은 문신들의 자긍심이 잘 드러나는 작품이며 조선 초까지 문신들에 의해서 지속적으로 연행되어 왔던 작품이다. 아마도 고려중기의 이런 문신들의 자긍심은 조선시대에 들어와 사림파가 등장하기 직전까지는 거의 변동 없이 지속되지 않았을까 한다. 이런 추측이 맞다면, 혹 고려시대의 문인들이 자랑스럽게 여기고 바라마지 않았던 교양의 내용이나 수준도 별다른 변화 없이 조선 초까지 지속되었을 것으로 여겨진다.

그렇다면 고려시대 이후 조선시대 중기까지 문인들은 사정이 거의 비슷했을 것이라고 생각되는데, 모시, 상서, 주역, 춘추, 예기 등 유가의 경전은 유학자로서의 소양을 형성하는 중요한 교양으로 작용하였으며, 한서, 신당서, 구당서 등의 역사서는 중세 문화의 보편성을 습득하기 위한 교양으로서 이용되었을 것이고, 문선에 선발된 시편들과 조식, 유정, 포조, 사조, 도연명, 위응물 등 위진시대 인물들의 시문집, 한유, 유종원, 이백, 두보, 구양수, 백낙천 등 당송 문인들의 시문집 등은 문학적 교양을 형성했을 것이다. 그리고 이런 교양에 더해서 태평광기 같은 類書가 백과사전적 저서로서 지식욕을 채워주었을 것이다.[21]

여기서 우리는 두 가지 사실을 얻을 수 있다. 첫째, 이미 위에서 본 것

---

[21] 조선중기의 문인 李植은 學詩準的에서 각 체제마다 다음과 같은 서목을 학습해야 한다고 했다. 우선 시경과 초사는 시의 원류로서 기본이고, 고시는 고시 19수가 볼만하다. 曹(三曹), 阮籍, 郭璞, 左太沖, 二陸(機, 雲), 三謝(靈運, 惠連, 脁) 등, 陶淵明, 陳子昂, 王維, 孟浩然, 韋應物, 柳宗元, 李白, 杜甫 ; 율시는 沈, 宋, 王維, 孟浩然, 李白, 高適, 岑參, 李顧, 崔顥, 杜甫, 韓愈, 柳宗元, 韋應物, 錢起, 皇甫, 竇, 兩劉의 작품 ; 오언절구는 王維, 칠언절구는 李白 ; 7언가행은 韋應物, 柳宗元, 張籍, 王建, 李白, 杜甫, 蘇東坡, 黃庭堅 ; 배율시는 杜甫, 韓愈, 柳宗元의 배율시 ; 송나라 시는 두 진씨[=陳后山, 陳簡齋]와 명의 李夢陽 등을 배울 만하다고 했다. 李植, 『學詩準的』, 『총편』 2-593~594.

처럼 상호텍스트성을 유지하기 위해 필요했던 교양의 범위는 그렇게 크지 않았다는 것, 둘째, 이들 교양의 내용은 모두 중국에서 마련된 한문화로 구성되어 있는 중국 중심의 교양이라는 점이다.

상호텍스트성을 유지하기 위해 필요했던 교양의 범위가 적었던 것은 백과사전적 지식보다는 정제된 지식을 소유하는 것이 더 시문 창작에 보탬이 된다고 판단했음을 알 수 있다. 이는 암송해두어야 하는 인간 지식의 한계 때문이기도 하고 또 그 지식이란 것이 너무도 雜駁해서 그것에 변형규칙을 단순히 적용한다고 해서 좋은 작품이 생성될 이치가 없었던 때문이기도 했을 것이다. 그러나 그보다 더 큰 이유는 문학 역시 전달을 염두에 두므로 만약 독자가 알아볼 수 없는 선행 텍스트를 변형했다면 변형텍스트가 갖는 중요한 미학을 하나 포기해야 하는 결과가 생기기 때문이었다.

앞서 언급했던 대로 선행 텍스트를 변형시켜 만든 텍스트는 선행 텍스트와 상호텍스트성을 유지한다. 이렇게 만들어진 텍스트는 그 자체의 미도 중요하지만 항상 선행 텍스트를 참조하게 함으로써 환기의 미학을 갖는다. 이렇게 이 텍스트는 자체의 미와 환기력의 미 양자를 중심축으로 형성되는 것이다. 그런데 환기력이 떨어진다면 이는 상호텍스트성을 유지하는 텍스트의 중요한 미학이 붕괴됨을 의미한다. 그러므로 상호텍스트성을 유지하기 위해서는 텍스트 상호의 관련을 알아차릴 수 있도록 독자와 작자 역시 공통의 교양을 습득해야 한다는 것을 뜻한다.

이럴 경우에만 창작자의 미학인 선행 텍스트의 변형문법이 인식되고, 선행 텍스트가 환기되는 두 가지 미적인 감동이 만들어지게 된다. 그리고 선행 텍스트의 변형 방법이 더욱 미적인 가치 판단의 중심에 놓인다. 많은 시화서에서 선행 텍스트가 어떻게 변형되었는가를 따지고 이를 증거로 제시하고 싶어하는 것도[22] 텍스트의 변형을 미적판단의 기준으로 삼았다는 것을 말해주고 있으며 또 안목을 갖춘 비평가로서의 능력도 텍스트의 변형을 인식하는 데에서 발휘되었음을 증명하는 것이다.

중국 중심의 교양이라는 것도 동아시아의 중세 시대가 처한 특수한 사정에 연유한다. 동아시아의 중세는 동일한 문명권을 유지하고 있었던 것은 잘 알려진 바와 같다. 그러나 지리적인 조건으로 말미암아 중국이 동아시아 중세의 중심국가로 자리했던 것은 아니다. 선진, 한, 당, 송 정도가 동아시아 문학의 전범 구실을 했을 뿐이다. 그래서 원, 청 같은 이민족이 세운 국가에서도 그랬지만, 한족이 세운 명에서도 동아시아의 중세보편문화를 구현하는 데 있어서는 고려, 조선과 나란히 경쟁하는 관계에 있었다.

선진, 한, 당, 송 문화가 중세의 전범으로 자리하게 된 과정을 알 수는 없으나 선진, 한, 당, 송의 문화야말로 문화의 중심이며 이를 재생산해야 한다는 관념은 중세의 변두리에 자리하고 있었던 국가들에게는 공통된 생각이었다. 다음은 최자가 한 말인데 중세 공동문화권을 어떻게 인식하고 있었는지를 잘 보여주고 있다.

(라) 무릇 시인이 고사를 인용하는 것은 반드시 그 근본에만 구애될 까닭

---

22) 河謙鎭, 『東詩話』, 권1, 45~46면(『총편』, 12-541上~下)에 기록된 예를 인용하기로 한다. ① 金剛詩衆峰悄欲語 本於東坡西湖山淺似相笑 ② 李白雲見詩如見畵 亦用東坡蘇子作詩如見畵 ③ 金圻原低木平 由於陳子昂山深古木平 ④ 李益齋 自題畵像詩 … 出於王荊公 … ⑤ 李蓀谷 … 原於唐人 … ⑥ 鄭北窓 … 竊蓬萊 … 崔猿亭 …皆效落日下平楚 ⑦ 鄭知常詩 … 竊用韋承貽 ⑧ 崔簡易詩 … 是用李奎報 … ⑨ 金思齋 … 贈僧詩 … 襲取東坡 … ⑩ 鄭松江 … 自歐陽公秋聲賦中 … 之語而融化出者也 ⑪ 成倪頭流山詩 … 專放歐陽公 이상 열한개의 사례는 다양한 용어를 사용하기는 했어도 모두 어떤 시구 내지 시편들이 유래한 전거를 밝히고 있다. 그리고 이런 경우를 시화서에서는 심심치않게 볼 수 있다.

은 없고 다만 뜻을 붙였을 뿐인 것이다. 하물며 천하가 한 집안이요
문필은 같은 글을 쓰는데 어찌 피차 간격이 있겠는가?[23]

글 (라)는 다른 나라의 고사를 인용하여 문장을 꾸밈으로써 실상을 잃
어버렸다고 시승 元湛이 비판하고 나서자 이에 대해 답한 것이다. 고사
를 인용하여 문장을 꾸민다는 것은 우리가 살펴본 대로 선행 텍스트를
통한 생산과정 중에서 기초 단계에 해당되는 것이어서 원담의 비판은
시구나 시편의 층위에서 선행 텍스트를 통해 텍스트를 재생산하는 과정
또한 포함해서 비판한 것이라고 보인다.

최자는 두 가지 반론을 제시했다. 첫째, 시인이 고사를 사용할 경우
그것은 텍스트 내의 의미가 더 중요하지 그 근거가 되는 배경기사 자체
는 별로 중요하지 않다는 것, 둘째, 天下一家 墨翰同文이기 때문에 피차
의 간격이 없으므로 중국의 고사는 다른 나라의 고사가 아니라는 것. 이
중에서 두 번째의 것이 중요하다.

최자의 말대로 과연 천하가 일가였었는지는 원나라의 침입을 목전에
두고 있었던 고려중기의 상황을 살아가고 있었던 그로서는 적절한 판단
이라고 할 수는 없을 것이다. 그러나 최자는 실제의 역사적 상황보다는
문화적이고 관념적인 의미에서 天下가 一家이고 同文同軌라는 말을 하고
싶었을 것이다.

고사성어가 갖는 미학, 또는 선행 텍스트의 변형에 의해 생성된 새로
운 텍스트가 갖는 미학은 바로 이 보편성의 확인에 있다고 할 것이다.
그러므로 선행 텍스트의 중국 편향성은 중세공동문화의 건축이라는 측
면에서 보아야 할 것이다. 조선후기에 丁若鏞은 중국의 고사만이 아니

---

23) 崔滋, 앞의 책, 중, 제22화.

라 우리의 고사도 알아두어야 한다고 했다.[24] 그러나 우리의 고사가 전
범의 대상으로 텍스트의 전범으로 자리하는 순간, 공동문명의 미학은
상실된다.

2) 典範 학습 방법

한림별곡에서도 이미 말하고 있듯이 중요한 전범이 되는 문학 작품,
즉 선행 텍스트는 주까지 외웠다고 한다. 주석은 어구풀이, 상황에 대한
설명 등을 포함하고 있었을 것이므로 본문뿐만 아니라 그 어구의 유래,
작품을 짓게 된 동기 등도 외웠을 것으로 보인다.

고전 시대에 문학교육이 주로 암송을 주요한 학습활동으로 구성되었
을 것이므로 교사의 역할은 어구나 시편의 유래 등에 대한 풀이를 하는
것 정도로 매우 제한되어 있었을 것이 분명하다. 다시 말해서 학습자가
외워서 배우고[學] 익히는[習] 것이지 교사가 가르치고[敎] 기르는[育] 것
은 아니었을 것이다.

이렇게 중세의 문학교육에 관한 한 거의 학습자의 학습에 그 의존의
정도가 매우 컸을 것이다. 중세의 문인들은 선행 텍스트를 통해서 앞선
시대의 모범적인 텍스트를 발견하고 이를 후행 텍스트의 구성 원리 내
지는 전범으로서 사용했었을 텐데 그런 과정에서 선행 텍스트에 대한

---

24) 丁若鏞, 與猶堂全書, 寄二兒, 1-440. "수십년래로 일종의 괴이한 이론들이 유행되고 있
다. 우리나라 문학을 덮어놓고 배척한다. 무릇 선배들의 문집에 대하여 눈 여겨 보려하
지 않으니 큰 병통이다. 사대부 자제들이 우리나라의 고사를 알지 못하고 선배들의 의
논한 바를 보지 않으면 비록 그 학문이 고금을 관통할 지라도 갯벌의 무성한 풀과 같
다. 시를 공부하는 데도 시집들부터 먼저 보지 말고, 상소문, 차자, 묘비문, 서한문 등을
많이 읽어서 안목을 넓혀야 할 것이다. 또 鵝州雜錄, 盤地漫錄, 靑野漫輯 등의 책을 널
리 구해서 읽어야 한다."

처리 과정이 있었을 것이다. 지금으로서는 그런 문학교육에 관한 한 그 개인적 학습의 과정이 어떠했는지를 짐작할 만한 자료는 남아 있지 않아 다만 추측하는 데 그칠 수밖에 없다. 그래서 어떻게 전범을 사용하여 창작에까지 이를 수 있었는지 그 학습의 과정을 살펴 짐작하는 것으로 만족하기로 한다.

먼저 교사와 학생 사이의 시학습은 어떠했을까? 다음은 이익의 일화인데 문학교육의 단면을 볼 수 있다.

> (마) 하루는 아이들과 시를 논하면서, 시험삼아 換骨奪胎의 법으로 수연을 만들어 보았다. 이를테면 陶淵明의 시 春水滿四澤 夏雲多奇峰이라고 한 데서 水澤雲峰은 實字이고 나머지는 모두 虛字인 것이다. 이에 허자는 남겨두고 실자만 바꾸어서 春陰滿四野 夏樹多奇花라 하였고 실자는 남겨두고 허자만 바꾸어서 流水歸成澤 晴雲逗作峰이라 하였다. 지금도 도연명의 시와 비교하여 살펴보면 확실히 교졸 진안의 구별이 있다 하겠다.[25]

여기서 알 수 있는 것은 교사는 모범적인 작품 — 여기서는 고개지의 시 — 를 제시하고 학생들은 교사가 요구하는 대로 어구를 바꾸어 새로운 작품을 만들어내는 것이다. 교사는 아마도 허자와 실자의 구별을 해 주었을 것이며, 자기 스스로도 변형된 텍스트를 만들어 보였을 것이다. 학생들은 교사의 방법을 따라서 자기가 알고 있는 글자들을 넣어 새로운 텍스트를 만들었을 것이다.

이런 교육은 두 가지 교육적 효과가 있다. 첫째는 전범 텍스트의 구

---

25) 李瀷, 『星湖僿說』 권29. 인용된 시 "春水滿四澤 夏雲多奇峰 秋月揚明輝 冬嶺秀孤松"는 도연명집에 잘못 기재된 고개지의 시이다.

조를 익히게 한다는 것이다. 물론 암송이라고 하는 중요한 학습 원리가 있겠으나 이렇게 전범 텍스트를 변형하면서 전범이 되는 텍스트에서 어떤 조성 원리가 있기에 후행의 텍스트로 변경가능한지를 깨닫게 되었을 것이다. 둘째로는 전범이 되는 텍스트가 다른 텍스트로 변형이 가능하다는 사실이다. 학생들은 전범 텍스트의 조성 원리를 파악하고 이를 토대로 텍스트의 변형 규칙을 터득한다. 위의 사례에서는 실자와 허자를 나누고 이를 각각 변형함으로써 그 의격은 같으나 형태는 다른 새로운 작품을 만들어 냈던 것이다. 이때 앞서의 교육을 전범 습득의 교육이라고 한다면, 후자는 텍스트 변형 문법의 교육이라고 할 것인데 적어도 문학교육의 장에서 교사가 해야 할 일은 이런 사실들을 알려 주는 일이었을 것이다.

다음 글 바는 조선중기의 사대가로 꼽히는 李植이 문학을 학습했던 과정을 잘 보여주고 있다.

> (바) 내가 어렸을 적에 사우가 없이 먼저 두시를 읽고 다음에 黃陳의 瀛奎律髓 등 여러 작품을 읽고 수천 수를 습작했더니 路脈이 차이가 있었다. 그런 다음 選詩와 唐音을 공부하려 했으나 정화는 이미 고갈되었으니 공부할 수 없었고, 또 杜陵을 감히 버려두고 당을 배울 수는 없었으니 의심을 가졌으나 해결할 수 없었다. 마흔이 넘어서 胡元瑞의 詩藪를 얻은 다음에 시를 배우는데 선학의 고시를 전문할 것은 아니라는 것을 비로소 알게 되었다. 당시는 두보에게로 귀착되니 이는 곧 삼백편과 초사의 바른 흐름이라는 것을 알았다. 그러므로 논의가 정해졌으나 늙어 학문에 미치지 못하나 오직 이 훈어로써 후진에게 말한다. 대저 시를 공부하고자 하는 사람들은 시수를 보지 않을 수 없다.26)

---

26) 李植, 學詩準的(『총편』 2-594하a~b).

글 (바)에서 우리는 특별한 스승이 없이 문학 공부를 했다는 것과 그 학습의 과정이 창작과 직결되어 있다는 것을 읽을 수 있다. 같은 글에서 이식은 대가들의 작품집을 읽고 거기서 좋은 시를 선발하여 抄集을 만든 다음 이를 흉내내는 시를 지을 것을 충고했는데27) 이로써 미루어 보면 그 역시 선행 텍스트를 변형시키는 학습을 통해서 시를 지었던 것을 볼 수 있다. 그러므로 그가 수천 수를 습작했다는 것도 좋은 시문을 흉내내는 것을 뜻했던 것이다.

물론 그가 특별한 스승이 없이 문학 공부를 했다고는 하지만 한문을 처음 익혔다든가 한시를 처음 익혔다던가 하는 초보적인 이해의 수준을 넘어선 다음의 단계라고 보인다. 초보적인 한시문 이해에는 어느 정도 교육하는 이의 역할이 필요했을 것이다. 그러나 그 다음에는 이식이 증언하고 있듯이 독학에 의해 공부하는 경우가 드물지 않았을 것이다. 이때 학습자는 스스로 선행의 시문집으로부터 시문을 선발하고 초집을 만들어 이를 흉내내었을 것이다. 이렇게 시문을 습작하는 과정에서 모범적인 시문의 體式을 익히면서 그 변형 규칙을 터득했을 것이다. 기본 텍스트를 이해하고 텍스트의 변형규칙을 터득한 다음에는 많은 전적을 수집해 시문의 자료로써 사용했을 것이다.

---

27) 李植, 앞의 책(『총편』 2-593). "율시는 옛 것은 아니지만 후세 시인들이 오로지 사용하니 고시가 어두워진다. 지금 平居, 述懷, 敍事에 당하여서는 오언 작은 편으로써 밝히니 이는 곧 습작을 기다리지 않아도 가히 효험을 볼 수 있는 것이다. 일용수응에는 오로지 율시만을 써서 그만둘 수 없다. 그러나 당 이하 율시는 많으니 정선해서 숙독해야 한다. 초당에는 沈, 宋의 유파 약간 편을 가히 초집하여 볼 만하고, 성당의 王維, 孟浩然, 李白의 시는 고시와 같으니 배울 수 없다. 高適, 岑參, 李顧, 崔顥 등의 약간 편은 볼만하여 전공할 만하다. 스승으로 법받을만한 자는 두보를 넘는 이가 없다. 우선 음풍한 것을 숙독한다. 그러나 그 橫逸艱晦한 작품은 배울 수 없다. 오직 그 정세하고 고매한 것을 취하여서 준적으로 삼는다. 그러나 당의 율을 참작하지 않으면 송시의 격조에 떨어지는 것을 면할 수 없다. 모름지기 韓愈, 柳宗元, 韋應物, 錢起, 皇甫, 竇, 兩劉의 작품 수백 수를 참작하여 그 성색을 摹襲하면 비로소 아름다워질 것이다."

변형 규칙을 터득하면 그 다음의 과제는 전범이 되는 텍스트를 많이 만 알고 있으면 누구보다도 많은 후행의 텍스트를 생산할 수 있는 능력을 갖추게 된다. 앞서 이익의 경우만 보아도 고개지의 시로서 적어도 두 가지의 후행 텍스트를 만들어내는 것을 볼 수 있다. 그러므로 많은 텍스트를 알고 있다면 많은 작품을 만들어낼 수 있는 것은 말할 것도 없다. 바로 여기서 암송이 필요하게 된 것이다. 텍스트 변형 문법은 의외로 단순하므로 변형의 대상이 되는 원자료만 풍부하다면, 많은 작품을 생산할 수 있다는 것이다.

> (사) 근세에 정호음이 시서를 발췌해 큰 주머니에 넣고 매번 제작할 때에는 하나씩 꺼내 보았다. 그러므로 그 글은 대체로 억지로 부응한 부착지흔이 있으니 평온한 기상은 전혀 없다. 이는 모두 이 병[=문인들이 용사를 편철하는 병]에 연루된 때문이다.[28]

시서를 발췌하여 시를 짓는 데 참고하느라고 이 책 저 책을 죽 나열하여 둔 모습이 마치 수달이 물고기를 잡아 놓고 널어둔 모습과 비슷하다 해서 獺祭魚라고 하는데 정사룡 역시 시서를 발췌하기 위해 책을 널어 두고는 좋은 구절은 주머니에 담아두었다. 그리고 그는 이렇게 해서 갖추어진 자료를 하나씩 꺼내어 지금까지 우리가 살펴보았던 텍스트 변환의 문법에 따라서 어휘나, 시구, 시편 등의 수준의 후행 텍스트들을 만들어 냈다.

정사룡은 湖蘇芝라고 일컬어지는 해동강서시파 시인집단의 대표 격인 사람이다. 강서시파는 어구의 단련을 중시하고 특히 용사의 활용을 강조

---

28) 『海東詩話』, 제166화(『총편』, 8-527~528).

하였으므로[29] 그의 시문은 강서시파를 본받으려는 그의 의도대로 많은 용사 어구로 점철되었을 것이다. 그런 시풍에 대해서 반감을 가진 이라면 그의 시풍이 병적으로 선행 텍스트에 집착하고 있다고 할 만하다. 그러나 여기서 우리는 선행 텍스트를 혼자서 학습하였을 때 어떤 모습이었을까 하는 것을 짐작할 수 있다. 정사룡의 창작노트는 주로 모범적인 선행 텍스트가 뽑혀져 있었을 것이다.

물론 이런 과정은 이미 어느 정도 궤도에 오른 문인들에 한정된 것일 수 있다. 초학의 학습자가 문학을 학습하는 것이 쉽지는 않았을 것이다. 그때그때 상황에 따라서 시를 지어야 했을 때 정사룡의 경우처럼 일일이 주머니에 넣어 두면서 참고하기란 여간 불편한 일이 아닐 수 없다. 역시 머릿속이 가장 효과적으로 꺼내 쓸 수 있는 전범의 저장소였다. 그러니 암송이 가장 좋은 학습의 원리가 될 수밖에 없었던 것이다.[30]

이렇게 한자 습득, 모범 문장 습득, 변형규칙 터득, 자료 수집의 순서가 중세 문학의 학습과정이었을 것으로 추정된다. 그러나 초보적인 한자 습득이라든가, 모범적인 문장의 습득, 변형규칙의 터득, 자료의 수집 등 어느 것 하나도 암기하지 않을 것이 없다. 그래서 암송의 능력은 매우 중요한 문학적 능력으로 자리하게 된 것이다. 이는 전범의 재생산이라는 측면에서 문학 창작을 이해했던 중세 문학교육이 필연적으로 귀착할 수밖에 없었던 곳이기도 하다.

---

29) 이들의 시학에 대해서는 이종묵(1995) 참조.
30) 물론 암송이 정확하고 풍부한 정보를 제공하는 것은 아니다. 정사룡이 주머니를 가지고 다녔던 것을 칭송했던 것도 사실은 암송과 같이 부정확한 정보에 의존하지 않고 정확한 정보로써 창작하였던 사실을 칭송하기 위함이었다.

4. 맺음말

지금까지 본 논문은 중세 시대의 문학이 어떻게 생산되었는가 하는 생산 메커니즘을 밝히고 이를 통해서 문학 학습의 과정을 탐구해보았다. 학습은 교육의 이면이라고 생각하지 않는다는 것은 서두에서 밝혔다. 중세 시대에는 학습이 현대 시대에는 교육이 문학의 유통과정에서 매우 중시되고 있는데 이는 중세 시대에는 창작자를 만들어내는 것이 더 중요했고, 현대에는 학식 있고 감수성 있는 독자를 만들어내는 것을 더 중시했기 때문이다.

중세 시대의 시학습에서 중요하게 여겼던 것 중의 하나가 선행 텍스트였다. 이는 반드시 학습해야할 대상이었다. 이것은 어휘를 만들고 새로운 시구를 만들며 나아가 시편을 구성하는 원리였다. 그러므로 그 원리를 파악하여 자기의 시학을 구성함으로써 창작을 보다 쉽게 할 수 있었을 것이다. 이렇게 원리를 파악하는 학습이 진행되었을 텐데 그것은 주로 전범이 되는 문학 자료를 선발하고 이를 암송하는 것으로 진행되었다. 그렇다고 독자에 대한 관심이 없었던 것은 아니나 창작자와 독자가 워낙 분리되지 않았으므로 현대와 같이 독자 중심의 문학교육이 별도로 필요하지는 않았다.

본 논문은 이상의 사실을 논증한 것이다. 그런데, 지금까지의 논의결과 다음과 같은 점이 매우 미진하다고 생각된다. 첫째는 중세 시대의 구체적인 시학습서를 분석해 보이는 작업이 더욱 필요하다. 왜냐하면, 중세 시학에서 문인들은 선행 텍스트의 텍스트 생산규칙 말고도 학습해야 할 항목이 매우 많았다. 이에 대한 이해가 더 필요하다. 둘째, 문학이 지니고 있는 효용적인 측면, 이른바 교육적 기능으로서의 문학은 중세의 전유물이다시피 하는데 그 점도 중세의 문학교육에서 반드시 언급해야 할 것이다. 셋째, 문학이 문인과 어떻게 결부되어 있었는가 하는 구체적인 장면을 살펴보는 작업이 필요하다. 중세는 뭐니 뭐니 해도 문인의 시대이다. 그들이 생각하고 있는 문학의 가치는 지금 우리가 생각하고 있는 것과 전혀 다를 것이다. 이런 세 가지 관심사에 의해서 문학교육의 역사적인 검토가 부분적이지만 어느 정도 면모를 갖추어 갈 것으로 생각된다.

참고문헌

崔滋, 『補閑集』, 유재영 역주, 『보한집』, 원광대학교 출판부, 1989.
洪萬宗, 『詩評補遺』, 조종업 편, 『한국시화총편』, 이하 『총편』으로 약칭.
南義采, 『龜磵詩話』, 『총편』.
李瀷, 『星湖僿設』, 『총편』
梁慶遇, 『霽湖詩話』, 이월영 역, 『국역 제호시화』, 한국문화사, 1995.
徐湄, 『靑邱詩話拾遺稿』, 『총편』.
柳夢寅, 『於于野談』, 허권수·윤호진 역, 『역주시화총림』, 까치, 1993.
『海東詩話』, 『총편』.
曺伸, 『謏聞瑣錄』, 『역주시화총림』.
洪萬宗, 『旬五志』, 「附 東溟詩說」.
河謙鎭, 『東詩話』, 『총편』
丁若鏞, 『與猶堂全書』.
李瀷, 『星湖僿說』, 『총편』

경규진, 「반응중심 문학교육의 방법 연구」, 서울대학교 박사학위논문, 1993.
권오현, 「문학소통이론 연구—문학텍스트의 소통구조와 교수법적 기능」, 서울대학교
　　　　박사학위논문, 1992.
김상욱, 『소설교육의 방법연구』, 서울대학교 출판부, 1996.
김성룡, 「용사의 이해」, 『호서어문연구』 제4집, 호서대학교 국문학과, 1996.
김준오 편, 『한국현대시와 패러디』, 현대미학사, 1996.
김중신, 「서사텍스트의 심미적 체험의 구조와 유형에 관한 연구」, 서울대학교 박사학
　　　　위논문, 1994.
김창원, 「시 교육과 텍스트 해석」, 서울대학교 박사학위논문, 1994.
박대호, 「소설의 세계관 이해와 그 문학교육적 적용 연구」, 서울대학교 박사학위논문,
　　　　1989.
박연호, 「조선전기 사대부교양에 관한 연구」, 한국정신문화연구원 박사학위논문,
　　　　1995.

박인기, 「문학교육과정의 구조에 관한 연구」, 서울대학교 박사학위논문, 1994.

염은열, 「시교육과 고전－한국시(가)전통교육의 방향」, 김은전 외, 『현대시교육론』, 시
와 시학사., 1996.

윤여탁, 「문학교육 연구사의 비판적 검토」, 『한국문학교육학회 제 1차 연구발표회 발
표요지』, 한국문학교육학회, 1996.

이종묵, 『해동강서시파연구』, 태학사, 1995.

정재찬, 「현대시교육의 지배적 담론에 관한 연구」, 서울대학교 박사학위논문, 1996.

최미정, 「전거수사학연구」, 서울대학교 석사학위논문, 1979.

최순열, 「문학교육론 연구」, 동국대학교 박사학위논문, 1987.

제 12 장

희곡교육 정전 요소의 재개념화
− 탈권위주의 시대의 극 읽기를 위하여 −

강 진 우
칠곡 대교초등학교

1. 희곡교육의 제 현상

희곡교육은 희곡을 통하여 교육하는 현상 혹은 사건을 말한다. 이때 대상은 희곡이며, 궁극적인 성취 지점은 교육이라 할 수 있다. 희곡을 교육하는 것은 두 논의 대상의 분리를 통하여 일어나는 것은 아니다. 학교 교육이 대상으로 하는 '희곡'은 교육이 주목적이며, 희곡을 이해하고, 그 특성에 내면화하는 자료이다. 이것은 궁극적으로 희곡을 가져오는데 있어 아무 것이나 다 희곡교육의 자료로 활용될 수 있는 것은 아니고 교육적인 대상이 따로 존재함을 뜻하게 된다. '정전'으로 자리 잡을 수 있을 정도의 작품은 내재적인 목적이 분명하고, 그에 따른 교육적 가치가 분명하여야 한다. 희곡교육 정전은 교육하기 좋은 작품이어야 할 것이며, 그 가치는 문학사가들의 가치 매김보다 교사나 학생들에 의해 가치 부여되어야 마땅할 것이다.[1]

조미숙[2]은 우리 국어교육 제도의 정립기인 1차 교육과정기의 반공주의와 '국어' 교과서를 살피면서 반공주의가 주요 테제로 설정되면서 비이데올로기, 서정적 텍스트가 선택되고, 외국의 글들은 서구 지향적인 것, 서정적인 것들이 선택되었으며, 이데올로기와 월북 작가의 작품들이 배제되었다고 보았다. 이러한 특징은 1공화국 이후 반공을 국시로 내세워온 80년대 후반 6공화국까지 계속되었다고 할 수 있다. 희곡 문학 쪽

---

[1] 사적 평가는 연구자의 성향이나 문단의 헤게모니가 개입될 수 있으며, 일정한 관점을 유지하기 어렵다.

[2] 조미숙, 「반공주의와 국어 교과서」, 『새국어교육』 제74호, 한국국어교육학회, 2006, 75~101면.

의 사정은 순수보다는 반공극과 전체주의적인 개인희생―멸사봉공의 정
신이 지배적이었다. 서정성을 내세운 시나 다른 소설류와 달리 그러한
경향을 극명하게 드러내고 있는 것은 극의 특성상 '직접적인 언술'들을
가진 점, 구어적이며 가시적인 오브제(objet)와 행위들을 수반하고 선전선
동 효과가 큰 점에서 정통성을 상실한 권위주의 정권들에게는 매력적인
정권안보상의 작품 선택의 원리가 작동한 것으로 보인다.[3] 유치진의
<조국>은 문학사적 가치 있는 작품들을 배제하고 섣부른 애국을 강조
하고 있는데 이러한 작품들은 '유치'한 작품이 될 수밖에 없다.[4] 이러한
섣부른 반공, 애국심, 향학열[5] 등의 주입은 결국 본래 교육을 해야 할
희곡교육은 소홀히 한 채 성급하게 의도를 드러냈다. 그렇다고 실제 그
러한 의도에서 비롯한 주입이 실현되는 것도 아니다. 오히려 그러한 주
입이 지속된 이래로 사회는 개인주의적 성향이 더 강해지고 있으며, 개
인의 권리, 좌우 균형을 요구하는 목소리가 커지고 있다. 문학성의 그늘
은 '순수'의 이름으로 문학의 본질을 가리곤 했다. 이는 정치적인 이유
가 더 강한 것이었으며, 다원화된 사회가 가지는 문제 상황을 정면으로
맞이함에 순수와 비순수의 모호한 이분법은 버릴 처지에 놓이게 되었다.

　희곡교육은 교육의 필요에 의한 내적인 작동원리가 필요한 시점에 서
있다. 정치적인 이유가 강하게 반영되면 실제 국어교육은 효과를 거두기
전에 외부의 그것들이 만들어 놓은 우상에 가려진다. 따라서 교육적인
선택과 배제의 원리에 의해 정전화되어야 하며, 새로운 원리작동을 필요

---

3) 이는 교육부의 편수관 제도가 있음으로 해서 가능한 것이었다. 편수관은 검열에 가까운
　　작품 선정 등에 관여하면서 내용을 조정했다. 이는 국어교육 쪽 사정보다는 정치적인 의
　　견이 반영되는 결과를 초래했다.
4) 문학교육연구회, 『삶을 위한 문학교육』, 연구사, 1987, 253면.
5) 이광국, 「국어 교과서에 실린 희곡 작품에 대하여」, 『모국어 교육』 3집, 배달말 교육학
　　회, 1985, 101~118면.

로 하게 된다.

이 글에서는 새로운 희곡교육에 필요한 작동원리를 탐구하게 될 것이다. 새로운 작동 원리 탐구는 기존 교과서에 대한 검토와 함께 그에 따른 교육 효과에 대한 조망, 그리고 새로운 교육과정에 따른 새로운 선택의 원리의 발견을 향해 나아가려 한다. 선택의 원리는 당연히 '극 읽기 능력'을 중심으로 가야 한다. 극 읽기 능력 교육은 공연과 관련된 체험 교육을 의미하는 것이다.[6] 교과서를 통한 교수·학습에서 극적 체험은 극적 텍스트와 여타의 텍스트를 극으로 만들어내는 전이력을 생산하게 된다. 연행으로 전이되는 과정에 대한 주체적 조절 능력을 포함한 이러한 교육은 텍스트 선정에 대한 주요 기제로 작용할 수 있다. 극과 관련된 연행의 당위성 논의가 존재하지만 그것은 교육 정전으로서의 교과서의 한계에 부딪치게 된다. 이에 교과서의 수록 작품을 점검하면서 새로운 방향을 전개하고자 한다.

주요 검토 자료로는 중학교 '국어' 교과서의 희곡 작품과 고등학교 '국어' 교과서의 작품과 심화 선택과목인 '문학' 교과서가 대상이 된다. 초등학교의 작품은 문학적 이유가 작동하지 않는 '언어사용기능'이 중심이 되었으므로 배제하였다. 포괄적 원리를 적용하자면 모든 작품들이 대

---

6) 희곡교육에서 논의하는 공연에 관한 것은 영문학 쪽에서 구체적으로 선행되었다. 김연호, 「무엇을 어떻게 가르칠 것인가?-공연을 의식한 새로운 희곡교육의 실천 방향」, 『영어영문학』 40권 3호, 1994, 607~621에서는 희곡교육이 공연을 의식한 정전을 위해 작품을 바라보아야 한다고 주장한다. 국어교육 쪽에서 서종문, 김재석, 한귀은 등의 여러 논자들에 의해 교육연극적 방법, 즉 공연을 의식한 방법 정립을 선구적 노력들이 주장된 이후 구체적 방법들이 이어져 나오고 있는 실정이다. 김재석, 「중학교 국어 교과서 소재 희곡의 현황과 희곡 읽기의 한 방법」, 『문학과 언어』, 문학과 언어연구회, 1999. 한귀은, 『문학교육의 교육연극론적 연구』, 부산대학교 박사학위논문, 2001. 한귀은, 「21세기 교육연극의 정체성 모색을 위한 학제간 논의」, 『한국극예술연구』 제16집, 한국극예술학회, 2002. 서종문, 「희곡문학 교육의 문제」, 『어문학』 51집, 한국어문학회, 1991.

상이 되어야 할 것이지만 지면의 제약 상 좁혀서 다루고자 한다.

2. 권위주의 시대, 희곡 작품 선택과 배제의 원리

1) 내용 중심의 선택과 정책 홍보 효과

권위주의 정권하에서의 교과서에 수록된 희곡문학 작품들은 하나같이 전체주의적 이념류에 대해 복종을 하는 작품들이라는 것이 눈에 뜨인다. <청춘은 조국과 더불어>, <소>, <토막>, <원술랑> 등이 그것이다. 최근 7차 교육과정의 '국어' 교과서에는 <빌헬름 텔>, <들판에서> 등이 수록되어 있다. 희곡이 문학 일반으로서의 자질을 가지는 특성과 함께 극적 특성은 문학교육에서 논의되어야 할 대상이다. 희곡문학에 대한 향유 능력을 키우는 것은 문학교육적인 사명이라 할 수 있을 것이다.

그런데 이러한 작품들은 순수주의 내지는 자연과의 친연성을 보여준 박목월이나 조지훈 같은 유형과 상당한 차이를 드러내고 있음을 알 수 있다. 이러한 작품들은 정책적으로 '반공'을 '국시'로 하던 권력에 일정 정도 복종하는 일면을 보여주고 있으며, 그리고 '극 자체'가 가지고 있는 강한 선전성이나 가시성, 직접 전달력이 정치홍보에 아주 매력적이었다는 점과 상관된다.7) 반공웅변대회나 건전가요대회 같은 것을 정책적

---

7) 또한 이러한 것들은 문학운동사에서도 찾아 볼 수 있는데, 좌익의 주류 운동 단체였던 일제시대의 KAPF의 주요 검거 선풍은 '신건설'의 연극운동과 관련된 것이었다. 또한 유치진의 성향이 우파 쪽으로 넘어간 것은 '소'사건과 관련된다. 이렇듯 극 자체의 강력한 전달효과는 문맹자들에게도 직접 전달가능하고, 근접 영역에서 직접적인 선전 선동을 할 정도의 것이라는 점에서 전달력과 교육성은 대단한 것이었다. 선전 선동 효과에 대하여 좌파가 가지는 관심만큼 일제는 관심이 지대하여 강점 말기에는 친일극을 양산하도록

으로 강요하던 시대였으며, 반공 표어나 글짓기를 강요하던 시대에 극 내용은 당연히 그에 부합하는 것이어야 했다. 이러한 사정은 우파의 정권하에서만 있었던 것은 아니다. 여전히 문민정부가 수립된 시기, 6차 교과서에서조차 전체주의적인 속성은 그대로 남아있다.

이러한 작품들은 강력한 교화 내지는 주입의 전형이라 할 수 있으며, 그렇기 때문에 오히려 극 교육을 저해하는 효과를 가져왔다. 극을 만들어서 공연해 보는 것이 아니라, 당시의 정책으로 만들어져야 했던 작품들이나, 전체주의적이고 권위주의적인 정권에서 필요로 하는 인물들을 중심으로 작품을 선정했기 때문에 그 인물들이 만들어내는 극적 상황은 학습자들의 생활과는 멀었으며, 당연히 그러해야하는 당위는 학습자들의 그것이 되지 못했다. 즉 정전의 자기화[8] 혹은 자기 정전화와 같은 정전의식으로 자리 잡지 못하게 되는 것이다.

이러한 현상이 빚어진 이유는 문학교육을 위해서 언제든지 작품 내용을 학습자의 차원에서 선정해야 함에도 그러하지 못한 점에서 기인한다. 문학교육을 위한다면 순수한 예술적 상황을 근거로 한 작품을 선정했을 것이다. 그러나 문학교육보다는 정책 홍보가 급했으며, 직접적 언술로 전달되는 극적 상황을 활용할 수 있도록 정권의 구미에 맞는 인물을 형상화할 것을 강요한 것이다. 이러한 현상이 오래 지속된 것은 교과서 제도가 국가가 지정해서 제작하는 시스템의 문제에서도 원인을 찾을 수 있다. 다양한 차원에서 제작되고, 그것을 검인정하는 현재의 상황과 다르다. 국가가 단일 교과서를 채택하는 국정교과서 체제는 정치적인 이유에서 선정된 작품들이 권위를 누리게 되는 것이다. 이러한 현상은 검인

극작가들이나 단체들에게 강요하였다.
8) 김창원, 「시교육과 정전의 문제」, 『한국시학연구』 19집, 한국시학회, 2007, 76면.

정 체제에서도 크게 벗어나지 못할 가능성이 크다. 대학 입시를 중심으로 흐르는 교육, 명목상의 교육과정보다 입시가 더 중요한 교육상황에서는 언제든지 오래되고 시험에 자주 출제되는 작품들이 정전으로 자리 잡을 가능성이 크다. 국가에서 주관하는 시험에 출제 된다는 것은 그만큼 준비기간 동안 자주 봐야하며, 비판적인 읽기보다는 암기가 주로 되던 당대와 연관해보면 세뇌에 가까운 '주입'이라고 해도 될 정도이다.

2) 기득권 이념 지향의 선택

국어교육은 국어능력을 향상시키는 것이고, '문학' 교과서는 문학능력을 키우는 자료이다. '국어' 교과서는 국민공통기본교육과정에서 반드시 알아야 할 것이며, '문학' 교과서에 배우는 자료들은 심화선택 과목으로서 내용의 인지 정도를 넘어서 문학적 전문소양을 기르는데 그 목적이 있을 것이다. 이러한 상식적인 차원에서 본다면 '국어'에서 길러진 능력의 발달 심화가 그 목적이므로 문학사적인 의미에서 뛰어난 명작을 위주로 공부할 수 있도록 배열하게 될 것이다.

'국어'에서는 작품의 내용에 대한 학습보다 국어의 사용능력을 길러주겠다는 의도가 분명하게 된다. 희곡 작품이 '국어' 교과서에 수록될 때는 명작에 대한 이해도의 문제도 일부 있을 것이나 희곡문학의 감상 능력을 신장시킬 수 있는 자료 중심으로 작품들이 선택되어야 한다.9)

---

9) 이 문제는 극과 관련 장르들이 다른 목적의 교육 자료로 활용되는 측면에 대한 우려에서 비롯된다. 물론 문학적 형식만을 가르치는 것이 국어교육의 내용은 아닐 것이다. 그러나 그 장르 특성과 상관되지 않는 학습활동 구성은 문제가 신문기사와 문학 작품의 변별성을 드러내지 못하는 단원 설정 등은 심각한 장르 이해의 기회를 소진해버릴 위험성을 안고 있다.

그렇다면 실제 그렇게 선정되었는가 하는 문제는 고려 대상이다. 문학교육, 국어교육 혹은 넓게는 교육 일반적으로 근접영역에서 출발하여 고등사고기능을 가진 학습자에게 갈수록 그 영역을 확장해가는 동심원의 원리가 적용된다. 초·중등교육에서 이러한 문제를 먼저 해결하지 않고 작품을 선정하게 되면, 교육 관료들이 만들어내는 국정교과서 체제에서는 정권의 구미에 맞는 작품들이 선택될 수밖에 없다. 일종의 검열제도로 우리가 친일치하에서 그렇게 비판해 마지않던 것들을 해방 후 교육체제 안에서도 행해왔다.

교과서 또한 하나의 이념적인 양태를 잘 보여주는 자료이다. 이는 주류 이념적 양상을 드러내는 것이며, 기득권은 그것을 후세에 물려주려하는 사회화의 자료로 본다. 이에는 선택과 배제의 문제에서 주류 이념과 정권의 정책에 부합하는 이념을 선택하고, 그에 부합하지 않는 것들—공산주의, 계급주의, 노동, 인권, 여성, 분배 등의 문제들은 배제되거나 은폐되어왔다. 선택과 배제의 논리는 교육적인 이유가 없는 정치적인 것이었으며, 문학교육의 논리에는 합당하지 않은 것임에도 정당한 권위를 누려왔다. 남북은 해방 후 기형적 정치구도 속에서 문단의 헤게모니 싸움을 각자의 상황에서 하게 된다. 남쪽은 '친일'을 축소 은폐하면서, 순수 혹은 작품성을 내세워 무마하려 한다. 그것은 유치진의 <토막>, <소>를 앞세우고, 뒤에 쓰인 <북진대>, <흑룡강>, <대추나무> 등의 친일극을 감춘 것과 관련된다.10)

교육이 거시적인 목표를 내세우지 않고, 당대의 권력에 의해 좌우되던 시대를 넘어서야 할 때가 되었다. 문학교육은 새로운 선택과 배제의 논

---

10) 이광국, 앞의 글, 103면.

리를 내세워야 할 것이다. 지금까지는 협소한 분단이데올로기, 분단 속에 기득권들이 누리는 그러한 이념에 봉사하는 작품들이 선택되고, 진정한 통일과 계급적 해방을 내세운 작품들이 배제되는 상황은 적어도 분단체제하에서는 계속될 수밖에 없다. 이 땅이 자본주의를 포기하지 않을 것으로 보이며, 미국과의 관계나 일본과의 관계를 끊지 않을 것이다. 더구나 국가주의를 포기할 일은 없을 것이다. 따라서 <원술랑>, <빌헬름 텔>, <들판에서>와 같은 중학교 희곡 소재들이 보여주는 무게는 적어도 중학생들의 정서와 상관하지 못한 점들을 지적해야 한다. 개인의 삶과 관련성보다는 국가와 관련된 내용들이 중심이 되고 있다. 정서적으로 동의할 수 없는 내용들이 시험이라는 유인체와 제도권 교육의 강압이 아니고서는 흥미도 감동도 일으킬 수 없다. 더구나 교육이 강제하여 가르칠 시대적인 타당성도 모호해진 시대에 우리는 살고 있다.

권위주의 시대의 작품들은 무조건 나쁘고, 탈권위정권하에서 선정된 작품은 옳다는 그런 문제는 아닌 것이다. 문학사 또한 이념의 테두리와 문단 패권 하에 놓인 산물에 불과하다. 그렇다면 '국어' 교과서에서 선택과 배제의 원리는 '국어'와 '교육'이어야 한다. 국어는 민족 고유의 언어현상을 말하는 것이고, 교육은 그 현상에 대한 학습자의 내용과 원리에 대한 정서적 감화와 방법으로서 숙지이다. 이렇게 되기 위해서는 희곡교육을 위해서 작품성을 논하는 것은 한계를 드러낸다. 성인들이 훌륭하다고 하는 작품들이 학생들에게 재미있거나 인생에 도움이 된다고 느낄 것인지는 회의적이다. 그렇다면 교과서 희곡 작품들이 가지는 의미는 오히려 내용보다는 극적 체험 학습에 있다고 보아야 할 것이다. 문학성을 논할 때 문단의 패권을 가져오지 않는 선에서 학습자들이 직접 극으로 만들 수 있는 작품이어야 하고, 또한 어휘나 대사들이 쉽게 따라 할 수 있어야 한다. 또한 새로운 변화를 줄 수 있을 정도의 작품일수록 유리한 면이 있다. 이는 작품을 비판적으로 읽고, 새로운 창작으로 이어질 수 있도록 하는 노력이 가해질 수 있다.

유치진의 <소>는 1930년대의 극심한 수탈 속에서 생존 수단인 소를 빼앗기는 과정을 보여준다. 경제적인 문제의 핵심을 다룬다는 점에서 리얼리즘에 접근하고 있다. 그러나 실상 당시에 일어났던 소작쟁의와 여타 사회운동과는 연계하지 못하고 있다. 따라서 리얼리즘의 완성에 이르지 못하고 유치진은 구속 등으로 옥고를 치르고 역사극으로 변질되어간다.[11] 이러한 점은 유치진이 가지고 있는 한계를 드러낸 것이며, 후일의 친일극은 앞의 것의 연장선에 있다할 수 있다. 이러한 1930년대의 <소>를 계속 2000년대의 학습자들에게 강요하여 가르칠 경우 그 '소'는 죽은 소가 될 것이며 <토막>은 이미 무너져 없어져버린 것을 읊어대는 꼴이 될 것이다. 역동적이고 능동적인 학습자들의 참여를 유발할 수 없는 작품은 더 이상 교과서에서 제 기능을 발휘 할 수 없다.

3) 배제의 원리와 정치적 상황

남한 사회에서 교육은 정권의 책임 하에 있으며, 그들은 이념의 틀을 쥐고 흔들 수 있는 권리까지 부여받았다. 권위주의 정권하에서의 이념이 뜻하는 것은 시장경제원리, 자본주의, 친미, 반공이었다. 이는 미국과의 관련성을 부정하지 않으며, 쉽게 북한 쪽 사정을 도입하려 하지 않는다. 이러한 측면에서 보면 통일이나 노동, 대립과 갈등, 통일, 인권 등이 권

---

11) 유치진의 역사극으로 전환에 관한 논리와 그 의미에 대해 비판적인 논의는 이상우, 『유치진 연구』, 태학사, 1997, 87~91면에서 다루고 있다.

위주의 시대가 끝난 근래에 해결 기미를 보이고 있으나 그나마도 보수 단체의 도전은 끊이지 않는다.

남한 사회에서 교육정전 즉 교과서는 오히려 통일이나 노동운동, 반미, 사회주의 등에 대한 내용은 전혀 다루어지지 않고 있다. 통일에 대한 내용은 이강백의 <들판에서> 정도이며 그러한 내용조차도 우의적으로 쓰여 있어 실상을 드러내지 못하고 있다.

이러한 사정은 교육계 내부의 문제이기보다는 오히려 교육 외적인 정권 차원의 문제 제기가 더 크게 작용했음을 보여준다. 정치적인 이유가 교육 내용을 좌우하게 되면서 실제 교사들은 주어진 대로 가르치는 상황을 수십 년간 반복하게 된다. 이에 좌는 좌대로, 우는 우대로 대안 교과서를 내게 된다. 대안 교과서가 나오면 그에 따른 대립과 갈등은 반복되겠지만 무엇을 가르칠 것인가의 문제로 심각한 내홍을 겪은 뒤에 작품들은 국정 교과서 안으로 들어오게 된다. 국정 교과서 체제는 그러한 대립과 갈등의 중심에서 타협적인 접점을 드러내게 된다. 조금씩 변해가는 탈권위적인 국가체제와 그에 따른 교과서의 검인정제로의 전환은 정치적인 이유를 덜 드러내게 된다.

내용에 대한 이해가 다양화되면서 내용 이해보다는 문학적 자료로서 이해하게 되는 점, 그리고 다양한 작품들을 두루 경험할 수 있다는 점은 절대 권위를 무너뜨리는 이유가 된다. 배제된 내용들은 다시 새로운 교과서에 따로 묶일 수 있다. 권위주의시대에 정권안보차원에서 매력적이었던 내용 우위 구성방식에서 수요자 중심, 학습자 중심으로의 전환과 더불어 새로운 정전의 가능성을 암시하게 된다. 또한 그간의 교육현장의 열악한 조건으로 인하여 문자 중심의 간단한 이해 차원의 교육에서 새로운 교육방법들이 논의되어야 할 시점에 와 있음을 알 수 있다. 탈권위주의적 포스트모던의 시대와 미디어 중심의 사회에서 문학교육은 새로운 혁신을 하지 않을 수 없는 상황에 직면하게 된 것이다.

배제의 기저에는 교육의 중립적 가치를 인정하지 않는 남한 사회의 성격에서 비롯된 편향에서 비롯된다. '좌우 날개로 나는 비행기'의 중간에 있는 조종자(Pilot)로서의 집권자가 아닌 좌우 어느 쪽의 한 편이 되어 있는 그런 권력은 지지 세력으로부터 선명성을 요구받기에 이르렀으며, 그러한 전통은 분단이후 계속되고 있다. 이는 작품을 가려 뽑는 데에도 조차 좌우를 갈라서 작품을 재단하며, 이념적으로 선을 갈라 분류해 보려했다. 세계화와 더불어 다원화된 사회에서는 더 이상 그러한 2분법이 무의해진 것이라는 것조차 망각한 채 자신들의 이익에 저해될 만한 것은 미리 차단하고자하는 히스테리적인 논리들이 교육과 교실과는 상관없이 이루어져오고 있다.

3. 탈권위주의 시대와 희곡 교육 정전

1) 내용중심에서 교육중심으로

권위주의 시대의 희곡 작품이 작품 내용을 주입하기 하여 교화하려는 목적이 앞섰다면, 탈권위주의시대에는 교육적 목표를 분명히 하여야 한다. 희곡 교육은 본래 그 목적에 부합하는 내용을 선정하여야 한다. 문학교육에서 뛰어난 작품을 가르치는 것은 학습자에게 문학적 감수성을 잘 가르칠 수 있다는 점에서 긍정적일 것이다. "희곡교육에서 뛰어난 작품은 무엇이며, 어떠한 작품이 선정되어, 교과서로 구성되어, 교실 현장에서 어떻게 읽혀져야 하는 것인가?"란 문제는 새로운 시대의 당면 과제라 할 수 있다. 교과서의 권위는 이미 새로운 시대에는 이전 시대와는 차별적인 지위를 갖지 못하게 되었다. 그럼에도 굳이 교과서 수록 작품들을 선별함에 예민하게 고민해야 하는 이유는 교육적 성취 때문이다. 희곡 작품을 선정하는 것은 희곡의 문학성을 학습자에게 가르치기 위한 것이며, 학습자는 교과서의 희곡 작품을 통하여 '극'을 이해하고 상상력을 기르며, 창조적인 생산 능력을 배울 수 있어야 한다.

교과서 검인정체제의 변화는 탈권위주의 시대의 주요한 현상이 되었다. 명작은 독서를 통해 교훈과 재미를 얻을 수 있다. 그러나 희곡은 읽기로 성취할 수 있는 내적인 요소와 함께 공연 과정을 통한 변환 과정학습 또한 중요한 교육 목표가 된다. 권위주의 시기에는 이러한 목표는 뒤로 미루어지기 쉬웠다. 문학성을 가르치지만 극적 자질에 대한 체험적 이해가 동시에 이루어져야 하는 것이다. 따라서 시나 소설과는 다른 교수·학습 목표가 상정될 수밖에 없다.12) 희곡교육에서 공연을 의식하게 되면 희곡의 구성요소(대화, 독백, 방백, 지문, 해설 등)들이 시공간적 배경을 통해 변환되는 과정 변화와 같은 동적 경험들을 전제하지 않을 수 없다. 문화적인 보존과 전수로서의 교과서 정전의 의미보다 교육적인 목적을 더 강조해야 할 때가 된 것이다. 수업 목표가 희곡교육에서는 극적 특성, 문학성의 극적 행위들로의 변환으로의 과정을 포함하게 된다면 교육적인 희곡 작품의 선정 기준도 이전 시대와는 달라진다. 탈권위주의 시대의 교과서는 권위와 작품성 혹은 역사와 문학성의 견고한 틀로 응결된 높이를 무너뜨리고 하나의 제재로만 보게 되는 것은 작품적 가치가 교

---

12) 강진우, 「희곡교육에서의 교사역할 연구」, 『국어교육연구』 42집, 24~25면에서는 교육
    연극적 희곡교육목표, 즉 공연을 의식한 희곡교육의 당위성을 제시하고 있다.

육적 가치와 동일시되지 않는 이유이다. 성취의 수단인 교과서에 나오는 단순한 내용을 암기하거나 후세에 전달할 내용을 담아 보물단지처럼 보는 정도로는 학습행위를 이끌어 낼 수 없다. 희곡의 문학적 특성들과 더불어 공연물로서의 중층성과 다변성에 근거한 '극' 공연에 대한 적합성을 고려해야 한다.

2) 문학지식 암기에서 신명 창출로

학습자들에게 암기에 대한 압박감은 학창시절을 어렵게 만든다. 고전 작품이 보여주는 우수성이 내용에 대한 이해, 위대한 작가의 인물과 동일시는 될 수 있을지라도 극을 실질적으로 읽고 변환하고 극으로 향유할 수 있는 능력을 확인하기 힘들다. 정서와 맞지 않거나 동의할 수 없는 내용들을 단순히 외우는 정도의 수준은 극 공부와는 무관한 의미 없는 노동들로 채워지게 된다. 문학 작품의 내용과 그 사적인 가치 등의 지식을 학습하는 행위들은 교육가치가 협소해질 수밖에 없다. 교사와 학생이 내용을 두고 상호 소통할 수 있는 내용을 가지고 심리적 거리를 좁혀가고, 학습자 상호간의 소통을 넓혀가면서 이해를 심화시켜가는 그러한 구조적인 특징들이 극의 변환과정에 대한 체험에 해당된다.[13] 따라서 희곡 교육에서 공연을 중요한 교수·학습 과정 목표와 활동으로 상정하여야 한다. 극 교육이 극 요소 암기와 교사의 지시 행위들로 이루어진 공연에서 얻어질 것은 아니다. 학습자에게 즐거운 학습행위는 곧 소통이 되며, 몰입할 수 있으며, 정서적으로 안정적인 상태에서 극 이해의 층위

---

13) 공연을 희곡교육에서의 의사소통구조의 복잡 다단성에 대해서는 강진우, 앞의 글, 29~31면 참조.

를 심화시켜가는 과정이다. 이전 시대의 작품들이 권위적인 내용에 대한 강요가 있었다면 이제는 생태적으로 즐거움을 추구하며, 생활을 스스로 찾을 수 있는 주체 발견과 관계되는 학습 행위를 가능하게 해야 한다.

즐거운 학습 행위를 가능하게 하는 거시적인 목표와 관련하여 우리 극 전통의 신명(神命)을 연계시킬 수 있다. 신명은 조동일14)에 의하면 '신명(神命)'으로 한자로 풀이 되며, 기(氣) 가운데 흥(興)으로 발현되는 것이다. 이 가운데 신(神)은 최한기의 기(氣)의 개념을 가져와 '사물을 인식하고 표현해 내는 과정'으로 정의한다. 신명이 창출되는 연극은 극의 전형적 형식을 반복하는 구조를 가지고 있다. 점차 극이 진행되어 갈수록 관객의 참여는 많아진다. 참여가 늘어나면서 생기는 것은 공동체의 신명이다. 신명은 흥을 넘어 소통의 열림이며, 새로운 에너지의 생성을 뜻한다. 조동일의 신명에 대한 정의를 받아들인다면 '신명'은 '인식과 표현'의 과정이 들어있음을 알 수 있다. 문학 행위로서의 희곡 학습행위는 내용 지식의 전수에 그치지 않으며, 교육적인 목적을 성취해가는 과정을 포함하고 있다. 신명이 성취될 수 있는 희곡 교육을 한다면 주체의 자발적인 참여와 학습 동기가 될 수 있으며, 또한 극 행위를 유발하고, 학습과 놀이의 경계를 넘어 더 많은 부수적 효과를 기대할 수 있다.

신명을 성취하기 위해서는 과정에 대한 해명이 필요한데, 관중의 호응과 시공간의 개방성, 즉흥성과 현장성, 집단성과 배우의 육체적인 동시성이 신명의 조건이다. 이 속에서 재미와 흥을 동반한 신명이 창출된다. 이와 관련한 민속 예술의 형태로 굿과 춤, 놀이 등이 있다고 하였는데, 이들은 모두 연극 형식 안에 아우를 수 있는 것들이다. 공연을 통해 신

---

14) 조동일, 『카타르시스, 라사, 신명풀이』, 지식산업사, 1997, 105면.

명성을 획득할 수 있는 것은 몰입과 심취의 과정을 넘어서 있다. 공동체 속에 자기를 두고 그 가치를 하나씩 확인하는 행위와 희곡의 내용 이해가 동시에 이루어지기 때문이다. 연극 행위 속에서 자기를 발견할 것이며, 심미적인 변화를 확인해 나갈 수 있다. 극 행위에 대한 관심은 단순한 희곡 텍스트 내적인 자질에 대한 이해를 넘어서 있다. 주체적인 학습 행위가 되며, 자기 발견의 과정을 포함하게 된다.

또한 공연을 전제하게 되는 이유는 단순한 행위로 흥미를 끄는 것 이상의 극적 자질 발견·체험을 넘어서 주체가 움직임을 통해 얻을 수 있는 것이 있기 때문이다. 희곡 읽기는 혼자 읽기가 아니며, 문자 언어에서 음성언어로, 음성언어는 행위를 수반한다. 이는 시간과 공간과 관련되어 존재하게 된다. 연기하는 학습자는 이러한 것을 행하는 수행자이면서 동시에 내용의 전달자이다. 내용에 대한 전달은 언어의 발화 행위 그 자체에만 의미 있는 것이 아니며, 전체에 대한 이해와 통찰의 결과에 대한 발화이다.

공연 행위의 당위성에 대한 동의는 작품 선별의 기준이 내용에서 공연을 중심으로 한 여타의 요소들을 검토하여야 하며, 신명 창출의 기반을 다질 수 있게 된다.

4. 탈권위주의 시대, 희곡교육 정전 요소

희곡교육은 장르 구분에서 3분법과 4분법의 어느 구분 방법에 의하든 포함된다. 희곡은 극의 공연을 전제한다는 점에서 역동성을 포함하고 있다. 공연을 전제하는 것은 극 본래의 특성과 관련된 것이며, 탈권위주의 시대의 생태학적인 몸과 관련된 주체적인 학습행위와 관련된다. 극은 본래 관극의 차원이 아닌 문화적 생산과 관련된 측면이 강하다. 학습은 수동적인 수용에서 일어나는 것이 아니라 창조적인 움직임을 수반할 때 일어난다. 말하기와 듣기, 읽기와 쓰기, 마음과 몸의 상호작용 속에서 사고 작용의 확대와 이해의 심층을 기대할 수 있다.

희곡 작품 선정은 극의 특성의 변별성을 찾는 학습 행위와 상관되며, 신체의 움직임을 찾아 읽는 독서 행위와 상관 된다. 이를 극적 특성 읽기 능력(drama literacy)이라 할 것이며, 몸과 관련된 담론들을 수용할 이유가 된다. 또한 극작품의 선정이 문학사적인 이유를 내세우는 것은 성인 학습자들을 상대로 한 전수, 혹은 사회화의 관점이다. 이를 초월하여 교육이 내적 사고의 변화를 토대로 하는 구성주의적 관점에 기반을 둔다면 새로운 작품 선정 원리로서 학습행위 당자인 학습자도 하나의 고려 대상이 될 것이다.

1) 극적 특성 읽기 능력(Drama Literacy)

인간 존재의 문제를 향한 언어 학습은 이러한 문자언어와 음성언어에 수반된 반언어와 비언어가 동시에 학습될 때 의미 획득에 성공하게 된다. 또한 이러한 의미는 사고의 방향을 바르게 하며, 그 언어 현상의 본질적 자질을 획득하게 된다. 인간 정신은 사고의 산물이며, 그 사고는 언어의 산물이다. 실질적인 존재 양태로서의 언어의 다층적 양상을 이해하고자 한다면 언어의 총체성[15]을 학습하여야 하는 이유가 여기에 있다.

---

15) 루카치의 '삶의 총체성'으로서의 대서사문학에 대한 개념들과는 변별적인 문제이다. 국어교육학에서의 언어의 총체성은 총체적 언어교육 즉 종래의 기능중심의 획일화된 언

교육 제재는 고전으로서 너무 견고하고, 쉽게 비판하면 안 될 것 같은 작품보다는 오히려 쉽게 조작할 수 있는 자료일 때 더 높은 교육 효과가 있을 것이다. 만약 우리가 해서 될 것과 안 될 것이 있다면 교육적이냐 아니냐의 문제이고, 그 교육은 내용 중심으로 가지 않고 문학적 형식들에 대한 친숙성을 높여주는데 있을 것이다. 내용은 학습자의 흥미와 정서 등에 부합하는 것이어야 한다. 또한 언어를 통한 의미의 재발견과 주체로서 극적 자질을 읽을 수 있다는 것에 대한 '자기 돌아보기' 등은 문학교육이 궁극적으로 추구해야 할 자기실현 혹은 주체로서의 자기표현과 상관된다. 국어 교육에서도 인간의 글 읽기 능력을 협소화하기도 한다. 문자로서의 희곡 읽기로 제한하면서 극적 특성 읽기에 실패하고, 역동성을 상실하게 된다. 희곡은 소설이나 시보다 더 어려워지며, 흥미 없는 장르가 되어버린다. 글 읽기는 상상력과 관련한 사고 교육이다. 문학교육이 국어 교육에서 한 영역을 차지하기 위해서는 문자에 국한해서는 안 된다. 문화적 이해의 층위와 장르적인 특성 이해, 그리고 새로운 문학 내용에서의 적응력 등을 길러주는 등의 노력이 선취되지 않는다면 인간으로서의 자기실현에 가 닿기는 어렵다. 글의 내용을 흡수해버리는 상황이 아닌 그것을 비판적으로 읽을 수 있어야 하며, 생활의 경험을 보태어 극적 상황을 추론한 후, 무대를 통해 자신들의 이해한 바를 표현할 수 있어야 한다. 문학성을 제한하는 관점은 글자와 관련된 이해이다. 문학성은 역동성을 내적으로 포함하고 있다. 그런데 희곡과 관련하여 극을

어교육에 반대하여 일어난 것이다. 언어의 실제 사용을 강조하면서 무엇보다 학습자의 입장에 서서 그들에게 진정으로 의미 있는 언어학습이 되게 하는데 초점을 둔다. 학습자를 전인적 존재(whole being)로 보고, '의미를 위해, 그들 자신을 이해하기 위해, 다른 사람들을 자신의 세계와 관련짓기 위해, 그리고 그들 자신의 전인이 되기 위해' 언어를 사용하도록 도와주는 데 역점을 둔다. 신헌재·이재승 편, 『학습자 중심의 국어교육 그 원리와 방법』, 서광학술자료사, 1994, 19~20면 참조.

모방 혹은 재현, 표현과 관련시키지 않고 텍스트의 좁은 틀로 제한하는 읽기는 문학성을 읽었다할 수 없을 것이다.

극을 재현하는 행위는 단순히 극에 종속된 타자의 그것이어서는 안 되고, 극을 이해하고 자기화한 후에 그것을 표현하는 행위로 가야 한다. 극적 특성 읽기 능력을 향상시키기 위해서는 내용에 대한 비판적 안목을 요구한다. 극 읽기가 주체적으로 가능하기 위해서는 학교 교육 현장에서 '내용에 대한 해석'뿐만 아니라 자기표현 중심으로 가야하는데, 거기에는 토의와 토론 등의 활동을 수반한다.

극 읽기 능력과 관련해서 우리가 주목해야 할 것은 교재들이 학습자들의 생활에 가 닿아 있어야 한다는 점이다. 이는 문학적 중요도나 내용의 교육가능성보다 앞서 있어야 한다. 만약 내용의 필요와 훈육의 필요가 앞서 선택될 경우에는 실제 우리 교육은 다시 희곡교육 즉 '국어교육'에서 선취해야 할 극적인 의미 전달 행위에 대한 이해력 증진은 요원해지게 된다. 극의 문학성 다루기는 주제, 인물, 갈등에 머물지 않는다. 공연을 통해 얻을 수 있는 역동적인 상황 속의 언어의 의미 확장을 발견하는 일이야말로 극 읽기의 중요한 학습 행위가 될 것이다.

극과 관련된 단원의 학습 활동들이 여타의 내용과 관련된 것들에 초점을 맞추고, 수업 시수가 다 소진된 후에 극을 공연해보도록 하는 것은 현실성이 떨어진다. 극과 관련하여 일부분이라도 공연할 수 있는 체험의 영역을 주는 것은 긍정적이지만 문학성의 범위를 제한한 이러한 학습활동 설정은 극 단원의 변별성을 확보하지 못한다. 오히려 극 행위에 포함된 활동 속에서 문학성이 학습 되도록 하는 것이 바람직 할 것이다. 소설 단원의 설정과 변별적이지 못한 극 단원의 학습 활동은 단원 설정 이유가 퇴색하기 마련이다.

중학교 7차 '국어'16) 교과서 2-2의 <들판에서>의 학습활동을 보자.

내용학습 : '들판에서'의 내용을 생각하면서 다음 물음에 답해 보자.
목표학습 : '들판에서'에 사용된 표현상의 특징을 알아보자.

희곡 작품을 통해서 얻을 수 있는 성취가 이 정도의 학습활동에 그치는지 의문이 들 정도로 내용에 대한 이해에 그치고 있다. 물론 교사가 다양한 내용들로 활동을 전개할 수 있겠지만 교과서의 지시는 작품의 형식은 고려하지 않은 듯하다. 공연과 관계된 고려가 선별에 작용했는지 의문이다.

7차 '문학' 교과서에 다루는 희곡과 뮤지컬 작품을 보자.

• 희곡 / 뮤지컬 대본
토막(12) 원고지(9) 동승(8) 만선(5) 파수꾼(5) 불모지(4) 맹진사댁 경사(3) 새야새야 파랑새야(3) 산불(2) 성난 기계(2) 소(2) 결혼(1) 국물 있사옵니다(1) 난쟁이가 쏘아 올린 작은 공(1) 명성황후(1) 살아있는 이중생각하(1) 옛날 옛적에 훠어이 훠이(1) 제향날(1) 춘풍의 처(1) 태양을 향하여(1)

              * 괄호 안 수록 교과서 수

'문학' 교과서에서도 문학사적 이해가 중심이 된 작품 선별이 이루어졌음을 알 수 있다. 저명 작가 중심의 문단에서 굵직한 인사의 작품이

---

16) 교육인적자원부, 「국어」 2-2, 대한교과서, 2002, 134면.

수록되었다. 이들 작품은 분량 면에서나 정서면에서 학습자들의 일정 거리가 있으며, 생활 경험이 부족한 학습자들에게는 과도한 학습 과제에 지나지 않는다. 물론 사적인 영역의 특성이 강조될 수 있는 심화 선택 과목일지라도 읽기와 극적 놀이 활동을 통하여 희곡을 학습할 수 있도록 작품들이 선정되어야 할 것이다. 문학성에 대한 편협한 이해와 내용에 대한 압도가 보여주고 있는 선택을 벗어나야 한다.

희곡 읽기와 극 행위는 여타의 목적을 성취할 수 없다는 생각에서 벗어나야 한다. 극 행위를 통해 학습자들은 오히려 다른 학습 활동보다 더 많은 사고의 직접성을 경험하게 되며, 자신을 돌아 볼 기회를 얻게 되는 것이다. 희곡을 희곡답게 공연과 관련지어 생각하면서도 이러한 내용적 성취는 얻을 수 있다.

2) 몸, 행위, 언어

언어의 재현을 위한 관점으로 몸을 바라볼 때, 그것은 종속적이고 부차적인 존재에 속한다. 극 읽기 능력은 그러한 차원을 넘어서 있다. 몸은 행위를 위한 사고와 판단을 수반하여, 상위인지 사고를 통하여 자신을 점검한다. 이것은 언어 능력 중 고등 언어사고기능에 속할 것이다. 극 행위를 언어의 부차적인 의미전달체제로 보지 않고 그것 자체로 보고자 한 이러한 일련의 것을 이경미는 '사건'이라 하였다.[17] 이경미의 논의에서 주목할 것은 희곡을 공연하는 것은 자신의 해석을 행동으로 보여준다는 점, 이를 통해서 참여자들이 자신의 정체성을 확립해 간다는

---

17) 이경미, 「현대공연예술의 수행성과 그 의미」, 『한국연극학』 제31호, 한국연극학회, 2007, 139면.

점에 주목한다. 몸이 수행하는 행위 자체 및 그로 인해 의미가 끊임없이 연기되고 유보되는 열려진 변화와 생성의 과정 자체에 던져지는 것을 '수행성'이라 부른다. 이러한 논의는 국어 교육에서 굳이 '몸' 그리고 '언어'의 관련을 희곡에서 찾고자 하는 이유가 된다. 실제 우리가 국어 교육이라 할 때 문자 언어와 음성언어의 한 단면들만을 다루지 않는 이유가 여기에 있다.

그렇다면 극적 특성을 가르칠 때 문자와 음성언어와 그 의미 전달 체제에서 '행위'가 같이 일어남을 알게 된다. 언어현상의 일반에서 단순히 문자로 이해되지 않는 '대화'가 상당수 존재할 수 있는데, 그것이 실제적 담화 상황에서 '몸'과 '행위'와의 관련성이 있기 때문이다.

극적 특성을 가르치는 교재는 바로 이러한 관점위에서 선정되어야 할 필요가 있다. 굳이 교육연극적인 방법을 고집하여 희곡 작품을 상연하도록 하는 것을 권하는 것[18]은 이러한 사정을 반영한 것이라 할 수 있다. Andy Kempe는 『무대가 된 교실』[19]에서 희곡문학에 대한 접근 방식을 '실천적'것으로 갈 것을 주장한다. 그가 주장하는 방법들은 공연을 의식한 교육연극적인 방법을 의미한다. 그러기 위해 그가 제시하는 방법들은 텍스트를 변형─잘라내기와 덧붙이기─할 것을 그리고, 창의적 글쓰기와 연계하거나 극 활동과 관련한 모둠활동들을 제시하고 있다. 이러한 활동들은 단순하게 극을 읽는 차원을 넘어선 활동으로 구체적인 실천을 통해 극을 경험하도록 한다. 그런데 극 읽기를 통한 연극 공연까지 극 제재의 재현은 주의를 요한다. 문자를 신체적으로 재현하는 것은 사고의 과정을 단순하게 만들고, 내적인 의미에 접근하기 어렵게 만든다. 주체

---

18) 강진우, 「희곡교육에서의 교사역할 연구」, 『국어교육연구』 42집, 2008, 19~56면 참조.
19) Andy Kempe 이경미 역, 『무대가 된 교실』, 연극과 인간, 2007, 93~112면.

인 '나'의 신체를 통하여 표현하고 있지만 실제 그 속에 '나'는 없으며, 몸을 빌려준 대리인에 그치게 된다. 연극 행위가 구체화되고 미숙하더라도 의미 있는 활동으로 가치매김 되기 위해서는 '나'와 상관한 내용에 대한 공통으로 관심이 가는 '상황'을 표현하는 것이어야 한다. 희곡을 교육연극적인 방법으로 극을 만들 때 우리는 '왜 연극을 하는가?', '이 사건은 왜 일어났는가?', '이 인물은 왜 그렇게 행동했는가?', '나는 어느 편의 인물을 표현하는가?'와 같은 인지과정을 생략한다면 학습자이자 배우인 참여자는 수동적인 극 밖의 '타자'가 된다. 타자로서 존재하는 학습자는 극의 진실에 도달하지 못한다.[20] 사유의 기능이 마비된 희곡은 행위로서의 의미와 학습으로서의 의미를 상실하게 된다. 메타적 인식, 초인지는 자신에 대한 인식행위를 가능하게 한다. 희곡 읽기가 공연과 관련하여 의미를 가지기 위해서는 그 속에 있는 주체들의 거리 유지와 비평적 인식이 있어야 하며, 이때 참여 성원은 주체로서의 학습자가 된다. 이를 브레히트는 서사극의 '소격효과'를 통하여 구현하려 하였다. 토의와 토론을 중요한 과정으로 거쳐 오는 이유가 여기에 있다. 또한 아마추어리즘에 대한 가치를 부여할 수 있는 이유도 여기에 있다.

언어는 '신체'와 관련된 '담화' 행위 속에서 의미를 확장해 나간다. 인물의 성격이나 사건 또한 이러한 층위의 중층화 과정에서 드러나게 된다. 교육가능성은 주체의 인식이 '몸'을 통한 인식 지평의 확대를 위해 '행위'를 수반할 때 찾을 수 있다. 학습 행위는 단순한 정적 사고에 그치지 않고 행위로 이어지며 극의 공연성과 관련되면서 문학적 특성이 내

---

20) 플라톤은 연극이 감정적 동화나 몰입을 통해 상상적 동일시가 되어 바람직하지 않은 것을 모방하고 또, 이성적 지혜로부터 멀어지는 것을 경계한다. 이런 관점은 브레히트에게 이어진다. 김용수, 「플라톤과 아리스토텔레스의 논쟁을 중심으로 살펴본 연극이론의 양면성」, 『한국연극학』 17집, 2001, 82면.

적으로 자명해지게 되는 것이다. 언어는 종이 위의 검은 글자에서 음성, 신체, 몸, 행위 공연들로 변환되면서 총체성을 발휘하게 된다.

극적 특성이 이해되기 좋은 작품이 교과서에 수록되어야 할 좋은 작품이며, 이는 문학사적인 평가와는 별개의 것이 될 수 있다. 사적 평가라는 것 또한 당대의 권력 쟁탈, 헤게모니의 문제일 따름이어서 교육정전과는 일정 거리가 있다.

교재를 극화하기 수월한 것을 선정한 다음의 문제는 내용의 정서의 문제이다.

3) 학습자

교육현장에서 연극을 활용할 때 필요한 것은 공동체에 부합하며, 공동체 내에서 당면한 학습 그 자체에 대한 동기가 충분한 내용이어야 한다. 구성원들이 합의하지 못하는 내용을 학습하게 될 때 연극의 참여 동기는 불분명해진다. 물론 외적인 동기가 강한 교실상황은 있을 수 있다. 그러나 내적동기를 결합시키려는 노력을 게을리 해서는 안 된다. 교육이 사회화를 목적으로 주입을 통해 획일화하려 한다면 삶의 방식과 존재방식이 다양한 인간을 억압하게 된다.[21] – 그러한 교과내용들이 다수 존재하겠지만 – 교사는 학습자들의 현존의 문제와 공동체에서 함께 해야할 내용들에 대한 학습을 대화와 타협을 통해 설득할 수 있어야 한다.

희곡교육에서 극 행위들이 중심에 자리 잡게 된다면 학습자의 정서적

---

21) 사회화는 곧 미성숙자의 성숙을 뜻하며, 자립할 수 있는 사회성원으로서의 가치를 가지게 됨을 뜻한다. 그러나 그러한 주입이 궁극적으로 자립적인 주체성을 가진 인간이 될지, 수동적이고 피학적인 인간으로 성장할지는 주의하며 살펴야 할 부분이다. 맹목에 가까운 주입은 사회화를 빙자한 폭력에 가까운 것일 수 있다.

인 부분과 상당한 정도 일치하는 내용들로 작품을 선정하게 될 것이며, 그러한 작품들은 또한 극 행위를 하기 쉬운 작품들로 요목화 될 것이다. 7차 교육과정에서 중학교 '국어' 교과서에서는 <육체미 소동>, <들판 에서>, <시집가는 날> 등의 극 관련 작품들이 선택되어 수록되어 있다. 고등학교에서는 <봉산탈춤>과 <어느 날 심장이 말했다>와 같은 작품 이 수록되어 있다. 이 작품들은 일정정도 학생들의 정서와 흥미에 부합 하는 작품들이라 할 수도 있다. 방송극의 경우 TV 청소년 드라마라는 점에서 자신들의 이야기를 다루고 있으며, 탈춤 같은 경우에는 우리의 민족적 정서에 부합하는 민족적 형식이라는 점과 그것이 마당극으로 지 속되어 옴에 따라서 우리의 정서와 일치하는 형식이라는 점에서 차용하 여 교육에 활용할 수 있다.[22] 마당극 형식과 탈춤이 그러하듯 복잡한 오 브제를 생략할 수 있다는 것은 교실을 마당처럼 활용하는 속에서 쉽게 극화할 수 있는 매력을 가지고 있다. 그럼에도 교과서 작품들을 굳이 비 판적으로 보고자 하는 것은 실제 생활과 거리가 먼 것, 극화 경험을 제 공하기에 부족한 점을 지적할 수 있다. 극화 경험이 제공되기 위해서는 분량이 적을수록 좋고, 또한 학생들이 이해 할 수 있는 수준이어야 한다. 그런데 교과서에 수록된 방송 시나리오와 같은 경우 연극과 영화 경험 이 풍부하지 않는 학생들에게 적정한 작품이 되기에는 분량이 많거나[23] 축약되어 버리는 과정에서 극 행위와 관련된 양상들이 삭제되어버리는

---

22) '문학교육연구회', 앞의 글 253~257에서는 공연사례들을 가져와 생활극으로 가야 한다 는 것을 주장하고 있다. 실제 탈춤과 생활극 논의에서 1987년의 이러한 논의이후 한국 학에 대한 관심과 더불어 탈춤은 교과서 안으로 들어와 있다.

23) 황정현, 「희곡문학 장르의 교육과정 개정방안」, 『문학교육학』 20집, 2006, 123면에서는 <육체미 소동>에서 '배역을 정해 대본을 실감나게 읽거나 실제로 공연을 해 보자'라 는 학습활동이 교육과정 운영 시간상 실제 공연이 불가능하도록 만들어 놓았다고 비판 하고 있다.

등의 문제점24)을 안게 되었다.

18종 '문학' 교과서에서 많이 다루어진 <토막>, <원고지>, <동승> 등의 분량은 교과 수업 시수 안에서 공연으로 해결할 수 없기 때문에 읽기에 그칠 가능성이 크다. 또한 형식적으로 무대극 중심의 일률성을 보여주고 있음으로 해서 우리의 마당극 형식 등이 가미된 극 형식들은 제외되면서 극에 대한 이해를 편협하게 할 가능성 있다.

잘 알려져 있고 흥미를 유발할 수 있는 작품일지라도 이러한 작품들은 적정한 교육활동을 전개하기에는 문제점을 안고 있다. 교육활동이 교육제재에 따른 활동을 전개해야 한다면 학습자들에게 읽기로서의 흥미와 더불어 실제 조작할 수 있을 정도의 작품일 때 극 장르 교육제재로 적합한 것일라 할 것이다.

우리 교육은 열린 교육과 수행평가 시스템 등 포스트모던 한 사회로의 변화 속에서 많은 교육적 방법들의 변화를 겪어왔다. 이러한 변화 속에서 관심 있게 보아야 할 것은 교과서에 수록되는 작품들이 그러한 시대의 흐름을 반영하지 못하고 있다는 것이다. 교수·학습 방법의 변화를 강조하는 교육정책들을 고시할 때 내용의 변화가 시대에 부응하지 못할 때 성공할 수 없다. 만약 다원화된 시대, 능동적인 주체자로서 학습자를 고려한다면 학습자와 교수자의 소통이 가능한 그러한 작품들이 선정되어야 한다. 고전은 학습자에게 교사가 주입해야 할 것이 아니다. 스스로 사고하고 판단하여 결정하도록 하는 자료에 지나지 않는다. 포스트모던 한 시대에는 고정된 체제는 곧 퇴보를 의미한다. 새로운 교육 다원성은

---

24) 정서적인 문제만 고려되고 극적 행위들의 체험과 거리가 먼 인기 영향일 가능성이 큰 TV 드라마나 최근 상영된 영화 시나리오 등은 문제를 양산할 수 있다. 황정현, 앞의 글, 124면.

서구 열강의 눈으로 찾아지는 그러한 내용으로 구성되지 못한다. 민족적 형식 또한 세계 속의 한 중심이 될 수 있으며, 그 내용은 우리의 생활과 관련된 것일 수 있다. 충만한 흥과 끼를 발산할 수 있는 내용을 가진 자료들이 정전으로 자리 잡아야 한다. 기존 작품들이 기성세대의 그것이라면 상품성을 전제하지 않은 주체들의 내용으로 채워질 때 가치를 지닌다. 새로운 정전이 교육적 가치를 발산하기 위해서는 그들의 눈에 맞는 작품들이어야 한다. 그렇다고 하여 유치한 저질 오락거리로 전락해서는 안 된다. 형식과 내용이 고른 작품도 다양한 차원에서 찾을 수 있다.

매체시대에는 더 많은. 극 장르와 관련된 이해가 필요하다. 극과 관련된 상황은 TV, 영화, UCC와 기타 만화나 애니메이션 등과 연계되는 그러한 사정에서 새로운 시대의 핵심 장르로 자리 잡게 될 것이다. 문화적인 경향의 변화는 텍스트 문자 자체에 집중하던 아날로그 시대에서 디지털 시대로 넘어가 문자와 영상, 음성을 동시에 읽어야 한다. 그렇기 때문에 새로운 학습자들의 정서는 이미 디지털 시대, 유비쿼터스 리터러시(ubiquitous Literacy)를 요구한다. 이러한 시대의 경향은 국어교육이 빨리 따라잡기 전에 변해버리는 성향을 가진다. 그러나 기본체제를 변화 방향 쪽으로 두고, 설정한다면 교사들이 이에 대응할 수 있게 될 것이다. 개그 혹은 코미디류의 연극 행위들이 보여주는 그런 작품들은 내용의 심오함은 없다. 그러나 극적 장치에 대한 이해를 위한 소품들로 가능성을 보여준다. 이러한 것들은 교사의 극적 행위 이해 차원의 자료로 활용될 수 있는데 만약 여러 교사들이 계속 활용하려 한다면 그 또한 정전으로서의 가치를 가질 수 있게 될 것이다.

5. 결론

새로운 시대, 문학교육이 안정적인 자리를 잡아야 하고, 희곡교육이 제대로 설 때 미디어와 관련된 다양한 교육적 상황을 돌파 할 수 있을 것이다. 희곡은 작품성과 공연가능성이 연계될 때 교육가능성의 선택 범위 안에 들어설 수 있다. 문학성을 논하는 문단 정치적인 의미나 내용의 건전성이 담보하는 정치권력의 구미에 맞는 선택은 배제되어야 한다. 미래 지향적이며 건설적인 대안으로서의 희곡교육 작품 목록은 공연을 의식한 작품 선정에서 비롯될 것이다.

물론 공연만이 능사는 아닐 것이다. 고급 독자라면 연극 대본을 읽음으로써 무대를 상상할 수 있을 것이다. 무대를 상상하면서 읽을 수 있다는 것은 적어도 학습의 성취 이후에 일어나는 목표에 가깝다. 무대 경험은 학교 현장 교육과정에 놓이는 것이다. 이러한 경험들은 텍스트의 의미 층위에서 심층의 것까지 읽을 수 있도록 해준다. 희곡교육은 희곡에 대한 평면적 교육의 층위에 있지 않다. 희곡을 체화할 수 있는 데까지 이르도록 지도되어야 한다. 희곡을 읽음으로 해서 극을 만들어 표현할 수 있을 정도까지 교육되어야만 한다. 이는 문학행위가 단순히 소비자로서 혹은 일방적인 수용자로서 독자 혹은 학습자를 상정하는 시대를 벗어나고 있음을 뜻한다. 따라서 이제 생산과 수용의 양 측면에서 학습자가 소통할 수 있는 그런 위치에 놓이게 된다.

희곡 교육의 생산성을 방기한 내용중심의 교수·학습에서 이제 동적인 경험 중심의 학습이 되어야 할 것이다. 문화적인 보존과 전수의 기능을 넘는 교육적인 목적이 더 강조되어야 할 시점에 우리는 와 있다. 교육적인 성취점을 학습자에 초점을 두고, 그 생산적 기능들의 작용 기저로서의 신명을 주목하고, 신명의 생산 시스템이라 할 수 있는 반복구조나 참여, 소통을 통하여 인식과 표현을 학습과정을 찾을 수 있다. 이를 위해 신체의 움직임, 개방성과 현장성, 즉흥성, 집단성이 학습 활동에 포함되어 있어야 한다.

극 읽기 능력과 관련해서 스스로의 몸과 관련된 언어의 존재 양상들에 대한 투입, 자기관찰, 그리고 표현들의 얽히는 지점에 희곡교육은 자리해야 한다. 내용의 층위를 논하는 것은 희곡교육의 차별성의 일차 요건은 아니며, 문학 일반의 요건이다. 문학 일반의 요건을 다시 특수한 층위로 변별할 때 희곡교육은 성공할 수 있을 것이다. 문학적으로 뛰어난 작품이 반드시 교육적으로 훌륭한 정전일 수만은 없다. 희곡의 공연성이 제한된 교실 공간을 통하여 학습자들의 몸을 통하여 행위로 연계하는 언어의 집합체로서 '희곡'이 존재하게 된다. 극 읽기는 작품으로서 고전일 때보다 내적 사고 작용에 유리한 작품은 극 읽기 능력 요소로서의 몸, 행위, 언어의 다층적 총체성 위에서 교실 공간을 역동적인 양상으로 변화시킨다. 학습자들의 심리·정서와 연관된 삶의 긍정적 행위들에 집중할 수 있는 교육적인 작품 선정의 원리가 작동할 때가 도래한 것이다. 교육 정전은 이제 새로운 작동 원리를 가지게 되는 것이다.

희곡교육을 위해 명저나 뛰어난 작품, 문학사가들이 인정해 놓은 그런 작품들이 훌륭한 작품이었던 시대는 이제 지났다. 포스트 모던한 탈권위주의 시대에는 교육현장의 합목적성에 부합하는 작품이 뛰어난 작품이다. 이제 많은 교육연극 단체들과 연극교육 단체들, 그러한 단체들 속에서 활동하는 교사들이 뽑아 놓은 작품들이 실제로 교육정전으로 새로이 자리 잡을 수 있을 것이다.

참고문헌

교육인적자원부, 『고등학교 국어 상』, 2002.

교육인적자원부, 『고등학교 국어 하』, 2002.

교육인적자원부, 중학교 「국어」 대한교과서 전학년, 2002.

윤희재, 『(18종 문학 교과서) 학습활동 풀이집』, 열린교육, 2006.

강진우, 「희곡교육에서의 교사역할 연구」, 『국어교육연구』 42집, 2008.

김연호, 「무엇을 어떻게 가르칠 것인가?-공연을 의식한 새로운 희곡교육의 실천 방향」, 『영어영문학』 40권3호, 1994.

김용수, 「플라톤과 아리스토텔레스의 논쟁을 중심으로 살펴본 연극이론의 양면성」, 『한국연극학』 17집, 2001.

김창원, 「시교육과 정전의 문제」, 『한국시학연구』 19집, 한국시학회, 2007.

문학교육연구회, 『삶을 위한 문학교육』, 연구사, 1987.

서종문, 「희곡문학 교육의 문제」, 『어문학』 51집, 한국어문학회, 1991.

신헌재·이재승 편, 『학습자 중심의 국어교육 그 원리와 방법』, 서광학술자료사, 1994.

이경미, 「현대공연예술의 수행성과 그 의미」, 『한국연극학』 제31호, 한국연극학회, 2007.

이광국, 「국어 교과서에 실린 희곡 작품에 대하여」, 『모국어 교육』 3집, 배달말 교육학회, 1985.

조미숙, 「반공주의와 국어 교과서」, 『새국어교육』 제74호, 한국국어교육학회, 2006.

조미숙, 「지배이데올로기의 교과서 전유현상」, 『한국문예비평연구』 21집, 한국현대문학비평학회, 2006.

황정현, 「희곡문학 장르의 교육과정 개정방안」, 『문학교육학』 20집, 2006.

김재석, 「중학교 국어 교과서 소재 희곡의 현황과 희곡 읽기의 한 방법」, 『문학과 언어』, 문학과 언어연구회, 1999.

한귀은, 『문학교육의 교육연극론적 연구』, 부산대학교 박사학위논문, 2001.

한귀은, 「21세기 교육연극의 정체성 모색을 위한 학제간 논의」, 『한국극예술연구』 제16집, 한국극예술학회, 2002.

한양명, 「민속예술을 통해 본 신명풀이의 존재양상과 성격」, 『비교민속학』 22집, 비교민속학회, 2002.

이상우, 『유치진 연구』, 태학사, 1997.

조동일, 『카타르시스, 라사, 신명풀이』, 지식산업사, 1997.

Andy Kempe, 이경미 역, 『무대가 된 교실』, 연극과 인간, 2007.

박인기, 「문학교육과 문학 정전의 새로운 관계 맺기」, 『문학교육학』 제25호, 2008.

윤여탁, 「한국의 문학교육과 정전 : 그 역사와 의미」, 『문학교육학』 제27호, 2008.

김중신, 「문학교육에서의 정전 형성 요건에 관한 시론(試論) ─ 이상(李箱)을 중심으로」, 『문학교육학』 제25호, 2008.

최지현, 「문학교육에서 정전과 학습자의 정서체험이 갖는 위계적 구조에 관한 연구」, 『문학교육학』 제5호, 2000.

조희정, 「고전 정전의 재검토 ─ 해방 이후 초, 중등 '국어' 교과서를 중심으로」, 『문학교육학』 제25호, 2008.

김혜영, 「현대문학 정전 재검토」, 『문학교육학』 제25호, 2008.

김성진, 「아동청소년 문학의 정전과 권정생의 '한국전쟁 3부작'」, 『문학교육학』 제25호, 2008.

박기수, 「문화콘텐츠 정전 구성을 위한 시론」, 『문학교육학』 제25호, 2008.

유성호, 「문학교육과 정전 구성」, 『문학교육학』 제25호, 2008.

김현수, 「현대시 정전의 교육내용에 관한 고찰 ─ 〈님의 침묵〉의 교과서의 학습활동을 중심으로」, 『문학교육학』 제26호, 2008.

김성룡, 「典範 학습과 중세의 문학교육」, 『문학교육학』 제1호, 1997.

강진우, 「희곡교육 정전 요소의 재개념화 ─ 탈권위주의 시대의 극 읽기를 위하여」, 『문학교육학』 제26호, 2008.

저자 소개(논문 게재 순)

박인기	경인교육대학교 국어교육과 교수
윤여탁	서울대학교 국어교육과 교수
김중신	수원대학교 국어국문학과 교수
최지현	서원대학교 국어교육과 교수
조희정	한성대학교 언어교육원 교수
김혜영	조선대학교 국어교육과 교수
김성진	대구대학교 국어교육과 교수
박기수	한양대학교 문화콘텐츠학과 교수
유성호	한양대학교 국어국문학과 교수
김현수	포항 두호고등학교 교사
김성룡	호서대학교 한국어문화학부 교수
강진우	칠곡 대교초등학교 교사

문학교육총서 ❷
정전(正典)

초판 인쇄 2010년 8월 16일 | **초판 발행** 2010년 8월 26일

엮은이 한국문학교육학회

펴낸이 이대현 | **책임편집** 권분옥 | **편집** 이소희 박선주

펴낸곳 도서출판 역락 | **등록** 1999년 4월 19일 제303-2002-000014호

주소 서울시 서초구 반포4동 577-25 문창빌딩 2층

전화 02-3409-2060(편집부), 2058(영업부) | **팩시밀리** 02-3409-2059

전자우편 youkrack@hanmail.net

ISBN 978-89-5556-847-9 93370

　　　978-89-5556-845-5(전3권)

정가 31,000원

* 잘못된 책은 교환해 드립니다.